LANGUES À NIVEAUX MULTIPLES

HOMMAGE AU PROFESSEUR JACQUES LEROT
À L'OCCASION DE SON ÉMÉRITAT

édité par

Heinz BOUILLON

BCILL 112: *Langues à niveaux multiples*, 5-10

Biographie à niveaux multiples

Henri BOUILLON
Université catholique de Louvain

1. Découverte de la langue allemande

Jacques LEROT (né le 9 octobre 1936 à Jumet, près de Charleroi) fait ses humanités gréco-latines au Collège de Bonne Espérance. Comme cela arrive parfois, une option décidée dans cette école va déterminer le cours de sa vie. Le collège de Bonne-Espérance organise un cours d'allemand facultatif à partir de la troisième année et participe modestement à la reconstruction en Allemagne en invitant quelques élèves à consacrer une partie de leurs vacances à édifier de nouvelles églises. C'est ainsi que Jacques Lerot fera ses premiers séjours linguistiques à Neckartailfingen et à Weil-im-Dorf (Württemberg). Il met en pratique ses premières connaissances de l'allemand. Ses partenaires sont des jeunes dont les parents avaient accompli pendant la guerre un parcours douloureux ; il noue déjà quelques solides amitiés.

2. La philologie germanique dans l'université unitaire

Dans les années cinquante, les francophones inscrits dans ce qu'on appelait alors la Philologie germanique suivaient les cours avec les étudiants flamands, à l'exception des cours généraux suivis en français. Les cours de maîtrise étaient inexistants. Seuls des exercices de traduction étaient organisés. Le dictionnaire néerlandais-allemand était pour ces francophones l'outil indispensable surtout lorsqu'il fallait lire les auteurs du Moyen Age dans le texte original ce qui nécessitait des grammaires et des dictionnaires de l'ancien haut allemand et du moyen haut allemand.

C'est grâce à un cours à option donné par celui qui allait devenir le promoteur de son doctorat, le Professeur Frans Van Coetsem, que Jacques Lerot fait la découverte du structuralisme. Séduit par une approche scientifique fondamentalement différente de l'approche philologique traditionnelle, il décide de mettre à profit son mémoire de licence pour étendre l'application des méthodes structurales à l'analyse lexicale, en l'occurrence à l'étude structurale des acceptions de l'auxiliaire de mode allemand *sollen.* Il obtient sa licence en philologie germanique et son agrégation de l'enseignement secondaire supérieur en 1960.

Les encouragements reçus lors de la présentation de son mémoire l'ont fortement motivé à envisager la présentation d'un doctorat.

3. Les années nivelloises

Au cours de son service militaire effectué immédiatement après la fin de ses études universitaires, ses connaissances linguistiques déterminent son affectation à la caserne de Vielsalm, la seule à accueillir des miliciens d'expression allemande et où des problèmes de traduction nécessitaient la présence de germanistes.

Il passe ensuite six années à enseigner les trois langues germaniques au Collège Sainte-Gertrude de Nivelles jusqu'en 1966. Il y trouve un tel esprit d'entraide et de collaboration qu'il dira plus tard ne plus avoir retrouvé ailleurs avec la même intensité.

Pendant ses heures de loisirs, Jacques Lerot commence un doctorat. Comme il avait été fortement encouragé à s'y engager par le Professeur Van Coetsem, il voulait à l'origine s'orienter vers la syntaxe, ce qui était conforme à la tendance générale au début des années soixante. Cependant, son promoteur l'encouragea fortement à s'engager dans le domaine sémantique dont il percevait tout l'intérêt à plus longue échéance. « Je lui dois d'avoir orienté ma carrière scientifique dans un secteur aussi riche et diversifié » reconnaîtra-t-il par la suite.

Il dira aussi que les années passées au Collège Sainte-Gertrude lui ont permis d'acquérir une compétence pédagogique qu'il mettra en valeur tout au long de sa carrière d'enseignant universitaire. Ses préoccupations s'orientent toutefois de plus en plus vers la recherche scientifique. Il définit ainsi l'élément déclencheur de sa thèse: « C'est à la faveur d'un recyclage en mathématiques portant sur la théorie des ensembles et que je suivis en tant qu'observateur que j'eus l'intuition que le domaine sémantique pouvait, lui-aussi, être abordé avec une rigueur quasi mathématique. Ce recyclage représenta pour moi un coup de baguette magique qui me permit d'élaborer l'essentiel de ma thèse de doctorat. »

4. Débuts à l'UCL

En 1965, l'université lui demande d'assurer quelques cours d'allemand à l'Institut des Langues Vivantes. Il fut également chargé d'un exercice d'allemand à l'intention des étudiants francophones de philologie germanique.

L'année suivante (1966-67), les cours de grammaire allemande furent dédoublés et Jacques Lerot fut nommé assistant chargé d'assurer ces cours pour les étudiants francophones de candidature. On ajouta un cours de linguistique générale.

En 1967, il présente sa thèse de doctorat intitulée *Zur formalen Bedeutungslehre* et obtient la plus grande distinction, inaugurant le registre des doctorats de la toute nouvelle philologie germanique francophone de l'UCL.

A la même époque, la grammaire générative et transformationnelle initiée par le célèbre N. Chomsky, dominait la linguistique. Il dira: « Je fus à la fois séduit par la rigueur toute mathématique du modèle chomskyen et déçu par les carences de ce modèle dans le domaine de la sémantique. » Jacques Lerot en fit le thème de ses premiers « papiers ».

A cette époque Jacques Lerot eut la chance d'obtenir par deux fois une bourse de la Fondation Humboldt qui lui permit d'effectuer des séjours de recherche (en 1968 et 1969) à l'Institut für Linguistik de l'Université de Stuttgart et de participer étroitement aux recherches de l'équipe animée par le Professeur Klaus Baumgärtner. Il fit ainsi ses débuts dans l'arène des linguistes avec sa participation au « 3. Linguistisches Kolloquium ».

La recherche est tributaire de la qualité des instruments de travail. A l'UCL, la bibliothèque centrale ne contenait guère d'ouvrages récents de linguistique et c'est ainsi qu'avec son collègue Guy Jucquois, qui avait hérité de la bibliothèque de linguistique constituée par A. Maniet, et avec l'aide de ses autres collègues de linguistique, il se mit à rassembler les ouvrages disséminés dans les différents bureaux et à constituer l'ébauche d'une bibliothèque de présence où les étudiants et les chercheurs ont un accès direct aux livres étiquetés et rangés selon leur contenu. Lors de l'installation à Louvain-la-Neuve, ce modèle de bibliothèque de présence fut étendu aux autres bibliothèques facultaires.

Par ailleurs, les talents de Jacques Lerot sont appréciés à différents endroits. Il est membre du Comité de rédaction de la revue « Humanités Chrétiennes » de 1967 à 1976, il est consultant du « Projekt französisch-deutsche kontrastive Grammatik » de l'IDS de Mannheim de 1969 à 1974. Il est également consultant du « Projekt Verbvalenz » de l'Institut für deutsche Sprache de Mannheim de 1973 à 1983.

5. Les étudiants d'allemand

Une de ses préoccupations a toujours été la grande proportion d'échecs en première candidature: « J'étais consterné de constater le peu d'impact qu'avaient eu les diverses initiatives prises au niveau de l'université. Alors que je participais aux réunions de la commission d'enseignement avec des collègues de psychologie et d'autres facultés, il apparaissait clairement que les principaux facteurs de réussite étaient la motivation des étudiants et leur faculté d'organiser leur travail. Or, les étudiants d'allemand se distinguaient par leur motivation particulièrement forte. Nos efforts devaient donc porter sur l'organisation du travail, ce qui se traduisit en première candidature par une concertation étroite entre l'enseignement théorique de la grammaire et les activités de maîtrise, par l'organisation régulière de tests permettant aux étudiants de se familiariser avec le niveau d'exigence et d'apprécier en même temps la qualité de leur étude, par la confection de supports pédagogiques spécifiques, par une délimitation claire de la matière à assimiler, etc. »

Une des grosses difficultés a été l'adaptation du cours d'allemand au niveau de présavoir des étudiants. En effet, alors que vers les années 70, l'étudiant francophone typique avait un présavoir correspondant approximativement à deux ans d'étude scolaire, au fil des années, les études allemandes ont accueilli des débutants absolus qui, bien que très motivés par l'étude de l'allemand, n'avaient pas eu l'occasion de l'étudier en humanités en raison des contraintes des programmes scolaires. On peut dire aujourd'hui que ce changement de stratégie a probablement sauvé l'enseignement de l'allemand en faculté et en assure le renouveau aujourd'hui.

6. Les « Studien zur deutschen Grammatik »

Le foisonnement des recherches en linguistique en Allemagne fit apparaître l'intérêt d'un type nouveau de grammaire. C'est pourquoi fut créée la série scientifique des *Studien zur deutschen Grammatik* destinée à recevoir les contributions de jeunes chercheurs. En tant que co-éditeur, Jacques Lerot a pu promouvoir dans cette série les travaux de Heinz Bouillon et de Michel Kefer.

7. La grammaire contrastive

Dans les années 70 et 80, l'Institut für deutsche Sprache de Mannheim, avec lequel Jacques Lerot entretenait d'excellentes relations, après avoir lancé un programme d'un dictionnaire de valence, entama une série de recherches dans le domaine de la grammaire contrastive. Jacques Lerot fut nommé membre du comité scientifique d'accompagnement. Il eut ainsi l'occasion de prendre connaissance des différents stades de l'élaboration du projet et d'en suivre l'évolution. Ses multiples séjours à Mannheim lui permirent également de nouer de fructueux contacts avec les romanistes de l'Université de Mannheim. Les sujets qu'il eut l'occasion d'approfondir furent: la négation, les champs lexicaux, les temps grammaticaux et les particules modales. Son intérêt pour la grammaire contrastive trouva un terrain d'application idéal dans son enseignement de l'allemand aux étudiants francophones.

8. La linguistique générale

Les recherches en linguistique générale ont débuté dès l'élaboration de son doctorat sur la sémantique formelle. Cet intérêt fut lié à la prise de conscience du caractère scientifique de la linguistique telle qu'elle apparaissait alors dans le structuralisme américain. La rigueur de la glossématique avait séduit Jacques Lerot.

Lorsque la grammaire générative et transformationnelle en sa version standard introduisit la distinction entre deux niveaux de description: un niveau « profond » proche du sémantisme opposé à un niveau « superficiel », reformulant et réinterprétant ainsi une opposition que la grammaire de Port-Royal avait mis en évidence trois siècles auparavant, le pouvoir explicatif d'une telle théorie s'en trouva considérablement renforcé. Tout naturellement, ce modèle théorique déclencha à l'époque un véritable engouement chez les jeunes linguistes.

Toutefois, il apparut rapidement à Jacques Lerot qu'une structure dite « profonde » n'était que de la syntaxe – et non de la sémantique comme il l'aurait souhaité. Cette constatation en réduisait l'intérêt aux yeux de ceux qui comme lui cherchaient à décrire le contenu sémantique et à le relier aux formes d'expression. Vint alors une période d'intense réflexion d'où émergeaient sans se rencontrer la grammaire universelle (Searle, Seuren, Montague) et la pragmatique linguistique qui eut le mérite de mettre en évidence la diversité de la communication, ce qui n'avait guère préoccupé les générativistes-transformationalistes. Jacques Lerot rédigea en 1973 sa *Grammaire à niveaux multiples*, synthèse remarquable entre plusieurs courants importants de la linguistique qui permit à chaque niveau d'apprécier les acquis des grands courants de recherche, sans qu'ils se contredisent, mieux même, en se complétant.

Devant un tel foisonnement de modèles lui apparut la nécessité d'entreprendre la construction d'une synthèse sous forme d'un système cohérent intégrant ces principaux acquis de la linguistique. Le *Précis de linguistique générale*, publié en 1993 aux Editions de Minuit à Paris reflète le résultat de cette tentative d'organisation du savoir grammatical.

9. La terminologie grammaticale

Le développement de la grammaire générative eut des répercussions sur l'enseignement de la grammaire française dans les écoles, ce qui se traduisit notamment par l'adoption d'une nouvelle terminologie française peu compatible avec les besoins des professeurs de langues germaniques. Avec la collaboration de ses collègues J.R. Klein, J. Van Roey et P. Godin, il mena une réflexion en profondeur qui permit de clarifier la terminologie. Elle se reflétera dans l'ouvrage coédité avec Jean Klein en 1984: *Terminologie grammaticale. Essai de clarification et d'harmonisation.*

10. La langue parlée

Comme le cours de grammaire générative était également suivi par des étudiants de logopédie, Jacques Lerot voulut vérifier si le modèle générativiste pouvait expliquer la formation du langage enfantin. Une enquête réalisée par ses étudiants logopèdes révéla d'emblée des phrases d'une structure fondamentalement différente des séquences primitives engendrées par les règles de base du modèle générativiste. Ce fut le départ de ses réflexions sur la grammaire discursive. Cela lui donna l'occasion de confronter l'ordre des mots en allemand avec les structures discursives du français.

11. L'aventure de « Genèse »

Au cours d'un congrès consacré à la traduction automatique, Jacques Lerot fut séduit par un exposé du modèle Semsyn (« semantic synthesis ») élaboré par Martin Emele à l'Université de Stuttgart et qui présentait un système de traduction du japonais vers l'allemand fondé sur la conversion du texte source en réseaux sémantiques et de la projection de ces derniers sur des séquences en langue source. Les réseaux sémantiques apparaissaient comme un système de représentation extrêmement performant et prometteur. Grâce aux contacts avec les chercheurs de Stuttgart et notamment l'Institut für maschinelle Sprachverarbeitung dirigé par le Professeur Chr. Rohrer, il put élaborer le projet de recherche d'actions concertées « Genèse » (« acronyme de GENEration Sémantique ») financé par la Communauté française de Belgique (convention n°89/94-137). Ce projet consistait à constituer un corpus de réseaux sémantiques représentant le contenu de 600 phrases françaises, néerlandaises et anglaises et de développer un système de projection capable d'engendrer ces phrases à partir de ces réseaux. L'essentiel de la recherche a consisté à développer un système d'analyse et de représentation de données sémantiques adapté au traitement informatique. Le projet proprement dit dura de 1989 à 1994 et avait ouvert des perspectives prometteuses. Il apparaissait clairement que si les opérations automatiques de décodage sont confrontées au problème de la polysémie, les opérations de synthèse à base sémantique se heurtent au problème de la synonymie, un même contenu pouvant s'exprimer par plusieurs variantes en fonction des paramètres de la communication.

12. Les responsabilités

Jacques Lerot a occupé de nombreux postes de responsabilités. Nous ne citerons que les plus importants qui n'ont pas encore été mentionnés.

Professeur ordinaire à l'UCL dès 1977, Jacques Lerot a également été Professeur aux Facultés universitaires Saint Louis à Bruxelles de 1974 à 1986. Il a été membre du jury d'examens sur la connaissance de l'allemand pour docteurs et licenciés en droit au Ministère de la Justice à Bruxelles. De 1982 à 1987, il fut Président de l'Institut de Linguistique de l'UCL et de 1983 à 1994, il fut le Responsable de l'unité d'études allemandes (ETAL) de l'UCL. Il a été membre du Pouvoir Organisateur de l'Institut Libre Marie Haps de 1990 à 2002. Depuis 1992, il était consultant FNRS pour les publications scientifiques. Il a été Président du Département d'Etudes germaniques de l'UCL de 1994 à 1995.

En septembre 2002, Jacques Lerot est admis à l'éméritat.

En guise de synthèse

Celui ou celle qui consultera la longue liste bibliographique de Jacques Lerot verra qu'il a traité de nombreux aspects linguistiques avec brio. Le nombre de citations qui reprennent les travaux de Jacques Lerot est impressionnant, et la si prestigieuse grammaire DUDEN ne sera pas la dernière référence. En linguistique, Jacques Lerot a une culture immense, il a lu énormément et il a contribué intensément. Ce qui a animé le scientifique Jacques Lerot sont surtout le souci de l'indispensable rigueur et l'esprit de synthèse omniprésent.

Tous les étudiants qu'il a formés et tous les doctorants le savent: Jacques Lerot fait tout avec rigueur. Inutile de lui présenter un premier chapitre de mémoire (il en a dirigé une petite centaine...) si tout n'était pas bétonné jusqu'au moindre détail: la première page vous revenait...annotée avec des propositions de correction de cinq autres pages. Cette large assise scientifique lui aura apporté la satisfaction personnelle d'avoir construit du solide, et bien d'autres chercheurs auront pu se servir du résultat de ses recherches, les intégrant ainsi dans les grands courants où la science se forge des bases que dorénavant tous les aspirants linguistes doivent acquérir.

Homme de synthèse, Jacques Lerot détestait les conflits stériles où une école de pensée essayait à coups d'arguments scientifiques de détruire les avancées d'une autre. Parmi toutes, il voyait ce qu'elles avaient en commun. Et il aimait mettre ces convergences à l'avant. En laissant à chacun son dû d'ailleurs. Ses grandes publications sentent bon ce vent qui vient du large et qui, inspiré par tant de prédécesseurs, vous apporte, en les intégrant, tous les éléments utiles glanés sur son passage. Ce n'est pas par hasard que sa dernière publication – jusqu'aujourd'hui du moins – s'attaque aux particules modales qui balayent tout le champ linguistique depuis la situation pragmatique jusqu'aux sons prononcés – ou inversement selon les lunettes du linguiste. Pour qui l'aura vu présenter, modestement comme l'a toujours été l'homme, le résultat de ses recherches devant quelques grands noms de la linguistique lors d'un colloque en 2000 aura vu le regard admiratif de nombreux collègues devant pareille capacité de synthèse.

Jacques Lerot nous a offert beaucoup d'autres qualités humaines: son sens absolu de la collégialité, son sens de l'équité et de la modération, son humour, sa gentillesse, sa disponibilité et serviabilité et j'en passe. Nous avons voulu nous cantonner ici à ses grandes qualités intellectuelles. Ceux qui le connaissent vous parleront de ses autres qualités humaines pendant des heures. C'est cela le privilège de le connaître. Et ce sens de l'amitié, si vous avez la chance qu'il vous le fasse découvrir, vous apportera écoute, réconfort, joie et détente. A consommer sans modération.

BCILL 112: *Langues à niveaux multiples*, 11-12

Curriculum vitae - Jacques Lerot

Jacques LEROT
Université catholique de Louvain

1936	Naissance à Jumet (Charleroi)
1960	Licence en philologie germanique, Université de Louvain
1960	Agrégation de l'enseignement secondaire supérieur, Université de Louvain
1960-1966	Professeur de langues germaniques dans l'enseignement secondaire supérieur (Nivelles)
1966-1968	Assistant, Université de Louvain
1967	Doctorat en philologie germanique, Université de Louvain
1968-1974	Chargé de cours, Université de Louvain
1969-1974	Chargé de cours, Facultés Universitaires Saint-Louis à Bruxelles
1974-1977	Professeur, Université de Louvain
1974-1986	Professeur, Facultés Universitaires Saint-Louis à Bruxelles
1977-	Professeur ordinaire, Université de Louvain

1967-1976	Comité de rédaction "Humanités Chrétiennes", Bruxelles
1969-1974	Consultant pour "Projekt französisch-deutsche kontrastive Grammatik", IdS, Mannheim, RFA
1973-1983	Consultant pour "Projekt Verbvalenz", Institut für deutsche Sprache, Mannheim
1974-	Jury d'examens sur la connaissance de l'allemand pour docteurs et licenciés en droit, Ministère de la Justice, Bruxelles
1975-	Coéditeur de la série "Studien zur deutschen Grammatik", Gunter Narr Verlag, Tübingen
1976-	Membre correspondant de l' "Institut für deutsche Sprache", Mannheim, RFA
1980-1984	Président de "Clarification et rationalisation de la terminologie grammaticale", Institut de Linguistique, UCL, Louvain-la-Neuve
1980-	Délégué du Département d'études germaniques (FLTR/GERM) auprès de l'ICAFOC (Formation continuée en langues germaniques), Bruxelles
1980-	Consultant pour les programmes d'allemand dans l'enseignement secondaire, FNEC, Bruxelles
1982-1987	Président de l'Institut de Linguistique, UCL, Louvain-la-Neuve
1983-1994	Responsable de l'Unité d'études allemandes FLTR/ETAL, UCL
1984-1986	Consultant pour "Terminologie grammaticale pour le français dans l'enseignement secondaire", FNEC

1985-	Comité de Patronage du "Belgian Journal of Linguistics", Editions de l'ULB, Bruxelles
1987-	Jury d'examens sur la connaissance de l'allemand pour les candidats juges sociaux ou consulaires, Ministère de la Justice, Bruxelles
1988-	Consultant pour "Terminologie grammaticale pour les langues germaniques", FNEC, Bruxelles
1990-2002	Membre du Pouvoir Organisateur de l'Institut Libre Marie Haps, Bruxelles
1992	Consultant du FNRS, publications scientifiques
1994-5	Président du Département d'Etudes germaniques UCL
2002	Éméritat.

BCILL 112: *Langues à niveaux multiples*, 13-16

Bibliographie - Jacques LEROT

Jacques LEROT
Université catholique de Louvain

LEROT, J. (1967): *Zur formalen Bedeutungslehre* [Pour une sémantique formelle] 2 vols. Diss. UCL. Egalement dans: Travaux de la Faculté de Philosophie et Lettres de l'Université Catholique de Louvain, série de microfiches 3, section de philologie germanique, 3 MF-1008.

LEROT, J. (1969a): Pour une sémantique formelle. In: *ITL. Review of Applied Linguistics* 4, 5-18.

LEROT, J. (1969b): Orientations en sémantique structurale. In: *Le Langage et l'Homme* 9, 228-232.

LEROT, J. (1970a): Zur Integration der Semantik in die Transformationsgrammatik. In: *Beiträge zur Linguistik und Informationsverarbeitung* 18, 7-21.

LEROT, J. (1970b): Tempus und Modalität in der Transformationsgrammatik. In: *Energeia. Zeitschrift für deutsche Sprache* 2, Chiba (Japan), 1-12.

LEROT, J. (1970c): Pour une syntaxe profonde dépendentielle. In: *Mélanges offerts au Professeur J.L.Pauwels à l'occasion de son éméritat*. Université Catholique de Louvain: Publications universitaires, 121-143 (= Recueil de travaux d'histoire et de philologie, 4e série, fascicule 46).

LEROT, J. (1971): Transformationelle Behandlung der Verbzusammensetzung im Deutschen. In: *Fragen der strukturellen Syntax und der kontrastiven Grammatik*, Düsseldorf: Schwann, 66-111 (=Sprache der Gegenwart 17).

LEROT, J. (1972): Zum Aufbau einer wissenschaftlich-pädagogischen Grammatik für den Fremdsprachenunterricht. In: *Neue Grammatiktheorien und ihre Anwendung auf das heutige Deutsch*. Düsseldorf: Schwann, 60-110 (= Sprache der Gegenwart 20).

LEROT, J. (1973a): *Grammaire à niveaux multiples. I. Structures morphologiques et superficielles, II. Structures lexicales et profondes*. Louvain: Institut de Linguistique. Cours et Documents 4-5.

LEROT, J. (1973b): Plädoyer für eine vielschichtige Syntax. In: *Linguistische Perspektiven. Referate des VII. Linguistischen Kolloquiums*. Tübingen: Niemeyer, 114-129 (=Linguistische Arbeiten 5).

LEROT, J. (1974a): Unités grammaticales. In: *Linguistique et enseignement*, Arlon: Fondation universitaire luxembourgeoise, 205-234.

LEROT, J. (1974b): Analyse syntaxique. In: *ibid.*, 235-266.

LEROT, J. (1974c): Kontrastive Analyse der Negation im Deutschen und im Französischen. In: *AILA Proceedings I.* Heidelberg, 143-159. Egalement in: *Cahiers de l'Institut de Linguistique* 2, 37-51.

LEROT, J. (1974d): Schéma d'une syntaxe transformationnelle à niveaux multiples. In: *Actes du colloque franco-allemand de grammaire transformationnelle I.* Tübingen: Niemeyer, 1-8 (=Linguistische Arbeiten 13).

LEROT, J. (1976): Einige Vorschläge zur prälexikalischen Syntax. In: *Grammatik. Akten des 10. Linguistischen Kolloquiums*, (t. II). Tübingen: Niemeyer, 153-165. (=Linguistische Arbeiten 32).

LEROT, J. (1978): Zur Funktion der Präposition. In: Lerot, J./Kern, R. (eds.): *Mélanges de linguistique et de littérature offerts au professeur Henri Draye à l'occasion de son éméritat.* UCL. Publications universitaires, 109-117.

LEROT, J. (1980): Zwei Typen inhaltlicher Einheiten. In: *Wege zur Universalienforschung. Sprachwissenschaftliche Beiträge zum 60. Geburtstag von Hans-Jakob Seiler*. Tübingen: Narr, 76-80 (=Tübinger Beiträge zur Linguistik 145).

LEROT, J. (1982): Die verbregierten Präpositionen in Präpositionalobjekten. In: W. Abraham (ed.): *Satzglieder im Deutschen.* Tübingen: Narr, 261-291 (=Studien zur deutschen Grammatik 15).

LEROT, J. (1983): *Abrégé de linguistique générale*. Louvain-la-Neuve: Cabay, 309 pages [à partir de 1987: Bruxelles: Ed. A. De Boeck].

LEROT, J. et KLEIN, J. (1984): *Terminologie grammaticale. Essai de clarification et d'harmonisation.* Bruxelles: A. De Boeck. 143 pages.

LEROT, J. (1984): La motivation valencielle et pragmatique du passif, In: *Langues et Cultures. Mélanges offerts à Willy Bal. Cahiers de l'Institut de Linguistique de Louvain* 10, 1-3, 163-171.

LEROT, J. (1985a): Zur Wortstellungsnorm im Deutschen, In: *Deutsche Sprache* 13, 137-142.

LEROT, J. (1985b): Les archétypes valenciels et le problème de la polysémie en lexicographie, In: *Cahiers de l'Institut de Linguistique de Louvain* 11, 3-4, 95-102.

LEROT, J. (1986): *Analyse grammaticale*. Gembloux: Duculot. 130 pages.

LEROT, J. (1991): Les constituants de base de la phrase parlée. In: *Le Langage et l'Homme* 26, 141-149.

LEROT, J. (1992): Une grammaire communicative? In: LEROT, Jacques/THIJS, Christian (eds.) (1992): *Texte, Communication et Cognition.* Université Catholique de Louvain. Faculté de Philosophie & Lettres. Institut de Didactique. (=Documents du DIFR. Cahiers F.L.E. n°2), 109-126.

LEROT, J. (1992): Concepts d'analyse communicative et textuelle. In: LEROT, Jacques/THIJS, Christian (eds.) (1992): *Texte, Communication et Cognition.* Université Catholique de Louvain. Faculté de Philosophie & Lettres. Institut de Didactique. (=Documents du DIFR. Cahiers F.L.E. n°2), 167-182.

LEROT, Jacques et THIJS, Christian (eds.) (1992): *Texte, Communication et Cognition.* Université Catholique de Louvain. Faculté de Philosophie & Lettres. Institut de Didactique. (=Documents du DIFR. Cahiers F.L.E. n°2).

LEROT, J. (1993): *Précis de linguistique générale.* Paris: Minuit.

DEGAND, Liesbeth, EVERAERT, Guy et LEROT, Jacques (1992): Le module lexical dans un système de traduction automatique. In: CLAS, André et SAFAR, Hasyssam: *L'environnement traductionnel. La station de travail du traducteur de l'an 2001.* Québec: Presses de l'Université du Québec, 51-58.

LEROT, J. (1994): Topicalisation et focalisation dans un système génératif. In: CLAS, A. et BOUILLON, P.: *TA-TAO: Recherches de pointe et application immédiates. Troisièmes Journées scientifiques du réseau thématique "Lexicologie, Terminologie, Traduction" Montréal, 1993,* AUPELF-UREF, 343-359.

LEROT, J. (1995): De la pensée à la phrase. In: *La Tribune Internationale des Langues vivantes* 17/3, 22-33.

LEROT, J. (1996): Recension de l'ouvrage suivant parue dans: *Leuvense Bijdragen 85*, 182-186: LENZ, Barbara (1995): *un-Affigierung. Unrealisierbare Argumente, unausweichliche Fragen, nicht unplausible Antworten.* Tübingen: Gunter Narr Verlag (=Studien zur deutschen Grammatik 50) 242 pages.

LEROT, J. (1997): Qu'est-ce que le lexique conceptuel? In: De Schaetzen, C. (ed.): *Interdisciplinarité et Terminologie.* Troisièmes Journées Internationales de Terminologie. Bruxelles, 19-20 avril 1996. Leuven: Peeters, 15-35.

LEROT, Jacques (1997): Transferts sémantiques lors de la traduction. Bases théoriques et applications. Dans: *L'histoire et les théories de la traduction. Les actes. Genève 3,4 et 5 octobre 1996.* Genève: École de traduction et d'interprétation (ETI) et Berne: Association Suisse des Traducteurs, Terminologues et Interprètes (ASTTI), 79-106.

LEROT, Jacques (1999): Comparaison des temps du passé en français, anglais, néerlandais et allemand. De la grammaire structurelle à la grammaire mentale. *Le Langage et l'Homme* 84, 5-24.

LEROT, Jacques (2000): La sémantique du discours. Essai de clarification terminologique. In: de Schaetzen, Caroline (ed.): *Des Termes et des Choses*. Paris: La Maison du Dictionnaire, 13-42.

LEROT, Jacques (2001): L'expression des fonctions discursives en français et le problème de la traductibilité des particules modales allemandes et néerlandaises. In: Beheydt, L. *et al.* (eds.): *Contrastief onderzoek Nederlands-Frans. Recherches contrastives néerlandais-français*. Louvain-la-Neuve: Peeters, 125-141.

BCILL 112: *Langues à niveaux multiples*, 17-21

Mémoires de licence dirigés par Jacques LEROT

Thèses de doctorat dont Jacques LEROT a été promoteur ou co-promoteur

Jacques LEROT
Université catholique de Louvain

1. Mémoires de licence

1970
CAPELLE, Maria: Etude synthétique des noms de matière en allemand.
LOUDECHE, Jacqueline: Le problème des aspects et des procès d'action.
ROUSSELLE, Jenny: Beitrag zu einer kontextuellen Untersuchung einiger deutschen Präpositionen.

1971
SCHOLLAERT, Claire: Structuration de grammaire allemande. Etude des règles de déclinaison du nom.
BOUILLON, Henri: Beitrag zu einer transformationellen Behanglung von *über* als Präposition, Verbzusatz und Verbalpräfix.

1972
ERMENS, Myriam: die Verben auf *-ieren* und ihre französischen Entsprechungen.
TITEUX, Colette: Über die Ableitung deverbativer Substantive im System der deutschen Gegenwartssprache.
STANC, Zusanna: Deutsche Satzbaupläne.
MINNE, Béatrice: Zur Geschlechtsgebung bei Fremdwörtern.
BREVERS, Denis: Beitrag zu einer transformationellen Behandlung der Verbzusätze *ein*, *hinein* und *herein*.
DECHAMPS, Christine: Beitrag zu einer kontrastiven Behandlung der agentiven und instrumentalen Substantive im Deutschen und im Französischen.
OSTE, Danielle: Zur deutschen Nominalkomposition.

1973
DORMAL, Myriam: Contribution à l'analyse de la perspective fonctionnelle de la phrase.

BAUER, Paul: Die Definition des Reflexivpronomens im Deutschen. Ein Problem der Referenzidentität.
IVANES, Francoise: Beitrag zu einer Behandlung des Verbalpräfixes *ab-*.
BLUM, Johannes: Untersuchung zur Bedeutung des Verbalpräfixes *ver-*.
MULKENS, Marie-Paule: Beitrag zu einer Behandlung des Verbalpräfixes *be-*.
FALQUE, Linda: Kasusrelationelle Analyse des deutschen Verbs *fahren*.

1974
FAACK, Madeleine: Lexikalische Beschreibung der Verben *schlafen, ausschlafen, einschlafen, entschlafen und verschlafen.*
BORCY, Jean-Marie: Deutsche Verben des veräußerlichen Besitzes. Versuch einer Klassifikation im Rahmen der Valenz- und Kasustheorien.
LAMBY, Denise: Der deutsche Dativ im Lichte der traditionellen und modernen Theorien.

1974
CAMBIER, Andrée: Etude sémantique de la métaphore sur base de modèles génératifs et transformationnels.

1975
DECHAMPS, Juliana: die Prohibitivverben. Valenzanalyse von *schützen, beschützen, bewahren, abhalten* und *verteidigen.*
PETIT, Christine: Verben der Bewegung. Valenzanalyse anhand von Hegers Aktantenmodell.
WARNIMONT, Jean-Paul: Fehler-Linguistik. Lexikalische Fehler in schriftlichen Arbeiten französischsprachiger Studenten.

1976
HINNEKENS, Roland: Problèmes de co-référence.
ISAAC, Luc: Morphologie générative des verbes *chanter* et *finir* en français contemporain.
DEOM, Guy: Mécanismes grammaticaux de jeux de mots.
BOIGELOT, Christine: L'assertion interrogative. Contribution à une étude des tournures optionnelles.
PIERSON, A: Le système des prépositions de Bernard Pottier: critique et application pédagogique.
GOOSENS, F.: Die Stellung von *noch nicht, immer noch nicht, noch immer nicht, noch immer, immer noch, nicht immer* im deutschen Satz.

1977
MARION, Claude: La conjugaison française à la lumière de la grammaire transformationnelle. Etude de morpho-phonologie générative.
NELLES, Lucille: Valenzanalyse einiger deadjektivischen Verben.
THILL, Fernand: Eine vergleichende Analyse des deutschen und französischen Infinitivs.

1978
WALSDORFF, Bernadette: La théorie de la valence de Lucien Tesnière vue par des linguistes allemands.
MOUZON, Dominique: Introduction à la syntaxe transformationnelle. 2. Application à la langue française (Jürgen Meisel: Einführung in die transformationelle Syntax).
VAN DER LINDEN, Katia: Introduction à la pragmatique du langage (Helmut Henne), traduit de l'allemand par Katia van der Linden.

1979
LIXON, Françoise: Das Wortfeld des deutschen Verbs *klagen.*
PAUWEN, Marianne: Bringen, seine Derivate und Komposita: Valenzanalyse.

1980
D'HULSTER, Michèle: Etude pragmatique de quelques conversations courantes. ah/mais/non/dites... indicateur illocutifs + corpus des conversations.
BUVE, Marie-Christine: Internal and external sources of errors in second language acquisition.
DE ROP, Françoise: An analysis of the classifications of errors made by second language learners in second language teaching.
VAN DE MERCKT, Christiane: The reliability of error judgement in second language acquisition.

1981
KINT, Hélène: Aspekte der Interimsprache.
ADAM, Francine: Analyse vom Wortfeld des deutschen Verbs « antworten ».
HOCQ, Christian: Terminologie grammaticale comparée anglais-français: les fonctions.
COLSON, Jean-Pierre: A study of adverbs.
MINCKE, Pascale: Terminologische Studie van de grammaticale functies in het Nederlands
DECOUX, Sophie: Problems of English-French translation.
NELLES, Brigitte: Analyse von Verbfehlern: Fehler von französischsprachigen Schülern beim Erlernen der deutschen Sprache.

1982
ANDRÉ, M.: A contrastive approach to the lexical fields of the French *choisir* and the English verb *to choose.*
JADOUL, Brigitte: Die Probleme der Gastarbeiterkinder in Deutschland.
KREMERS, Christine: Eine Analyse lexikalischer Fehler in schriftlichen Arbeiten französischsprachiger Schüler.
VAN DER BORGHT, Karina: An analysis of three functions from four grammatical points of view.

1983
BERNIER, Jean: Contrastive analysis of the lexical fields of *cacher* and to *hide.*
BROUTA, Geneviève: Das Wortfeld des Verbs *zerstören.*
DELEMAZURE, Christophe: Les locutions verbales françaises. Tentative de définition par la grammaire transformationnelle.
CARON, Linda: Pragmatische Analyse eines deutschen Gesprächs.

1984
LEONARD, Ariane: Semantisch-syntaktische Analyse der Verben des Zorns. Wortfeldanalyse.
SECRET, François: Deutsche Bewegungsverben.
WILLEMS, Marie-Paule: Analyse vom Wortfeld des deutschen Verbs *schließen.*

1985
STROOBANT, Véronique: Etude de l'organisation de séquences conversationnelles.
GOERGEN, Pascal: Das lexikalische Feld der deutschen inchoativen Verben.

HOORELBEKE, Luc: Das Wortfeld des Verbs *suchen.*
LEFEBVRE, Georges: Towards a typology of fixed and semi-fixed sentences in English, French and Dutch.

1987
GILON, Marc: Ausdrucksformen der Intensität im Deutschen.
PEENE, Martine: Analyse de conversations spontanées chez quelques adolescentes en milieu scolaire.
DELMON, Emmanuelle: Beitrag zur Mitteilungsperspektive.

1988
DENIS, Nathalie: Ein Beitrag zum Idealen Übersetzungswörterbuch.
OSTYN, Stéphane: Recherches sur les préfixes *de-* et *e(x)-* dans le sillon de la grammaire cognitive.

1989
LEURIDENT, Maryline: Die Podiumsdiskussion und die Redeweise des Diskussionsleiters.
WATTIAUX, Thierry: Das Wortfeld des Verbs *loben.*

1990
FOUSS, Gérard: Eine Semantische Analyse der Menschlichen Fortbewegung im Deutschen.
WATTIAUX, Thierry: Semantische Analyse des Verbs *loben.*
PETIT, Isabelle: Beitrag zur Wortfeldanalyse der Verben des Sagens.

1991
JENNIGES, Jean-Jacques: Transfer der Vergangenheitstempora vom Französischen ins Deutsche.

1992
LEROY, Françoise: Développement du langage chez l'enfant: structures lexicales, syntaxiques et interactives.
LEBRUN, Stéphanie: Grammaire communicative de la menace.
EVRARD, Vinciane: Untersuchungen zu den Funktionsverbgefügen des heutigen Deutsch.

1993
FRERE, Laurence: La traduction (anglais-français) de textes journalistiques: problèmes lexicaux.
LIN, M.-P.: Französische Übersetzung der deutschen Nominalkomposita.

1994
VANDEN DOOREN, Blaise: Die Kollokationen: Darstellung des Problems.

1995
PAQUET, Florence: Das Fugenelement in den deutschen Nominalzusammensetzungen.
JOUVENAUX, Laurence: Was ist eine Redensart? Versuch zur Definition eines unklaren Begriffs.

1996
PAPAGEORGIADIS, Jean: Analyse discursive des titres de journaux grecs.
LELEUX, Laurence: Lexikalische Interferenzfehler im verbalen Bereich.

BLONDIAU, Nathalie: Geschlechtsspezifische Unterschiede im Gebrauch der deutschen Sprache.

1997
DEBEY, Joël: La sémantique des pronoms: essai de clarification des notions.

1998
VANQUERP, Didier: Eine strukturalistisch-kontrastive Studie der Verben des Täuschens im Deutschen und im Französischen.
NZOIMBENGENE-FUADINGANI, Philippe: Les mutations sémantiques dans la perspective de l'interculturalité: essai d'application aux champs « histoire » et « supplier ».

1999
DEVILLERS, Muriel: « Haar » in deutschen Phraseologismen und ihre französischen und englischen Entsprechungen: ein Beitrag zur Phraseologie.

2000
ZAFFUTO, Sylvia: Gefühlsausdrücke in Alltagsgesprächen.

2001
VILRET, Anne-Sophie: Gibt es geschlechtsunterschiedliche Sprachgebräuche?

2003
DE BIE, Sandrine: La méthode des réseaux sémantiques appliquée à l'apprentissage du vocabulaire allemand dans le domaine de la sculpture sur terre.
BRIEVEN, Ann: Musikteme in deutschen Redensarten mit französischen Entsprechungen.

2004
SAMAIN, Véronique: Beitrag jur deutsch-französischen kontrastiven Analyse des Passivs.

2. Thèses de doctorat dont Jacques LEROT a été promoteur ou co-promoteur

1975
KERN, Rudolf: Untersuchungen zur Wortstellung im Deutschen.

1977
BOUILLON, Henri: Zur deutschen Präposition *auf*.

1980
ISAAC, Luc: Calcul de la flexion verbale en français contemporain.

1981
DEBAUCHE, Andrée: Wortschöpfungstendenzen in der Werbesprache (Tendances de la création lexicale dans le domaine de la publicité).

1988
EVERAERT, Guy: Système de la détermination nominale en français.

BCILL 112: *Langues à niveaux multiples*, 23-34

Modale partikels en grammaticalisering

Ludo BEHEYDT
Université catholique de Louvain

Inleiding[1]

In een recente bundel over contrastief taalonderzoek heeft Jacques Lerot (2001) een interessante bijdrage geleverd over de discursieve functie en de vertaalbaarheid van Nederlandse en Duitse modale partikels. Met 'modale partikels' bedoelen we die kleine woordjes "die betrekking hebben op de gehele zinsinhoud en deze op subtiele wijze schakeren" (ANS, 1997, 457), woordjes zoals *soms, dan, toch, maar, eens, even.*

Uit die bijdrage bleek onder meer dat van de Duitse modale partikels slechts veertig procent in Franse vertalingen ook daadwerkelijk een lexicaal equivalent krijgt. Dit betekent evenwel niet dat de modale betekenis die het partikel toevoegt aan de lexicale betekenis van de zin verloren gaat of onvertaald blijft. Meestal wordt die modale betekenis met andere taalmiddelen uitgedrukt. Zo kan bij voorbeeld het Duitse partikel *doch* dat onzekerheid uitdrukt, in het Frans vertaald worden met een werkwoordsmodaliteit, nl. met de 'conditionnel', of met een 'tournure présentative': zie (1) en de Franse vertalingen (2) en (3) (LEROT, 2001, 127):

(1) Er macht sich **doch wohl** nicht einen Narren aus uns?
(2) Est-ce qu'il ne **serait** pas en train de payer notre tête?
(3) **J'espère qu**'il ne se moque pas de nous.

In het Nederlands zou een passende vertaling van die Duitse zin wel een partikel krijgen:

(4) Hij houdt ons **toch** niet voor de gek?

Dit contrastieve verschil tussen het Duits en het Nederlands aan de ene kant en het Frans aan de andere kant is in twee opzichten interessant. Vooreerst geeft het feit dat de Duitse modale partikels vaak niet vertaald worden aan dat de betekenis van modale partikels niet bijdraagt aan de objectieve informatie of de "propositionele inhoud van een zin, of

[1] Mijn dank gaat uit naar mijn collega's A. Foolen, Ph. Hiligsmann en T. van der Wouden die welwillend de eerste versie van dit artikel becommentarieerd hebben. Onnauwkeurigheden en eigengereide opvattingen vallen uiteraard helemaal onder mijn verantwoordelijkheid.

uiting" (FOOLEN, 1993, 13), want ze kunnen kennelijk ongestraft weggelaten worden. Ten tweede bewijst dit verschil dat de betekenis van modale partikels ook met andere middelen kan worden uitgedrukt, met werkwoordstijden ('conditionnel', etc.), met een wijze ('imperatief', 'vraag'), met intonatie,... Bovendien bevestigt dit contrastieve verschil de indruk dat "there does not seem to be an equivalent group of expressions in the Romance languages" (König, 1991, 173). Wat overigens niet betekent dat het Frans geen partikels zou hebben, alleen zijn het kennelijk geen echte 'modale' partikels maar eerder 'discourse' partikels (zie MOSEGAARD HANSEN, 1996).

Gegeven deze twee vaststellingen is het te verklaren dat het Duits en het Nederlands zoveel meer modale partikels kunnen gebruiken dan het Frans: het Frans beschikt immers over andere middelen om dezelfde betekenisschakeringen uit te drukken.

Kenmerken van modale partikels

Het feit echter dat het Duits en het Nederlands zoveel meer modale partikels gebruiken dan het Frans, maakt dat dit gebruik voor Franstaligen die Duits of Nederlands leren bepaald problematisch is. Wat de moeilijkheden van het gebruik van de modale partikels voor Franstaligen juist zijn, is gemakkelijk aan te geven. Iets heel anders is hoe je die moeilijkheden moet aanpakken. Dit laatste kan pas duidelijk worden als we ons eerst met de specifieke problemen bezighouden die modale partikels opleveren.

In de eerste plaats blijkt het voor anderstaligen nogal verwarrend dat er naast het 'modale partikel' vaak een 'lexicaal woord' bestaat van dezelfde vorm dat wel een (gedeeltelijk) lexicale betekenis heeft en dus als een homonieme of polyseme variant kan worden beschouwd[2]. Zetten wij voor het Nederlands het lexicale gebruik van een aantal woorden tegenover het modale gebruik, dan zien wij dat betekenisverschil zeer duidelijk:

(5)	**Lexicale betekenis**	**Modale betekenis**
	Ik kom **zeker** voor acht uur aan.	Jij bent **zeker** Lieveke?
	Je hebt **maar** vijf minuten.	Kom **maar** binnen.
	Bram zal **misschien** wat later komen.	Heb je **misschien** een mes?
	We praten **soms** met de patiënten.	Is Karoo **soms** thuis?
	Marieke zal er **ook** zijn.	Hoe heet jij **ook** weer?
	Dat gebeurt maar **eens** in de vijf jaar.	Zal ik je **eens** wat zeggen?
	Je moet nog **even** wachten.	Luister eens **even**.
	Blij dat je **toch** gekomen bent.	Hou dan **toch** op.
	Dan moet je me waarschuwen.	Wat bedoel je **dan**?
	Ik heb **alleen** gezegd dat het te laat was.	Ik heb er **alleen** niet aan gedacht.

---

2 De discussie of het om homonieme dan wel polyseme varianten gaat, kan eigenlijk linguïstisch niet echt bevredigend beslecht worden (HOPPER & TRAUGOTT, 1993, 69-71; JANSSEN, 1995; FOOLEN, 1995; VAN DER WOUDEN, 2002, 57), wel verdient het om methodologische redenen aanbeveling "to assume polysemy if there is a plausible semantic relationship" (HOPPER & TRAUGOTT, 1993, 71) zoals we verder nog zullen zien.

In de zinnen in de linkerkolom hebben de vet gedrukte woorden een lexicale betekenis die specifieke informatie toevoegt aan de zin en waarvan we een precieze lexicografische definitie kunnen geven, los van een context. De vet gedrukte woorden in de rechterkolom hebben een betekenis die geen feitelijke informatie toevoegt aan de betekenis van de zin en die pragmatisch is, in die zin dat ze "is primarily concerned with the beliefs and inferences about the nature of the assumptions made by participants and the purposes for which utterances are used in the context of communicative language use. It concerns both speakers' indirect meaning, beyond what is said, and also hearers' interpretations, which tend to enrich what is said in order to interpret it as relevant to the context of discourse (Sperber and Wilson 1986)" (HOPPER & TRAUGOTT, 1993, 69). In die zin is de modale betekenis van de partikels in de rechtse zinnen dus context- en situatiegebonden en daardoor enigszins variabel.

In andere contexten kan hetzelfde partikel heel andere modale schakeringen uitdrukken. Wat de precieze betekenisschakering van een modaal partikel is, valt alleen in context en situatie vast te stellen. De betekenis van de modale partikels maakt deel uit van de 'sémantique discursive', dat betekent dat zulke partikels "ont le pouvoir d'ancrer l'énoncé dans un contexte interactif, d'exprimer les intentions du locuteur, ses présuppositions, ses attentes, etc." (LEROT, 2001, 126). Modale partikels hebben dus nagenoeg uitsluitend een modale betekenis, dat wil zeggen dat ze enkel de houding van de spreker ten opzichte van de feitelijke inhoud van zijn uiting uitdrukken en dus deel uitmaken van de illocutieve taalhandeling. Dat is met het volgende rijtje voorbeelden mooi weer te geven. In de rechterkolom wordt telkens een mogelijke modale illocutie van het voorbeeld gegeven:

(6)	**modale illocutie**
Luister **eens even**.	[wens]
Je ziet **maar**.	[berusting]
Hou **toch** op!	[irritatie]
Doe **maar**!	[aanmoediging]
Is Ferre **soms** thuis?	[twijfel]
Hoe heet je **ook weer**?	[onzekerheid]
Kijk **dan toch**!	[ongeduld]
Heb je **dan** een digitale camera?	[ongeloof]
Kijk **eens**!	[verzoek]
Bert zal **wel** te laat komen.	[veronderstelling]
Ja **toch**? Niet **dan**?	[verzoek om instemming]
Hij zal **toch wel** komen?	[hoop]
Ik doe het niet, **hoor**.	[waarschuwing]
Je had **zeker** geen grotere!	[ironie]
Wat is dat **nou**?	[verbazing]
Hij valt **nog** op zijn hoofd.	[vrees]

Dat dergelijke modale illocuties de betekenis uitmaken van modale partikels blijkt duidelijk uit de contrastieve analyse van vertalingen zoals die door Lerot (2001, 127-128) zijn aangehaald voor het Duits.

(7)	
Er macht sich **doch wohl** nicht einen Narren aus uns?	**J'espère** qu'il ne veut pas se moquer de nous.
Die geht **wohl** richtig (die Uhr)	**Je suppose** qu'elle va juste.
Ruhig hatte er **ja** nicht geschlafen	**C'est vrai,** son sommeil n'était pas paisible.

Müllers haben **ja** drei Kinder	**Tu sais bien que** les Mullers ont trois enfants.

In de Franse vertaling is het modale partikel telkens vervangen door een introducerende 'tournure présentative' die de illocutieve betekenis van het partikel expliciteert.

Er dient hier opgemerkt te worden dat de aangegeven modale betekenissen in (6) geen exclusieve betekenissen zijn van die partikels, maar mogelijke. Een zelfde modaal partikel kan – afhankelijk van de context en/of situatie waarin het wordt gebruikt – erg verschillend geïnterpreteerd worden, zoals de hiernavolgende uitingen met respectievelijk *maar* (8) (zie ook FOOLEN, 1993, hoofdstuk 9) en *toch* (9) (zie ook ELFFERS, 1992) illustreren:

(8)	Doe **maar**! Geef maar gas.	[aanmoediging]
	Doe **maar.** Ik hou je niet tegen.	[berusting]
	Doe **maar**. Ik heb daar geen moeite mee.	[geen bezwaar]
	Kijk **maar.**	[suggestie, VAN DER WOUDEN 2002, 24]
	Geef die boeken **maar** hier.	[geruststellend en vriendelijk verzoek, ANS 457]
	Ik ga **maar** naar huis.	[besluitend]
	Maar wie we daar hebben!	[verwondering]
(9)	Wat doe je **toch**? – Hou daar mee op	[irritatie]
	Hij gaat **toch** niet springen?	[vrees]
	Hij gaat **toch** niet springen. Ik zie dat.	[zekerheid]
	Ik heb dat **toch** niet gezegd.	[verwijt]
	Het is nu **toch** te laat.	[ontgoocheling]

Natuurlijk kunnen diezelfde woorden met een lexicale betekenis ook van elkaar verschillen in betekenis, maar dan gaat het om een verschil in conceptuele betekenis die op het niveau van de 'sémantique conceptuelle' (LEROT, 2001) gedefinieerd kan worden, los van context en situatie. Vergelijk de voorbeelden (10) en (11):

(10) Ik wil wel komen, **maar** ik heb geen tijd.
(11) Ik heb **maar** vijf euro meer.

In (10) is het een tegenstellend voegwoord met de lexicale betekenis 'echter'. In (11) is het een bijwoord met de lexicale betekenis 'slechts'. De betekenis is hier niet een attitudineel gegeven dat de spreker in zijn illocutieve handeling meegeeft, maar een conceptueel gegeven.

Grammaticalisering

Allicht zal de vraag rijzen of we dan een absoluut onderscheid moeten maken tussen enerzijds de conceptuele betekenis en anderzijds de modale betekenis van de betreffende woorden.

Ik geloof dat dit een foute benadering zou zijn. Veeleer zou ik geneigd zijn om het naast elkaar bestaan van dezelfde woorden in een conceptuele en een puur modale betekenis te beschouwen als een symptoom van een aan de gang zijnde proces van 'grammaticalisering'.

Recent is er een toenemende belangstelling voor de theorie van de grammaticalisering (TRAUGOTT & HEINE, 1991; HOPPER & TRAUGOTT, 1993; WISCHER & DIEWALD, 2002) die haar oorsprong vindt in de geschriften van MEILLET (1912), die eronder verstond "l'attribution du caractère grammatical à un mot jadis autonome" (1912:131). Tegenwoordig gaat de definitie echter meer in de richting van *subjectification*, waarmee wordt bedoeld dat "les mots passent d'un sens lexical (référentiel) à un sens moins référentiel, donc plus abstrait et donc susceptible d'exprimer des sens pertinents du point de vue discursif. Les mots grammaticalisés renvoient moins au monde concret dont on parle qu'à l'organisation de celui-ci par les locuteurs et à l'univers de croyance du locuteur" (LAMIROY 2002:1)[3].

Zoals al duidelijk zal zijn uit de uiteenzetting hiervoor, is de definitie die Lamiroy hier geeft van het concept 'grammaticalisering' perfect van toepassing op de modale partikels. Overigens ben ik niet de eerste die vermeldt dat modale partikels het resultaat zijn van een proces van grammaticalisering. In een vergelijkende studie over 'focuspartikels' schrijft König dat er vaak overlap is tussen focuspartikels en modale partikels en hij voegt eraan toe: "Such overlap is to be expected if modal particles are the endpoint of a process of grammaticalisation that is fed by several classes of function words" (KÖNIG, 1991, 174). Ook Abraham (1991) en Foolen (1993, hoofdstuk 8; 1995) zien modale partikels wel als grammaticaliseringen, maar geen van beiden gaat systematisch in op de aard en de kenmerken van het proces dat eraan ten grondslag ligt. Wel schijnt ook Foolen geneigd om de modale partikels als een 'eindpuntstatus' van het grammaticaliseringsproces (FOOLEN, 1993, 92) te zien. Zelf ben ik er niet van overtuigd dat modale partikels in hun huidige vorm een eindpunt zijn. Of ze een eindpunt zijn in het proces is mijns inziens synchroon moeilijk vast te stellen. Wel kan men zich een oordeel vormen over de graad van grammaticalisering door ze met gelijktijdig beschikbare andere gebruikswijzen te vergelijken.

In het Nederlands valt in elk geval op dat de graad van grammaticalisering ook bij hetzelfde partikel niet altijd dezelfde is en dat het punt van de pure modaliteit nog niet bereikt is. Vaak behoudt het modale partikel nog iets van zijn oorspronkelijke conceptuele betekenis. Dit is overigens volgens mij de betekenis die we moeten geven aan de vaststelling van Van der Wouden: "Dikwijls valt namelijk moeilijk uit te maken of een woord (of een gebruik van een woord) als partikel moet worden aangemerkt" (2002:36). In de volgende voorbeelden zien we telkens een (a) duidelijke conceptuele betekenis, (b), een modale betekenis waarin nog iets van de oorspronkelijke betekenis overblijft en (c) een nagenoeg puur modale betekenis.

(12) **maar**	(a) Ik heb **maar** vijf euro.	[conceptuele betekenis]
	(b) Je hoeft het **maar** te zeggen.	[conceptuele betekenis? + modale betekenis]
	(c) Je doet **maar!**	[modale betekenis]
(13) **even**	(a) Ik wacht nog **even.**	[conceptuele betekenis]
	(b) Hou **even** je mond, wil je?	[conceptuele betekenis + modale betekenis]
	(c) Luister eens **even,** dat bedoel ik niet!	[modale betekenis]

3 Ook hier gaat het niet om een nieuw inzicht. Reeds in 1884 schreef J. Beckering Vinckers: "Er bestaat een talrijke en gewigtige klasse van woorden, wier ontwikkelingsgeschiedenis, voor zoover de beteekenis aangaat, niet zozeer in 't op den achtergrond treden van het zinnelijk element [= conceptuele betekenis, L.B.], het overgaan van het stoffelijk tot het onstoffelijk gebruik, als wel daarin bestaat, dat de oorspronkelijke kracht verzwakt, de eigenaardige kleur verbleekt, de zelfstandigheid verdwijnt, zoodat die woorden niet meer ter aanduiding van een of andere hoedanigheid, maar louter tot de uitdrukking eener betrekking worden aangewend." (geciteerd in FOOLEN, 1993, 90)

(14) **dan**	(a) En **dan** bel ik je op.	[conceptuele betekenis]
	(b) Dat zien we **dan** nog wel.	[conceptuele betekenis + modale betekenis]
	(c) Heb je **dan** een auto?	[modale betekenis] (CALLEBAUT, 2003, 31)
(15) **nou**	(a) Ik heb **nou** niet zoveel tijd.	[conceptuele betekenis]
	(b) Wat heb je **nou** voor jurk aangetrokken? (VAN AS, 1991, 104)	[conceptuele betekenis + modale betekenis]
	(c) **Nou** jongens, dat is leuk.	[modale betekenis]
(16) **soms**	(a) Ga je **soms** zwemmen? – Heel af en toe	[conceptuele betekenis]
	b) Ben je **soms** zenuwachtig?	[conceptuele betekenis + modale betekenis]
	(c) Bent u **soms** Pieter Sterks?	[modale betekenis]
(17) **zeker**	(a) Lieve komt **zeker** te laat	[conceptuele betekenis]
	(b) Jij bent **zeker** de laatste.	[conceptuele betekenis +modale betekenis]
	(c) Jij bent **zeker** Karen Smeets?	[modale betekenis]

De (b)-zin bevindt zich hier telkens in een tussenfase van het grammaticaliseringsproces. Ofwel kan het partikel conceptueel geïnterpreteerd worden en dan is het eigenlijk een bijwoord, ofwel is er nog een conceptuele rest, die echter overschaduwd wordt door de modale betekenis en dan gaat het toch eigenlijk al om een modaal partikel. Als het punt van pure modaliteit bereikt is, wil dit nog niet zeggen dat het eindpunt bereikt is in het grammaticaliseringsproces. Een volgende stap kan bij voorbeeld zijn dat clusters van modale partikels een eigen gespecialiseerde betekenis ontwikkelen en in hun geheel de status van modaal partikel gaan verwerven.

Kenmerken

De modale partikels beantwoorden niet alleen aan de definitie van 'grammaticalisering', ze vertonen er ook alle symptomen van.

Zo is bekend dat bij grammaticalisering, woorden een 'semantic bleaching' ondergaan (LEHMANN, 1982, 121 e.v.; HOPPER & TRAUGOTT, 1993, 87), dit is een 'betekenisverbleking' die bestaat uit het verlies van oorspronkelijke semantische kenmerken.

De hiervoor gegeven voorbeelden (12) tot en met (17) tonen dat semantische verblekingsproces duidelijk aan.

Nochtans moet hier in verband met de modale partikels een belangrijke opmerking worden gemaakt. Het verlies van conceptuele betekenis impliceert niet dat de betekenis van de modale partikels willekeurig kan worden gekozen door de taalgebruiker. Men moet er namelijk op bedacht zijn dat "meaning changes in grammaticalization are not arbitrary" en dat "since the initial phase of grammaticalization involves a shift in meaning, but not loss of meaning, it is unlikely that any instance of grammaticalization, will involve a sudden loss of meaning" (HOPPER & TRAUGOTT, 1993, 89). Concreet houdt dit in dat, ondanks de brede waaier aan schakeringsmogelijkheden die een bepaald modaal partikel kan hebben, dit partikel toch niet door een willekeurig ander modaal partikel kan worden vervangen. Elk partikel heeft in wezen een beperkt en beschrijfbaar discursief betekenisbereik. Het is zelfs empirisch gebleken dat moedertaalsprekers een vrij goed idee hebben van de semantische grenzen van het gebruik van bepaalde partikels (KIRSNER, 1991). Daarom zou ik de term 'semantische verbleking' bij de modale partikels niet te absoluut willen interpreteren. Weliswaar vindt er een semantische verbleking plaats maar die gaat gepaard met een 'semantische verrijking': wat verloren gaat aan conceptuele betekenis winnen de partikels aan modale betekenis. Maar ook dit is niet exclusief voor de modale partikels. Hopper en Traugott hebben al eerder aangetoond dat er bij grammaticalisering niet zozeer een verlies aan betekenis is als wel een herverdeling, dat het verlies aan semantische 'inhoud' gepaard gaat met een 'pragmatic enrichment' (HOPPER & TRAUGOTT, 1993, 87-88).

Voorts is het zo dat bij grammaticalisering "le rétrécissement sémantique va de pair avec une dilution des restrictions distributionelles" (LAMIROY, 2002, 1). Ook dat verschijnsel is bij (sommige) modale partikels (al) vaststelbaar:

(18) Ik zei je **toch** dat hij de beste is.
We hebben gewoon vet veel te vertellen aan elkaar, beter **toch.**
Dat wil je wel eens doen. Ja **toch?**
Toch mooi, hé?
Geef hem dat boek **toch.**
Geef hem **toch** dat boek.

(19) Is dat **soms** de mooiste?
Is dat de mooiste **soms?**

(20) Mag ik **misschien** jouw adres?
Mag ik jouw adres **misschien?**

Dit betekent evenwel niet dat ze, zoals tussenwerpsels, zowat overal in de zin kunnen voorkomen. Integendeel, naarmate ze meer als modaal partikel optreden lijken ze ook meer aan bepaalde syntagmatische beperkingen onderhevig, zoals het feit dat ze vrijwel altijd midden in de zin voorkomen (in het zogenaamde middenveld) en niet voorkomen voor de persoonsvorm in hoofdzinnen (in het voorveld) (VAN DER WOUDEN, 2002: 24). Daarin verschillen de modale partikels overigens van hun conceptuele tegenhangers die als bijwoord wel op de eerste zinsplaats kunnen staan (ANS 457):

(21) **Even** heb ik geloofd dat je van me hield.
Toch heb ik gelijk.
Dan besef je pas hoe ze met je sollen.
Nou heb ik er geen zin meer in.
Misschien moet je hem maar helpen

Ook hierin gedragen modale partikels zich als grammaticaliseringen, want Lehmann (1982) vermeldde al 'loss of paradigmatic and syntagmatic variability' als een typisch kenmerk van grammaticalisering.

Grammaticalisering leidt syntactisch ook tot een 'integration into a paradigm', heeft Lehmann (1982) vastgesteld, dat wil zeggen dat er een specialisatie optreedt in de valentie. En ook dit verschijnsel is met betrekking tot de modale partikels al vaker vastgesteld (LEROT, 2001; COLSON, 2001; VAN DER WOUDEN, 2002). Modale partikels treden namelijk vaak in vaste verbindingen op, waarbinnen de volgorde zo goed als vastligt: *maar eens, wel eens, niet eens, ook weer, alleen maar, ook maar, nou toch, nog maar, ook al, nu eens, ook weer, nou toch even, etc.* Het merkwaardige is dat een aantal van die vaste combinaties een onvoorspelbare betekenis zijn gaan ontwikkelen.

Het proces van grammaticalisering brengt ook vaak een zekere syntactische *decategorisering* mee (HOPPER & TRAUGOTT, 1993). Gegrammaticaliseerde woorden verliezen typische kenmerken van hun woordklasse. Ook dat fenomeen is in verband met de modale partikels al eerder vastgesteld (FOOLEN, 1993; VAN DER WOUDEN, 2002). De modale partikels worden weliswaar tot de categorie van de bijwoorden gerekend, maar ze verliezen heel vaak hun typische bijwoordkarakter, zowel syntactisch als semantisch. De volgende voorbeelden illustreren het verschil heel duidelijk:

(22) Het Europees Parlement zal dit compromis **zeker** accepteren.
[bijwoord]
Zeker is alleen dat Johan voorzitter blijft.
[bijwoord]
Jij bent **zeker** niet goed wijs? [modaal partikel]
* **Zeker** ben je niet goed wijs [onmogelijk]

(23) Ik zal **misschien** wat later komen.
Misschien zal ik wat later komen..
Ben jij **misschien** de oudste?

Bij grammaticalisering is ook al vaker een neiging tot morfologische **coalescentie** vastgesteld, dat wil zeggen de neiging van gegrammaticaliseerde elementen om in een vast syntagma voor te komen en zo te agglutineren. Ook dat is een verschijnsel dat gedeeltelijk kan worden vastgesteld bij Nederlandse modale partikels en dat al eerder is opgemerkt, onder meer door Van der Wouden die geobserveerd heeft dat “alsmaar terugkerende combinaties zich steeds meer gaan gedragen als woorden”, wat zich uit in het feit dat ze zelfs frequent aan elkaar geschreven worden, zoals *weleens* en *danook* (VAN DER WOUDEN, 2002, 30).

Een laatste kenmerk van grammaticaliseringen dat we ook enigermate bij modale partikels terugvinden is de zogenaamde ‘fonetische erosie’ (‘phonological attrition’ LEHMANN, 1985). Die fonetische erosie uit zich bij de modale partikels hierin dat ze onbeklemtoond en onbeklemtoonbaar zijn (ELFFERS, 1997). Daarin verschillen ze weer van hun lexicale equivalenten. Vergelijk:

(24) **Mísschien** word ik hier de baas.
Heb je **misschien** een mes voor mij?

(25) **Gewoon** kun je zoiets niet noemen.
Ik heb **gewoon** geen zin.

Ten tweede gaat het klemtoonverlies een enkele keer ook gepaard met vocaalreductie en met medeklinkerdeletie, namelijk bij *eens.* Als *eens* een bijwoord is, kan het de uitspraak [e] krijgen, maar als onbeklemtoond modaal partikel kan het klinkerelement enkel als een sjwa worden uitgesproken. Vergelijk:

(26) **Eens** zal je me gelijk geven.
Je moest **eens** weten wat ze allemaal over je vertellen.

Twee kenmerken van grammaticaliseringen verdienen in verband met modale partikels nog apart enige aandacht. Ten eerste is het bekend dat grammaticalisering in het bijzonder woorden treft die heel vaak voorkomen. Dat is een kenmerk dat vooral door Bybee aan de orde is gesteld (BYBEE e.a. 1994; BYBEE & HOPPER, 2001). De verklaring die daarvoor gegeven wordt is dat "[l]a fréquence d'un élément est à la fois cause et effet de la désémantisation et de l'étiolement phonétique, la fréquence d'un élément étant proportionnelle au manque de spécificité de son sens et à la légèreté de son volume forme" (LAMIROY, 2002: 3). Ook de Nederlandse modale partikels behoren tot de hoogstfrequente woorden van het (gesproken) Nederlands. Zo komen alle in (5) genoemde modale partikels voor in de 750 vaakst gebruikte woorden in het gesproken Nederlands, zoals geattesteerd in de dalende frequentielijst van De Jong (1979).

Een tweede kenmerk van het proces van grammaticalisering is dat het "affects similar classes of lexical items in similar ways across a wide number of languages" (HOPPER & TRAUGOTT, 1993, 68). Zo hebben erg specifieke lexicale items als *fietswiel* of *klaarstomen* minder kans om gegrammaticaliseerd te worden dan bijwoorden als *soms, ook, slechts, eigenlijk*. Het blijkt dat bijwoorden als *toch, maar, eens, alleen* en hun equivalenten in heel uiteenlopende talen als het Duits (ABRAHAM, 1991), het Hongaars (FÁBRICZ, 1989), het Russisch, het Grieks, het Noors, het Fins etc. (KÖNIG, 1991, 173) een vergelijkbare ontwikkeling doormaken. Ook in dit opzicht passen de Nederlandse modale partikels volkomen in het universele proces van grammaticalisering. Met betrekking tot die universaliteit van het fenomeen heerst er echter nog enige twijfel. In een artikel uit 1991 (1991a) bij voorbeeld, concludeert Abraham nog dat modale partikels enkel voorkomen in talen waarvan de woordvolgorde georganiseerd is in termen van een voorveld (eerste zinsplaats) en een middenveld. Foolen (1995, 59) toont echter aan dat talen als Russisch en klassiek Grieks ook modale partikels hebben, hoewel ze geen middenveld hebben.

Als grammaticalisering een diachroon proces is dat bepaalde hoogfrequente klassen van woorden treft, dan is een interessante vraag welke woorden in het Nederlands op de drempel staan van grammaticalisering. Foolen (1995: 60) gaf al aan dat er enige groei zit in de klasse van de modale partikels. Hij schrijft: "I would consider *rustig* 'quietly', *langzaam* 'slowly', *snel* 'quickly', *toevallig* 'accidently' and *gewoon* 'simply' to be modal particles in statu nascendi" en hij geeft daarbij als voorbeelden:

(27) Je kunt **rustig** schreeuwen.
(28) Ik ga er **langzaam** 'ns vandoor.
(29) Mag ik **snel** even langs?
(30) Heb je **toevallig** een sigaret voor mij?
(31) Ik heb **gewoon** geen tijd.

Op dit ogenblik zie ik zelf in elk geval nog twee hoogfrequente bijwoorden die zich in bepaalde contexten als modale partikels gedragen: *mooi* en *lekker*.

(32) Jij dacht natuurlijk weer de eerste te zijn - **Lekker** niet dus!
(33) Nou, dat heb jij dan **mooi** verknoeid.

In beide gevallen is het bijwoord weglaatbaar zonder dat aan de propositionele betekenis van de zin wordt geraakt. De modale betekenis van *lekker* in (32) is 'ik ben tevreden met' de propositionele inhoud van de zin en die van *mooi* in (33) is 'ik erger mij over' de propositionele inhoud van de zin. In beide gevallen is er nog een rest van de conceptuele inhoud die meespeelt: in (32) de betekenis van 'wat mij bevalt' die in de conceptuele betekenis van het bijwoord *lekker* geïmpliceerd is en in (33) het ironisch gebruik van 'wat behaagt', een betekenis die in de conceptuele definitie van *mooi* geïmpliceerd is.

Conclusie

Het zal ondertussen duidelijk geworden zijn dat modale partikels een interessante casus vormen voor het bestuderen van het proces van grammaticalisering. Ik hoop dat ik in deze bijdrage duidelijk heb gemaakt dat modale partikels het best bestudeerd worden in samenhang met hun lexicale tegenhangers.

Maar evenzeer is duidelijk geworden dat het proces van de semantische 'verbleking' en de semantische 'verrijking' nog niet helemaal doorgrond is. Een verdere analyse van dit proces zou zeker haar voordeel kunnen doen met contrastieve analyses zoals Jacques Lerot (2001) die heeft uitgevoerd, omdat juist uit zulke analyses blijkt hoe de semantische specificiteit van i.c. Duitse en Nederlandse partikels door vertalers wordt geïnterpreteerd.

Interessant is ook dat de contrastieve analyse ontegensprekelijk aantoont dat het inderdaad in verschillende talen vaak dezelfde types woorden zijn die gevoelig blijken voor grammaticalisering, hoewel de modale betekenisontwikkeling van de overeenkomstige partikels niet altijd parallel loopt. Ik vergelijk hier bij wijze van afsluiting exemplarisch het gebruik van *doch* (D) en *toch* (NL) en van *aber* (D) en *maar* (NL):

(34) Die Möglichkeiten dessen sollte man **doch** zugeben
De mogelijkheden daarvan zou men **toch** moeten erkennen.
(35) Kan er **aber** gut schwimmen!
Wat kan hij **toch** goed zwemmen!
(36) Das war **aber** ein genuss!
Dat was **nog eens** een genot!
(37) Tu das **nur**!
Doe dat **maar.**

Zo'n kleine vergelijking bewijst al hoe nuttig een uitvoeriger contrastieve analyse van het gebruik van modale partikels eigenlijk nog wel is. Vooral voor de vreemdetaalleerder die het Nederlands en het Duits als vreemde taal moet verwerven is er dringend behoefte aan een systematische beschrijving van het gebruik en van de (modale) betekenis van partikels.

Bibliografie

ABRAHAM, W. (1991) “The grammaticalization of the German modal particles”. In: E.C. Traugot & B. Heine (red.), *Approaches to grammaticalisation,* Amsterdam: Benjamins,Vol II, 331-380.

ABRAHAM, W. (1991a) “Discourse particles in German: How does their illocutive force come about?”. In: W. Abraham (red.): *Discourse particles,* Amsterdam: Benjamins, 203-252.

[ANS] HAESERYN, W. K. ROMIJN, G. GEERTS, J. DE ROOIJ, M.C. VAN DEN TOORN (1997) *Algemene Nederlandse Spraakkunst (ANS),* 2 vols. (2e editie). Groningen, Martinus Nijhoff & Deurne, Wolters Plantijn.

AS, S. VAN (1991) "Accentplaatsing en interpretatieve keuze". *Forum der Letteren,* 32, 2, 90-107.

BYBEE, J., PERKINS, R. & PAGLIUCA, W. (1994) *The Evolution of Grammar.* Chicago, Chicago University Press.

BYBEE, J. & HOPPER, P. (2001) *Frequency and the Emergence of Linguistic Structure.* Amsterdam: Benjamins.

CALLEBAUT, I. (2003) "En dan is er ... een schakeringspartikel". In: C. Henn (red.): *n/f Onderzoek en praktijk tussen twee talen.* Vantilt, 23-36.

COLSON, J.P. (2001) " 'Het is wanneer je doet waarvan je houdt dat je leert': Over het nut van contrastieve fraseologie in het vreemdetalenonderwijs". In: L. Beheydt, e.a. (red.): *Contrastief onderzoek Nederlands-Frans.* Peeters: Louvain-la-Neuve, 35-50.

ELFFERS, E. (1992) "Wat betekent *toch* toch?". In: E.C. Schermer-Vermeer, e.a. (red.): *De kunst van grammatica: Artikelen aangeboden aan Frida Balk-Smit Duyzentkunst.* UvA:Amsterdam, 63-100.

ELFFERS, E. (1997) "De onaccentueerbaarheid van modale partikels". In: *Grammaticaal Spektakel. Artikelen aangeboden aan Ina Schermer-Vermeer.* UvA: Amsterdam, 87-99.

FÁBRICZ, K. (1989) "Where does the function and meaning of modal particles come from?". In: H. Weijdt (red.): *Sprechen mit Partikeln.* Berlijn: de Gruyter, 378-387.

FOOLEN, A. (1993) *De betekenis van partikels. Een dokumentatie van de stand van het onderzoek, met bijzondere aandacht voor* maar. Proefschrift K.U. Nijmegen.

FOOLEN, A. (1995) "Dutch Modal particles: Relevance of Grammaticalized Elements". In: T.F. Shannon & J.P. Snapper (red.): *The Berkeley Conference on Dutch Linguistics 1993,* Lanham, MD: University Press of America, 57-70.

HOPPER, P. & E. TRAUGOTT (1993) *Grammaticalisation.* Cambridge: Cambridge University Press.

JANSSEN, T.A.J.M. (1995) "Heterosemy or Polyfunctionality? The Case of Dutch *maar* but, only, just". In: T.F. Shannon & J.P. Snapper (red.): *The Berkeley Conference on Dutch Linguistics 1993,* Lanham, MD: University Press of America, 71-85.

KIRSNER, R.S. (1991) "Het nut van intersubjectieve gegevens in taalkundige beschrijvingen van het Nederlands". *Neerlandica Extra Muros* 29, 3, 12-20.

KÖNIG, E. (1991) *The Meaning of Focus Particles. A Comparative Perspective.* Routledge: London & New York.

LAMIROY, B. (2002) *Grammaticalisation: théorie et application.* Samenvatting van een lezing gehouden aan de U.C.L. in Louvain-la-Neuve op 27.4.2002.

LEHMANN, C. (1982) *Thoughts on Grammaticalisation. A programmatic Sketch.* Akup48, Cologne: Institut für Sprachwissenschaft.

LEHMANN, C. (1985) "Grammaticalization and Linguistic Typology". *General Linguistics,* 26, 3-23.

LEROT, J. (2001) "L'expression des fonctions discursives en français et le problème de la traductibilité des particules modales allemandes et néerlandaises". In: L. Beheydt, e.a. (red.): *Contrastief onderzoek Nederlands-Frans.* Peeters: Louvain-la-Neuve, 125-141.

MEILLET, A. (1912) "L'évolution des formes grammaticales". In: *Linguistique Historique et Linguistique Générale. 1958.* Paris: Champion.

MOSEGAARD HANSEN, M. B. (1996) "Some common discourse particles in spoken French". In: M.B. Mosegaard Hansen & G. Skytte (red.): *Le Discours: Cohérence et Connexion.* Etudes Romanes 35. Museum Tusculanum Press: Copenhague, 105-149.

TRAUGOTT, E. & B. HEINE (red.) 1991. *Approaches to grammaticalisation.* Amsterdam: Benjamins.

WISCHER, I. & G. DIEWALD (red.) (2002) *New Reflections on Grammaticalisation.* Amsterdam: Benjamins.

WOUDEN, T. VAN DER (2002) "Partikels: naar een partikelwoordenboek voor het Nederlands". *Nederlandse Taalkunde,* 7, 20-43.

BCILL 112: *Langues à niveaux multiples*, 35-45

Phraseology and Computational Corpus Linguistics: From Theory to a Practical Example

Jean-Pierre COLSON
Institut Marie Haps (Bruxelles)/Université catholique de Louvain

1. Introduction

Although the importance of all kinds of fixed expressions is now widely acknowledged by most linguistic theories, phraseology as a linguistic school, represented by the Europhras movement[1], still faces a number of theoretical and practical problems that have been clearly described and analysed by Čermák (2001), who also mentions possible solutions. Here are some important recommendations he makes in his conclusions:

- 'Large corpora (perhaps of billions of words) with known idioms tagged: an enormous task to be accomplished only gradually. As yet, no reliable way has been devised of doing this automatically and exhaustively.'
- 'Automatic, both statistical and rule-based discovery procedures: these should help to distinguish regular combinations or **collocations** (including multi-word terms) from **idioms.**'

(ČERMÁK, 2001, 17).

Obviously, research on phraseology may profit from the findings within the field of corpus linguistics. On the other hand, the multimedia revolution and the new techniques provided by advanced programming languages also offer a lot of practical solutions.

In the present article, I will try to show that recent research in that direction, which is sometimes called computational corpus linguistics, may shed a new light on some aspects of phraseology. The starting point will be a simple question: is an automatic discovery procedure of set phrases possible or is Čermák's claim too sweeping?

The first section will be devoted to a few theoretical issues underlying this question. In the second part, a computational approach will be used for the treatment of a practical example.

---

1 European Association for Phraseology, see http://www.europhras.unizh.ch

2. About sleeping policemen and hard shoulders: phraseology as a semantic issue

A complete overview of all the possible definitions of phraseology would fall beyond the scope of the present article. Most researchers that are active in this field will accept H. Burger's distinction between the two main interpretations of this term:

'**Phraseologie im weiteren Sinne**:
(1) Polylexicalität – der Phraseologismus besteht aus mehr als einem Wort.
(2) Festigkeit – wir kennen den Phraseologismus in genau dieser Kombination von Wörtern, und er ist in der Sprachgemeinschaft – ähnlich wie ein Wort – gebräuchlich. Von **Phraseologie im engeren Sinne** sprechen wir, wenn zu den beiden ersten Eigenschaften noch eine dritte hinzukommt: (3) Idiomatizität.' (BURGER, 1998, 14-15)
(Summary: phraseology in the broad sense is based on the criteria of polylexicality and fixedness; phraseology in the narrow sense implies a third feature: idiomaticity).

This definition clearly lays stress on the semantic foundations of fixed expressions or 'phraselogical units'.[2] Indeed, how could the second criterion ('we know the fixed expression in precisely this combination of words') and even more so the third one (idiomaticity), be applied without falling back on the native speaker's competence? The meaning of the whole combination must be viewed by the native speaker as being equivalent to a single word, and he must also use his mastery of the semantics of language in order to decide about the idiomatic character of the fixed expression.

This theoretical approach is confirmed by everyday linguistic practice, and especially by foreign language teaching and learning. When the students wonder about the possibly fixed nature of a phrase, they will naturally take recourse to the competence of the teacher or of the native speaker.

From a purely formal point of view, the need for semantic criteria is clearly illustrated by the fact that *most fixed expressions look just like ordinary, free combinations*. Thus, a *sleeping policeman* can be literally asleep, but it is also a fixed expression (a traffic hump, French: *un casse-vitesse, un ralentisseur*). In the same way, someone can have broad shoulders but *the hard shoulder* is a fixed expression (French: *la bande d'arrêt d'urgence*). Again, nothing in the form gives the non-native speaker a clue about the phraseological nature of this word combination. You just have to know about it, look it up in a dictionary (unfortunately, many of those recent expressions are nowhere to be found) or ask a native speaker. At first sight, the semantic foundation of fixed expressions is so obvious that it does not seem to justify any linguistic debate at all.

This situation is rather frustrating for foreign language learners. From the point of view of modern technology, it also seems to imply that a computer program could never

[2] There is unfortunately no consensus about the English translation of 'Phraseologismus'. Moon (1998b) uses 'fixed expression'.

identify by itself a fixed expression (unless of course you provide the program with a complete list of expressions), as it looks in all respects like a free word combination.

This, too, is confirmed by most automatic translation programs that are freely available on the Internet. Starting from the Google search engine (http://www.google.com), I got the following French translation of a short English text: [3]

'US spy ready to spill the beans on Real IRA
By Alan Erwin in London
The Real IRA has been cracked wide open by an MI5 spy who is set to testify at the trial of the dissident terror group's suspected leader, it was claimed on Saturday night.

Espion des USA prêt à renverser les haricots sur vrai IRA
Par Alan Erwin à Londres
Le vrai IRA a été grand ouvert fendu par un espion MI5 qui est placé pour témoigner à l'épreuve du chef suspecté du groupe dissident de terreur, il a été réclamé le samedi nuit.'

For the program, *spill the beans* had the literal meaning (*renverser les haricots*, instead of *vendre la mèche, faire des révélations*).

Form alone does not enable the computer to grasp the figurative meaning of fixed expressions, which is another clear confirmation of the predominance of meaning in the very nature of phraseology.

In spite of this apparently overwhelming evidence, I will argue that the theoretical issue of the formal and semantic aspects of fixed expressions may be more complex than it appears to be.

At the other end of the theoretical spectrum, Sinclair (1991, 170) defined collocations from a purely formal and statistical point of view: 'Collocation is the occurrence of two or more words within a short space of each other in a text.' The problem with such a general definition is that it cannot draw a clear distinction between co-occurrence due to chance and real collocations. However, the corpus approach and the techniques that were developed or refined by corpus linguists provide us with another picture of the interaction between form and meaning in fixed expressions.

Recent developments in computational linguistics also seem to challenge the necessary recourse to semantics in text analysis in the broad sense. Thus, a number of experimental programs can automatically derive summaries from technical or scientific texts.[4] The basic theoretical assumption that underlies such studies is not that the semantic layer of language can be ignored, but rather that you can access the meaning of language by using indirect methods and by taking structural, formal structures into account. In a sense, both modern corpus linguistics and computational linguistics are therefore new versions of linguistic structuralism.

As corpus linguistics and computational linguistics share a lot of theoretical concepts and practical techniques, it is no wonder that some specialists use a combination of both terms: 'computational corpus linguistics'.[5] In this new discipline, the stress lies on corpora

---

3 http://old.smh.com.au/news/0104/09/world/world6.html
4 For articles about this subject, see: Computational Linguistics, Volume 28, Number 4.
5 For a bibliography of computational corpus linguistics, check

and on existing programming practice, whereas computational linguists often tend to work with algorithms, which gives their work a more mathematical aspect.

In the next paragraph, I will just try to illustrate by a simple example how useful computational corpus linguistics can be for future research on phraseology. The conclusion of this theoretical discussion is rather disappointing: nothing seems to distinguish a fixed expression from a free word combination, and there is therefore no point in applying automatic methods to the treatment of phraseology.

3. A computational approach

Pattern matching has become very easy nowadays, using the new techniques provided by computational corpus linguistics. Since the publication of John Sinclair's 'Corpus, Concordance, Collocation' (1991), the use of sophisticated concordancers has become quite common among corpus linguists. Unfortunately, the concordancer can only offer what the programmer had in mind, and the linguist can not always freely adapt it to his real needs. This is precisely where object- oriented programming comes in.

Among modern programming languages, the Practical Extraction and Report Language (Perl) is one the favourites of many computational linguists. Perl was created in the mid-1980s by Larry Wall. One of the original features of Perl was a new version of Henry Spencer's subroutines, better known as *regular expressions*.[6] A thorough technical discussion of this subject would carry us too far, but it is worth mentioning that the theory of regular expressions originated from mathematics, and was later applied to computing. Thanks to the brilliant ideas of Larry Wall, Perl's regular expressions have now become a standard in almost all programming languages, in the sense that most languages have adapted Perl's regular expressions and kept all their original features. This is why most libraries of regular expressions use the phrase 'Perl 5-compatible'. Adaptations of Perl's regular expressions can thus be found in Java, Python, Tcl, Visual Basic, Delphi (Object Pascal), C++ and C#, etc.

Regular expressions can help linguists in many different ways, as they allow for all kinds of information extraction on the basis of any corpus.

The conclusion of the preceding paragraph, derived from a semantic approach of set phrases, was the impossibility of extracting idioms from a corpus in an automatic way. Let us now try to challenge this view.

The theoretical background for the practical computational part actually originates from several studies that have been carried out within the Europhras linguistic school. Although the stress has been laid on the semantic side, the syntactic and formal behaviour of many set phrases has already been studied. Among interesting features, some researchers (see for instance ČERMÁK, 2002) have pointed out that many verbal phrasemes tend to be accompanied by certain syntactic contexts or even specific words. A typical example is the English adjective *proverbial*, which is often used in combination with a verbal phraseme, as in *to spill the proverbial beans*. The same holds true of Dutch (with the adjective *spreekwoordelijk*) and German (*sprichwörtlich*).

---

http://coral.lili.uni-bielefeld.de/Classes/Winter2001/kvvw2001/node111.html

6 For an introduction to regular expressions and their functioning, see Friedl (2002).

This discovery is apparently rather unimportant, but it has many consequences for a computational study of set phrases. Indeed, together with other formal characteristics, it implies that computational linguists can give their program a number of clues about the presence of idioms in a corpus, opening the door for a possible automatic extraction.

I am not claiming that this is already possible on a large scale, but there are some indications that it already works partially, and that it can only be improved in the future. Let us now see how we can apply regular expressions to the treatment of cases such as the ones mentioned in paragraph two.

Čermák (2002) used the British National Corpus and the Czech National Corpus (100 million words for each corpus) to verify the presence of introducers in combination with proverbs and idioms. The first part of his paper reports the results found for 20 English idioms. These results are rather unexpected as far as introducers are concerned: only one English idiom had been twice used with an introducer in the whole corpus. On the other hand, F. Čermák carried out an other search on the corpus, devoted to the introducers *proverbial* and *proverbially*. This time, the results suggested that a third of the use of the adjective *proverbial* (and of its Czech equivalent) on both corpora *had to do with some kind of idiom.* This very interesting discovery confirms the apparent supremacy of the adjective *proverbial* in English (and possibly in other languages such as Czech, Dutch and German) as an idiom introducer.

In the present study, we are going to study this problem from another point of view. Knowing that the adjective *proverbial* is quite common as an idiom introducer, we will use the largest English corpus available, the World Wide Web, to see if the combination of a common verb such as *take* and the adjective *proverbial* yields any results.

As is often the case on the Internet, the linguist is first confronted with too many data. In the case of the Google search engine (http://www.google.com), it took me just a few seconds to get no less than 970 instances of the combination "take the proverbial". Not all of them, of course, are related to idioms. The question is: can we make a program that will refine these results? Is it possible to have a more fine-tuned selection of idioms without falling back on the linguist's intuition or on the dictionary?

We will argue that Perl 5- compatible regular expressions, which can capture the relevant piece of information from any linguistic string, offer an original solution to this problem.

From a technical point of view, the difficulty in a case like this is to figure out what kind of very restrictive search string will yield the best results. To use a computational concept, we are looking for a very *non-greedy regex*, a regular expression that will pick up the specific piece of information we want, and not too much irrelevant text.

In that respect, I have tested the following simple regexes in Perl and Object Pascal (Borland's Delphi) with some success:

REGEX 1: '(?i)take(n|s)?\sthe\sproverbial\s+([a-z\s]+),?\sand\s'

REGEX 2: '(?i)take(n|s)?\sthe\sproverbial\s+"([a-z\s]+)"'

The first regex can be read as follows: we are looking for *take*, *takes* or *taken* followed by a blank, followed by *the proverbial*, followed by one or more blanks, followed by an alphabetic string of words, followed by an optional comma, followed by *and.*
In the second regex, the crucial element is the presence of the alphabetic string between quotation marks.

In both cases, using a Perl – compatible, NFA [7] regex engine, allows for the extraction of the information put between capturing parentheses. In this case, the second pair of parentheses contains the relevant information, and Perl will therefore put it in the special variable $2. Four lines of code in Perl are enough to put all the results in an array and create a *hash* (two-dimensional array) classifying all the results in order of decreasing frequency, with the alphabetic order for similar results. [8] A text file is automatically generated by the program, and the linguist just has to open this file to view the following results:

Table 1. Automatically generated results for 'take the proverbial'

```
38 take the bull by the horns
16 take the ball
9 take the plunge
6 take a deep breath
6 take the next step
4 take the be prepared
4 take the biscuit
4 take the blender
4 take the bull by its horns
4 take the bull by the horn and live in the here
4 take the bull by the horns and live in the here
4 take the bullseye
4 take the envelope
4 take the glob of clay
4 take the high road
4 take the licking
4 take the magnifying glass
4 take the mile
4 take the pogo stick
4 take the proactive stance
4 take the rocket scientist
3 take the bait
3 take the dieting bull by the horns here
3 take the rod out
3 take the rough with the smooth
2 take the act of congress
2 take the back seat
2 take the bath
2 take the best available
```

7 NFA stands for non-finite deterministic automaton. For a complete explanation of how regex matching works and for the difference between NFA and DFA engines, see Friedl (2002).

8 This is achieved by the well-known Perl instruction: `@keys = sort {$wordcount{$b} <=>$wordcount{$a}||$a cmp $b} keys %wordcount;`

```
2 take the big step back
2 take the bird in the hand
2 take the bull by the horn
2 take the bullet
2 take the chance
2 take the grain of salt
2 take the hit
2 take the leap of faith
2 take the sentimental journey
2 take the step backwards
2 take the village
```

Naturally, these results are very raw but the point that I just wanted to make was that an automatic procedure applied to a corpus enables the user, in this particular case, to derive idiomatic combinations with the verb *take*, without having to know any word of English, and by leaving the dictionaries aside. To some extent, phraseology is therefore detectable by automatic programs, Q.E.D.

Besides, several techniques are available in order to refine those results. We can for instance compare the relative frequency yielded by the sample (table 1 above) with the overall frequency of those combinations on the Internet. Here are, in the right column, the results provided by the Google search engine for those combinations:[9]

Table 2. Global frequency on the Internet (using Google)

take the bull by the horns	10.900
take the ball	27.900
take the plunge	94.100
take a deep breath	184.000
take the next step	123.000
take the be prepared	1
take the biscuit	1.350
take the blender	68
take the bull by its horns	191
take the bull by the horn and live in the here	0
take the bull by the horns and live in the here	0
take the bullseye	10
take the envelope	1.170
take the glob of clay	0
take the high road	17.900
take the licking	72
take the magnifying glass	129
take the mile	470
take the pogo stick	14
take the proactive stance	27

9 Those figures only correspond to the exact phrases in the table, with no words between them, and do not take the other verbal forms into account. They are therefore just approximations of the total frequency of those idioms on the Internet, especially if we consider that the search engines actually access a limited part of the World Wide Web.

take the rocket scientist	4
take the bait	21.000
take the dieting bull by the horns here	0
take the rod out	157
take the rough with the smooth	2.210
take the act of congress	0000
take the back seat	2.310
take a bath	84.000
take the best available	636
take the big step back	2
take the bird in the han	54
take the bull by the horn	464
take the bullet	3.080
take the chance	91.000
take a chance	226.000
take a grain of salt	139
take the hit	8.460
take the leap of faith	1.730
take a sentimental journey	729
take a step backwards	4.100
take the village	1.100

It is clear that the raw results from table one included some irrelevant information, as well as artefacts of the search procedure. Relying on his intuition, the linguist is then able to eliminate some examples, knowing that they are not English idioms. But the point is again that *this task can also be automated.* [10]

Indeed, the results from table 2 show that the frequency of those combinations on the Internet can be used as a criterion for distinguishing between several cases:

1. highly frequent combinations (more than 50,000 results): *take the plunge, take the next step, take a deep breath, take a bath, take the chance, take a chance*. Using H. Burger's classification of fixed phrases (1998, 38), we might call them 'semi-idioms' ('*Teil-Idiome*') or 'semi-phrasemes', because their meaning is only partly idiomatic.
2. frequent combinations that would be classified as verbal phrasemes or real idioms, such as *take the bull by the horns, take the ball, take the rough with the smooth*, etc.
3. a number of frequent clichés or catch phrases: *take the leap of faith, take a sentimental journey, take the magnifying glass*.
4. artefacts of the search procedure, yielding no results at all or just a few, for instance *take the be prepared*. In this case, it is clear that *take the proverbial 'be prepared'* was not an ordinary idiom used with the verb take, but a remark about the proverbial cliché *'be prepared'* (*take* was used in the sense of *consider*).

[10] For the frequency on the search engine, both 'take the' and 'take a' were tested. The reason is pretty obvious. In idioms of the type 'take a......', the indefinite article will usually be replaced by the definite article in combination with the adjective 'proverbial'. 'Take a deep breath' will thus become 'take THE proverbial deep breath'.

In table 1 above, very restrictive regular expressions were used in order to automatically extract some idioms from the corpus, and their frequency was then tested on the Internet. The objective was not to get as many results as possible, but just a sample of the most frequent combinations. All the steps of this research can be fully automated, including the interaction with the Internet. A technical discussion of all the techniques involved is not possible in this article, but *web client programming* is well-known to computer scientists and computational linguists, and it offers a lot of possibilities.

Another approach, also largely automated, would consist in deriving as many instances as possible, in order to check whether the combination of *take* and *the proverbial* actually covers most of the known idioms for the verb *take*. This is also an interesting theoretical question: is the use of the introducer *proverbial* restricted to just a few idioms for each verb, or can we expect to find for this example (the verb *take*) a wide variety of combinations? In order to check this hypothesis, it is better to use a sophisticated concordancer, such as R.J.C. Watt's Concordance program.[11]

Having applied this method, a striking result from the corpus is that the introducer *proverbial* was used with a wide range of idioms but also of catch phrases or clichés. In accordance with John Sinclair's theory, the corpus is much richer than any dictionary, and it is therefore no great surprise that many idioms or clichés found in our sample are not mentioned by most dictionaries of idioms. To illustrate this point, the following table contains a number of idioms and set phrases which were automatically derived from the Internet corpus and which are not mentioned by the Cobuild Dictionary of Idioms (SINCLAIR et al., 1995). The right column gives the frequency found with the Google search engine.

Table 3. Idioms and clichés not mentioned by Cobuild and their frequency on Google

take the albatross off (his hands)	1
take the beating	2980
take the bit in (one's) teeth	291
take the black eye	27
take the bow	1310
take the bullseye	10 (bull's eye: 11)
take the chill pill	28
take the dump	174
take the fifth[12]	8800
take the kitchen sink	264
take a leap in the dark	304 (in the dark: 17)
take a long walk on a short pier	149
take the micky out of	196 (mickey: 1620)
take the pogo stick	14
take the quantum leap	374 (a quantum leap: 3420)

11 See: http://www.rjcw.freeserve.co.uk/concordance_software_download.htm. One of the features that should be present on a 'sophisticated concordancer' is the use of regular expressions. R.J.C. Watt's Concordance program includes an implementation of Perl 5- compatible regular expressions in Object Pascal (Delphi).

12 In this case, the figure of 8800 is a very raw indication, as all phrases including *take the fifth* plus any noun are taken into account. In many cases, this noun is actually *amendment*, as *take the fifth amendment* is the complete phrase.

take the road less traveled	3390 (travelled: 895)
take the road to hell	38
take the rod out	157
take the slow boat to China	23
take the sow's ear	4
take the spanking	243
take the taco	111
take a walk down memory lane	2220
take the wrong turn	794 (a wrong turn: 5190)

A few remarks should be made about those examples and their frequencies. Due to the limitations of search engines, these figures cannot be considered as fully reliable, but they give some indication of the wide variety of fixed expressions with the verb *take* that are ignored by traditional dictionaries. Many of those examples are actually clichés (*take a walk on a short pier, take the road less travelled, take the slow boat to China, take a walk down memory lane*), but their frequency is sometimes quite high, and they deserve more attention from dictionaries. Other factors certainly play a part: regional idioms (American phrases such as *take the fifth*), colloquial idioms (*take the bit in one's teeth, take the chill pill*), etc.

The main point, however, is a confirmation of our hypothesis: starting an automated search on the Internet on the basis of the idiomatic introducer *proverbial* makes it possible to **discover a lot of new idioms and clichés**, most of which are not described by traditional studies.

4. Conclusion

Although semantic principles underlie much of the use and function of fixed phrases, all the structural and formal characteristics of phraseology have not yet been fully explored. It is often the case in other scientific disciplines that some phenomena can only be detected in an indirect way, by studying the secondary features that are often associated with them. Mutatis mutandis, and with the necessary caution due to the fragmentary evidence presented here, it is not excluded that some automatic programs will be able in the future to detect phraseology in a number of ways. This might be useful to lexicographers, translators and foreign language learners.

What is already possible, in any case, is the use of some phraseological introducers such as proverbial for an automatic derivation based on regular expressions. This simple technique illustrates the need for more collaboration between phraseology and computational corpus linguistics.

Bibliography

BURGER, H. *Phraseologie. Eine Einführung am Beispiel des Deutschen.* Berlin: Erich Schmidt Verlag, 1998.

ČERMÁK, F. "Substance of Idioms: Perennial Problems, Lack of Data or Theory?", in: *International Journal of Lexicography*, 14, 1, 2001, 1-20.

ČERMÁK, F. "Text Introducers of Proverbs and Other Idioms". Paper presented at the International Conference EUROPHRAS 2002 (European Society for Phraseology and University of Bielefeld), Loccum (Hannover), 2002.

COLSON, J.-P. "Les locutions verbales françaises et allemandes dans le discours journalistique: pistes de recherche, fausses pistes, pistes brouillées", in: *Nouveaux Cahiers d'Allemand* (Université de Nancy II) 17, 1999, 555-568.

COLSON, J.-P. "Het is wanneer je doet waarvan je houdt dat je leert: Over het nut van contrastieve fraseologie in het vreemdetalenonderwijs". Lezing gehouden op het Internationaal Colloquium « Contrastief taalonderzoek Nederlands-Frans », Université catholique de Louvain, Louvain-la-Neuve, 2000.

COLSON, J.-P. "Van corpuslinguïstiek tot fraseologie: de plaats van Nederlandse en Franse vaste verbindingen in het lexicon". Lezing gehouden op het internationaal colloquium "Le néerlandais en France et en Belgique francophone: approches scientifiques, approches didactiques / Het Nederlands in Frankrijk en in Franstalig België wetenschappelijk en didactisch benaderd", Université Charles-de-Gaulle Lille 3. Villeneuve d'Ascq, 23 maart 2001.

COLSON, J.-P. "Corpus linguistics and phraseological statistics: a few hypotheses and examples". Paper presented at the international conference « Phraseologie und Parömiologie - Neue Perspektiven der Forschung » organised by the University of Zürich and Europhras. Ascona, Centro Stefano Franscini, June 19, 2001.

COLSON, J.-P. "Web Interactive Research on Phraseology". Paper presented at the International Conference EUROPHRAS 2002 (European Society for Phraseology and University of Bielefeld), Loccum (Hannover), 2002.

COWIE, A.P. (ed.) *Phraseology. Theory, Analysis, and Applications.* Oxford: Clarendon Press, 1998.

FRIEDL, J.E.F., *Mastering Regular Expressions*, 2nd Edition. Sebastopol (USA): O'Reilly, 2002.

MEL'ČUK, I. "Collocations and Lexical Functions", in: Cowie, A.P. (ed.) *Phraseology.Theory,Analysis, and Applications.* Oxford: Clarendon Press, 1998, 23-53.

MOON, R. "Frequencies and Forms of Phrasal Lexemes in English", in: Cowie, A.P. (ed.) *Phraseology. Theory, Analysis, and Applications.* Oxford: Clarendon Press, 1998a, 79-100.

MOON, R. *Fixed Expressions and Idioms in English.* Oxford: Clarendon Press, 1998b.

SINCLAIR, J. *Corpus, Concordance, Collocation.* Oxford: Oxford University Press, 1991.

SINCLAIR, J., FOX, G., MOON, R. et al. (ed.) Collins *Cobuild Dictionary of Idioms.* London: HarperCollins Publishers, 1995.

BCILL 112: *Langues à niveaux multiples*, 47-65

Lexique et programmation orientée objets

Guy EVERAERT
Thierry VAN STEENBERGHE

Langages objets

La *programmation orientée objets* (réalisée par exemple dans des langages tels que Ada, SmallTalk, C^{++}, Java) a pris aujourd'hui une place importante, en raison des avantages qu'elle offre: modularité, réutilisabilité, puissance et économie conceptuelles.
Nous n'allons pas détailler ici les caractéristiques techniques de ces langages objets[1], mais plutôt nous attacher à montrer leur intérêt pour la description linguistique. Nous nous occuperons plus particulièrement dans cet article du rôle des éléments lexicologiques dans l'interprétation du discours.

La notion *d'objet*

Lorsque nous observons le monde qui nous entoure, nous organisons la réalité perçue sous forme d'entités qui ont du sens en fonction de nos activités.
Ainsi, nous concevons une *maison* comme un objet ayant un certain nombre de propriétés (objet qui a des murs, un toit, une porte, des fenêtres, des chambres, peut de servir de lieu de vie à un certain nombre de personnes, etc.), et qui peut changer (s'écrouler) ou que l'on peut changer (repeindre, transformer, etc.). Nous lions en outre les objets les uns aux autres soit parce qu'ils sont reliés entre eux dans la réalité (par exemple la maison et le lieu de travail), soit parce qu'ils forment des ensembles proches d'un point de vue conceptuel (nous regroupons les maisons, les théâtres et les gares parce que ce sont tous des bâtiments).

Les langages de *Programmation Orientée Objets* (POO) sont conçus pour modéliser des entités de ce type, leurs interrelations et leurs interactions.
Ces langages donnent au programmeur la possibilité de construire des entités complexes, proches de la façon dont l'homme conceptualise naturellement la réalité. Ils formulent des

---

1 On se référera au livre désormais classique de B. MEYER (1997) pour une approche plus technique. Pour une présentation rapide, cfr H. LIEBERMAN (1990).

règles pour constituer des objets, définir leurs caractéristiques, décrire les transformations qu'ils sont susceptibles de subir ou de provoquer ou relier les objets les uns aux autres.

Plus concrètement, nous allons voir brièvement comment sont conçus les objets de ce type, qui ont le grand avantage d'être assez proches de notre façon naturelle de représenter la réalité.

Classe / instances

Le point de départ est la notion de *classe* qui permet de créer des *objets* particuliers. Par analogie à la linguistique, on pourrait dire que la *classe* est un concept qui appartient à la *Langue*, et l'*objet* créé, qui est une instance d'une classe donnée, est du domaine de la *Parole*.

La classe est une structure abstraite qui permet de réaliser des instances d'objets comme la phrase est une structure abstraite qui permet d'engendrer des énoncés.
Les objets une fois créés ont leur vie propre: ils peuvent se modifier quand ils reçoivent certains messages ou ils peuvent modifier d'autres objets en leur envoyant eux-mêmes des messages.

Attributs et opérations

Une classe a un nom et est composée essentiellement d'*attributs* et d'*opérations*.

Les attributs définissent les caractéristiques de la classe et les opérations déterminent les transformations que la classe prévoit sur ses propres objets ou d'autres objets.

Imaginons que nous voulions définir la classe *Maison*. Dans un premier temps, nous pouvons nous demander quelles sont les propriétés qui sont communes à toutes les instances de maison que nous avons déjà rencontrées. Ainsi, nous savons par expérience que les maisons ont des murs, un toit, des chambres, etc. Ces éléments forment les attributs de la classe *Maison*. Les attributs peuvent prendre des valeurs (le toit peut être en tuiles, en ardoises, etc.). Nous noterons[2] les attributs comme dans le schéma suivant, où le nom de la classe est placé dans le cadre supérieur.

Maison
murs : briques toits

[2] En nous inspirant d'une notation standard pour représenter les objets, à savoir le langage UML (Unified Modeling Language, cfr par exemple FOWLET, M., 2001, ou encore visiter le site www.rational.com/uml).

Nous pouvons nous demander ensuite quelles sont les transformations que peut subir la maison: on peut y installer des meubles, des équipements, la peindre, l'entretenir, la détruire, la vendre ou la louer, mais pas la déplacer. Ce sont les *opérations* typiques que l'on peut effectuer sur cet objet. On parle souvent de *méthode* pour décrire ce type d'opérations. Nous écrirons les opérations sous forme de verbe en les plaçant sous les attributs. Nous pouvons alors compléter notre schéma précédent comme ceci:

Maison
murs
louer s'écrouler

Ces opérations sont activées dans les objets instanciés par des messages envoyés par d'autres objets. Un programme orienté objet n'est donc pas une suite séquentielle d'instructions, mais une interaction permanente de multiples objets créés par le programmeur, objets qui sont en attente de signaux envoyés par l'utilisateur pour se transformer ou transformer le monde qui les entoure.

La classe permet donc de créer des objets concrets, qui ont des attributs déterminés, et qui sont dans un état donné. On représente les instances d'objets comme dans le schéma suivant, où l'on voit un objet maison (souligné et sans majuscule), appartenant à la classe Maison.

<u>maison</u> : Maison
murs : briques toit : tuiles chambres : 3
louée

Les attributs et les opérations peuvent être cachés (« encapsulation »). Cela signifie qu'ils ne sont pas accessibles aux autres objets du monde et qu'ils sont donc protégés contre tout changement intempestif. Il est important de réaliser que l'on ne modélise pas une réalité, mais des aspects d'une réalité en fonction d'un problème à résoudre, ce qui signifie qu'une même réalité ontologique peut avoir différentes représentations et différents degrés d'abstraction. Par défaut, les attributs sont cachés. La représentation peut alors se ramener à quelque chose de simple, où l'on ne retient que les éléments qui caractérisent l'état de l'objet au moment envisagé:

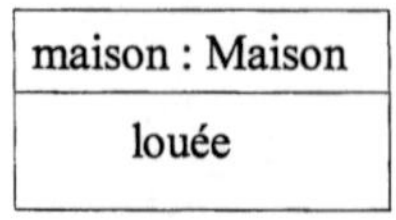

Relation d'héritage

Nous savons en outre qu'une maison est une espèce de bâtiment. Et nous savons aussi que les instances de la classe *Bâtiment* ont également des murs et un toit. On a donc:

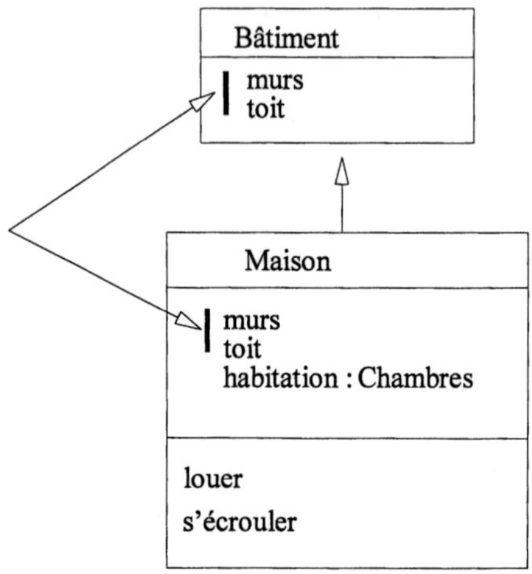

On voit tout de suite que les informations sont redondantes: les attributs *murs* et *toit* apparaissent deux fois. Il est évident qu'il suffit de noter l'information une seule fois et de dire que chaque sous-classe *hérite* des attributs de la classe supérieure. On fera le même raisonnement avec les *opérations*. On obtient alors le schéma suivant:

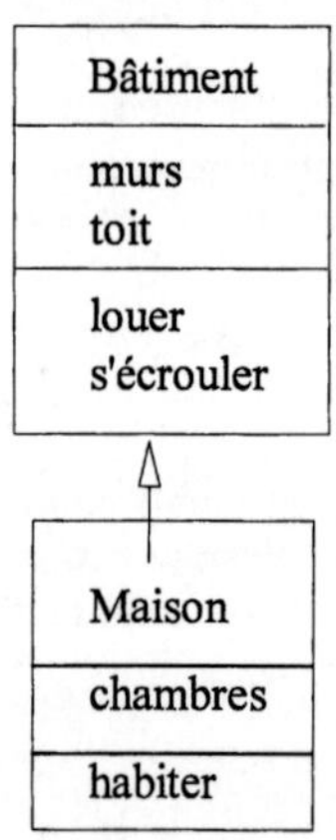

Ce dernier schéma est beaucoup plus intéressant que les représentations précédentes, parce que les attributs sont cette fois hiérarchisés. La classe *Maison* hérite par défaut des attributs de toutes les classes supérieures, appelées les hyper-classes.

Une fois que l'on dispose d'un modèle hiérarchisé, le raisonnement déductif naturel peut opérer.

Les langages objets proposent en outre d'autres procédures qui apportent énormément de souplesse pour créer des classes. Ainsi, il est possible de défaire le lien d'héritage, par exemple la sous-classe de maison *Caravane* pourrait avoir des roues (un autre exemple bien connu est celui de l'autruche, qui est un oiseau, mais qui n'a pas la propriété la plus évidente des oiseaux, celle de voler). Nous pouvons aussi placer des valeurs par défaut: la classe *Bâtiment* pourrait avoir 4 murs par défaut, et ces valeurs resteraient identiques pour toutes les sous-classes à moins d'un changement explicite. Il est possible encore d'avoir des héritages multiples (plus difficiles à gérer, certes), comme dans le cas de figure suivant, où l'on voudrait dire que la caravane est à la fois une maison et un véhicule:

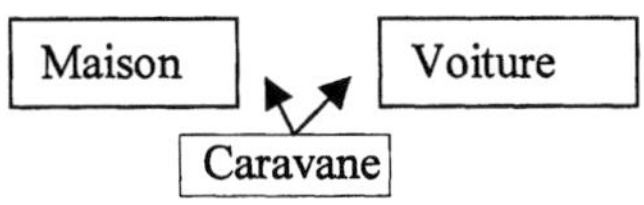

Autres relations

Le mécanisme d'héritage que nous venons de décrire est une notion essentielle des langages objets. Notons cependant que toutes les relations entre classes ne sont pas des inclusions. Considérons la figure suivante:

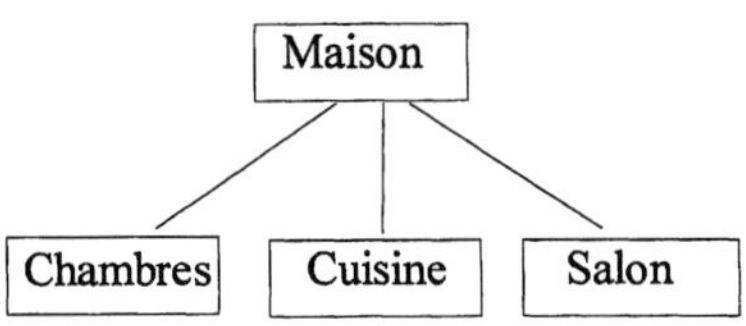

Une maison comprend des chambres, une cuisine, et un salon, mais ce n'est pas une relation d'inclusion. Il suffit de voir qu'une cuisine n'est pas une espèce de maison. Nous avons affaire ici plutôt à une relation bien connue aussi des linguistes, la relation de *méronymie*, qui indique *une partie de*.

C'est la même relation qui unit les doigts à la main, l'église au village, etc. Il n'y a pas de relation d'héritage dans ce cas.

On peut distinguer dans la relation *partie de* une relation forte (dite de *composition*), et une relation faible (simple *agrégation*). Dans la relation forte, s'il y a destruction du tout, il y a destruction des parties (s'il n'y a plus de main, il n'y a plus de doigts), tandis que dans la relation plus faible d'agrégation, la partie peut survivre indépendamment du tout (le village peut disparaître et l'église subsister). On indique ces relations par des losanges (pleins ou vides pour les relations fortes ou faibles) au départ de la classe qui constitue le tout, et des flèches vers les parties, comme ci-dessous. L'astérisque indique dans ce schéma qu'une maison a normalement plusieurs chambres, tandis que le nombre 1 indique qu'il n'y a qu'une seule cuisine et qu'un seul salon dans une maison ordinaire.

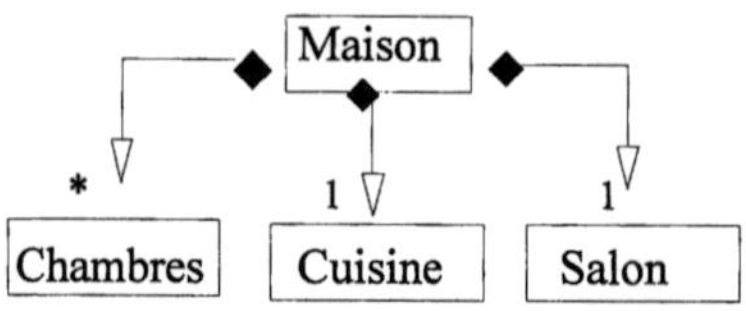

Les autres relations peuvent être indiquées conventionnellement par une simple ligne étiquetée, et sont gérées au niveau des systèmes informatiques par des hyperliens (associations entre classes, associations qui peuvent être de toutes sortes: synonymie, antonymie, etc.).

Par exemple:

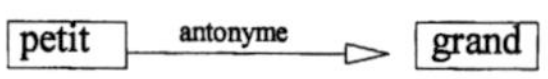

Pour résumer, rappelons les traits importants des langages de programmation que nous venons de présenter:

- la réalité est modelée de façon naturelle, en différents composants indépendants que l'on peut changer aisément sans devoir remanier l'ensemble du système; cela autorise un modèle dynamique modulaire où les éléments sont en interaction permanente;
- l'orientation objet permet de construire des modèles opérationnels de la réalité;
- l'orientation objet établit la différence fondamentale entre la classe et ses instances (les *objets*);
- une distinction tout à fait intéressante apparaît entre la notion d'*attributs* (les propriétés inhérentes des objets) et les *opérations* (les transformations des objets);
- la relation d'inclusion établit une hiérarchie entre classes; elle fournit la notion d'héritage qui produit l'économie de description tout en établissant une base logique pour les raisonnement naturels;
- les langages sont suffisamment souples que pour intégrer des relations d'autres types.

Nous nous proposons dans la suite de poser le problème de la description du vocabulaire dans les termes des langages orientés objets, en nous appuyant sur le champ lexical de la *ville*.

II. Monde des objets et lexicologie

Le stock lexical d'une langue est composé de mots[3]: quand nous parlons de *mot*, nous parlons plus précisément de mot au sens linguistique du terme. En effet, il faut opposer le mot *typographique* et le mot *linguistique*. Le mot typographique désigne toute unité séparée par deux blancs, le mot linguistique (souvent appelé *vocable*) est une unité plus abstraite, qui peut, dans le cas de la composition, englober plusieurs mots typographiques. Le mot linguistique est figé (unités indissociables), exprime un concept et son sens n'est pas compositionnel. Ces trois critères ne sont pas toujours convergents, et certains éléments s'éloignent de la définition prototypique. La définition du mot dépend du poids que l'on accorde à l'un ou l'autre critère[4]. Le *mot* tel que nous venons de le définir est une unité de discours (il appartient à la *parole*, au sens saussurien). Les exemples ci-dessous présentent trois fois le mot *ville*:

(1) Il aperçut la *ville* dans le lointain brumeux.
(2) Toute la *ville* en parlera.
(3) La *ville* a décidé d'interdire la circulation dans le centre.

A chaque fois, le mot *ville* a une signification différente. Dans (1), il désigne une « réunion importante de constructions » (Robert Méthodique). L'exemple (2) désigne « les habitants de la ville » et (3) désigne « l'administration, la personne morale de la ville » (*Ibid.*). La question qui se pose dès lors au lexicographe est de décider s'il postule trois unités différentes, qui auraient une même forme apparente[5], ou une seule unité, qui prend diverses acceptions selon les contextes. Pour prendre un exemple banal, tous les dictionnaires diront que *voler* dans les énoncés suivants:

(4) L'oiseau *vole*
(5) Pierre *vole* (dans la caisse)

sont des unités différentes, sans plus aucune visibilité aujourd'hui de sèmes communs[6], alors que les occurrences de *pousser* ci-dessous sont des réalisations de la même unité:

(6) Il *poussa* la voiture
(7) Il *poussa* un cri.

On perçoit en effet des sèmes communs, qui correspondent à quelque chose comme *amener quelque chose d'un lieu à un autre sous l'impulsion d'une certaine force*.

---

[3] Voir J. PICOCHE, J., 1977, chapitre 1, et M-F. MORTUREUX, 1997. On ne s'occupera dans cet article que des unités appartenant aux catégories lexicales, telles que les définit J. LEROT, 1993, ch. X.

[4] On peut trouver une discussion de ces variations dans LEHMAN, A., MARTIN-BERTHET, F., 1998, chapitre 8.

[5] Cette forme est ramenée à une forme neutre, par le processus de lexématisation: infinitif pour les verbes, forme singulier et masculin pour les noms, etc.

[6] Dans une perspective diachronique, les deux unités sont étroitement liées, mais ce n'est pas le cas d'un point de vue synchronique.

Le premier traitement consiste à privilégier l'*homonymie*, le second la *polysémie*. Cette décision est essentielle dans le traitement lexical, parce que le lexicographe fait une hypothèse forte en postulant les unités du système.

Reprenons les mots *ville* des énoncés (1)-(3) et décidons d'en faire une seule unité (un lexème) sur la base du sème commun *ensemble d'habitations* que l'on peut retrouver dans les paraphrases « habitants d'un *ensemble d'habitations* » et « autorité d'un *ensemble d'habitations* » des différentes occurrences que nous avions rencontrées. Nous décidons donc de construire une classe abstraite *Ville* à partir des mots linguistiques (les vocables, qui appartiennent au *vocabulaire*) sélectionnés. On a alors le schéma suivant:

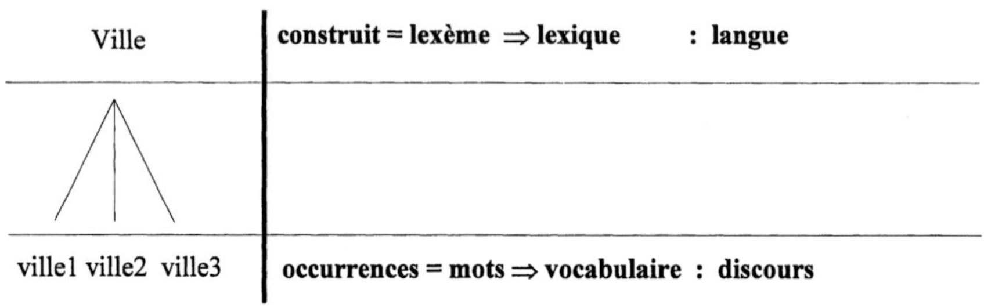

Et comme la plupart des dictionnaires le signalent, ce lexème *Ville* a des hyperonymes (par exemple *agglomération*) et des hyponymes (par exemple, une *mégapole* est une espèce particulière de ville). Les lexèmes ne sont pas isolés, mais appartiennent à des réseaux complexes. Le parallélisme devient alors évident avec le monde des objets informatiques: le *lexème* est à la *classe* ce que les *mots* sont aux *objets*. Nous pouvons donc transformer le dernier schéma en une notation avec laquelle la section précédente nous a maintenant familiarisés:

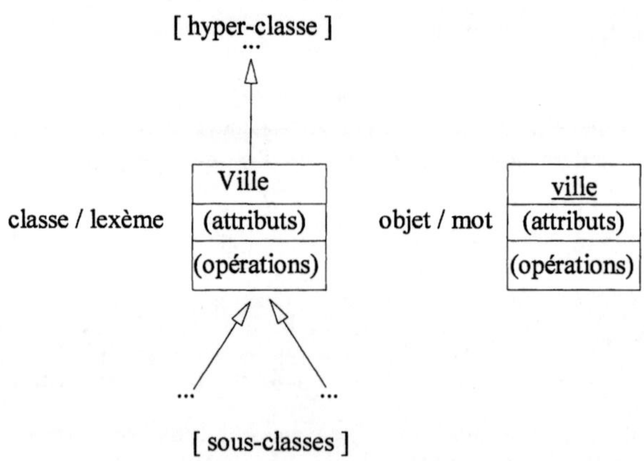

Dans la modélisation informatique, les objets d'une classe communiquent entre eux et avec d'autres objets appartenant à des classes différentes. Il devient dès lors pertinent, si l'on veut exploiter le parallélisme que l'on vient de faire apparaître, de répondre aux questions suivantes:

a) quels sont les attributs et les opérations de la classe *Lexème?* Quelles relations les objets de la classe *Lexème* entretiennent-ils entre eux?

b) Avec quelles classes collabore la classe *Lexème*?

Les lignes qui suivent tenteront de répondre à ces deux questions. Il est bien entendu que l'objectif n'est pas de développer un système complet, mais plutôt d'explorer intuitivement un espace qui pourrait faire surgir de nouvelles procédures heuristiques.

La classe *Lexème*

Attributs et opérations dans la classe lexème

Chaque lexème, ramené à sa forme de base, a toute une série de particularités qui lui sont propres: transcription phonétique, catégorie syntaxique, marques morphologiques. On pourrait ajouter d'autres éléments, comme la dérivation, l'étymologie, les marques de registre de langue et d'usage, etc.

A chaque lexème correspond également une ou plusieurs acceptions: par exemple, le lexème *ville* a (au moins) les trois acceptions recensées plus haut:

acception 1: réunion importante de constructions
acception 2: habitants de la ville
acception 3: personnes qui administrent une municipalité

Nous dirons que l'ensemble des acceptions forme le sens du lexème *Ville*.

Tous ces éléments morpho-syntaxiques, sémantiques, historiques ou d'usage caractérisent le lexème *Ville*. On peut donc dire qu'ils forment les **attributs** du lexème. Ces éléments nous sont fournis habituellement par les dictionnaires, qui ont recensé les différentes caractéristiques des lexèmes.

Si la définition des attributs peut paraître évidente, il n'en est pas exactement de même des **opérations**. Que 'fait' un lexème? Nous pourrions dire que le rôle du lexème est d'apporter sa contribution interprétative aux constructions linguistiques auxquelles il participe. Ceci doit se réaliser à deux niveaux distincts. D'abord, dans un discours, le lexème apporte sa contribution en fournissant une acception particulière. Cette « opération » - appelons-la *l'opération de réduction polysémique* - va sélectionner dans le sens (l'ensemble des acceptions) une et une seule acception spécifique. Ensuite, le lexème, étant donné l'acception sélectionnée, va appeler dans un ensemble d'informations cognitives disponibles seulement certains éléments pertinents et n'en activera pas d'autres. Nous parlerons d'*opération de réduction cognitive.* Avant de détailler ces deux opérations qui supposent des relations avec des objets appartenant à d'autres types de classes, nous voudrions d'abord examiner brièvement les relations entre les éléments qui appartiennent aux classes lexèmes.

Relations entre classes de lexèmes

- **Relations d'héritage**

Le champ lexical *Ville* comporte des lexèmes comme *Village, Bourg(ade), Mégapole, Cité*. Nous pouvons tâcher d'organiser ces termes hiérarchiquement. N'oublions pas que nous faisons une description *linguistique*: il ne s'agit pas de rendre compte de ce que nous savons de la *ville* par les différences sciences (géographie humaine, sociologie ou histoire), mais de la façon dont la langue organise le lexique. Il faut s'appuyer pour cela sur les oppositions de la langue. Par exemple, on pourrait imaginer dans un premier temps de dire qu'un village est une petite ville. On aurait la situation suivante:

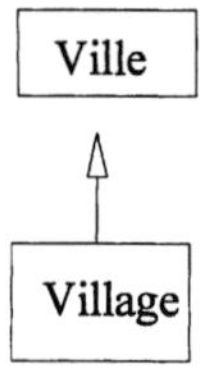

Mais cette représentation va à l'encontre des emplois de la langue qui marquent une opposition très nette entre la ville et la campagne, entre le citadin et le paysan, entre la grande ville et le petit village. Le village est nettement du côté de la campagne et a une connotation négative, comme l'indiquent de nombreuses expressions: *coq du village, idiot du village.* Le petit Robert donne cette citation de Prévert, qui montre que les crétins des villes sont plus intelligents que les crétins du village: « L'imbécile de la ville tourne toujours à dérision l'idiot du village ». Nous n'avons donc pas une relation d'inclusion, mais une relation d'opposition:

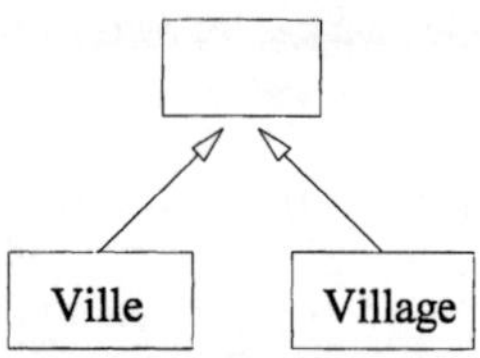

On peut mettre dans la classe supérieure la notion d'*Agglomération* (ensemble d'habitations) qui coiffe les notions de ville et village. On peut ajouter à ces deux derniers éléments le concept de *cité*, que l'on trouve dans les expressions *cité ouvrière, cité estudiantine, cité administrative*, *cité-jardin.* Il s'agit toujours d'une agglomération, mais habitée par une collectivité homogène, et dirigée souvent par un organisme coopératif particulier. Notre schéma devient dès lors:

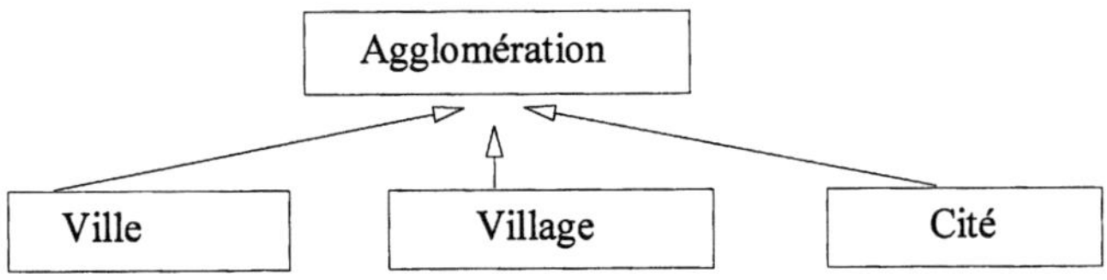

Rattachons à présent les autres unités du champ sémantique à ce schéma: une *Mégapole* est une ville géante, un *Bourg* est un gros village, et une *Bourgade* est un village dont les maisons sont disséminées. Le *Hameau* est un village mais dont l'espace rural est appauvri (pas d'église, de mairie, de café, de poste). Tous ces termes deviennent plus spécialisés. Dans la structuration lexicale, les prototypes sont la *Ville* et le *Village*. On a donc le schéma:

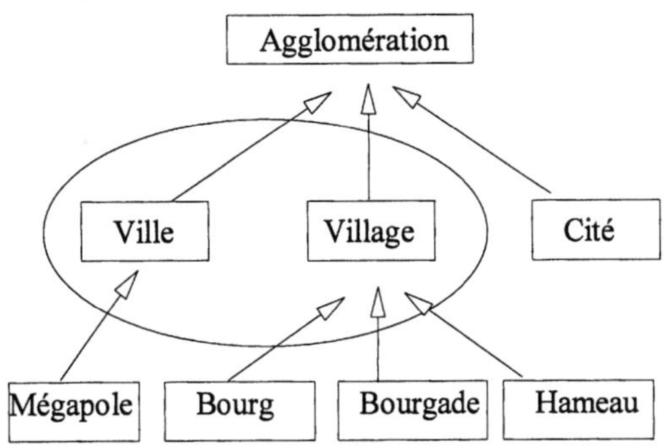

où le cercle indique les éléments fondamentaux.

Examinons rapidement un hyponyme de *Ville*. Le lexème *Mégapole* est une sous-classe du lexème *Ville*, qui se présente comme suit:

Mégapole : Ville	
Phonétique	: [megapol]
cat. syntaxique	: nom commun
morphologie	: féminin
sens	: intensif de Ville (espace urbain)
signification = sens	

On remarquera que cette sous-classe n'hérite pas au niveau du sens de l'ensemble des significations virtuelles de *Ville*, mais uniquement de la première acception « espace urbain ». En effet, des énoncés comme:

(8) ? Toute la *mégapole* se réjouira de la nouvelle
(9) ? La *mégapole* a décidé d'interdire le stationnement alterné

ne semblent guère possibles. On voit ici que le calcul interprétatif (l'opération de signification) est très bref: inutile de faire appel à un autre objet du domaine, l'objet lui-même possède toutes les informations nécessaires pour fournir sa contribution aux énoncés.

- **Autres relations de la classe *Ville***

Certains lexèmes apparaissent comme des variantes stylistiques (*patelin, bled, trou*) que l'on peut considérer peu ou prou comme des variantes de *hameau*. On peut faire un hyperlien *synonyme* entre les classes *Hameau* et *<Patelin, Bled, Trou>*.

A présent que nous avons examiné les relations entre les classes de lexèmes, nous pouvons revenir aux deux opérations citées précédemment, qui établissent des relations entre objets de classes différentes.

Les opérations

L'opération de réduction synonymique

Pour effectuer cette opération, un objet de la classe *Lexème* va devoir demander à un autre objet des informations qui pourront lui permettre de sélectionner une et une seule acception.

A quel autre objet devra-t-il donc faire appel? La réponse qui vient naturellement à l'esprit est de dire que c'est le contexte qui doit fournir l'information nécessaire. Nous nous tournerons donc vers les objets qui appartiennent à une classe *Contexte*, pour leur demander d'envoyer l'information requise. L'objet **ville** par exemple demandera aux objets de la classe *contexte* de lui fournir l'information et attendra de la recevoir pour déterminer l'acception adéquate selon le schéma:

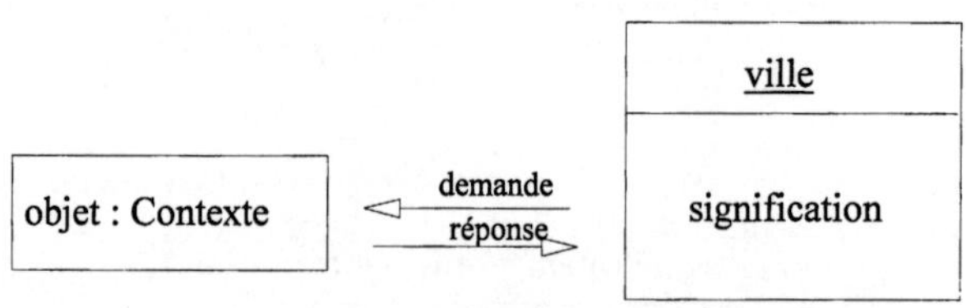

La classe *Contexte* ne peut évidemment fournir l'information que si du côté « client » (celui qui voudrait une information) la demande est suffisamment explicite. Autrement dit, les opérations de signification doivent être davantage précisées, et cela pour chaque lexème[7]. Nous allons donc tenter de préciser la demande de l'objet **ville**.

Nous pouvons dire en toute première approximation que si ***ville*** a un rôle thématique non humain et un rôle thématique locatif, la première acception est sélectionnée. Inversement, si *ville* a un rôle thématique humain et non locatif, l'acception 2 ou 3 sera sélectionnée. La classe *Lexème* envoie donc des messages aux objets du *Contexte*. Pour répondre, le *Contexte* devra lui-même faire appel à d'autres objets appartenant à d'autres classes. Les objets des classes *Syntaxe* et *Prédication* appelés renverront une réponse, par exemple, non humain et locatif. Dans ce cas, l'hypothèse de l'acception 1 est choisie. Sinon, une nouvelle demande doit être envoyée à la classe *Contexte*. Dans le contexte, y a-t-il des éléments qui renvoient à des concepts « autorité, décision ». Le contexte sous-traite avec une classe *Co-texte*. En cas de réponse positive, l'hypothèse de l'acception 3 est sélectionnée. On peut continuer ainsi le plus loin possible les échanges entre la classe *Lexème* et la classe *Contexte* et d'autres, enrichir les processus de résolution[8] et de vérification en fonction des théories du discours dont on dispose, jusqu'au moment où l'information fournie par les objets sollicités permettent de produire l'acception adéquate dans le contexte de l'objet ***ville***. Peu importe ici les mécanismes précis qu'il faudra nécessairement formuler[9]. Ce qu'il est important de voir, c'est que tout objet est disponible à tout moment pour fournir une réponse quand il est sollicité, et que, s'il ne peut fournir lui-même la réponse demandée, il déléguera la question à une autre instance.

Notons que nous ne devons pas traiter un niveau linguistique systématiquement avant d'envisager de passer à une étape ultérieure et qu'il n'y a pas de limites a priori sur la complexité de la recherche. Puisque tous les objets sont susceptibles, via les opérations, d'échanger de multiples informations, le modèle est particulièrement apte à rendre compte de la complexité des phénomènes linguistiques. Et puisqu'à chaque opération il est précisé une seule demande concrète, il est possible de contrôler cette complexité via des modules formellement bien définis.

Nous avons donc un parcours entre objets qui ressemble au schéma ci-dessous:

---

7 Autrement dit, les opérations doivent être spécifiées pour chaque lexème. C'est également la thèse de R. MARTIN (1997), qui affirme: « Les critères de filtrage doivent s'organiser selon les algorithmes de décision associés *vocable par vocable, à toutes les entrées que le dictionnaire comporte* » (p. 108, c'est nous qui soulignons).

8 Les mécanismes de métaphorisation demandent un traitement particulier. Ainsi l'espace urbain fait souvent appel à l'image d'un *organisme vivant*, comme le montrent les expressions *ville morte, la ville étouffe, la ville meurt, s'étend*, etc.

9 R. MARTIN (1997) a montré la difficulté des opérations de réduction polysémique. Dans cet ouvrage, il démontre qu'il faut faire appel à un ensemble de critères complexes (appariement textuel, filtrage de sens via des critères sémantiques et syntaxiques, mais aussi thème et domaine) et propose des exemples d'algorithmes de décison très éclairants. Remarquons que les techniques utilisant des bases de données restent encore insuffisantes, puisque l'on ne parvient à traiter correctement qu'un bon tiers des cas. Cfr BRUN, C., JACQUEMIN, B., SEGOND, F., 2001.

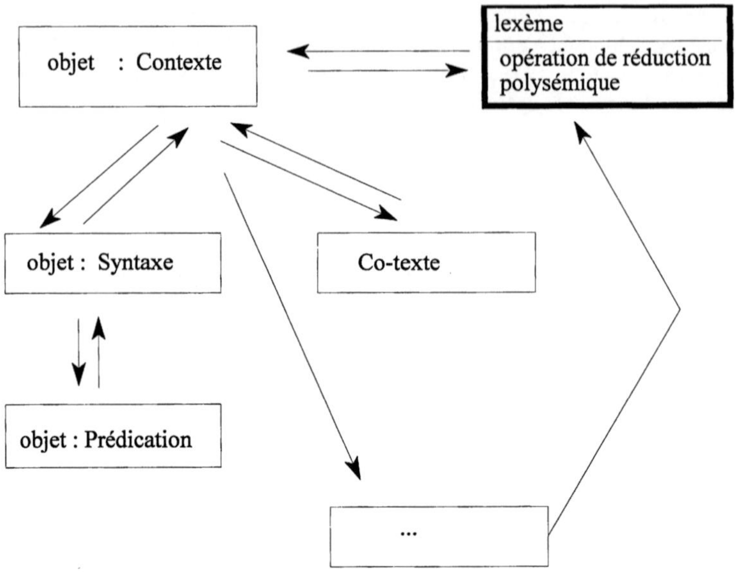

Opération d'association cognitive

L'interprétation d'un énoncé discursif demande bien plus qu'une simple dénotation apportée par l'opération de signification. En effet, l'emploi d'un mot convoque un ensemble de connaissances qui sont liées au concept appelé par l'acception. Parmi ces connaissances de type encyclopédique, certaines seront particulièrement activées dans l'énoncé au détriment d'autres. Ainsi, lorsque nous parlons de la pollution de la ville, nous convoquons immédiatement des images liées à la circulation, ou au bruit, et nous laissons dans l'ombre d'autres éléments tels la hauteur des bâtiments ou l'existence d'une mairie. Nous enrichissons donc l'acception d'informations sélectionnées dans le savoir encyclopédique. Cet enrichissement est essentiel dans les pratiques discursives. Comment dès lors se passe cet apport et quels sont les objets susceptibles d'apporter les informations encyclopédiques? Nous ferons l'hypothèse suivante: chaque acception est en rapport avec une classe conceptuelle qui lui fournira certaines facettes conceptuelles à activer. Cette opération sera appelée ici *opération d'association cognitive*, et elle met en relation directe la classe *Lexème* et la classe *Concept*, que nous allons à présent examiner.

La classe *Concept*

Lorsqu'il parcourt les dictionnaires, le lecteur est souvent surpris par la diversité des informations auxquelles font appel les lexicographes pour définir les différentes acceptions. Par exemple, en ce qui concerne l'acception *espace urbain*, certains dictionnaires insistent sur la hauteur des habitations en ville, sur le peu d'espace vert que laisse la densité de l'habitat, sur la notion de quartiers différenciés (commerces, amusements, affaires...), le type d'habitat, la présence de certains bâtiments (usines, industries) ou de certains espaces particuliers (parcs publics, parkings souterrains), etc. Chaque acception renvoie à une réalité complexe, perçue très différemment d'un dictionnaire à l'autre. Dans la perspective objets, nous pouvons créer une classe pour traiter chaque acception. L'acception 1 pourrait être identifiée comme la classe conceptuelle *Espace urbain*, l'acception 2 comme la classe *Habitant de la ville*, et l'acception 3 comme la classe de l' *Autorité communale*.

Une classe comme *Espace urbain* aurait comme attributs la somme des particularités relevées par les lexicographes, par exemple:

Espace urbain : Concept

espaces verts restreints
quartiers différenciés
    commerces
    affaires
    amusements
constructions en hauteur
rues et boulevards
bruit
lumières
insécurité
moyens de transports publics
    tram, taxi, ...

Remarquons le statut très différent des éléments significatifs de la classe *Lexème* et de la classe *Concept:* le lexème est un mot de la langue, le concept non. Le terme 'espace urbain' qui identifie le concept aurait pu être fourni par n'importe quel langage formel ou naturel. L'ensemble des lexèmes forment un dictionnaire de mots de la langue, l'ensemble des concepts fournit un dictionnaire de concepts disponibles (ce que nous avons appelé connaissances encyclopédiques) dans une culture donnée, exprimables dans le code linguistique.

Les acceptions qui forment le sens d'un lexème sont mutuellement exclusives dans un discours. Dans le cas du concept: les éléments constitutifs peuvent apparaître simultanément dans un même énoncé. Dans notre premier exemple, lorsque l'on disait:

(1) Il aperçut la ville dans le lointain brumeux

rien n'empêche d'imaginer que des lumières, des buildings ou des usines sont perçues par le spectateur. Aucun des éléments constitutifs du concept n'est a priori exclu. On peut dire que le concept fonctionne sur le mode de la conjonction alors que le lexème fonctionne sur celui de la disjonction. Un concept est donc un amalgame de propriétés qui peuvent se présenter en discours de façon conjointe.

Il faut noter - et cela est essentiel pour l'argumentation discursive - que les concepts sont souvent marqués au niveau axiologique. Nous avons vu ci-dessus que l'opposition *ville / village* en français était marquée: la ville et le village sont à l'origine sur un axe qui va du positif au négatif. Ces valeurs axiologiques sont variables au cours du temps. Depuis les romans populistes de la fin du 19e siècle, les traits entre la ville et la campagne sont en train de se renverser. Aujourd'hui la ville n'a plus la cote et la campagne a trouvé au 21e siècle un charme qu'elle n'avait jamais eu... Ce changement de perspective apparaît dans le lexique: ainsi le mot *villageois*, qui entraîne dans son sillage l'ancienne connotation péjorative du mot *village*, est abandonné. On utilise la périphrase « les habitants du village », périphrase un peu lourde mais sans aspect négatif. Mais sans doute la ville n'a pas dit son dernier mot: aidée par les vaches folles, elle fera peut-être un prochain retour en fanfare !?

Hiérarchie conceptuelle

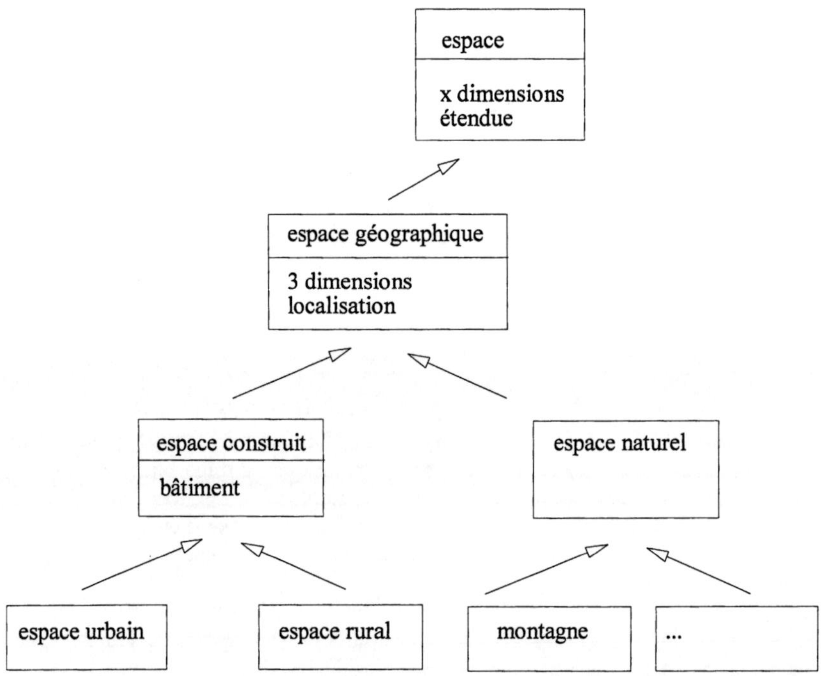

Chaque classe conceptuelle occupe une situation particulière dans une structure hiérarchique qui provient d'une ontologie naturelle[10].

La classe conceptuelle *Espace urbain* hérite des traits de ses super-classes. La conséquence est alors que chaque concept charrie une énorme quantité d'informations: le trait *bâtiment* est hérité de la classe « espace construit », les traits *localisation* et *espace à trois dimensions* sont hérités de la notion d'espace géographique, et le trait *étendue* est hérité de la notion plus abstraite d'espace, et de proche en proche, les concepts héritent de traits conceptuels très abstraits comme les types inanimé et non humain. Dans cette perspective, ces traits sémantiques abstraits appartiennent à une composante cognitive générale.

Ainsi le concept d'espace urbain entre dans une ontologie du type ci-dessus.

On vient de voir que la quantité d'informations drainées par un concept est écrasante. Cet ensemble d'informations (facettes conceptuelles prototypiques d'un concept et valeurs héritées) forme le savoir encyclopédique lié à un lexème. Mais l'utilisation d'un lexème n'entraîne pas avec lui tout le savoir encyclopédique qu'il véhicule, toutes les facettes et toutes les informations héritées ne sont pas convoquées dans l'interprétation d'un énoncé. En effet, chaque concept comporte une *opération de réduction cognitive* qui va filtrer les informations intéressantes pour le discours en demandant entre autres à une classe *Thématique* de fournir uniquement les facettes intéressantes à activer dans le discours, seules pertinentes pour les inférences discursives. S'il n'y avait pas ce filtrage, la saturation des informations encyclopédiques bloquerait rapidement tout calcul inférentiel.

Le rapport entre ces deux classes se présente comme ceci:

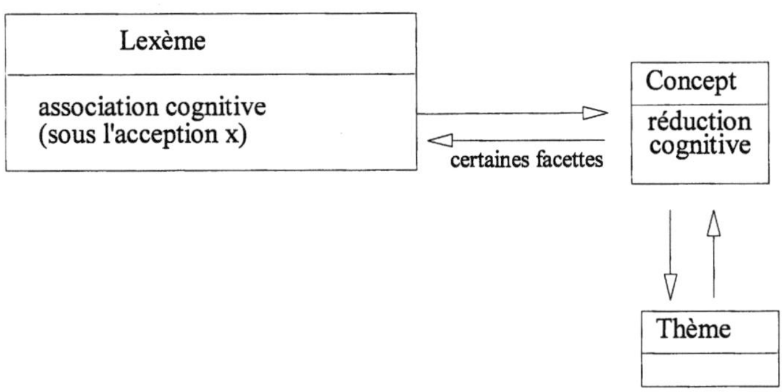

Nous ferons l'hypothèse que le mécanisme de filtrage est du même type que celui que nous avons déjà vu dans l'opération de *réduction polysémique*: une opération de réduction conceptuelle dans la classe conceptuelle va interroger un autre objet (par exemple un objet appartenant à une classe thématique) qui renverra les informations nécessaires pour sélectionner les facette conceptuelles utilisées dans les inférences discursives, qui reposent pour une large part sur les connaissances encyclopédiques.

---

[10] Cfr les travaux de S. Nirenburg.

Conclusion

Après avoir présenté rapidement les concepts des langages informatiques orientés objets, nous avons essayé de montrer combien ces langages étaient proches des représentations intuitives des locuteurs à propos du lexique. Dans cette perspective, les mots linguistiques sont des instances de la classe *Lexème*. Ces éléments sont organisés en hiérarchies, qui structurent fortement le lexique d'une langue. Chaque lexème comporte des attributs (traits morpho-syntaxiques, sens, etc.), et deux opérations qui lui permettent de communiquer directement avec deux autres classes: la classe *Contexte* et la classe *Concept*.
La première opération, l'*opération de réduction polysémique*, permet, grâce aux indications fournies essentiellement par la classe *Contexte*, de déterminer une et une seule acception dans le discours ; la seconde opération, que nous avons appelé *opération d'asssociation cognitive*, apporte au lexème via la classe *Concept* les facettes conceptuelles utilisées pour les inférences discursives. Cette classe *Concept* est également organisée en structures hiérarchisées ; elle comprend aussi des attributs (les facettes du concepts). Les attributs du concept et ses valeurs héritées forment le savoir encyclopédique lié au lexème. Une opération, l'*opération de réduction conceptuelle,* va sélectionner dans le savoir encyclopédique seulement certaines informations conceptuelles à envoyer vers le lexème via entre autres une classe thématique. Le mécanisme général que nous proposons se présente comme suit:

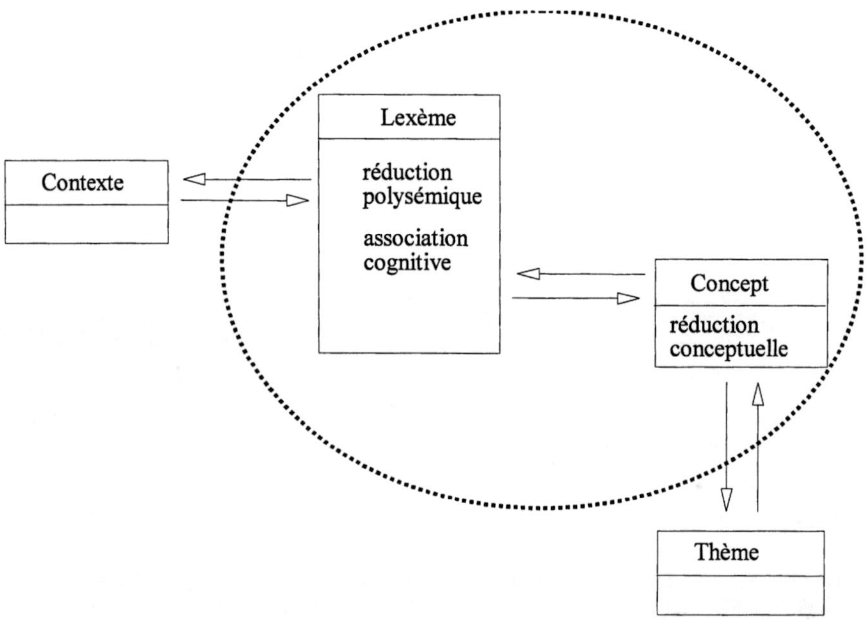

Dans ce schéma, le cercle en pointillés représente les informations sémantiques qui doivent être disponibles pour l'interprétation. L'application de la méthodologie objet au traitement des langues naturelles suppose donc la constitution de dictionnaires organisés différemment: d'une part, une partie essentiellement linguistique, comportant les informations que l'on trouve classiquement dans un dictionnaire de langue - information morpho-syntaxique, niveau de langue, liens synonymiques, etc. -, et des opérations propres à chaque lexème (réduction polysémique et association cognitive) ; d'autre part, un dictionnaire conceptuel, comportant les informations encyclopédiques (attributs spécifiques et valeurs héritées) et une opération de réduction conceptuelle, qui fournira au lexème les éléments utiles pour le raisonnement naturel. Ce mécanisme fournit alors ce qui est nécessaire à l'interprétation: une et une seule acception et les facettes conceptuelles adéquates à un discours donné.

Bibliographie

BRUN, C., JACQUEMIN, B., SEGOND, F., 2001, "Exploitation de dictionnaires électroniques pour la désambiguïsation sémantique lexicale", in BOUILLON, P., VIEGAS, E., *Lexiques sémantiques*, in *Traitement automatique des langues*, Vol. 42, n° 3.

FOWLET, M., 2001, *UML*, Paris, CampusPress, 2001.

LEHMAN, A., MARTIN-BERTHET, F., 1998, *Introduction à la lexicologie*, Paris, Dunod.

LIEBERMAN, H., "Languages, object oriented", in SHAPIRO, S.C, 1990, *Encyclopedia of artificial Intelligence*, New-York, John Wiley & Sons.

LEROT, J. 1993, *Précis de linguistique générale*, Paris, Ed. de Minuit.

MARTIN, R. 1997, *Sémantique et automate, l'apport du dictionnaire informatisé*, Paris, PUF.

MEYER, B., *Conception et programmation orientées objet*, Paris, Eyrolles, 1997.

MORTUREUX, M-F., 1997, *La lexicologie entre langue et discours*, Paris, Sedes, 1997.

PICOCHE, J., 1977, *Précis de lexicologie française*, Paris, Nathan, 1977.

BCILL 112: *Langues à niveaux multiples*, 67-86

La polysémie adjectivale entre synonymie et sélection contextuelle:
Le cas de propre

Jacques François
Jean-Luc Manguin
Centre de Recherche Inter-langues sur la Signification en Contexte
Université de Caen & CNRS UMR 6170

Le propos de cette contribution à l'hommage rendu à Jacques Lerot est de poursuivre avec celui qui a su tirer le meilleur parti de sa triple compétence en lexicologie allemande, en linguistique générale et en sémantique computationnelle, un débat sur les voies actuelles du traitement automatique de la sémantique lexicale que nous avions engagé il y a quelques années dans le cadre du séminaire de recherche linguistique de l'université de Nancy 2.

Une exploration automatisée de la polysémie lexicale[1] est praticable à partir des dictionnaires de la langue française disponibles en format électronique, et cela essentiellement par deux voies, soit la décomposition des définitions, soit l'exploitation massive et indifférenciée[2] des liens synonymiques. La première voie est actuellement explorée par B. Gaume [GAUME, DUVIGNAU, GASQUET et GINESTE, 2002] à l'IRIT de Toulouse, la seconde l'est dans le cadre de la collaboration entre trois laboratoires de Caen, Montrouge et Poitiers[3] à l'aide du Dictionnaire Electronique des Synonymes[4]. Notre entreprise commune vise à fournir une analyse fine de l'espace sémantique — ou, dans des termes plus classiques, du champ sémasiologique — associé à une unité lexicale à valeur fonctionnelle adjectivale

1 Pour une présentation synthétique de la polysémie lexicale, voir [LEHMANN et MARTIN-BERTHET, 1998].

2 Par « exploitation indifférenciée », nous entendons que les rubriques des articles des dictionnaires de langue et des dictionnaires des synonymes pris en compte ne sont pas enregistrées en raison de la disparité entre le nombre et la hiérarchisation des acceptions distinguées par chaque dictionnaire.

3 Le CRISCO (J.L.M. Manguin, J. François) à Caen, le LATTICe à l'ENS à Montrouge (B. Victorri, F. Venant) et le LaCo à Poitiers (F. Cordier, Ch. Ros).

4 Ce dictionnaire est en libre consultation sur le site du CRISCO http://www.crisco.unicaen.fr/.

exclusive ou partielle[5] en fonction du calcul de la distance entre les synonymes fournis par 7 dictionnaires du 19ème et du 20ème siècle[6], et à évaluer l'effet d'un co-texte nominal sur la réduction de cet espace sémantique.

Après avoir étudié précédemment l'espace sémantique des adjectifs *curieux* [FRANÇOIS, VICTORRI, MANGUIN], *sec* [VICTORRI, FRANÇOIS, MANGUIN], *gros* et *gras* [MANGUIN, FRANÇOIS, VICTORRI], nous nous concentrerons ici sur celui de l'adjectif *propre* (également en emploi substantivé). Dans la première section nous mettrons en évidence les disparités fondamentales entre dictionnaires dans le traitement polysémique ou homonymique des emplois adjectivaux et nominaux de l'item *propre* à partir de la comparaison entre le Petit Robert (1993), le Trésor de la Langue Française[7] et le LEXIS (2002). Cette disparité a une conséquence essentielle pour la constitution à partir de sept dictionnaires (Lafaye, Guizot, Bailly, Bénac, du Chazaud, Grand Larousse et Grand Robert) de la base de données synonymiques à la source du *Dictionnaire Electronique des Synonymes*: il a été impossible de tenir compte du rattachement des renvois synonymiques à l'une ou l'autre rubrique de chaque dictionnaire dans la mesure où ces rubriques n'entretiennent aucune correspondance directe et — plus grave — appartiennent occasionnellement à des articles d'items considérés comme homonymes. La philosophie sous-jacente au D.E.S. est que la répartition des renvois synonymiques en blocs (correspondant à des rubriques lexicographiques idéales) est destinée à émerger de l'agrégation des cliques que nous définirons plus loin comme un « tuilage ». Dans la seconde section, nous présenterons les outils que fournit le D.E.S. pour cette étude, à savoir la liste des synonymes de *propre*, la liste des cliques de synonymes, la visualisation de l'espace sémantique de *propre* sur un plan et la matrice d'appartenance des synonymes aux cliques. A partir des observations permises par cet ensemble d'outils nous passerons dans la troisième section à la micro-analyse de quatre sous-espaces du graphe de visualisation de l'espace sémantique de *propre*, celui des emplois nominaux et ceux des synonymes groupés respectivement autour de *soigné*, d'*approprié* et de *spécifique*.

1. La disparité des traitements polysémiques et/ou homonymiques des emplois adjectivaux et nominaux de l'item *propre* dans trois dictionnaires de langue

Nous avons retenu comme outils de comparaison de la micro-structure des articles *propre* le Nouveau Petit Robert (abrégé N.P.R.), Le Trésor de la Langue Française (abrégé T.L.F.) et le LEXIS, parce que le premier consacre à *propre* un seul article (analyse polysémique), le second deux articles (analyse homonymique « faible ») et le troisième cinq articles (analyse homonymique « forte »).

1.1. L'analyse polysémique du *Nouveau Petit Robert* (1993)

Ce dictionnaire propose une micro-structure hautement hiérarchisée fondée en premier sur une distinction morphologique (I. Adj ~II. N) et en second sur une distinction sémantique

5 Tout adjectif substantivable, ex. (*le*) *politique*, (*le*) *rouge*, (*le*) *beau*, (*la*) *caractéristique*, etc. peut avoir des synonymes de type nominal, ex. *le beau ~ la beauté, l'esthétique*. Dans ce cas la valeur adjectivale est dominante. En outre certains adjectifs présentent un homonyme nominal, ex. *fin* vs. *la fin*.

6 Dictionnaires de LAFAYE (1858), GUIZOT (1864), BAILLY (1946), BÉNAC (1956), DU CHAZAUD (1979), auxquels s'ajoutent le Grand Larousse (1971) et le Grand Robert (1985).

7 TLF informatisé en consultation libre sur le site http://atilf.inalf.fr/.

(I.A. idée de propriété ; I.B. idée de propreté). Le régime prépositionnel de propre et sa position en fonction d'épithète constituent des facteurs de classement (I.A.2/6: propre à ; I.A.1/5: « après le nom » ; I.A.3: « avant le nom »).

PROPRE adj. et n.m.
I. Adj.
I.A. (Idée d'appartenance → **propriété**).
I.A.1. (Après le nom) Qui appartient d'une manière exclusive ou particulière à une personne, une chose, un groupe → **distinctif, exclusif, personnel.** Avoir des qualités propres (..) • Astron. Mouvement propre d'un astre, d'une étoile (...) • *Fréquence propre*: fréquence des oscillations libres d'un circuit accordé. • NOM PROPRE (...) • *Sens propre* (...)→ **littéral** • Dr. Qui est possédé en toute propriété. *Biens propres* (...)
I.A.2. PROPRE A: particulier à → **spécifique** (..) Traits propres à certains individus
I.A.3. (Sens affaibli, employé avec un poss., avant le nom). *De ses propres mains.* (...) • Exprimant l'appartenance et placé devant le nom présenté comme étant l'être, la chose en question) → **même, véritable.**
I.A.4. Vx. L'AMOUR PROPRE → **amour-propre**
I.A.5. Après le nom: Qui convient particulièrement → **approprié, convenable** ; **exact, juste** ; **propice**
I.A.6. (Personnes) PROPRE A: (VIEILLI) apte, capable par sa personnalité, ses capacités, ses connaissances • MODERNE: Etre propre à remplir un emploi. • SUBST. VIEILLI: PROPRE A RIEN (...)→ **incapable, nul**
I.B. → **propreté** (En attribut ou après le nom)
I.B.1 VIEILLI: Qui a l'aspect convenable, net → **1.net ; décent** • PAR EXTENSION: fait convenablement → **correct.**
I.B.2. COURANT: Qui n'a aucune trace d'ordure, de crasse, de poussière, de souillure (...) → **1. blanc, immaculé, impeccable** • PAR EXTENSION: (d'une action, d'une occupation) (..) • (PERSONNES) qui se lave souvent (...) • FIGURÉ ET PAR ANTIPHRASE: *Nous sommes propres !* → **1. frais** • Qui a le contrôle de ses fonctions naturelles • Qui ne pollue pas ou peu. *Voitures propres.*
I.B.3. FIGURÉ: Qui ne manque pas à l'honneur pour des raisons d'intérêt, dont la réputation est sans tache • Qui est honnête, moral ; honnêtement gagné • N.m. PAR ANTIPHRASE. *C'est du propre !*
II. N.m. (..)

Tableau 1: L'article unique **propre** du *Nouveau Petit Robert*

1.2. L'analyse homonymique faible du Trésor de la Langue Française

Le T.L.F. distingue deux items [1]**propre**, adjectif et substantif et [2]**propre** uniquement adjectif. Comme dans le N.P.R. le premier critère de classement de l'article [1]**propre** est le statut morphologique adjectival ou substantival. Les critères secondaires de classement sont du même ordre que dans le N.P.R.

[1]**PROPRE**, adj. et subst.
[1]I. Adjectif
[1]I.A. Qui appartient exclusivement ou en particulier à (une personne ou une chose).
- [1]I.A1. [L'adj. est gén. postposé] • l'amour-propre • en mains propres
- [1]I.A2. [Suivi de la prép. *à*] Particulier à, spécifique de.
- [1]I.A3. [Avec une valeur affaiblie, précédé de <possessif>]
- [1]IA.4. [Avec une valeur adv.] Fam. Synon. *proprement.*

[1]I.B. [En parlant des choses] Qui convient particulièrement à.
- [1]I.B 1. [Sans compl.] Synon. approprié, adéquat. Moyen(s) propre(s); remède(s) propre(s).
- [1]I.B 2. *Propre à.* Adapté à un certain usage. <+ subst / + inf>

[1]I.C. [En parlant d'une pers.] Apte à, fait pour.
- [1]I.C 1. *Propre à* + subst. L'oisif studieux (...) est toujours également propre à ses études
- [1]I.C 2. *Propre à* + inf.

[1]II. Substantif
[1]II.A. Ce qui appartient exclusivement ou en particulier (à). *Le propre de*
- [1]II.A 1. Le propre de + subst. désignant un ou plusieurs animés. Ce qui caractérise exclusivement ou principalement un être vivant, une personne, un groupe de personnes ou une espèce et permet de la (le) distinguer d'un(e) autre.
- [1]II.A 2. *Le propre de* + inanimé

[1]II.B. Empl. techn.

---

[2]**PROPRE**, adj. [L'adj. est toujours post-posé]
[2]A. Qui est bien lavé, bien tenu.
- [2]A.1. [En parlant d'une pers.] Qui a fait une toilette minutieuse, dont l'aspect extérieur est soigné, net. Synon. *convenable*; anton. *sale, négligé*
- [2]A.2. [En parlant d'un vêtement, d'une pièce de linge ou de vaisselle] Qui a subi un nettoyage rigoureux, qui ne présente aucune tache ou trace de poussière.
- [2]A.3. [En parlant d'un lieu] Qui est bien tenu, rangé, nettoyé rigoureusement. Synon. *soigné*, *entretenu.*
- [2]A.4. P. anal. a) Ciel propre. Ciel clair, net, débarrassé de tout nuage. b) Travail propre
- [2]A.5. Locutions
- [2]A.6. Empl. techn. mod.

[2]B. Au fig
- [2]B.1. [En parlant d'une chose] Convenable, conforme aux règles de la morale ou de la bienséance.
- [2]B.2. [En parlant d'une pers.] Qui jouit d'une bonne réputation, dont la conduite est irréprochable. Synon. *intègre, honnête, probe*

[2]C. P. antiphr. et iron.
- [2]C.1. [P. antiphr. du sens propre, en parlant d'une pers., d'un animal, d'une tenue, d'un intérieur, d'un objet, pour exprimer le contraire] Synon. *sale*, *malpropre*, *mal tenu.*
- [2]C.2. [P. antiphr. du sens fig.]
- [2]C.3. Expr. fam. a) Me (te, nous...) voilà propre(s), on est propre(s). Etre dans une situation difficile et embarrassante. Synon. *être frais, dans de beaux draps.* b) Empl. subst. C'est du propre !

Tableau 2: Les deux articles homonymiques [1-2]**propre** du *Trésor de la Langue Française*

1.3. L'analyse homonymique forte du *Dictionnaire LEXIS de la Langue Française* (2002)

Les dégroupements homonymiques du LEXIS se fondent sur des critères distributionnels, discursifs (l'appartenance à un type de discours particulier peut justifier une entrée séparée) et dérivationnels (par les « regroupements » par famille morphosémantique en fin d'article)[8]. Concernant les cinq articles $^{1\text{-}5}$**propre** de ce dictionnaire, il est difficile de reconstituer la hiérarchisation des critères: la position de propre épithète n'est pas un facteur de classement pertinent, ni la présence d'un complément (nominal ou infinitival) introduit par à. En fait, c'est le critère dérivationnel avec les trois séries

propreté, malpropre, malpropreté (cf. ^{2}**propre**)
propriété[9]*, impropre, impropriété* (cf. ^{3}**propre**)
approprié, appropriable, appropriation (cf. ^{4}**propre**)

qui paraît ici primordial.

^{1}**PROPRE** adj
^{1}1. [apr. le nom, sans déterminatif, surtout dans quelques expr.] Qui appartient spécialement à qn ou à qch: *Chaque créature a ses caractères propres.* (..)
^{1}2. [apr. le nom, avec un déterminatif précédé de *à*] Renforce l'idée de l'attribution spécifique d'un caractère à qn, à qch: *Les défauts propres à cet enfant* (..)
^{1}3. [av. le nom, avec un possessif] Renforce l'idée possessive: *Cela fit mal à Théodore comme si cela avait été sa propre chair* (Aragon) (...).
^{1}4. Ling. *Nom propre*, nom qui ne peut s'appliquer qu'à un seul être, à un seul objet, ou à une catégorie d'êtres ou d'objets (...).
^{1}5. Dr. *Biens propres*, ou *propres* (n.m.pl), biens composant le patrimoine personnel de chacun des époux.
^{1}6. Astron. *Mouvement propre d'une étoile* (...)
<REGROUPEMENT> • n.m. (...) • **proprement** adv. (...)

^{2}**PROPRE** adj
^{2}1. Se dit d'un mot, d'une expression qui convient exactement à son objet: *Employer le mot propre* (syn. APPROPRIE, EXACT, JUSTE, contr. IMPROPRE)
^{2}2. *Sens propre d'un mot*, son sens premier, usuel, sans valeur stylistique particulière (par oppos. à sens figuré •
<Regroupement> • n.m. *Le propre et le figuré* (...) • *proprement* adv. (.) • *propriété* n.f. (..) • *impropre* adj. • *improprement* adv. • *impropriété* n.f. (...)

^{3}**PROPRE** adj
propre à, se dit d'une personne apte à qch (langue soutenue): *Etre propre à remplir un emploi* (...)
<REGROUPEMENT> • *propre-à-rien* n.m. (..) • *approprier* (...) syn ADAPTER • *approprié* (..) syn. ADEQUAT • *appropriable* ad. • *appropriation* (..) • *impropre* (..) syn. INAPTE

---

8 Cf. [FRANÇOIS,1980] pour une critique de la pratique des dégroupements et regroupements dans le LEXIS (édition 1975).

9 A condition, comme le font les auteurs du LEXIS, de réserver une entrée spéciale pour la *propriété* comme chose possédée

^{4}**PROPRE** adj. [apr. le nom]

^{4}1. Se dit d'une chose nette, sans trace de souillure, de poussière ou d'ordure. *Passer une chemise propre* (contr. CRASSEUX, SALE).

^{4}2. Se dit d'une personne qui se lave souvent. *Des enfants propres* (contr. MALPROPRE).

^{4}3. Se dit d'une activité, d'une occupation qui ne salit pas (...).

^{4}4. Se dit d'un tout-petit qui ne se souille plus (...)

^{4}5. Se dit de ce qui est soigné, correct, convenable. *Une copie propre* (syn. NET).

^{4}6. Se dit d'une personne, d'une activité, d'un comportement moral honnête (...) contr. IMMORAL

^{4}7. Fam. *Nous sommes propres !*

<REGROUPEMENT> • n.m *C'est du propre !* • *proprement* adv. • *propret,ette* adj. • *propreté* n.f. • *malpropre* adj. • *malproprement* adv. • *malpropreté* n.f.

^{5}**PROPRE** adj.

Math. Se dit de la représentation paramétrique d'un arc de courbe ou d'une surface avec correspondance biunivoque entre les points de l'arc ou de la surface et les valeurs des paramètres.

Tableau 3: Les cinq articles $^{1\text{-}5}$**propre** du LEXIS

Dans quelle mesure les dégroupements homonymiques du T.L.F. et du LEXIS recouvrent-ils des distinctions majeures de l'article du N.P.R.? Le tableau comparatif ci-dessous, constitué à partir des rubriques du N.P.R. dans la colonne de gauche et de la mention des rubriques correspondantes des deux autres dictionnaires dans les colonnes du milieu et de droite permet deux constatations divergentes.

(i) Le premier article du T.L.F. correspond à la somme de la rubrique I.A du N.P.R. (emploi adjectival / idée d'appartenance) et de la rubrique II (emplois nominaux), tandis que son second article correspond à la rubrique I.B du N.P.R. Il y a donc globalement accord entre les deux dictionnaires sur la répartition des acceptions adjectivales en deux grands groupes rattachés aux notions de propriété vs. propreté. La différence est que les emplois nominaux donnent lieu dans le N.P.R. à une rubrique majeure sans dégroupement homonymique, alors que dans le T.L.F. ils sont regroupés avec les emplois du type sémantique « propriété », lequel constitue un article distinct.

(ii) En revanche, la comparaison entre l'article unique du N.P.R et les cinq articles du LEXIS est plus malaisée. D'abord l'acception géométrique (^{5}**propre**) n'est pas mentionnée dans le N.P.R., ensuite les articles $^{1\text{-}3}$**propre** se répartissent de manière complexe entre les différentes spécifications de la rubrique I.A du N.P.R. Seul l'article ^{4}**propre** entretient une correspondance claire avec une rubrique du N.P.R., celle qui tourne autour de la notion de propreté (I.B).

Nouveau Petit Robert (N.P.R.)	T.L.F.	LEXIS
PROPRE adj. et n.m.		
I. Adj.		
I.A. (Idée d'appartenance → **propriété**).		
I.A.1. (Après le nom) Qui appartient d'une manière exclusive ou particulière à une personne, une chose, un groupe → **distinctif, exclusif, personnel.** Avoir des qualités propres (..) • Astron. Mouvement propre d'un astre, d'une étoile (...) • *Fréquence propre*: fréquence des oscillations libres d'un circuit accordé. • NOM PROPRE (...) • *Sens propre* (...)→ **littéral** • Dr. Qui est possédé en toute propriété. *Biens propres* (...)	1:I.A1	1:1 ; 2:2
I.A.2. PROPRE A: particulier à → **spécifique** (..) Traits propres à certains individus	1:I.A2	1:2
I.A.3. (Sens affaibli, employé avec un poss., avant le nom). *De ses propres mains.* (...) • Exprimant l'appartenance et placé devant le nom présenté comme étant l'être, la chose en question) → **même, véritable.**	1:I.A3	1:3
I.A.4. Vx. L'AMOUR PROPRE → **amour-propre**	1:I.A1	
I.A.5. Après le nom: Qui convient particulièrement → **approprié, convenable ; exact, juste ; propice**	I:B	2:1
I.A.6. (Personnes) PROPRE A: (VIEILLI) apte, capable par sa personnalité, ses capacités, ses connaissances • MODERNE: Etre propre à remplir un emploi. • SUBST. VIEILLI: PROPRE A RIEN (...)→ **incapable, nul**	1:I.C2	3
I.B. → **propreté** (En attribut ou après le nom)		
I.B.1 VIEILLI: Qui a l'aspect convenable, net → **1.net ; décent** • PAR EXTENSION: fait convenablement → **correct.**	2:A	4:5
I.B.2. COURANT: Qui n'a aucune trace d'ordure, de crasse, de poussière, de souillure (...) → **1. blanc, immaculé, impeccable** • PAR EXTENSION: (d'une action, d'une occupation) (..) • (PERSONNES) qui se lave souvent (...) • FIGURÉ ET PAR ANTIPHRASE: *Nous sommes propres !* → **1. frais** • Qui a le contrôle de ss fonctions naturelles • Qui ne pollue pas ou peu. *Voitures propres.*	2:A ; 2:C	4:1-2-3-4
I.B.3. FIGURÉ: Qui ne manque pas à l'honneur pour des raisons d'intérêt, dont la réputation est sans tache • Qui est honnête, moral ; honnêtement gagné • N.m. PAR ANTIPHRASE. *C'est du propre !*	2:B ; 2:C	4:6-7
II. N.m. (..)	1:II	1;2;3;4 <regr.>

Tableau 4: Comparaison des articles et rubriques des trois dictionnaires pour l'item *propre*

Trois conclusions se dégagent de cette comparaison:

(i) le répertoire des rubriques constitutives de la micro-structure des articles lexicographiques est trop disparate, voire chaotique, pour pouvoir tenir compte du rattachement des renvois synonymiques aux rubriques des dictionnaires sources dans la constitution du D.E.S.,

(ii) l'item *propre* présente, à côté des emplois adjectivaux primaires, des emplois nominaux sémantiquement apparentés (le propre ≈ le caractère (propre / particulier) / la caractéristique / la particularité / la qualité (particulière), etc.) dont on peut s'attendre à ce qu'ils ne soient pas complètement séparés des emplois adjectivaux dans (la représentation géométrique de) l'espace sémantique de l'item *propre* ;

(iii) enfin certains agrégats d'acceptions se dégagent autour des notions de spécificité, d'aptitude et de propreté, ce que devrait confirmer la visualisation de l'espace sémantique de l'item.

2. Les outils d'analyse de la polysémie fournis par le D.E.S.

2.1. La liste des synonymes

A. Synonymes appartenant à la composante connexe 1
• A1. adjectivaux
adapté, adéquat, ad hoc, approprié, apte, blanc, bon, capable, clair, commode, compétent, congru, convenable, correct, décent, de nature à, distinct, distinctif, élégant, entraîné, entretenu, étudié pour, exact, exclusif, exercé, expert, fait, fort, frais, habile, honnête, idoine, immaculé, impeccable, individuel, intact, intrinsèque, juste, littéral, méticuleux, moral, mûr, net, nickel, particulier, personnel, pimpant, précis, présentable, prévu, privé, privilège, probe, propice, propriété, pur, qualifié, qualité, raffiné, révélateur, seyant, soigné, soigneux, sortable, spécial, spécifique, susceptible, textuel, typique, versé
• A2. nominaux (synonymes de *le propre*)
apanage, attribut, caractère, distinction, essence, nature, particularité, signe, spécificité
• A3 mixtes (adjectifs substantivables comme synonymes de *le propre*)
caractéristique, chic, naturel
B. Synonymes appartenant à des « composantes connexes isolées »[10]
astiqué, bien tenu, blanchi, briqué, calamistré, débarbouillé, décrassé, décrotté, essuyé, frotté, gratté, lavé, lessivé, même, rincé, récuré, savonné, à la lettre

Tableau 5: Répartition des synonymes de *propre* en fonction des composantes connexes et des valeurs adjectivale, nominale ou mixte

Si l'on consulte l'entrée *propre* du D.E.S. sur le site du CRISCO[11], on obtient une importante liste de synonymes. Ces synonymes sont divisés en « composantes connexes », c'est-à-dire en ensembles disjoints d'unités lexicales présentant un renvoi synonymique mutuel avec au moins l'un des membres de la composante. La première composante connexe comprend l'essentiel des synonymes, dont certains sont clairement des noms, ce qui suppose une relation synonymique avec un emploi substantivé de *propre* (cf. *le propre de l'homme*, *mettre un texte au propre*, *avoir quelque chose en propre*, etc.). On s'aperçoit alors que certains des synonymes sont « mixtes », c'est-à-dire qu'ils peuvent entretenir une relation synonymique avec *propre* aussi bien en emploi adjectival qu'en emploi substantivé. Nous classons donc dans le Tableau 5 les synonymes de la composante connexe 1 en trois groupes: synonymes adjectivaux, nominaux et mixtes. Les synonymes appartenant aux autres composantes connexes entretiennent chacun une relation synonymique particulière avec *propre* qu'ils ne partagent avec aucune autre unité lexicale parmi les synonymes de *propre*[12].

---

10 Synonymes non retenus dans la matrice d'appartenance aux cliques, cf. 1.3, parce que n'ayant de relation qu'avec la vedette *propre*.

11 www.crisco.unicaen.fr, cliquer sur **Dictionnaire des Synonymes** dans le menu de gauche.

12 Ce n'est pas une propriété obligatoire des constituants des composantes connexes autres que la première: si les synonymes nominaux de *propre* constituaient un ensemble dissocié de tout emploi adjectival, ils seraient tous réunis dans une même composante connexe. Ils ne le sont pas en raison de l'existence de liens synonymiques d'une part entre synonymes adjectivaux et synonymes mixtes et d'autre part entre

2.2. La liste des cliques de synonymes

Une clique de synonymes est un « sous-graphe complet maximal du graphe de synonymie », c'est-à-dire un ensemble d'items qui sont tous synonymes entre eux deux à deux. Les cliques sont établies à partir du relevé des renvois synonymiques des sept dictionnaires mentionnés plus haut. Ces renvois sont symétrisés afin de permettre le calcul de la distance entre cliques dans un espace comportant autant de dimensions que de synonymes. Ce calcul est la base des visualisations par plans offertes par le logiciel VisuSyn (cf. §2.4).

A. Les dix premières cliques (par ordre alphabétique) de plus de deux constituants (appartenant donc tous à la composante connexe 1)	
1: ad hoc, adéquat, approprié, apte, convenable, idoine, propre	5: adéquat, apte, propre, étudié pour , congru, convenable, propre
2: ad hoc, approprié, convenable, idoine, propre, seyant	6: adéquat, bon, commode, convenable, propre
	7: adéquat, propre, spécial
3: adapté, approprié, convenable, propre, seyant	8: apanage, attribut, privilège, propre
4: adéquat, approprié, apte, bon, convenable, juste, propre	9: apanage, attribut, propre, qualité
	10: approprié, apte
B. Les 18 cliques de deux constituants (le second constituant forme donc une autre composante connexe)	
24: astiqué, propre	90: frotté, propre
28: bien tenu, propre	91: gratté, propre
31: blanchi, propre	103: lavé, propre
42: briqué, propre	104: lessivé, propre
43: calamistré, propre	105: même, propre
73: débarbouillé, propre	108: propre, rincé
74: décrassé, propre	109: propre, récuré
75: décrotté, propre	110: propre, savonné
78: essuyé, propre	113: propre, à la lettre

Tableau 6: Liste partielle des cliques de synonymes

L'item *propre* présente 113 cliques de synonymes (cf. Tableau 6). 17 d'entre elles sont des paires {*propre*, SYNONYME} qui correspondent aux composantes connexes secondaires. Les 96 autres cliques rassemblent de 3 à 7 synonymes. Une clique de 3 synonymes est constituée de 3 arcs (2+1), une clique de 7 synonymes en comporte 21 (6+5+4+3+2+1).

2.3. La matrice d'appartenance des synonymes aux cliques

Contrairement à la liste des synonymes et à celle des cliques, la matrice n'est pas accessible sur le site du CRISCO[13]. Elle permet en premier lieu de vérifier par filtrage le

---

synonymes mixtes et synonymes nominaux. La séparation de l'ensemble des synonymes en composantes connexes constitue a priori un critère fort d'homonymie. Si cette homonymie est en contradiction avec l'intuition partagée des locuteurs francophones, les constituants des composantes connexes concernées peuvent être rattachés à la composante principale par la prise en compte de liens synonymiques du second degré: deux synonymes appartenant à deux composantes connexes parce qu'ils n'ont aucun synonyme commun en dehors de la vedette étudiée peuvent être rattachés à une même composante s'ils entretiennent un lien synonymique avec deux items eux-mêmes en relation de synonymie.

13 Les éventuelles demandes d'accès aux matrices d'appartenance des synonymes aux cliques peuvent être adressées à Jean-Luc Manguin.

nombre et le détail des cliques (au moins ternaires, comportant exclusivement des synonymes de la composante connexe 1) dans lesquelles apparaissent les synonymes. On voit par exemple que le synonyme le plus présent dans les cliques est convenable qui apparaît dans 21 cliques. Ensuite, pour des zones particulières du graphe représentées par un sous-ensemble de cliques en relation de « tuilage », c'est-à-dire de recouvrement partiel notable (par exemple entre deux cliques partageant plus de la moitié de leurs synonymes) cette matrice permet de calculer le nombre de liens synonymiques qu'entretiennent mutuellement les synonymes dans cette zone et donc de permettre une micro-analyse du degré de proximité entre les synonymes de l'item étudié pour les zones dont la visualisation suggère qu'elles structurent l'espace sémantique de celui-ci.

2.4. La visualisation de l'espace sémantique de l'item étudié à partir du calcul de la distance entre les cliques

(i) Méthode de calcul de la distance entre les cliques de synonymes

Les cliques du graphe de synonymie sont considérées comme des points d'un espace dont le nombre de dimensions est égal au nombre de synonymes de l'item étudié ; dans cet espace, chaque clique est au départ représentée par un point dont les coordonnées sont égales à zéro pour les axes correspondant aux synonymes qui ne font pas partie de la clique, et un pour les axes des synonymes présents dans la clique. Il s'avère en pratique que cela ne suffit pas pour refléter correctement la distance entre cliques, en particulier ce système ne tient pas compte du nombre de synonymes dans la clique. En fait, chaque coordonnée doit être pondérée suivant la fréquence des synonymes dans l'ensemble des cliques, et suivant le nombre d'éléments dans la clique ; les axes qui correspondent à des synonymes fréquents seront ainsi contractés, tandis que ceux qui sont en rapport avec des synonymes rares seront dilatés. Les cliques les plus peuplées ou celles qui correspondent à des synonymes très courants de l'item seront rapprochées du centre de la représentation, et celles qui représentent les sens élémentaires rares seront placées à la périphérie du nuage de points.

Une dernière étape consiste à chercher les plans de visualisation les plus intéressants pour le nuage de points ainsi obtenu ; on utilise ici une analyse en composantes principales (ACP), dont les premiers plans principaux reflètent au mieux les inter-distances existant entre les cliques, c'est-à-dire les points du nuage représentatif de l'item.

(ii) Représentation de l'espace sémantique de *propre*

L'espace sémantique de l'item *propre* est représenté sous la forme d'un nuage de points de magnitude variable. Ces points représentent les cliques de synonymes et leur magnitude indique la proximité de la clique avec le plan de visualisation, c'est-à-dire que les cliques représentées par les points les plus gros sont les plus proches du plan et que la distance apparente entre deux cliques de ce type est pertinente[14]. Les synonymes sont représentés indirectement par leur « enveloppe convexe ». Toutes les cliques représentées à l'intérieur de

[14] La distance apparente entre deux cliques représentées respectivement par un point de grosse et de petite taille est moins pertinente parce que l'une des deux cliques se situe à distance du plan de visualisation. Quant à la distance apparente entre deux cliques représentées par deux petits points, elle est sans pertinence car les deux cliques peuvent se situer de part et d'autre du plan de visualisation, sans qu'on puisse apprécier leur distance effective. Si l'on souhaite pouvoir apprécier cette distance il faut changer les axes de la visualisation jusqu'à ce que les deux cliques apparaissent toutes les deux représentées par un gros point. Mais dans ce cas le positionnement de ces cliques dans leur environnement risque d'être plus difficile à évaluer parce que VISUSYN choisit par défaut le plan le plus pertinent pour l'ensemble des cliques.

l'enveloppe d'un synonyme ne comportent pas obligatoirement ce synonyme, mais aucune des cliques disposées en dehors de cette enveloppe convexe ne le contient.

Nous avons fait apparaître sur la Figure 1 la clique située à l'extrémité supérieure gauche: {*caractère, essence, nature, propre, propriété, qualité*} (n° 51), celle qui est située à l'extrémité supérieure droite: {*entraîné, exercé, expert, habile, propre*} (n° 76), une clique située approximativement au milieu de la visualisation: {*caractère, chic, propre*} (n° 50} et deux autres cliques de la partie inférieure de la visualisation dont nous allons voir qu'elles occupent une position stratégique: {*distinct, net, propre, précis, spécifique*} (n° 71) et {*impeccable, net, propre, pur, soigné*} (n° 97). Les deux premières n'ont que *propre* en commun et spécifient respectivement deux domaines sémantiques, celui de la propriété / qualité et celui de l'expertise / habileté. La première ne comporte que des synonymes nominaux de *propre*, la seconde uniquement des synonymes adjectivaux. Il y a donc entre les deux soit une limite franche soit une zone de transition entre les deux types d'emplois. En faisant apparaître l'enveloppe convexe de l'item nominal *caractère*, on constate qu'elle englobe à ses deux extrêmes la clique 51 où tous les synonymes sont nominaux et la 50 où *caractère* peut être synonyme de *chic* et *propre* en emploi nominal, mais où *chic* peut également être synonyme de *propre* en emploi adjectival. En faisant apparaître l'enveloppe convexe de *distinction*, nous vérifions que la zone des emplois nominaux continue à s'étendre vers le bas, mais si nous faisions apparaître celle de *particulier* ou *spécifique*, nous verrions qu'elle recoupe cette zone nominale. En fait, il n'y a pas de délimitation stricte du domaine nominal (situé globalement dans la partie supérieure gauche), parce que *propre* et plusieurs de ses synonymes — *(le) chic*, *(le) naturel*, *(la) caractéristique*, etc. — présentent des emplois des deux types.

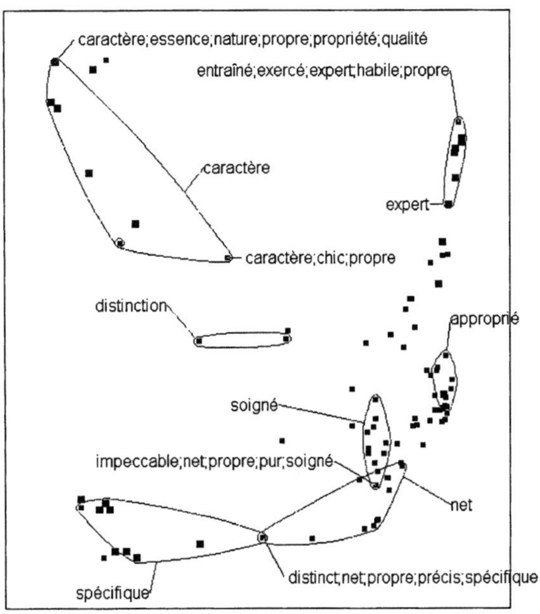

Figure 1: Représentation de l'espace sémantique de l'item adjectival et nominal *propre*

Dans la partie droite, on passe progressivement de la zone d'*expert*, à celle d'*approprié*, puis de *soigné*, *net* et *spécifique* (ces adjectifs étant sélectionnés parce qu'ils occupent chacun une zone relativement restreinte, ce qui n'est pas le cas par exemple de *convenable*, qui participe à 21 cliques en raison de la variété des *convenances* en cause). La clique 97 représente un point de contact entre l'espace sémantique de *soigné* et celui de *net*, tandis que la clique 71 constitue le point de rattachement entre l'espace sémantique de *net* et celui de *spécifique*. On voit ainsi que *net* présente à une extrême de son espace sémantique des emplois où on peut lui substituer *soigné* (*une personne propre / nette / soignée*) et à l'autre extrême des emplois permettant éventuellement la substitution par *spécifique*. Cependant les cliques sont des objets abstraits obtenus par sommation de relations synonymiques, ce qui ne garantit pas une possibilité de substitution entre tous les constituants d'une clique adjectivale pour un contexte nominal donné.

Globalement le domaine de la **propreté** est repéré dans la partie inférieure droite par *soigné* et partiellement par *net*, celui de l'**expertise** et de l'**habileté / aptitude** se situe dans la partie supérieure droite. On ne peut pas délimiter un domaine des propriétés applicables spécifiquement à des humains, mais on observe en revanche que les zones supérieure et inférieure gauche représentent le même domaine sémantique de la **particularité**, **qualité**, **spécificité** envisagée en termes nominaux (zone supérieure) ou adjectivaux (zone inférieure). Cette constatation est manifestement à mettre en relation avec l'observation que les emplois nominaux de *propre* ne touchent que ce domaine sémantique, ce dont le T.L.F. rend d'ailleurs mieux compte que le N.P.R. en intégrant les emplois nominaux à l'article [1]**propre** en relation avec la notion de propriété alors que le N.P.R. les introduit séparément.

3. Micro-analyse de quatre sous-espaces du graphe de synonymie de *propre*

Pour analyser les sous-espaces correspondant à des zones que nous définirons lors de chaque extraction (par ex., le sous-graphe comprenant les sommets à valeur nominale), nous allons définir une « similitude » entre les sommets du graphe de synonymie. Pour chaque paire de sommets A et B, nous repérons quelles sont les relations entretenues par ces sommets avec les autres membres du sous-graphe. Pour chaque sommet, quatre cas peuvent se présenter:

- le sommet est en relation avec A et B,
- le sommet est en relation avec A mais pas avec B,
- le sommet est en relation avec B mais pas avec A,
- enfin, il n'est en relation ni avec A, ni avec B.

En comptant le nombre de sommets dans chaque catégorie, nous aboutissons au « tableau de contingence » suivant:

		Relation avec A	
		oui	non
Relation avec B	oui	*a*	*b*
	non	*c*	*d*

Tableau 7: Tableau de contingence de données qualitatives

Nous définirons la similitude entre les deux sommets A et B comme égale à la valeur de l'indice de Jaccard S_7, selon la formule ci-dessous [LEGENDRE et LEGENDRE, 1998]:

$$S_7 = \frac{a}{a+b+c}$$

Dans ce qui suit, nous détaillerons toutes les étapes du traitement, et les commentaires que nous pouvons tirer des résultats pour un des sous-domaines, puis dans les paragraphes suivant, nous livrerons simplement nos conclusions pour ne pas surcharger nos propos par des tableaux superflus.

3.1. Le sous-espace des représentations nominales

Pour calculer les indices de similitude, nous partons de la matrice d'adjacence du sous-graphe formé par les relations qu'entretiennent les sommets choisis, en l'occurrence ceux de catégorie nominale (Tableau 8):

	apanage	attribut	caractère	caractéristique	chic	distinction	essence	nature	naturel	particularité	privilège	propriété	qualité	signe	spécificité
apanage	1	1	0	0	0	0	0	0	0	0	1	0	1	0	0
attribut	1	1	1	1	0	0	0	1	0	1	1	1	1	1	0
caractère	0	1	1	1	1	0	1	1	1	1	0	1	1	1	1
caractéristique	0	1	1	1	0	1	0	1	1	1	0	1	1	1	1
chic	0	0	1	0	1	1	0	0	0	0	0	0	0	0	0
distinction	0	0	0	1	1	1	0	0	0	0	0	0	0	0	0
essence	0	0	1	0	0	0	1	1	0	0	0	1	1	0	0
nature	0	1	1	1	0	0	1	1	1	0	0	1	1	0	0
naturel	0	0	1	1	0	0	0	1	1	0	0	0	0	0	0
particularité	0	1	1	1	0	0	0	0	0	1	0	1	1	0	0
privilège	1	1	0	0	0	0	0	0	0	0	1	0	0	0	0
propriété	0	1	1	1	0	0	1	1	0	1	0	1	1	0	0
qualité	1	1	1	1	0	0	1	1	0	1	0	1	1	0	0
signe	0	1	1	1	0	0	0	0	0	0	0	0	0	1	0
spécificité	0	0	1	1	0	0	0	0	0	0	0	0	0	0	1

Tableau 8: Matrice d'adjacence du sous-graphe des relations entre synonymes de l'item *propre* dans le sous-espace nominal

Par le calcul, nous aboutissons au tableau 9 des similitudes[15]:

	apanage	attribut	caractère	caractéristique	chic	distinction	essence	nature	naturel	particularité	privilège	propriété	qualité	signe	spécificité
apanage		0,40	0,14	0,15	0,00	0,00	0,13	0,20	0,00	0,25	**0,75**	0,20	0,30	0,14	0,00
attribut			0,57	0,62	0,08	0,08	0,36	0,50	0,27	0,60	0,30	0,64	0,73	0,40	0,18
caractère				**0,77**	0,15	0,15	0,42	0,67	0,33	0,50	0,07	0,67	0,62	0,33	0,25
caractéristique					0,17	0,17	0,33	0,58	0,36	0,55	0,08	0,58	0,54	0,36	0,27
chic						0,50	0,14	0,10	0,17	0,13	0,00	0,10	0,09	0,17	0,20
distinction							0,00	0,10	0,17	0,13	0,00	0,10	0,09	0,17	0,20
essence								0,63	0,29	0,38	0,00	0,63	0,56	0,13	0,14
nature									0,50	0,56	0,10	0,78	0,70	0,33	0,22
naturel										0,25	0,00	0,33	0,30	0,33	0,40
particularité											0,13	0,75	0,67	0,43	0,29
privilège												0,10	0,20	0,17	0,00
propriété													0,89	0,33	0,22
qualité														0,30	0,20
signe															0,40
spécificité															

Tableau 9: Matrice de similitude des synonymes de l'item *propre* dans le domaine nominal

Même si ce tableau recèle toutes les informations de proximité entre les synonymes, il semble utile de passer à une vue plus synthétique, en appliquant à cet ensemble de données une classification hiérarchique ascendante, qui permet de construire une vue arborée plus synthétique [BARTHELEMY et GUÉNOCHE, 1988]:

En se référant à cette arborescence, on s'aperçoit que le groupe s'organise en deux clans, le premier étant relativement soudé (ce que révèle la faible longueur des branches), autour de groupes de forte similitude comme (*qualité, propriété*: 0,89) ou (*caractère, caractéristique*: 0,77), les autres termes restant assez proches, à l'exception peut-être d'essence ; le second clan est beaucoup plus éclaté, pour des raisons qui tiennent soit à un véritable éloignement sémantique vis-à-vis des membres du premier regroupement, soit à la polysémie des termes faisant partie de ce second regroupement. Ainsi la paire (*apanage, privilège*), d'une forte cohésion sémantique, ne pourrait se rapprocher que d'*attribut* parmi les termes du premier lot (puisque *apanage* est en relation avec *qualité*, tandis que *privilège* ne l'est pas). La polysémie des termes trouve par exemple son expression dans les relations qu'entretiennent *chic*, *distinction*, *caractère* et *caractéristique* entre eux (cf. tableau 8): ils sont tous en relation sauf *chic* et *caractéristique* ; il en résulte que la paire d'items {*caractère*, *distinction*} est selon les contextes synonyme de chic ou de caractéristique, et l'absence de relation entre *chic* et *caractéristique* entraîne l'éloignement du groupe {*chic*, *distinction*} dans l'arborescence.

[15] Dans cette partie, les similitudes sont calculées en ne tenant compte que des relations qui existent entre les membres du sous-groupe étudié. Les sous-groupes peuvent présenter un certain degré de recouvrement.

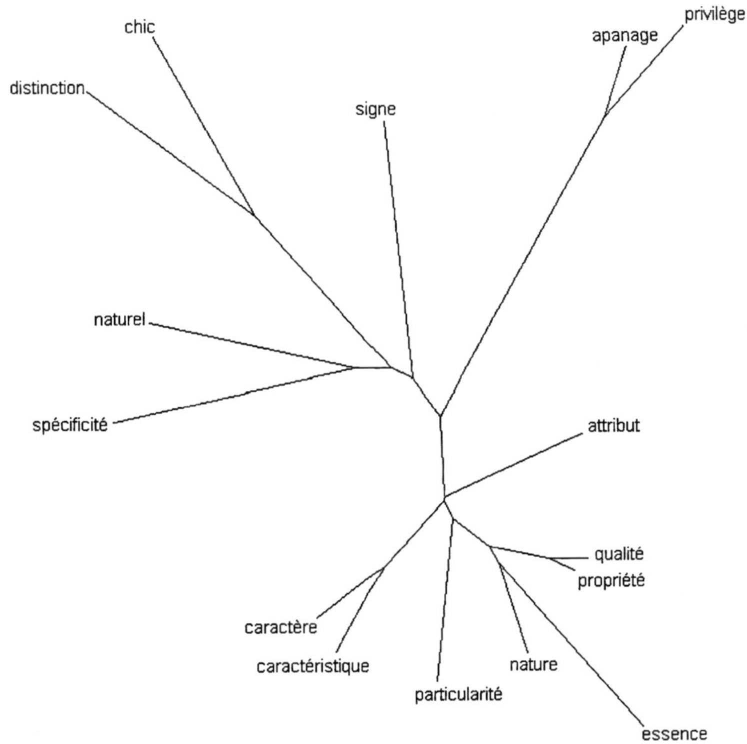

Figure 2: Vue arborée des relations de similitude entre les synonymes de l'item *propre*

2.2. Le sous-espace de propre ⇔ soigné

	entretenu	fort	impeccable	net	pimpant	pur	raffiné	soigneux	soigné	tenu	élégant
entretenu		0,33	0,17	0,20	0,25	0,14	0,17	0,33	0,18	0,33	0,17
fort			0,17	0,20	0,25	0,14	0,17	0,33	0,18	0,33	0,17
impeccable				**0,80**	0,14	**0,83**	**0,67**	0,17	0,45	0,17	0,43
net					0,17	**0,67**	**0,50**	0,20	0,36	0,20	0,29
pimpant						0,29	0,33	0,25	0,27	0,25	**0,60**
pur							**0,83**	0,14	0,55	0,14	**0,57**
raffiné								0,17	0,45	0,17	**0,67**
soigneux									0,18	0,33	0,17
soigné										0,18	0,45
tenu											0,17
élégant											

Tableau 10: Matrice de similitude des synonymes de l'item *propre* dans le sous-espace de *propre ⇔ soigné*

Ici le groupe s'ordonne autour du quadruplet à forte similitude composé de *impeccable*, *net*, *pur* et *raffiné* ; ce dernier terme affiche ici sa polysémie, puisqu'à ce premier sens (*pur* = « qui a subi un raffinage »), s'ajoute celui du soin esthétique, avec une similitude elle aussi élevée avec *élégant*. *Pimpant* se rattache aussi à *élégant*, et au final *soigné* se place à mi-chemin entre la pureté et l'élégance. Les autres termes (*entretenu*, *fort*, *soigneux* et *tenu*) sont juste synonymes de *soigné*, et n'ont pas de relation avec les autres (du moins dans les dictionnaires sources).

2.3. Le sous-espace de propre ⇔ approprié

Ce sous-ensemble présente une grande cohésion, et une forte parenté sémantique, puisque les valeurs des indices de similitude sont dans l'ensemble assez élevées ; un seul terme semble un peu à part: *adapté*, qui entretient moins de relations au sein du groupe. L'ensemble s'organise autour du couple (*approprié*, *convenable*) qui présente une parfaite équivalence dans le groupe: ils entretiennent en effet exactement les mêmes relations de synonymie avec tous les autres termes. Autour de ce duo idéal gravitent *seyant*, *sortable* et *congru*, ainsi que des paires à forte cohésion: (*idoine*, *ad hoc*), (*apte*, *adéquat*) et (*juste*, *bon*).

	ad hoc	adapté	adéquat	approprié	apte	bon	congru	convenable	idoine	juste	seyant	sortable
ad hoc		0,38	0,67	0,58	0,60	0,40	0,44	0,58	**0,88**	0,50	0,45	0,36
adapté			0,20	0,33	0,18	0,22	0,43	0,33	0,33	0,33	0,44	0,33
adéquat				0,67	**0,89**	0,67	0,27	0,67	0,60	0,60	0,42	0,45
approprié					0,75	0,58	0,50	**1,00**	0,67	0,67	0,75	0,67
apte						0,60	0,36	0,75	0,55	0,55	0,50	0,55
bon							0,44	0,58	0,50	**0,88**	0,33	0,50
congru								0,50	0,56	0,56	0,50	0,56
convenable									0,67	0,67	0,75	0,67
idoine										0,60	0,55	0,45
juste											0,42	0,60
seyant												0,70
sortable												

Tableau 11: Matrice de similitude des synonymes de l'item *propre* dans le sous-espace *propre ⇔ approprié*

2.4. Le sous-espace de propre ⇔ spécifique

	caractéristique	distinct	distinctif	exclusif	individuel	net	particulier	précis	révélateur	spécial	spécifique	typique
caractéristique		0,36	**0,88**	0,33	0,56	0,09	0,73	0,18	**0,75**	0,60	0,67	**0,75**
distinct			0,27	0,38	0,63	0,57	0,50	0,71	0,18	0,50	0,58	0,18
distinctif				0,38	0,44	0,10	0,64	0,20	**0,86**	0,50	0,58	**0,86**
exclusif					0,43	0,14	0,36	0,29	0,25	0,50	0,33	0,25
individuel						0,25	0,55	0,38	0,33	**0,75**	0,50	0,33
net							0,25	**0,80**	0,11	0,20	0,33	0,11
particulier								0,33	0,55	0,73	**0,92**	0,55
précis									0,22	0,30	0,42	0,22
révélateur										0,40	0,50	**1,00**
spécial											0,67	0,40
spécifique												0,50
typique												

Tableau 12: Matrice de similitude des synonymes de l'item *propre* dans le sous-espace *propre ⇔ spécifique*

Dans cet ensemble, nous rencontrons rassemblés plusieurs types de regroupements auxquels nous avons déjà eu affaire dans les autres sous-espaces, mais d'une manière séparée. En effet, nous observons d'un côté des groupes à très forte cohésion, comme (*particulier, spécifique*), et (*caractéristique, distinctif, typique, révélateur*), et de l'autre des termes dont la polysémie provoque l'éloignement par rapport à ces premiers groupes: *individuel* et *spécial* (termes connotés dans certains environnements discursifs), *exclusif*, et enfin le trio (*distinct, précis, net*).

2.5. Le sous-espace de propre ⇔ expert

	bon	capable	compétent	entraîné	exercé	expert	habile	versé
bon		0,57	0,50	0,33	0,43	0,50	0,50	0,60
capable			0,71	0,38	0,63	**0,88**	**0,88**	0,57
compétent				0,50	**0,83**	0,63	0,63	0,50
entraîné					0,67	0,50	0,50	0,33
exercé						0,75	0,75	0,43
expert							**1,00**	0,50
habile								0,50
versé								

Tableau 13: Matrice de similitude des synonymes de l'item *propre* dans le sous-espace *propre ⇔ expert*

Ici, l'analyse met en évidence une équivalence entre *habile* et *expert*, puisqu'ils entretiennent tous les deux les mêmes relations au sein de cet espace ; *capable* est très proche de ce duo, tandis que *compétent* et *exercé* forment avec *entraîné* l'autre pôle de ce sous-ensemble. Enfin, *bon* et *versé* constituent une troisième partie, qui possède toutefois une cohérence plus faible que les deux autres.

3. Conclusion

A la différence de nos travaux précédents centrés sur l'effet du contexte nominal sur la sélection des acceptions des adjectifs *curieux* [FRANÇOIS, VICTORRI et MANGUIN], *gros* et *gras* [MANGUIN, FRANÇOIS et VICTORRI] et *sec* [VICTORRI, FRANÇOIS, MANGUIN ; VENANT, 2002], notre propos a consisté ici à confronter la méthode de visualisation de l'espace sémantique par analyse des cliques de synonymes [PLOUX et VICTORRI, 1998] à celle du calcul des indices de similitude [MANGUIN, 2002], le tout comparé aux différentes stratégies de dégroupement homonymique relevées dans trois dictionnaires de langue. Il reste à étudier si une forte similitude entre deux synonymes reflète un rattachement aux mêmes types de têtes nominales ; en effet, les relations de synonymie exploitées proviennent de jugements de lexicographes, et il est probable que ceux-ci ont évalué le degré de synonymie des adjectifs en fonction de contextes relevés ou imaginables. Cependant, la similitude remarquable (0,89) entre *apte* et *adéquat*, alors même que *apte* s'applique à des personnes et *adéquat* à des outils (matériels ou intellectuels), laisse supposer qu'ils ont opéré une transposition métaphorique du type: « l'aptitude est aux personnes ce que l'adéquation est aux outils ».

Comme nous l'avions déjà observé pour l'espace sémantique de l'adjectif *curieux*, dont une partie ne rassemble que des adjectifs relationnels synonymes de « *curieux de* N/Inf » (*anxieux de*, *soucieux de*, *attentif à*, *intéressé par*, etc.), les deux derniers sous-espaces étudiés comprennent des adjectifs majoritairement en emploi relationnel:

- « *propre à* », « *typique de* », « *spécifique de* », « *révélateur de* » quelqu'un ou quelque chose (voir tableau 12 et § 2.4) expriment une relation entre deux entités (à l'exclusion des événements et actions) [16]
- « *propre à* », « *habile à* », « *apte à* », « *capable de* » + Inf./SN_{action} expriment en revanche une relation entre une entité et une action à accomplir (voir tableau 13 et § 2.5).

Cette distinction justifie des rubriques spécifiques dans les trois dictionnaires étudiés: elle est véhiculée dans le Nouveau Petit Robert par les rubriques I.A.2 vs I.A.6, dans le TLF par les rubriques I.B.2 vs I.C.2 de [1]PROPRE, et dans le Lexis par l'emploi 2 de [1]PROPRE et l'homonyme [3]PROPRE.

Enfin, loin de favoriser une coupure franche entre emplois adjectivaux et nominaux de *propre*, notre analyse prend en compte plusieurs synonymes à emploi soit adjectival soit nominal: (le) *chic*, (le) *naturel*, (la) *caractéristique* dont la présence entraîne un continuum entre les emplois référentiels (nominaux), déterminatifs (fonction épithète) et prédicatifs (fonction attribut) des items de ce type.

---

16 Cependant y figurent aussi certains synonymes non relationnels, comme *net*, *distinct*, *précis* et *individuel*, qui se détachent effectivement du groupe des adjectifs relationnels.

Bibliographie

BARTHELEMY et GUÉNOCHE, 1988: J.P. BARTHELEMY et A. GUÉNOCHE *Les arbres et les représentations des proximités*, Paris, Masson, 1988.

FRANÇOIS, 1980: J. FRANÇOIS, "Le lexique français et les dégroupements homonymiques" *Zeitschrift für französische Sprache und Literatur*, 1980/1, 1-25.

FRANÇOIS, VICTORRI et MANGUIN (à paraître): J. FRANÇOIS, B. VICTORRI et J.L. MANGUIN, "Polysémie adjectivale et synonymie: L'éventail des sens de *curieux* étudié à l'aide de méthodes informatiques combinant un dictionnaire électronique de synonymes et des extraits de corpus", O. Soutet (éd), *La polysémie, Actes du colloque de Paris IV*, Paris, novembre 2000, Presses Universitaires de Paris-Sorbonne.

GAUME, DUVIGNAU, GASQUET et GINESTE, 2002: B. GAUME, K. DUVIGNAU, O. GASQUET, M. D. GINESTE (2002). "Forms of Meaning, Meaning of Forms". In: *Journal of Experimental and Theoretical Artificial Intelligence*, 14(1):61-74, mars 2002.

LEGENDRE et LEGENDRE, 1998: P. LEGENDRE et L. LEGENDRE, *Numerical Ecology*, Amsterdam, Elsevier, 1998.

LEHMANN et MARTIN-BERTHET, 1998: A. LEHMANN et F. MARTIN-BERTHET, *Introduction à la lexicologie: Sémantique et morphologie*, Chapitre 5: La polysémie, 65-97. Paris, Dunod, 1998.

MANGUIN, 2002: J.L. MANGUIN, "Regroupement de synonymes par critères de similitude", *Actes du colloque « Adjectifs non-prédicatifs »*, Saint-Denis (92), 29-30 novembre 2002, à paraître dans les Cahiers de lexicologie.

MANGUIN, FRANÇOIS et VICTORRI (à paraître): J.L. MANGUIN, J. FRANÇOIS et B. VICTORRI, "Polysémie adjectivale et rection nominale: quand gros et gras sont synonymes", *Actes du colloque « L'adjectif en français et à travers les langues»*, Caen, 28-30 juin 2001, Presses Universitaires de Caen.

PLOUX et VICTORRI, 1998: S. PLOUX et B. VICTORRI, "Construction d'espaces sémantiques à l'aide de dictionnaires de synonymes", *TAL*, Vol 39/1, 161-182.

VENANT, 2002: F. VENANT, "*Polysémie adjectivale et calcul du sens*", mémoire de stage du DEA de Sciences Cognitives, Paris VI et EHESS, juillet 2002.

VICTORRI et FUCHS, 1996: B. VICTORRI et C. FUCHS, *La polysémie: construction dynamique du sens*. Paris: Hermès, 1996.

VICTORRI, FRANÇOIS, MANGUIN (à paraître): B. VICTORRI, J. FRANÇOIS et J.L. MANGUIN, "Dynamical Construction of Meaning in Polysemic Units", in D. Willems. (éd): *Points of Comparison in Linguistic Theory: from Morphology to Discourse.*

Jacques FRANÇOIS
CRISCO, Université de Caen
Esplanade de la Paix
14032 Caen Cedex
FRANCE
jacques.francois@crisco.unicaen.fr

Jean-Luc MANGUIN
CRISCO, Université de Caen
Esplanade de la Paix
14032 Caen Cedex
FRANCE
manguin@crisco.unicaen.fr

BCILL 112: *Langues à niveaux multiples*, 87-106

Regards croisés sur le programme des langues modernes de l'enseignement libre (D/2000/7362/016[1])

Pierre GODIN & Henri BOUILLON
UCL, Louvain-la-Neuve

Avant-propos

Nos collègues, enseignants dans le secondaire (humanités générales et technologiques) savent que c'est le décret du 24 juillet 1997 (appelé « Décret Missions »), qui, entres autres, fixe les savoirs et compétences que leurs élèves doivent atteindre au terme des humanités. Les enseignants ont immédiatement réalisé l'importance de ce décret et des documents officiels qui ont suivi[2]: pour la première fois, les objectifs à atteindre n'étaient plus définis comme un idéal, mais - a contrario - en termes de compétences dont la maîtrise (à un niveau donné) était attendue à la fin des humanités. On rappellera en effet que les objectifs dans l'enseignement et l'apprentissage des langues étrangères étant relativement vagues jusqu'alors, l'évaluation finale (dite 'sommative') l'était tout autant et laissait en conséquence une assez large place à la subjectivité[3] même si elle était souvent discriminatoire et positive. En définissant à partir de 1997, des « compétences terminales » à atteindre en fin des humanités (des compétences « terminales » qui, par définition, étaient aussi « minimales »), on affirmait dans la foulée que la non-maîtrise de ces compétences entraînerait un échec, du moins dans la branche concernée. Certes, la Communauté Française de Belgique ne franchissait pas encore le Rubicon (il n'était pas question d'une évaluation centralisée qui aurait été mise sur pied par une Commission centrale[4]), mais l'objectivité dans l'évaluation était néanmoins visée et, a priori, on ne pouvait que s'en féliciter.

---

1 Ce nom, quelque peu étrange pour les non-initiés, renvoie officiellement au programme de « Langues modernes - 2e et 3e degrés - humanités générales et technologiques », publié par la Fédération de l'enseignement secondaire catholique, et consultable à l'adresse suivante: http://www.segec.be/FESEC/Programmes/Documents/12_LANG1,2,3.pdf

2 En particulier le document « Compétences Terminales et savoirs requis en langues modernes - Humanités générales et technologiques » (nous ferons dans la suite de cet article référence à ce document sous le label: « Document Compétences Terminales » (voir: http://www.agers.cfwb.be/pedag/textes/compterm/compterm.htm)

3 Comme le soulignait un rapport de l'OCDE en 1991.

4 Ce qui aurait pu constituer l'étape finale, dans la suite logique de la démarche.

Restait alors aux différents réseaux d'enseignement de la Communauté Française de Belgique à traduire ces « compétences terminales et savoirs requis » (au terme des humanités) en « programmes ». C'est chose faite depuis l'an 2000 pour quasiment tous les programmes de la Fédération de l'enseignement secondaire catholique (FESeC)[5].

On ne soulignera jamais assez l'importance de ces programmes. Notons en particulier[6] qu'ils ont été approuvés par la Commission des programmes et par le Ministre qui a l'enseignement secondaire dans ses attributions, et que, « **correctement mis en œuvre**, ils permettent **effectivement** d'acquérir les compétences et de maîtriser les savoirs définis dans le document Compétences terminales »[7].

Cela se passe de commentaires, mais on n'en pense pas moins au poids mis sur les épaules des enseignants: à qui la faute, si d'aventure les « compétences terminales » n'étaient pas acquises?

C'est une des raisons pour lesquelles nous voudrions dénoncer ce qui fait problème: notre but principal est d'aider nos collègues du secondaire et les étudiants dont la formation didactique nous incombe, à discerner les démarches pertinentes des élucubrations du moment. De plus, à la lumière de la littérature scientifique, de notre expérience de professionnels et suite à des échanges fréquents et fructueux avec le secondaire, nous souhaiterions aussi poser quelques jalons qui pourraient s'avérer utiles lors de la rédaction d'une indispensable nouvelle version de ces programmes.

Que cette réflexion puisse être publiée dans un ouvrage en hommage à notre collègue, le Professeur **JACQUES LEROT**, maintenant admis à l'éméritat, est un juste « retour des choses ». Nous avons été tous les deux ses anciens étudiants; c'est lui qui, en linguistique, a guidé nos premiers pas à l'université; il a été le promoteur du doctorat d'un des auteurs et - last, but not least - c'est un des « maîtres » qui nous a montré comment développer et appliquer un sens critique à l'égard de théories « ayant pignon sur rue »: nous revendiquons tous les deux d'avoir été ses disciples dans ce difficile exercice qu'est l'herméneutique en sciences humaines.

Qu'il trouve donc à travers cet article, l'expression de toute notre gratitude.

Portée de la réflexion

Nous nous intéresserons dans cet article tout à fait spécifiquement au PROGRAMME DE LANGUES MODERNES, 2E ET 3E DEGRÉS, HUMANITÉS GÉNÉRALES ET TECHNOLOGIQUES - référencé D/2000/7362/016, que l'on trouvera aisément sur la toile (voir note 1).

Il ne fait pas de doute que ce document soit connu des destinataires: il est d'application depuis le premier septembre 2001 en cinquième année d'humanités et depuis le premier septembre 2002 en sixième; il a fait l'objet de multiples présentations officielles et officieuses, locales et/ou provinciales, a été moult fois présenté et commenté (entres autres par des collaborateurs pédagogiques de la FESeC); et, si nous pouvons en juger par les contacts que nous entretenons avec les enseignants du secondaire, il est aujourd'hui intégré dans le vécu des

---

5 On consultera aisément ces programmes via la toile, à la page: http://www.segec.be/fesec/Programmes/index.htm

6 Voir chaque avant-dernier paragraphe du premier 'chapitre' de chaque programme (intitulé: « Statut et rôle du programme ») p. 3

7 (ibid.) - Les lettres grasses sont de notre main.

enseignants, mieux que le fut jamais un programme de langues dans l'enseignement secondaire.

On a compris que nous ne le présenterions donc pas ici.

Pour qu'on ne se méprenne pas sur nos positions, nous tenons cependant à répéter une fois encore notre credo méthodologique:

- nous sommes bien évidemment chauds partisans et défenseurs d'un enseignement (dit) communicatif; nous voulons donc mettre la communication au centre de nos activités de classe;

- à la suite de tant d'autres depuis tant d'années, nous estimons, nous aussi, que les moyens langagiers (vocabulaire, grammaire, fonctions langagières) doivent - in fine - être mis au service de toutes les formes de communication;

- nous voulons mettre l'apprenant au centre de nos préoccupations, lui proposer un apprentissage qui « fasse sens », veiller au transfert de ses compétences développées « en classe » à la réalité de la vie - où les tâches communicatives sont de fait complexes - et développer son autonomie (ou encore: apprendre à l'apprenant à « voler de ses propres ailes » comme nous écrivions déjà il y a deux décennies); cela signifie donc bien sûr, l'aider à découvrir où et comment il peut trouver de l'aide dans l'exécution des tâches que nous lui « confions » (via entre autres des outils de référence), l'initier aux méandres des techniques et stratégies d'apprentissage, d'encodage et de décodage.

- nous voulons in fine, faire de nos élèves (et des apprenants en général) des « acteurs » de leur apprentissage, leur donner (même si le cadre est immanquablement prédéfini) une part de responsabilité dans l'évaluation finale et les préparer à un auto-apprentissage continu.

Le pourquoi des langues dans le secondaire et les profils d'apprentissage

Il en est du pourquoi des langues dans le secondaire comme de tant de questions dites « évidentes », si évidentes qu'on ne juge plus nécessaire d'y répondre.

Commençons par dire que même la structure 'globale' de notre enseignement secondaire peut - en théorie - être remise en question. On rappellera que, suite à une homogénéisation européenne, les études (en particulier) universitaires (les licences actuelles en quatre années) seront dès septembre 2004 profondément bouleversées. On pourrait donc imaginer que les humanités (dites) de transition le soient également: en effet, tous les pays de l'Union Européenne (d'aujourd'hui et de demain) ne proposent pas le même moule - tant s'en faut - et s'il va de soi que les langues modernes occupent une place importante dans le dénominateur commun, tous les pays n'obligent pas à coup sûr tous les adolescents à suivre pendant toutes les humanités une (petite) dizaine de branches différentes réparties sur 32 heures/semaine (des heures de 50') et une ou deux (voire trois) langues étrangères.

Nous estimons donc qu'on ne peut pas faire l'économie de la question du « pourquoi des langues étrangères dans les humanités » et - nous le verrons - les réponses fournies entraînent des conséquences d'ordre didactique non négligeables.

Nous estimons qu'on apprend une langue étrangère en section de transition pour les raisons suivantes[8]:

i. pour être à même de continuer des études dans lesquelles un enseignement et apprentissage 'professionnalisant' de cette langue est prévu et donc, contribuer à initier une compétence professionnelle future, nécessairement encore vague à ce stade;

---

[8] Voir aussi http://fuzzy.arts.kuleuven.ac.be/taalklas/index.htm

ii. pour pouvoir communiquer (de façon fonctionnelle) dans cette langue étrangère (sous toutes les formes que peut prendre la communication), entre autres à l'occasion de courts séjours dans une contrée/un pays où l'on parle cette langue et/ou dans des contacts avec des allochtones, qu'ils soient 'de passage' ou joignables 'en ligne';
iii. et pour en jouir pendant ses loisirs et ses vacances (entres autres lors de rencontres et/ou via la télévision, les lectures, ou encore via l'internet).

Nous voudrions insister sur la première raison, souvent appelée - dans la littérature scientifique - raison 'scolaire' ou encore 'académique': pendant ses humanités, un élève est - en fait - occupé à parcourir la deuxième étape d'un « tour » qui en compte au moins trois: la première étape est appelée 'fondamentale', la seconde est une 'étape de transition' et la troisième est 'professionnalisante'[9].

Il est évident que les programmes d'enseignement doivent - au cours de ces trois étapes - tenir compte du profil à acquérir à la sortie.

Ainsi, l'enseignement et l'apprentissage/l'acquisition des langues doivent au cours de la troisième étape nécessairement tenir compte du profil professionnel requis par le monde du travail. Si cela semble couler de source, il faut aussi réaliser – mutatis mutandis - que cette évidence est aussi d'application pour les humanités de transition: la toute première raison pour laquelle on apprend une langue étrangère en humanités est dépendante du parcours ... qui suit: c'est pour être à même de continuer des études - qui deviendront - professionnalisantes qu'un enseignement spécifique et fonctionnel est assuré en humanités. Ne pas en tenir compte, c'est oublier la structure globale de l'enseignement. Bien sûr, les humanités de transition débouchent sur de multiples parcours, universitaires ou pas, où l'apprentissage fonctionnel (professionnalisant) d'au moins une langue étrangère est presque toujours intégré; mais l'impossibilité d'établir, par simple réflexion, une description exhaustive (et utilisable) du profil requis n'exclut pas de tenter de le faire, au contraire; quand on a la prétention de définir des « Compétences Terminales » au sortir des humanités, on a l'obligation de se baser sur une recherche portant sur les besoins réels des jeunes, entre autres via des enquêtes représentatives réalisées tant chez les apprenants que chez les enseignants de dernière année d'humanités et de première année post-secondaire.

On aurait donc été en droit d'attendre (de la part des auteurs des documents « Compétences Terminales » et des « Programmes de langues modernes »), une analyse du/des profil(s) requis au sortir des humanités en tenant compte obligatoirement de la spécificité des sections. A défaut d'une enquête – ou en l'attendant -, on aurait, dans l'immédiat, voulu lire une argumentation sérieuse, basée sur les documents existants, et nécessairement amendés puisqu'à notre connaissance, le travail reste à faire[10].

Cette absence de descriptions de profils entraîne des « abus » hautement regrettables: *laissons*, s.v.p., les interviews d'embauche et la rédaction des CV au niveau où ces « *situations* » posent réellement des « *problèmes* »; *laissons* la constitution de dossiers (sur les méthodes de conservation des produits, sur les OGM et l'avenir de l'agriculture en CEE, sur la nécessité du biologique ou sur les systèmes éducatifs à l'étranger) à l'apprentissage des langues dans des buts spécifiques; *laissons* les tracas administratifs en langues étrangères

---

9 Dans la formation qui fera suite aux « Accords de Bologne », on distinguera deux parcours dans cette troisième étape. Le premier parcours donnera accès à un baccalauréat dit professionnalisant (en trois ans) et le second, d'abord à un baccalauréat (ou une licence dite 'académique'), puis une maîtrise directement professionnalisante.

10 Cette absence d'enquêtes récentes aurait dû engendrer une certaine prudence plutôt que le ton péremptoire qui a caractérisé les discours de certains collaborateurs pédagogiques de la FÉSEC, comme d'aucuns ont pu en témoigner. On rappellera par ailleurs que plusieurs mémoires de licence en langues et littératures germaniques de la fin des années septante et du début des années quatre-vingt ont traité à l'UCL partiellement de ces problèmes (promoteurs: E. NIEUWBORG ET G. JUCQUOIS).

(louer un studio dans une contrée dont on ne parle pas la langue, compléter en langue étrangère des documents destinés à une mutuelle, expliquer à l'étranger de quels maux on souffre) à des étudiants de la troisième étape, qui risquent – eux – d' expérimenter réellement ce genre de situations (« qui font problème ») lors de stages/longs séjours prévus ou prévisibles et organisés à l'étranger.

Imposer aux élèves des situations qui ne font pas sens pour eux, c'est se discréditer: il ne suffit pas de proclamer que les contenus d'enseignement doivent avoir du sens, encore faut-il respecter ces principes dans la réalité des exemples proposés.

On ne peut qu'être d'accord avec les programmes de la FESeC qui soulignent lourdement les nécessaires liens entre compétences attendues au terme de la deuxième, puis troisième étapes de l'enseignement des langues et l'obligation qu'ont « les professeurs des 2e et 3e degrés de prendre en considération le document « Compétences Terminales », les programmes des 2e et 3e degrés ainsi que le document « Socle de compétences - niveau défini pour le 1er degré (niveau III) [et] le programme du 1er degré » (voir: « Programme de Langues Modernes », p.13): c'est bien sûr important « [dans] un esprit de continuité » d'exiger des professeurs qu'ils tiennent compte 'des compétences développées *en amont et en aval'* (ibid.), mais n'est-on pas en droit d'exiger la même chose des auteurs et concepteurs de programmes à l'égard du profil attendu par l'enseignement post-secondaire ?

Ne pas le faire, c'est accrocher les « Compétences Terminales » à un point non fixe, arbitrairement défini à un certain niveau de compétence(s), sans réalité tangible. Et pourtant, c'eût été possible. Nous dirions même attendu.

Ainsi, des références à des publications scientifiques auraient été - to say the least - souhaitables[11] dans le Programme des langues modernes, entre autres pour guider les lecteurs dans leur réflexion. On pense bien sûr aux publications 'basiques' du Conseil de l'Europe comme le THRESHOLD LEVEL, 1975; ou mieux: la nouvelle version revue et étendue de 1990; ou encore leurs pendants en allemand et en néerlandais (respectivement: KONTAKTSCHWELLE DEUTSCH ALS FREMDSPRACHE, publié pour la première fois en 1980 et le DREMPELNIVEAU NEDERLANDS ALS VREEMDE TAAL, 1985); ou encore bon nombre de publications d'experts européens unanimement appréciés. On cherche en vain. Ainsi, on ne trouve pas de référence aux (nouveaux) profils définis par le « **Certificaat Nederlands als vreemde taal** »[12] non plus.

---

11 Ce qui surprend, c'est que cet ouvrage – contrairement par exemple aux programmes de français langue maternelle, d'histoire et compétences historiques, de géographie, sciences sociales, de latin, etc. – ne comprend absolument aucune bibliographie, aucun conseil de lecture, aucun article qui fait date, aucune monographie, aucune référence à une publication scientifique: rien de tout cela. Comparons (par ex.) avec le programme de Latin (2e et 3é degrés de transition) qui compte plus de 150 références.

12 Le CnaVT distingue quatre profils. L'espace nous manque pour les analyser en détails. C'est bien regrettable, car la présentation de quelques pages – disponibles sur la toile – aurait immanquablement prouvé (ab absurdo) la nécessité du travail proposé ici. Il s'avère en effet qu'un apprenant, au sortir du secondaire, correspond en partie (mais en partie seulement) à deux, mais probablement aussi (en partie, forcément) à trois des quatre profils. A vrai dire, il ne correspond authentiquement à aucun d'entre eux, parce qu'on sait qu'il constitue un profil spécifique. On ne le reprochera pas aux concepteurs du (nouveau) CnaVT, ce n'était pas leur objectif. On pourra, à notre avis, simplement faire remarquer que contrairement aux anciens niveaux (élémentaire, intermédiaire et avancé) qui permettaient aussi l'obtention de certificats partiels (« deelcertificaten »), les nouveaux « certificats» (« PTIT », « PMT », « PPT », ou « PAT ») risquent de ne pas être pertinents pour des élèves de la fin des humanités en CFWB.
Voir pour les détails: « CnaVT-profielen »: http://www.cnavt.org/files/HOOFDSTUK%203.pdf
(1) Profiel Toeristische en informele taalv: www.cnavt.org/main.asp?lan=13&typ=65&fld=1340
(2) Profiel Maatsch. Taalvaardigheid: www.cnavt.org/main.asp?lan=13&typ=65&fld=1341
(3) Profiel Professionele taalvaardigheid: www.cnavt.org/main.asp?lan=13&typ=65&fld=1342
(4) Profiel Academische taalvaardigheid: www.cnavt.org/main.asp?lan=13&typ=65&fld=1338

C'est bien sûr assez regrettable, car il eût été particulièrement utile de se situer face à ces publications qui déterminent des profils complets et spécifiques, officiellement reconnus, ayant « pignon sur rue », définis par des experts de réputation, et qui auraient permis (en ressemblance et en contraste) de spécifier le(s) profil(s) attendu(s) en fin d'humanités.

Il n'en reste pas moins vrai que, pour un lecteur initié, la ressemblance avec le **NIVEAU-SEUIL** est - disons - frappante. Bien sûr, la description du **THRESHOLD 1990** est beaucoup plus complète, rassurante et source d'inspiration que le document « D/2000/7362/016 ». Notamment parce qu'on y trouve, outre les (traditionnelles) descriptions des objectifs, une mention explicite des notions (générales et spécifiques) et des fonctions langagières[13], des chapitres consacrés à la composante socioculturelle, aux stratégies (dites) « de compensation », aux techniques et stratégies d'apprentissage ... une annexe grammaticale de pas moins de cinquante pages[14]. D'autres changements (entre le Threshold 1975 et le Threshold 1990) sont plus fondamentaux (aux dires mêmes des auteurs, ibid., p.4) et concernent entres autres les modèles conversationnels, la structuration du discours, les techniques qui permettent de 'réinstaller la communication' (« communication repair functions ») et la reconnaissance que les listes des notions spécifiques ne sont pas closes[15] dans de nombreux cas: « The specification [of the specific notions] contains several open-ended items indicated by italics (...). In these cases we leave it to material designers, teachers and learners to identify those specific notions (...) which suit their own purposes » (VAN EK & TRIM, 1990, 64).

Par ailleurs, il nous faut pousser plus en avant la comparaison avec les Niveaux-seuils. Pourquoi par exemple, ne pas avoir directement « renvoyé » les enseignants de l'anglais à la lecture et application (via des « stratégies communicatives »[16]) du THRESHOLD 1990, qui semble si proche (du point de vue contenu s'entend) du « modèle » imposé par le document COMPÉTENCES SOCLES ET COMPÉTENCES TERMINALES[17] et dont s'inspire le document D/2000/7362/016 ?

---

13 Qu'il faut **étudier** (et pas simplement 'pratiquer' ou 'acquérir'): «(...) we assume the learning load for Threshold Level 1990 to be similar to that for its predecessor and that there is some evidence that, with adequate guidance, absolute beginners need an average of ca 375 learning hours – **including independent work** – to reach the older objective » (c'est nous qui soulignons), VAN EK & TRIM, 1990, 26

14 La description des notions (générales et spécifiques) et du bagage grammatical indispensable fait cruellement défaut dans les documents que nous analysons. Tant le document COMPÉTENCES TERMINALES ET SAVOIRS REQUIS EN LANGUES MODERNES (p.12) que le document D/2000/7362/016 (p. 46) se contentent d'écrire que l'élève « (...) connaît et utilise une prononciation et une grammaire suffisantes pour formuler avec aisance et clarté [ses] intentions de communication » et « (...) comprend la langue utilisée par l'interlocuteur (notamment dans ses aspects prononciation et grammaire) ». Que l'on compare à cet égard la place du lexique, de la morphologie, morpho-syntaxe et syntaxe dans les programmes de Latin et qu'on se demande pourquoi les professeurs de langues modernes en général, d'allemand en particulier se sentent laissés pour compte. Parmi de nombreuses citations possibles on retiendra (Programme de Latin, 2e et 3e degrés de transition, 2000:9): « Notons qu'il n'y a (...) pas de vraie compétence active et utile sans appropriation de savoirs », ou encore (id., p.27): « (...) mémoriser avec clairvoyance est une démarche dont l'utilité reste essentielle. Le vocabulaire et la morphologie constituent un terrain idéal pour la mettre en œuvre et lui donner toute son efficacité ». Voir pour l'allemand: BOUILLON, 2001.

15 Ceci répond à une critique basique qui avait été formulée dès la sortie de ces documents en 1975.

16 « Much of this [further development of insights] we owe to the rich literature bearing on 'communicative language learning and teaching' that has been produced in the last fifteen years or so. As authors of a new threshold-level version we are particularly indebted to all those who, since the original version for English came out, have undertaken the development of parallel versions for other European languages. Based on the same model, each of these versions bears witness to the application of fresh insights of the specification of communicative objectives » (VAN EK,1990, 4-5).

17 VAN EK & TRIM, 1990, 2 définissent les utilisateurs (potentiels) du THRESHOLD 1990 comme suit: « They will be genuine beginners or so-called 'false beginners' (ie those who have acquired some familiarity with the foreign language but feel they need a fresh start). They are interested in acquiring a

Est-ce dû au fait que la motivation des apprenants d'un THRESHOLD LEVEL serait supposée être plutôt d'ordre « pratique » (« practical ») que « scolaire » (« academic ») (comme l'écrivent VAN EK & TRIM, 1990, 2) ?

C'est possible.

Possible en effet de faire ce « distinguo » puisque l'enseignement et l'apprentissage d'une langue en humanités a immanquablement un label « scolaire »: on ne peut le nier. Ce n'est malheureusement qu'en de très rares occasions que les élèves quittent les murs de la classe pour rejoindre « l'autre côté de la rue ou de la route » et entrer en contact avec des allochtones.

Or, le THRESHOLD 1990 garde, malgré les modifications, ce « je-ne-sais-quoi » d'un enseignement pratico-pratique, ce qui nous empêche de retrouver facilement le profil (encore lui !) de l'élève tel que nous le connaissons en (fin d') humanités.

En effet, pour ceux qui en douteraient, on rappellera que le THRESHOLD 1990 est destiné à un public d'adultes ayant obligatoirement des contacts avec des « natives » ou des « allochtones utilisant (en l'occurrence) l'anglais comme « lingua franca »; il s'agit (id., p.8) de:

- *« (...) temporary visitors to, or temporary residents in, a country where the foreign language is used for general communication purposes,*
- *When dealing with foreign visitors or temporary residents in their own country, using English as a common means of communication,*
- *In contact with native or with non-native speakers of the foreign language in another foreign country,*
- *When encountering written or spoken texts in the foreign language (...) ».*

Quatorze thèmes / champs thématiques ou ... quinze ?

Un autre aspect plaiderait pourtant en faveur de la filiation avec le THRESHOLD LEVEL (tant de 1975 que de 1990): c'est l'énumération des 14 thèmes (ou champs thématiques), dont le document D/2000/7362/016 « recopie » même l'ordre de présentation.

A voir l'insistance avec laquelle on précise que ces « 14 (sic) champs thématiques *doivent* être abordés » à chaque degré, on constatera avec surprise que les auteurs du programme incriminé ne se sont même pas demandé **si tous les thèmes réellement pertinents étaient bel et bien abordés**. En effet, une comparaison attentive avec d'autres « Niveaux-seuils » que nous évoquions supra [à savoir: le KONTAKTSCHWELLE DEUTSCH ALS FREMDSPRACHE, 1980 et le DREMPELNIVEAU NEDERLANDS ALS VREEMDE TAAL, 1985][18] nous en proposent ... **quinze** !

Rappelons que ces « champs thématiques » proposent des sujets « waarvan redelijkerwijs kan verwacht worden dat ze door de leerders als communicatiethema's aangesneden zullen worden » (DREMPELNIVEAU, 1985, 28). Ce quinzième champ thématique est défini sous les « chapeaux » suivants (KONTAKTSCHWELLE, 1980:30 et DREMPELNIVEAU, 1985, 28):

« 15. Aktualität; Themen von allgemeinem Interesse » et

« 15. Actualiteit; algemene gespreksonderwerpen » .

---

general basic ability in English even though, individually, each of them may have their **own specific needs and wishes and many of them may eventually want to go much further than this basic level.** Finally, their motivation is assumed to be **practical rather than academic** ». (C'est nous qui soulignons).

18 Dans la suite de cet article, on fera référence à ces textes sous les labels Kontaktschwelle d'une part, Drempelniveau d'autre part.

La description qui en est faite (KONTAKTSCHWELLE, 1980:37 et DREMPELNIVEAU, 1985, 199-204) est particulièrement intéressante. Elle comprend « l'actualité » (Aktuelles Geschehen / Algemene gebeurtenissen), les composantes / relations socio-économiques (Lebensverhältnisse, Wirtschaft, Soziales / Sociaal-economische verhoudingen) et la politique (Politik / Politiek).

L'espace nous manque ici pour reprendre en détails ce qui est proposé, mais nous citerons quand même un court aperçu des « compétences » attendues dans le KONTAKTSCHWELLE (ibid.): « Verstehen (z.B. am Fernsehen, aus mündlichen Informationen), daß etwas Wichtiges passiert ist; sich erkundigen, ob ein Ereignis (z.B. für einen selbst) Folgen hat, ob es Lösungen gibt, wie lange ein Zustand andauert (z.B. Streik) . Nach den Lebensverhältnissen in einem Land fragen; (...) in Grundzügen verstehen, was für politische Ereignisse eingetreten sind; (...) andere zur politischen Situation in ihrem Land befragen und nach ihrer politischen Einstellung fragen ».

Ceci étant dit, on ne reprochera aucunement au THRESHOLD LEVEL de ne compter que quatorze champs thématiques, l'ouvrage restant totalement en conformité avec le public professionnel et « non scolaire » auquel ce THRESHOLD est destiné (voir supra); mais on est d'autant plus en droit de se demander **pourquoi les auteurs, tant du document SOCLES DE COMPÉTENCES & COMPÉTENCES TERMINALES d'une part, que du document « D/2000/7362/016 » d'autre part, ont ignoré ce quinzième « thème / champ thématique ».**

Comment imaginer que ces thèmes ne soient pas pertinents et motivants dans le dernier degré des humanités de transition, sauf bien sûr si ce terme « humanités » est définitivement vidé de son sens ? Comment imaginer que nos élèves ne s'intéressent pas à l'actualité, au monde, à la vie, aux craintes et espoirs que nous partageons, aux grands thèmes qui nous habitent[19] ? Comment imaginer que les enseignants ne soient pas chaudement encouragés à aborder ces thèmes ? Comment admettre que certains conseillers pédagogiques – nous en sommes les témoins – aient « évacué » d'un simple revers de la main, des ouvrages didactiques qui avaient fait de ce quinzième « thème » le cœur de leurs contenus ? Doit-on rappeler deux des quatre objectifs majeurs du décret Missions du 24 juillet 1997 qui précise les attentes de la société à l'égard de l'école: « (...) amener tous les élèves à s'approprier des savoirs et à acquérir des compétences qui les rendent aptes (...) à prendre une place active dans la vie économique, sociale et culturelle; préparer tous les élèves à être des citoyens responsables, capables d'une société démocratique, solidaire, pluraliste et ouverte aux autres. (...) ».

Comment imaginer que ce quinzième champ thématique ait pu être « gommé » consciemment ? Serait-ce dû à un oubli ? Ou à une trop grande fidélité au THRESHOLD ?

On ne sait pas tout faire, direz-vous, or « [les] quatorze (sic) champs thématiques *doivent*[20] être abordés à chaque degré. Ceux qui ont déjà été largement développés aux 1er et 2e degrés (...) seront entretenus, réactivés. D'autres, **plus proches des centres d'intérêt des élèves du 3e degré**[21], seront exploités de façon plus extensive. » (D/2000/7362/016: 47).

On ne peut qu'être d'accord, au niveau des principes; reste à concrétiser ces « belles » intentions. Il faudrait simplement concéder ce que les enseignants « de la base » savent depuis longtemps: indirectement, comme par enchantement, de nombreux « champs » seront « entretenus et réactivés », sans qu'on s'en aperçoive réellement.

---

19 Dans une interview avec le Nieuwsblad le 23 novembre 2002, l'avocat flamand très connu (Piet Van Eeckhaut, élu député sur la liste SP.A) se prononçait (à la suite des ténors d'un autre parti flamand, le VLD) en faveur du vote à 16 ans: « Het politieke debat mag best al op jonge leeftijd worden gevoerd »).

20 Les italiques sont « d'origine ».

21 Cette fois, c'est nous qui soulignons.

Un autre malentendu doit en effet être levé. On a parfois invité des enseignants à trouver des documents (textes écrits, enregistrements sonores et vidéo) qui devaient servir à illustrer les quatorze champs thématiques, alors que bon nombre d'entre eux affirmaient ne jamais travailler de cette façon. On sait bien sûr qu'un enseignant attentif et motivé est constamment à la recherche du texte ou de l'enregistrement authentique qui fera « sens » dans « sa » classe, pour « ses » élèves, et ce, pour de nombreuses raisons, parmi lesquelles (entre autres) l'âge des personnages impliqués dans le texte en question, les sujets abordés, la similitude (ou précisément la différence) avec le 'vécu' de ses élèves, son originalité ou son caractère inattendu, etc; donc, a priori, il ne procède pas du tout comme les programmes de langues modernes semblent l'obliger à le faire, c.-à-d. en passant du champ thématique au texte. Ayant trouvé ce joyau qu'il veut utiliser, l'enseignant a des difficultés majeures pour répondre à ces « nouvelles » exigences qui lui imposent de déterminer « le champ thématique abordé dans ce texte », comme si c'était possible ou utile. A l'exception de quelques textes qui peuvent illustrer de manière prototypique certains thèmes - qui ne sont d'ailleurs pas ceux qui passionneront le plus les élèves du troisième degré (ex. « weather », « food and drink », « health and body care ») – la plupart des textes potentiellement intéressants contiennent des « notions » qui relèvent de plusieurs thèmes différents. En effet, ces thèmes / champs thématiques ne servent, dans les niveaux-seuils, qu'à (tenter de) **classer les notions** (dites) **spécifiques**[22] (puisque par définition les notions générales relèvent de plusieurs thèmes différents). On a ainsi l'impression que, lorsqu'on exige de partir des thèmes pour trouver des illustrations, cette classification des notions spécifiques est, comme qui dirait, détournée de sa justification première.

Une « preuve » de cette affirmation nous est fournie par les programmes eux-mêmes (p. 18) où les compétences finales (du troisième degré) sous leurs quatre formes canoniques sont définies pour être appliquées à des messages (oraux/écrits, exprimés dans une langue standard non spécialisée) qui doivent être en rapport avec « l'âge de l'élève, son environnement, ses intérêts et son expérience de la vie courante, sociale, culturelle et/ou ceux de personnes dont il utilise la langue ». **Les voilà – résumés en une seule phrase – les thèmes et les conditions de sélection des « textes » utilisables dans l'enseignement secondaire.**

Pourquoi contraindre l'enseignant à trouver impérativement « la » correspondance entre chaque « texte » porteur de sens et un champ thématique imposé ? Tout adepte du « no-nonsense » sait par expérience que cette tâche (peu réalisable[23] dans bien des cas) est particulièrement chronophage et - ceci est encore beaucoup plus grave - complètement inutile pour les apprenants.

On sait en effet que l'apprentissage d'une langue étrangère en Communauté française de Belgique est proposé à des doses homéopathiques ; croire qu'on augmentera la motivation (ou les compétences) des apprenants en signalant à quel(s) champs thématique(s) appartiennent les textes abordés relève du même courant de pensée que celui - de triste

---

22 Voir le THRESHOLD 1990, chapitre 7 « Specific Notions », p. 64: «In the following list, **the specific notions** for Threshold Level are arranged under 14 themes ». (Lettres grasses de notre main).

23 Il faudrait disposer d'une version électronique du « texte » utilisé et d'un programme qui analyserait les « tokens » du texte en « types », puis en « lemmes ». Ceux-ci seraient alors affublés d'un coëfficient qui serait attribué en fonction du thème dont il dépend (à supposer qu'il ne dépende que d'un thème). Cette analyse (en fait d'ordre lexical) classerait les notions au sein des différents thèmes et on verrait alors (en théorie, du moins) combien de thèmes ont été illustrés. Ce serait en fait une façon « scientifique » pour déterminer avec objectivité quels champs thématiques sont illustrés de manière spécifique. On voit mal les enseignants devoir se livrer à ce 'petit jeu' chaque fois qu'un texte authentique qu'ils ont trouvé correspond aux « conditions de sélection » ; on rappellera – en sus - que même pour VAN EK & TRIM (THRESHOLD, 1990, 64), les listes ne sont pas closes.

mémoire - qui affirmait il y a quelques années, qu'en juin 2001, les élèves des classes terminales de la Communauté française seraient bilingues. Les hommes et femmes de terrain savaient ce qu'il en serait …

Les aspects didactiques: théorie et pratique[24]

Une différence fondamentale entre le document SOCLES DE COMPÉTENCES ET COMPÉTENCES TERMINALES d'une part et D/2000/7362/016 d'autre part, porte sur les aspects didactiques: tandis que le premier document se « contente » d'évoquer la place centrale de la tâche dans l'apprentissage et l'enseignement des langues modernes, le document de la FESeC centre toute la démarche didactique sur la « situation-problème » (un concept que l'on retrouve d'ailleurs dans tous les autres programmes de la FESeC).

Ce concept a fait couler pas mal d'encre et a été à l'origine de bien de contestations. Même si du côté des conseillers pédagogiques, on tente aujourd'hui de dédramatiser la situation en utilisant d'autres vocables[25], la confusion règne encore, et tant que les documents de la FESEC resteront ce qu'ils sont, on ne pourra pas éviter les prises de position dans un débat initié par ces mêmes « documents officiels »[26].

En tant que responsables de l'unité de didactique des langues germaniques de l'UCL, nous tenons à intervenir dans le débat et résumons nos positions comme suit:

1. En langues étrangères (comme dans les autres matières), l'objectif ultime est d'installer (de développer) des compétences chez l'apprenant.
2. Une compétence est une capacité à mobiliser des savoirs (tant d'ordre lexical et grammatical que des contenus - ex. des informations) et à utiliser des stratégies multiples[27] pour solutionner une tâche.
3. Une tâche est une activité qui a du sens **pour l'apprenant** (par ex. parce qu'elle tient compte de ses centres d'intérêt) et/ou **pour l'enseignant** (par ex. lorsqu'il s'agit d'accéder à ou d'utiliser des informations – ou simplement des données - qui ne relèvent pas directement de la sphère d'intérêt de l'apprenant, mais que l'enseignant détermine comme ayant du sens dans le monde où vit/vivra l'apprenant).
4. La tâche est omniprésente dans la didactique des langues étrangères (dans la présentation, fixation, extension et évaluation); elle se **concrétise** ou **prend forme** via une ou plusieurs "aptitudes », c'est – d'une façon ou d'une autre - une forme de compréhension à la lecture ou à l'audition, une forme d'expression écrite ou orale (interactive ou non).

---

24 On n'évoquera qu'en passant la place des moyens langagiers dans l'apprentissage et on n'abordera dans cet article ni l'utilisation abusive (à toutes les étapes) de la langue maternelle, ni la problématique de l'évaluation. Nous y reviendrons plus explicitement à une autre occasion.

25 C'est par exemple le cas dans l'introduction générale du document D/2001/7362/3083 (p. 4), qui a pu profiter du commentaire de professionnels et des nombreuses réactions d'enseignants 'de la base': « Lors de la présentation du nouveau programme, nous avons à maintes reprises constaté que la notion de 'situation-problème' suscite un certain nombre de difficultés – causées surtout par les différentes connotations et significations parfois contradictoires qui y ont été associées. Pour sortir de ce débat (…) nous préférons parler de 'situation de communication' au lieu de 'situation-problème' ».

26 La première raison de la confusion qui s'est installée est due au fait que ce concept [qui sous-tend un des paragraphes les plus importants de D/2000/7362/016 (voir pp. 9-10, "Installer des compétences en langues")] n'est pas défini dans le paragraphe qui suit et qui est appelé "Lexique" (ibid., pp.10-12) !

27 Ex.: J'utilise à bon escient les photos (dessins) qui accompagnent l'article que je lis (ce que j'entends et regarde), les titres / lettres en caractère gras (les effets rhétoriques de la personne qui parle), je fais des gestes pour (mieux) exprimer ce que je veux dire, je réussis à faire passer mon message au moyen de paraphrases, je crée une empathie chez le partenaire de la communication, etc). Voir THRESHOLD 1990, "Compensation strategies", 110-113.

5. Une tâche peut être **simple ou complexe, fonctionnelle ou pédagogique, non-verbale ou verbale (c.-à-d. orale ou écrite), porter sur le contenu (être significative) ou sur la forme.**
   Ces différents éléments sont des composants de la tâche ; ils se combinent entre eux lors d'activités d'enseignement ou d'apprentissage. En fait, on doit se représenter ces éléments comme les huit sommets d'un cube, les éléments contraires occupant des sommets opposés. Chaque activité est chaque fois située « quelque part » sur chaque axe, « à l'intérieur » de ce cube.

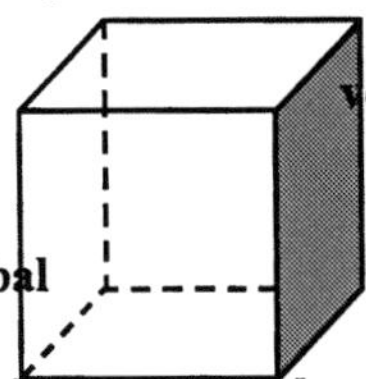

Avant d'illustrer ces propos, nous voudrions d'abord définir certains termes.

Une tâche est '**simple**' quand elle consiste en une activité qui n'implique qu'une (seule) aptitude[28] ; elle est donc '**complexe**' quand elle « en appelle à » ou « repose sur » plusieurs aptitudes ; elle est '**fonctionnelle**', quand elle a un caractère réaliste et authentique (c'est le cas lorsqu'elle est pertinente en temps réel ou lorsqu'elle pourrait être transposée comme telle dans la vie de l'apprenant (dans ses dimensions habituelles, sociales ou culturelles). Dans le cas contraire, elle est '**pédagogique**'. Notons que si l'on peut dire que l'enseignement basé sur la tâche est héritier de l'approche communicative, il est cependant erroné de croire que l'enseignement centré sur la tâche est exclusivement fonctionnel. En effet, la tâche pédagogique n'est pas une tâche à laquelle l'apprenant serait confronté dans sa vie de tous les jours, mais plutôt une démarche intellectualisante qui, de par son contenu même, invite l'apprenant à un « jeu de communication » (GODIN & HOORELBEKE, 2002). Cette provocation intellectuelle met l'apprenant dans une situation de communication tout à fait particulière, qui donne à la tâche pédagogique ses lettres de noblesse dans l'enseignement des langues étrangères et contribue ainsi à modifier substantiellement le paradigme didactique qui voudrait que toute activité n'a de sens que si elle est fonctionnelle et donc aussi « authentique ». On admettra aussi facilement que certaines tâches soient plus **significatives** que d'autres. Si je demande de retrouver les arguments 'en faveur' ou 'en défaveur' d'une position (défendue oralement ou par écrit), si j'invite à lire « au-delà des mots », c.-à-d. (par ex.) d'inférer une position, une attitude, une conviction, un espoir, une crainte, à partir de ce qui est dit, je propose une tâche plus significative que si je me contente de demander de « résumer le texte / l'enregistrement » ou de me dire « De quoi parle ce texte / cet enregistrement ? » même si on peut très bien imaginer que l'on doive d'abord passer par ce stade, avant de pouvoir arriver au second.

---

[28] Veillons à ne pas confondre 'simple' et 'facile'. La facilité ou la difficulté ne peut pas être considérée comme une composante de la tâche. Ce sont deux traits d'un autre ordre. Ainsi, une tâche simple peut être (relativement) facile ou difficile, tout comme une tâche complexe.

De plus, la tâche doit être conçue de telle façon qu'elle 'oblige' l'élève à être (comme qui dirait: 'en même temps') **attentif au contenu et à la forme**: « (...) the teacher has to contrive a situation in which learners are simultaneously alert to language-as-form and language-as-meaning. The teacher has also to switch attention between these two areas rapidly to ensure that the one does not lead to development at the expense of the other. » (SKEHAN, 1996, 30).

On comprend par ce dernier commentaire que ces « traits spécifiques » ou « composants » de la tâche sont plus ou moins « activés »[29]. On peut imaginer des activités 'prototypiques' qui manifesteront qu'une composante est totalement présente[30], mais il en va ici aussi d'une forme de catégorisation naturelle, ce qui signifie que ces traits sont la plupart du temps « plus ou moins » présents.

C'est bien sûr le cas de la **composante « formelle »**. A une époque, on a cru pouvoir faire de la grammaire « for the sake of grammar ». Plus récemment, on a vu apparaître des manuels de vocabulaire, qui centraient l'apprentissage sur la connaissance « pure et dure » du lexique. Il faut admettre que cette époque est révolue et que l'on a beaucoup mieux à faire **en classe**; les moyens langagiers sont des outils, qui doivent, le plus rapidement possible, servir à la communication[31]. Ainsi, personne ne contestera que le but de l'activité «communicative » est le succès dans l'exécution de la tâche et que le « sens » sera au centre des préoccupations, mais cela n'exclut absolument pas – que du contraire – de prévoir des tâches dont un des objectifs plus spécifique sera outre le sens, la façon dont le message est compris dans le détail (KRASHEN, 1996 et DUPUY, 1999), transcrit parfois (s'il s'agit de messages sonores), et exprimé avec précision et correction. Les derniers documents du Conseil de l'Europe ne disent pas autre chose: « (...) in the case of tasks designed for language learning or teaching purposes, performance is concerned both with meaning and the way meanings are comprehended, expressed and negociated. A changing balance needs to be established between attention to meaning and form, fluency and accuracy, in the overall selection and sequencing of tasks so that both task performance and language learning progress can be facilitated and appropriately acknowledged » (COMMON EUROPEAN FRAMEWORK OF REFERENCE FOR LANGUAGES, 2002, 158).

29 « An excessive focus on meaning during task completion runs the risk of learners becoming confined to the strategic solutions they develop without sufficient focus for structural change of accuracy. An excessive focus on form will not push learners to integrate language structure into effective on-going communication » (Skehan, 1996:30).

30 La composante 'formelle' est totalement présente, quand (par ex.) on demande aux élèves de retrouver (dans un texte) (i) comment une fonction langagière particulière (une demande polie, un regret, un souhait, etc.) est exprimée, ou (ii) de retrouver (par ex.) les différentes phrases au passif, de les traduire et qu'on invite les élèves à réfléchir sur les similitudes entre les langues (malgré les formes différentes) ou encore (iii) quand on classe des groupes nominaux en différentes catégories du type 'déterminant + adjectif + nom'. De telles activités, connues dans la littérature scientifique sous le label « consciousness-raising activities », sont parfois appelées: « tâches méta-cognitives » (voir: Willis, 1996, 102).

31 Cela ne signifie pas qu'il soit justifié de « faire l'impasse » sur l'apprentissage systématique d'une grammaire et d'un vocabulaire « de base ». Que l'on relise ce qui est dit à ce sujet dans le Threshold 90 . Combien de fois faudra-t-il encore rappeler que sans base lexicale et grammaticale sérieuse, toute forme de communication devient impossible ? Pourquoi, dès lors, ce chapitre est-il si insignifiant dans D/2000/7362/016 ? Pouvons-nous inviter nos collègues qui enseignent l'allemand à lire les programmes (e.a.) de Latin, une « autre » langue où sans étude spécifique du vocabulaire et de la morpho-syntaxe, on n'arrive même pas à décoder des textes écrits et à comparer la place qu'occupent ces aspects formels, d'une part dans le Kontaktschwelle et d'autre part, dans D/2000/7362/016. Les manuels les plus récents publiés en Allemagne et bien accueillis dans les classes du monde entier ne s'y trompent apparemment pas non plus.

Présentons maintenant quelques illustrations

- **[1]** Si un jeune traduit (ou résume) dans sa langue maternelle à l'intention de quelqu'un d'autre, une lettre rédigée dans une langue étrangère et que cette personne a reçue, il accomplit une tâche (que nous définirions) comme [+ simple], [+ fonctionnelle (si les conditions d'authenticité sont remplies)], [+ orale (si cela se passe oralement) / [+ écrite] (s'il le fait par écrit, le destinataire de la lettre l'ayant demandé ou étant absent) et [+ significative (c.-à-d. portant sur le sens)]. Il est possible que la traduction se faisant 'en temps réel', certains mots ne soient pas exactement bien traduits, que certaines structures de la langue étrangère laissent des traces dans la traduction orale ou écrite, mais on comprend aisément que cela n'a ici qu'une importance très relative. La tâche est pleinement réussie, si le destinataire 'repart' en sachant ce que contient la lettre. Si ce jeune est 'invité' à répondre en lieu et place de l'adulte (par ex.) pour qui il a traduit la lettre, et que cet adulte lui donne des indications (« Tu diras que ... et que ..., qu'on espère que ... , tu expliqueras que ... »), la tâche impliquant une seule aptitude est (à nouveau) 'simple', écrite (et éventuellement en partie non verbale, si une photo est jointe ou un schéma/un dessin), significative et fonctionnelle.
- **[2]** Si je propose à mes élèves de lire une lettre qu'un lecteur (par ex.) néerlandophone a adressée à un journal, parce qu'elle traite de différences entre jeunes Wallons et jeunes Flamands et que j'invite mes élèves à y répondre, je leur soumets une tâche complexe, significative, écrite et fonctionnelle.
- **[3]** Si mes élèves lisent /écoutent un récit de vie, une anecdote de vacances, un court récit (style « cursiefje »), un fait divers et qu'ils sont invités à « terminer » l'histoire eux-mêmes (oralement ou par écrit), je leur propose une tâche complexe, significative, verbale (orale et/ou écrite) et pédagogique.
- **[4]** Si je demande à mes élèves de retrouver les sous-titres (présentés de manière aléatoire) des paragraphes d'un article de journal, la tâche est 'simple', 'non verbale'[32], 'significative' et 'pédagogique'.
- **[5]** Si je soumets à mes élèves un « C-test[33] » (sur la base d'un 'entrefilet', par exemple), la tâche sera 'simple', (plutôt) 'formelle' (mais tout à fait utile et pertinente car les formes à compléter sont fonction du sens), 'écrite' et 'pédagogique'.
- **[6]** Si je lis un court article (une première fois, à vitesse normale et une seconde fois un peu plus lentement pour leur permettre de prendre note de quelques clés sémantiques) en leur demandant (par groupe de deux) de reconstituer l'histoire lue avec un maximum de détails, la tâche est 'complexe', 'écrite' et/ou 'orale', principalement 'formelle' et 'pédagogique' (voir: KUIKEN & VEDDER, 2000).
- **[7]** Si je « confronte » mes élèves à une photocopie (par ex.) d'un court article de presse qui a été lu précédemment, mais sur laquelle il manque cette fois dans tous les mots de la dernière colonne quelques lettres et que l'exercice consiste à reconstituer des mots qui font sens dans le texte en question, la tâche est 'simple', 'verbale', 'didactique' et 'formelle' (on peut supposer que les élèves se souviennent du contenu et se concentreront sur la forme). Les

32 Le titre D « va avec » le paragraphe 1, le titre A avec le paragraphe 2, etc. La formulation de la réponse à la tâche devient: D-1, A-2, etc.)

33 Forme de tâche qui consiste à (i) garder le titre du court article, ainsi que la première et la dernière phrase et (ii) à effacer la moitié des lettres (plus une, si le nombre de lettres est impair) d'un mot sur deux.

enseignants savent – et les expériences prouvent – qu'il est tout à fait défendable de répéter les activités en modifiant (même très légèrement, cela suffit) l'une ou l'autre variable[34].

- **[8]** Si j'invite les élèves (par groupe de deux ou trois) à chercher sur la toile des informations spécifiques (par ex. sur des villes que l'on pourrait visiter, sur des personnalités du pays dont on étudie la langue, sur une information présentée dans plusieurs quotidiens, sur les jours festifs à l'étranger et la façon dont ces « fêtes » sont organisées, etc.), à trier cette information en fonction de critères qu'ils déterminent eux-mêmes ou qui ont été discutés en classe, à en faire une présentation orale devant les autres groupes et à répondre éventuellement aux questions complémentaires de leurs condisciples, je les aurai confrontés à une tâche complexe, écrite et orale, significative et (en fonction du thème choisi) ... plus ou moins fonctionnelle ou pédagogique.

On aura entre-temps deviné que ce que D/2000/7362/016 appelle « **situation-problème** » est en fait une tâche « complexe, fonctionnelle, verbale et significative ». La difficulté d'interprétation résidait (réside), à notre avis, dans le fait que les paramètres (composants) de la tâche n'étaient (ne sont) ni analysés, ni (a fortiori) définis (ou peut-être même bien compris[35]).

En effet, présenter les situations-problèmes comme le « nec plus ultra » des situations d'apprentissage, des situations d'intégration et des situations d'évaluation (ibid., p.9), c'est (comme nos exemples le montrent en suffisance) défendre **une vue réductrice de la didactique d'une langue étrangère**. On comprend aussi aisément pourquoi le premier reproche qui a été adressé à ces programmes était qu'ils confondaient « apprentissage d'une langue seconde » et « apprentissage d'une langue étrangère ». Il est évident que lorsqu'il s'agit de l'apprentissage d'une **langue seconde**, les tâches demandées seront très facilement verbales, significatives, fonctionnelles et complexes, transposables aisément « en dehors de la classe » . Bref, ce seront donc souvent des « situations-problèmes ». Mutatis mutandis, on comprend pourquoi tant d'enseignants se sent(aie)nt « mal à l'aise » par rapport à leur « travail quotidien » d'enseignement d'une **langue étrangère**.

Envoi

Le 14 juin ... **1989**, le Ministre « de l'Education, de la Recherche et de la Formation » de l'époque[36] installa une Commission scientifique d'étude de l'enseignement des langues

[34] « (...) teachers and students might be usefully encouraged to exploit task repetition to enable them to focus their attention closely on the relevant form-meaning relations. In particular, the evidence strongly supports the view that previous experience of a specific task aids speakers to shift their attention from processing the message content to working on formulations of the message » (Bygate, 2001, 45).

[35] C'est encore (en partie) le cas du document D/2001/7362/3083 qui tente (p.8) de préciser comment définir « une situation de communication ». (C'est l'étiquette qui a remplacé la « situation-problème »). Nous citons: » En s'appuyant sur les contextes exploités dans les supports d'apprentissage et en faisant appel à un peu d'imagination, il est possible de créer des situations de communication ancrées totalement dans la réalité ou construites à partir d'une réalité dans le but d'installer un apprentissage ». (Les lettres grasses sont de notre main). A nouveau, les seules situations de communication valables (créées dans le but « d'installer un apprentissage ») doivent être fonctionnelles, ce que nous contestons. Nous ne sommes pas les seuls. On lira avec intérêt le petit article (intitulé «Eveil soporifique») de Deschamps & Dubois, 2002 qui, après avoir évoqué pour le primaire et le secondaire quelques exemples typiques de « situations-problèmes » concluent que « ces exemples prouvent bien qu'il est très difficile de trouver des situations-problèmes pertinentes. Que vouloir s'y efforcer toujours et tout le temps nous amène à de jolis « pédo-gags » (sic). Que la définition de situation-problème est très floue ».

[36] Yvan Ylieff.

modernes avec mission de lui faire des recommandations pour la modernisation et l'amélioration de l'apprentissage des langues étrangères dans l'enseignement secondaire. Elle regroupait 14 experts 'triés sur le volet'. Les travaux durèrent vingt mois: en sus des réflexions menées en sous-commissions, une vingtaine de réunions plénières furent organisées. C'est dire le sérieux du travail ! Le rapport final fut rédigé en octobre 1990. Pas de chance, un changement de gouvernement reléguera le document dans un tiroir ministériel. Nous ne résistons pourtant pas à l'envie de commenter le chapitre 4, intitulé « Méthodologie ». Il distinguait **trois axes**; le premier axe traitait de la compétence, de la motivation, du style spécifique des enseignants, qui sont « les plus sûrs garants de la réussite [des] élèves » (p. 4) ce qui invitait les experts à conclure ce premier axe par l'affirmation (ibid.) 'qu'il fallait exclure toute méthode imposée' (ibid.). Le deuxième axe évoquait « l'utilisation impérative de l'arsenal des approches ou méthodes communicatives ». Les experts précisaient qu'on ne pouvait postuler « qu'un enseignement *seulement*[37] lexical et grammatical installera[it] une capacité d'utiliser ces matériaux pour communiquer ». On fera tout de même remarquer que les experts qui ont signé ce rapport n'excluaient aucunement l'absolue nécessité d'un apport lexical et grammatical, mais ils critiquaient l'idée que seul, un apport grammatical et lexical puisse développer des savoir-faire en langues. Le troisième axe traitait de la nécessité de permettre et d'encourager toutes les activités « non traditionnelles, c.-à-d. (...) celles où la langue n'est plus une matière d'enseignement » (ibid.).

Nous voudrions affirmer avec force dans notre conclusion que cette **triple démarche** devrait encore être honorée aujourd'hui. Nous sommes d'ailleurs en excellente compagnie. Dans des publications récentes et qui feront date, les experts du Conseil de l'Europe invitaient tous les partenaires à ouvrir le débat[38]: « This [exchange of views] might lead to a wider understanding of the complex diversity of the world of language education, or to lively debate, which is always preferable to simple acceptance of a current orthodoxy merely because it is an orthodoxy ». Nous aussi, **nous demandons un programme ouvert, dynamique et non dogmatique, motivant, justifiant les objectifs et les pistes proposées, basé sur la recherche dans le domaine de l'enseignement et l'apprentissage des langues et mentionnant les avis d'experts, respectant les différents profils d'apprenants et ...d'enseignants**. On sait que la complexité de la tâche et la multiplicité des situations et des conditions d'apprentissage et d'enseignement, des aptitudes, attitudes et motivations sont telles qu'il est impossible de formuler une théorie unique de l'apprentissage et de l'enseignement des langues étrangères. A la suite de S. KRASHEN, d'aucuns continuent à affirmer aujourd'hui qu'une exposition maximale et de qualité (du niveau « i + 1 ») doit suffire pour acquérir une langue (seconde); d'autres pensent qu'il faut « doubler » cette phase de réception quantitativement importante et de qualité adaptée au niveau de l'apprenant, par une participation (inter)active aux activités d'enseignement. Si peu nombreux sont aujourd'hui ceux qui croient que les activités cognitives d'apprentissage de la grammaire et du lexique sont suffisantes, la vaste majorité des gens de terrain défendent une approche éclectique (voir entres autres BEHEYDT & GODIN, 1996 et 2000), ce dont témoignent aussi les publications récentes du Conseil de l'Europe (EUROPEAN FRAMEWORK, 2001, 141): « (...) most 'mainstream' learners, teachers and their support services will follow more eclectic practices, recognising that learners (...) require substantial contextualised and intelligible language input as well as opportunities to use the language interactively, but that learning is facilitated, especially under artificial classroom conditions, by a combination of conscious

[37] C'est nous qui soulignons.

[38] Voir le « Cadre européen commun de référence pour les langues: apprendre, enseigner, évaluer », 2000:110 et le « Common european Framework of reference for Languages: Learning, teaching assessment », 2000: 142-143.

learning and sufficient practice to reduce or eliminate the conscious attention paid to low-level physical skills of speaking and writing as well as to morphological and syntactic accuracy, thus freeing the mind for higher-level strategies of communication. »

On a montré dans cet article (i) qu'il faut d'abord définir les profils attendus au sortir des humanités (notamment par des enquêtes et des expertises) avant d'envisager de tester les compétences (dites) « *terminales* » d'une formation de « *transition* », (ii) qu'il importe de réfléchir à l'utilité des champs thématiques (leur nombre, leur pertinence et leur raison d'être dans la description des niveaux) avant de « *décréter* » qu'il (n') y en a (que) quatorze et qu'ils doivent être « (re)vus » dans chaque cycle, et (iii) que s'il importe de « proposer des pistes solidement balisées » (ex. la théorie de la tâche), il est tout aussi fondamental de permettre à chacun de « trouver sa voie »[39].

Il nous reste à espérer qu'une nouvelle version des programmes de langues modernes voie rapidement le jour, pour que les enseignants de langues modernes du réseau libre catholique retrouvent des balises crédibles et applicables dans leur travail.

L'occasion est belle et les temps sont mûrs: après dix années de travail, un panel d'experts européens a défini et soumis à une large consultation, une approche nouvelle et détaillée de la description et l'étalonnage de l'utilisation de la langue et des différents types de savoir, savoir-faire, savoir-être et des compétences que cette utilisation exige. Ce cadre, - auquel nous avons fait référence dans cet article à plusieurs reprises, est très stimulant tout particulièrement dans sa réflexion sur les objectifs et les méthodes; il s'adresse à tous les professionnels, mais il devrait servir (entre autres et en tout premier lieu) à élaborer des programmes d'apprentissage des langues (CADRE EUROPÉEN COMMUN DE RÉFÉRENCE POUR LES LANGUES, 2000, 12) et veiller à « [prendre] en compte:

- les savoirs antérieurs supposés acquis et l'articulation de ces programmes avec les apprentissages précédents, notamment aux interfaces entre le primaire, le premier cycle du secondaire, le second cycle du secondaire, l'enseignement supérieur et l'enseignement continu;
- les objectifs;
- les contenus ».

Ce CADRE EUROPÉEN COMMUN DE RÉFÉRENCE POUR LES LANGUES a depuis quelque temps déjà « pignon sur rue » dans plusieurs pays européens[40], tant dans l'enseignement primaire et/ou secondaire que dans l'enseignement pour adultes. Pouvons-nous espérer que les décideurs de la Communauté française de Belgique (en général) et de la FESeC (en particulier) ne tardent pas à s'en préoccuper ?

---

39 « (...) c'est sans nuance que l'on vous convie désormais à travailler par situation-problème tous les sujets, devant tous les publics. Bien que l'on puisse lire dans les directives méthodologiques que l'enseignant doit varier les méthodes d'apprentissage, les exemples, qu'ils partent d'une situation-problème ou d'une situation mobilisatrice ou d'énigme à résoudre ou de question de départ, suivent la plupart du temps un même tracé » (A. Deschamps & A. Dubois, 2002:5)

40 C'est entre autres le cas - en ce qui concerne l'enseignement primaire et/ou secondaire - en République tchèque, en Finlande, dans certains Länder allemands, en Hongrie, en Irlande et dans certaines régions d'Italie (le Piémont et l'Ombrie), aux Pays-Bas, au Portugal, en Suède, en Suisse et en Grande-Bretagne. Voir aussi: http://culture2.coe.int/portfolio/inc.asp?L=E&M=$t/208-1-1/main_pages/../&L=E&M=$t/208-1-0-1/main_pages/portfolios.html

Bibliographie

BEHEYDT & GODIN, 1996: L. BEHEYDT & P. GODIN, *Nederlands als vreemde taal, Nederlands als tweede taal en de 'Nieuwe leergang': een orakel*, in: *Nederlands Extra Muros*, XXXIV, 3, 28-37.

BEHEYDT & GODIN, 1998: L. BEHEYDT & P. GODIN, *Méthodologies et enseignement des langues étrangères: aspects synchroniques et diachroniques*, in: J.C. Herreras (Ed.), *L'Enseignement des langues étrangères dans les pays de l'Union Européenne, BCILL*, 92, 1998, 345-368.

BEHEYDT & GODIN, 2000: L. BEHEYDT & P. GODIN, *Savoir et savoir-faire en didactique des langues étrangères: Que faut-il choisir ?*, in: *La tribune Internationale des Langues Vivantes*, 28, 46-51.

BOGAERT entre autres, 2000: N. BOGAERT, M. COLPIN, J. DEVLIEGHERE, G. GOOSSENS, P. VAN AVERMAET, K. VAN DEN BRANDEN, M. VANDENBROUCKE en K. VAN GORP. *Een taak voor iedereen. Perspectieven voor taakgericht onderwijs*. NT2-Steunpunt. Leuven-Apeldoorn, Garant.

BOUILLON, 2001: H. BOUILLON, *Grammaire pratique de l'allemand*, 2e édition, De Boeck, Bruxelles.

BYGATE, 2001: M. BYGATE, *Effects of task repetition on the structure and control of oral language*, in: M. Bygate, P. Skehan &M. Swain (Eds.), *Researching Pedagogic task: Second Language Learning, Teaching ans Testing*, Pearson Education Limited, Harlow (England), 23-48.

CADRE EUROPÉEN COMMUN DE RÉFÉRENCE POUR LES LANGUES, 2000: *Cadre européen commun de référence pour les langues: Apprendre, Enseigner, Evaluer*. (2001). Conseil de la Coopération culturelle, Comité de l'Education, Division des Langues Vivantes, Conseil de l'Europe / les Editions Didier, Paris.

COMMON EUROPEAN FRAMEWORK OF REFERENCE FOR LANGUAGES, 2000: *Common European Framework of reference for Languages: Learning, teaching, assessment*, Council for Cultural Co-operation, Education Committee, Modern Languages Division, Council of Europe, Cambridge University Press, Cambridge, UK.

COMPÉTENCES TERMINALES ET SAVOIRS REQUIS EN LANGUES MODERNES, 1999: Compétences Terminales et savoirs requis en langues modernes: Humanités générales et technologiques, Administration générale de l'Enseignement et de la Recherche scientifique, Direction de la Recherche en Education et du Pilotage interréseaux, Bruxelles.
D/2000/7362/016, voir: PROGRAMME DES LANGUES MODERNES, 2E ET 3E DEGRÉS.

DESCHAMPS & DUBOIS, 2002: AL. DESCHAMPS & A. DUBOIS, *Eveil soporifique*, in: *Echec à l'Echec,* 158, 7.

DOUGHTY & WILLIAMS, 1998: C. DOUGHTY & WILLIAMS, J. (Eds.), *Focus on form in classroom second language acquisition.* Cambridge: Cambridge University Press.

DREMPELNIVEAU NEDERLANDS, 1985: A. WYNANTS, *Drempelniveau Nederlands als vreemde taal*, Raad van Europa, Raad voor Culturele Samenwerking, Strasbourg.

DUPUY, 1999: B.C. DUPUY, *Narrow listening: an alternative to develop and enhance listening comprehension*, in: *System,* 27, 3, 28-37.

GODIN & HOORELBEKE, 2002: P. GODIN & Chr. HOORELBEKE, *Pleidooi voor de pedagogische taak*, in: Ph. Hiligsmann (ed.), *Le néerlandais en France et en Belgique francophone: Approches scientifiques et didactiques / Het Nederlands in Frankrijk en in Franstalig België wetenschappelijk en didactisch benaderd*, Collection UL3, Travaux et recherches, 2002, Lille 3, 369-386

KONTAKTSCHWELLE DEUTSCH, 1980: M. BALDEGGER, M. MÜLLER, G. SCHNEIDER, in Zusammenarbeit mit A. Näf., *Kontaktschwelle Deutsch als Fremdsprache.* Europarat, Rat für kulturelle Zusammenarbeit, Langenscheidt, Berlin-München-Wien-Zürich.KRASHEN, 1996: S. KRASHEN, *The Case for Narrow Listening*, in: *System, 24*, 97-100.

KUIKEN & VEDDER, 2000: F. KUIKEN & I. VEDDER, *Dictogloss. Samenwerkend leren in het tweede- en vreemde-taalonderwijs.* Bussum: Uitgeverij Coutinho.

LANGUES MODERNES (1), 1ER - 2E - 3E DEGRÉS – OUTILS D'ACCOMPAGNEMENTS DU NOUVEAU PROGRAMME, 2001: Langues modernes (1), 1er - 2e - 3e degrés – Outils d'accompagnements du nouveau programme, Fédération de l'Enseignement Secondaire Catholique, Rue Guimard, 1 – 1040 Bruxelles, réf. D/2001/7362/3083.

LYSTER, 1994: R. LYSTER, *La négociation de la forme: stratégie analytique en classe d'immersion*, in: *Canadian Modern Language Review,* 50, 446-465.

PICA, KANAGY & FALODUN, 1994: T. PICA, KANAGY, R. & FALODUN, J., *Choosing and using communication tasks for second language instruction*, in: G. Crookes & S. Gass (Eds.), *Task and language learning: Integrating theory and practice* (9-34). Clevedon, Avon: Multilingual Matters.

PROGRAMME DES LANGUES MODERNES, 2E ET 3E DEGRÉS, 2000: Programme des Langues modernes, 2e et 3e degrés – Humanités générales et technologiques, Fédération de l'Enseignement Secondaire Catholique, Rue Guimard, 1 – 1040 Bruxelles, réf. D/2000/7362/016.

RAPPORT FINAL de la Commission scientifique d'étude de l'enseignement des langues modernes, installée le 14.06.1989, par le Ministre Y. Ylieff. (1990) Ministère de l'Education, de la Recherche et de la Formation (non publié).

SKEHAN, 1996: P. SKEHAN, *Second language acquisition research and task-based instruction* in: J. Willis & D. Willis (Eds.), *Challenge and Change in Language Teaching*. Macmillan Education, 1996, 17-30.

SWAIN & LAPKIN, 2001: M. SWAIN & S. LAPKIN, *Focus on form through collaborative dialogue: Exploring task effects*, in: M. Bygate, P. Skehan & M. Swain (Eds.), *Task-based learning: Language teaching, learning and assessment*. Harlow, Essex: Addison Wesley Longman, 2001, 99-118.

THRESHOLD LEVEL, 1975, voir: VAN EK, 1975.

THRESHOLD LEVEL, 1990, voir: VAN EK & TRIM, 1990.

VAN DEN BRANDEN, 1996: K. VAN DEN BRANDEN, *Ieder zijn zeg ... Werkvormen om productie van taalleerders te bevorderen*, in: VON-Werkgroep NT2., *Taakgericht taalonderwijs: een onmogelijke taak ?* Antwerpen/Deurne, Wolters Plantyn, 121-146.

VAN DEN BRANDEN, 1997: K. VAN DEN BRANDEN, *Effects of negociation on language learners 'output'*, in: *Language learning* 47, 4, 121-136.

VAN DEN BRANDEN & KUIKEN, 1997: K. VAN DEN BRANDEN & F. KUIKEN, TAAKGERICHT *taalonderwijs: een nieuw geluid*, in: *Moer, Tijdschrift voor het onderwijs in het Nederlands*, 6, 281-290.

VAN EK, 1975: J.A. VAN EK, *The Thresreshold Level in a European unit/credit system for modern language learning by adults*. Council for cultural co-operation of the Council of Europe, Council of Europe.

VAN EK & TRIM, 1991: J.A. VAN EK & J.L.M. TRIM, *THRESHOLD LEVEL, 1990*. Council of Europe Publishing, Council of Europe, 1999[4].

VON-WERKGROEP NT2, 1996: VON-WERKGROEP NT2, *Taakgericht taalonderwijs: een onmogelijke taak ?* Antwerpen/Deurne, Wolters Plantyn.

WILLIS, 1996: J. WILLIS, *A Framework for task-based Learning*, Longman, 2001[5].

SITES INTERNET CITÉS DANS CET ARTICLE:

http://culture2.coe.int/portfolio/inc.asp?L=E&M=$t/208-1-0-1/main_pages/../&L=E&M=$t/208-1-0-1/main_pages/portfolios.html
http://fuzzy.arts.kuleuven.ac.be/taalklas/index.htm
http://www.agers.cfwb.be/pedag/textes/compterm/compterm.htm

http://www.agers.cgwb.be
http://www.cnavt.org/files/HOOFDSTUK%203.pdf

(1) Profiel Toeristische en informele taalv.: www.cnavt.org/main.asp?lan=13&typ=65&fld=1340
(2) Profiel Maatsch. Taalvaardigheid: www.cnavt.org/main.asp?lan=13&typ=65&fld=1341
(3) Profiel Professionele taalvaardigheid: www.cnavt.org/main.asp?lan=13&typ=65&fld=1342
(4) Profiel Academische taalvaardigheid: www.cnavt.org/main.asp?lan=13&typ=65&fld=1338

http://www.segec.be/FESEC/Programmes/Documents/12_LANG1,2,3.pdf

Pierre Godin
Collège Mercier - AGLT (DIGE)
Place Mercier, 14
B - 1348 Louvain-La-Neuve
Godin@dige.ucl.ac.be

Henri Bouillon
Institut des Langues Vivantes - ILV
Traverse d'Esope
B - 1348 Louvain-La-Neuve
Bouillon@dige.ucl.ac.be

BCILL 112: *Langues à niveaux multiples*, 107-119

Le traitement de l'archaïsme dans les travaux de Cl. FREY sur le français du Burundi

Jacques HATUNGIMANA,
Université catholique de Louvain

0. Introduction

D'après le *Dictionnaire de linguistique* (DUBOIS *et al.*, 1973: 46), « l'archaïsme est une forme lexicale ou une construction syntaxique appartenant, dans une synchronie donnée, à un système disparu ou en voie de disparition ». Cette définition se rapporte donc aussi bien à des données lexicales qu'à des faits syntaxiques. Dans les lignes qui suivent, nous nous intéresserons davantage aux premières qu'aux seconds; nous partirons de la « grille Poirier » (POIRIER 1995) pour observer certaines particularités du français propres au Burundi et relevées dans l'inventaire de Cl. FREY (1996 & 2001).

1. La « grille Poirier »

Ce que nous appelons *grille Poirier* est un classement des variantes lexicales proposé par l'auteur du même nom aux deuxièmes Journées scientifiques du Réseau *Étude du français en francophonie*, en janvier 1994. L'objectif consistait à fournir un outil d'analyse, relativement standard, à toutes les recherches en cours portant sur les particularités lexicales en Francophonie. La grille croise deux axes: l'un est dit « différentiel », l'autre « historique ».

L'*axe différentiel* entend situer les variantes du français québécois par rapport au « français de référence », c'est-à-dire par rapport aux « emplois répertoriés dans les dictionnaires du français et autres sources (par ex. les grammaires) décrivant la variété de prestige prise en compte par les lexicographes parisiens » (POIRIER 1995: 26). Sur ce plan, l'auteur retient cinq critères: le lexématique, le sémantique, le grammatical, le phraséologique et le statut dans l'usage.

Le second plan est l'*axe historique*. Celui-ci détermine les sources des particularités: archaïsmes, dialectalismes, amérindianismes, anglicismes et néologismes. Selon Cl. POIRIER (1995: 37), « les deux premières concernent l'héritage de France (les survivances), les deux suivantes l'influence d'adstrats (les langues amérindiennes et l'anglais) et la dernière l'évolution propre qu'a connue le français au Québec ». C'est donc cet axe qui nous intéresse ici, en particulier la dimension des archaïsmes, ainsi que l'évolution du français au Burundi. Nous voudrions montrer que l'on gagne à dissocier, dans la présentation, l'axe historique et l'axe différentiel (FRANCARD 1995: 65).

Nous ne reprendrons pas ici les réserves émises à l'endroit de la « grille Poirier ». Certaines émanent de l'auteur lui-même, d'autres proviennent de ceux qui ont tenté de l'appliquer à des aires sociolinguistiques différentes du Québec[1]. Parmi ces derniers, on pourrait citer Cl. Frey, qui insiste sur le caractère « graduel » des oppositions entre la « référence » et la « variante topolectale ». On pourrait également rappeler, avec S. Lafage, qu'il est aujourd'hui « assez difficile de mettre en évidence des survivances d'état de langue, d'une part parce que rares sont encore les travaux dans ce sens concernant les français d'Afrique, d'autre part parce que l'implantation du français est un phénomène récent pour la majeure partie des pays » (LAFAGE 1995: 92).

2. Les sources du « français au Burundi »

L'un des préalables à la classification des particularités est la détermination de l'aire sociolinguistique à laquelle ces dernières renvoient: « De façon plus générale, on peut se demander si des appellations comme *français du Burundi, français de Côte-d'Ivoire* représentent des ensembles qu'on peut bien circonscrire. La discussion de cette question est un préalable nécessaire à toute description lexicale » (POIRIER 1995: 18). Dans le cas du Burundi, Cl. Frey répond de manière empirique: « la variété de langue décrite ici n'est pas seulement le français des Burundais, mais aussi le français au Burundi qui est, au moins partiellement, un français 'sur' ou 'à propos' du Burundi » (FREY 1996: 16). Ainsi seront pris en compte les locuteurs burundais eux-mêmes, mais également des locuteurs non burundais qui s'expriment, en français, au sujet du Burundi.

Cette décision en entraîne une autre: la fixation des limites temporelles, sachant que la langue française est d'une implantation relativement récente au Burundi. Comme point de départ, Cl. FREY (2001: 315) retient « ce jour de 1862 où Hachette offrait pour la première fois à la lecture un ouvrage en français partiellement sur le Burundi ». Les premières attestations n'émanent donc pas des Burundais puisque, à l'époque, ces derniers ignoraient jusqu'à l'existence de la langue française. Celle-ci n'entre véritablement dans l'univers burundais qu'après la défaite des Allemands[2] et la reprise du territoire par l'Administration belge[3], dans les années 1920. On attendra même longtemps avant d'avoir des textes produits en français par des autochtones burundais. Aujourd'hui encore, il est difficile de parler de littérature écrite en français (NGORWANUBUSA 2002) et le nombre de francophones dépasse à peine les dix pour cent de la population.

---

1 Voir, à ce sujet, différentes communications aux Journées (FRANCARD & LATIN 1995).

2 Les Allemands utilisaient le kiswahili, véhiculaire qui permettait une large intercompréhension avec leurs possessions le long de l'Océan indien. Les Belges trouveront et reconduiront des chefs locaux usagers de cette langue ; ils y trouvaient leur compte, puisque l'est du Congo belge parlait également kiswahili.

3 Dans les faits, c'est l'enseignement (longtemps laissé aux mains d'acteurs privés, tels que l'Église catholique) qui répandra la langue française: son évolution sera largement tributaire de l'expansion de la christianisation du Burundi (voir GAHAMA 2001) et du cheminement de la politique éducative tant de la métropole que du futur État indépendant.

Par la force de l'Histoire, le Burundi a donc hérité la langue française de la Métropole belge. C'est ainsi que s'explique, au moins partiellement, l'existence de certains particularismes propres à la Belgique. Parmi ces derniers, il y a des unités perçues comme des archaïsmes en français de France. Le cas le plus manifeste est celui de *souper* et de *tantôt*...

Toutefois, l'implantation de la langue française au Burundi ne peut s'expliquer par le seul contact avec un État belge lui-même soumis à un plurilinguisme conflictuel. En fait, le principal facteur de propagation du français demeure l'école. En prenant un raccourci, nous rejoignons le point de vue de S. LAFAGE (1995: 92): « La scolarisation peut, en effet, avoir contribué à la survie et à la diffusion de certains archaïsmes [...] ». Tout le monde connaît la propension de l'école à utiliser des textes de littérature « classique ». Ceci expliquerait la survivance d'emplois qui paraissent aujourd'hui désuets en français de France. Nous pensons à un terme comme *accoutrement,* que l'on peut difficilement ignorer lorsque l'on a un tant soit peu étudié des textes dramatiques français. Nous pensons également à deux adverbes: *mêmement, présentement*, qui appartiennent au paradigme éminemment productif de ce que la grammaire scolaire appelle adverbes de manière...

3. L'inventaire de Cl. Frey: un recueil encyclopédique

Les travaux de Cl. Frey s'inscrivent dans la perspective des recherches qui, depuis les années soixante, portent sur la dialectalisation de la langue française ou sur le caractère régional des parlers français en Afrique. Ces recherches devaient aboutir sur un bon nombre de publications, dont le plus significatif reste, au plan lexicographique, l'*Inventaire des particularités lexicales du français en Afrique noire* (1re édition: AUPELF-ACCT, 1983; 2e édition: EDICEF-AUPELF/UREF, 1988). L'auteur prolonge donc une tradition solide, mais cela n'enlève rien au caractère pionnier de son œuvre: le Burundi était, jusque-là, l'un des parents pauvres de la lexicographie francophone.

La compilation réunie par Cl. Frey concilie, de façon habile, la démarche de l'archéologue et celle du journaliste. L'archéologue « ressuscite » des usages qu'on ne retrouve plus que dans les musées coloniaux: il n'y manque que quelques spécimen, du genre *ambiance*, mais que, fort heureusement, on peut retrouver dans l'*Inventaire* de l'IFA. Quant au journaliste, il défie l'oubli que peut imposer une culture dominée par l'oralité: l'état des lieux qu'il nous propose recense des particularités ou des néologismes[4] qui ne vont peut-être pas survivre à l'évolution actuelle des structures politiques, mais qui feront la joie des historiens de demain. On pourrait citer, par exemple, le *ventriotisme*, qui est le contraire du patriotisme, ou le *buyoyisme*, dont la philosophie participe de l'attitude du Président burundais, Pierre Buyoya (1998).

L'auteur du *Français au Burundi* fait œuvre d'anthropologue: de l'intérieur, il tente de découvrir au monde la culture burundaise, à travers son expression française. Il le fait avec réserve, sans propension à l'exotisme: rarement un ressortissant européen a réussi pareille gageure, au pays des mille et une *collines* (ou, si l'on préfère, au pays des *Hutu* et des *Tutsi*),

[4] Dans sa thèse (FREY 2001), l'auteur parle, à diverses reprises, de « débauche de néologismes ».

là où un homme *reste* plus *sur sa soif* que sur sa faim ! Il est vrai que, à travers les pages et les lignes de l'inventaire, une culture à la fois burundaise et francophone s'offre à nous, dans toute sa complexité. L'auteur refuse « d'entreprendre une étude sociologique approfondie qui établirait les rapports entre les différentes catégories sociales et les variétés de français » (FREY 1996: 13), mais il ne peut s'empêcher d'y faire longuement allusion (FREY 2001). Par exemple, il gomme la référence aux régions, mais il établit un parallèle entre, d'une part, acrolecte et parler des lettrés, et, d'autre part, entre basilecte et parler des *petits vendeurs*... Pour un lecteur burundais, tout y est dit !

Finalement, l'anthropologue ne se sort du bourbier *politico-ethnique* burundais que par son talent de linguiste et d'enseignant soucieux de présenter au public des données aseptisées: « attester l'existence de particularités lexicales par rapport au français en usage en France » (FREY 1996: 12). La compilation comprend deux parties: l'inventaire lui-même est précédé d'une présentation très lumineuse, qui peut suffire au lecteur pressé d'avoir une vue d'ensemble ou au curieux avide de portraits. Le tout est clôturé par une bibliographie assez variée. Un étudiant ne demanderait pas davantage: une œuvre facile à consulter, et dont les renvois permettent de circuler à travers le lexique, sans devoir suivre le fastidieux classement alphabétique.

L'auteur objective la norme officielle, décrit les écarts qu'il a perçus en recourant aux dictionnaires, aux grammaires et à des locuteurs français. Son point de départ est un corpus de base « constitué d'après le sentiment linguistique d'un locuteur français, capable de percevoir une différence entre le FRFR [le français de France] et le FRBU [le français du Burundi] » (FREY 1996: 25). On peut reconnaître à l'auteur le mérite de mesurer les limites de sa propre compétence chomskyenne[5], ainsi que les limites des ouvrages de référence[6]. Plus que le regard de l'observateur qui recherche les particularités, il y a le corpus d'exclusion auquel s'oppose le corpus burundais. Cependant, certaines entrées se retrouvent dans le *Nouveau Petit Robert*, avec des acceptions identiques à celles attribuées aux « français du Burundi »: *gagner des kilos, piston, ne rien dire à quelqu'un.* D'autres emplois se rencontrent ailleurs en Afrique (*bureau, tradi-praticien,* etc.), ou même en Belgique et/ou en France (*faire un accident, toilette, de toutes les façons, ensemble avec*, etc.). Du reste, comme le reconnaît l'auteur lui-même, « l'absence d'une forme dans un dictionnaire ne signifie pas qu'elle est absente dans le discours[7] » (FREY 2001: 358). La quête du particularisme amène parfois à cristalliser des écarts qui n'en sont pas, ou qui ne sont pas propres au Burundi.

---

5 Cette limite devient flagrante lorsqu'il s'agit d'interpréter les données en faisant appel aux langues africaines. Ainsi peut-on s'expliquer l'énorme lapsus par lequel l'abréviation «kgw» (FREY 1996: 33; FREY 2001: 603; FREY 2001: 820) renvoie à Kigwena (zone touristique dans le sud du Burundi) au lieu de Kingwana (variété de kiswahili parlée en République démocratique du Congo). Peut-être est-ce la même raison qui explique la présence de *kibanguisme* (religion syncrétique originaire du Congo) et l'absence de *kiranguisme* (religion traditionnelle du Burundi, dont le premier rite est le *kubandwa*).

6 L'auteur interroge les divergences entre les dictionnaires, ainsi que la notion même de « référence »: "La notion de référence en matière de lexique apparaît finalement assez fragile, et on peut se poser la question de l'existence même d'un français de référence fondamental et stable" (FREY 2001: 269).

7 Un exemple suffira: *à plus* est cité par l'*Inventaire* de l'IFA, mais a été "éliminé in extremis du *Français au Burundi*" parce que l'auteur a finalement découvert que cet emploi est "d'usage familier" en France (FREY 2000: 200). Ce que semblent confirmer l'enquête de Girard & Kernel (1994) ainsi que bon nombre d'internautes...

Il serait inutile de revenir sur la tripartition « acrolecte - mésolecte - basilecte », dont la pertinence s'effrite lorsqu'il y a concurrence entre plusieurs langues, ainsi que la concurrence entre une norme exogène (le FRFR) et une possible norme endogène (le FRBU). Par contre, il importe de dire que l'inventaire laisse l'impression d'avoir privilégié le milieu universitaire et d'avoir légèrement négligé l'enseignement primaire et secondaire: ici, on aurait découvert, par exemple, les termes *encadreur*, 'surveillant', *campagne cahier* (< *campagne café*, *campagne coton*), etc. Certaines définitions pêchent par leur excès de précision et, à force de vouloir donner des détails distinctifs, l'auteur en arrive parfois à présenter le référent d'une manière biaisée: le *café cerise* peut contenir une ou deux graines, le *calebassier* du Burundi est une variété de courge (et non d'arbre), le jus à partir duquel on fabrique l'*urwarwa* est mélangé avec une quantité variable d'eau (et pas nécessairement 50 %), etc. Encore une fois, il semble que le problème des définitions ou des illustrations se pose surtout lorsque l'entrée est un terme « technique » du vocabulaire kirundi.

4. L'archaïsme dans l'inventaire de Cl. Frey

Nous l'avons déjà souligné, le français « du » Burundi se définit par rapport au français de France. Mais il se définit, en même temps, par rapport à son évolution propre. Les deux aspects ont des implications très importantes pour la définition des *archaïsmes*. En effet, une lexie (pour reprendre la terminologie que Frey emprunte au linguiste Pottier) peut être d'un usage courant au Burundi, alors qu'elle est perçue en France comme un archaïsme. Le meilleur exemple est certainement le terme *bonne*, mais on pourrait également citer le verbe *siester* dont une attestation serait datée de 1872, en France (FREY 2000: 200). La différence de statut provient donc de la diversité des habitudes (familiales, sociales ou culturelles), entre les deux univers, français et burundais.

Par ailleurs, le Burundi a subi d'énormes transformations depuis un siècle: les premiers contacts avec l'Europe, la colonisation, l'indépendance et l'insertion du pays dans « le concert des nations » ont amené le Burundais à se dire et à dire le monde autrement que par le passé. En outre, certaines réalités ont disparu ; d'autres, nouvelles, sont apparues. D'où l'importance des datations que Cl. Frey introduit dans son *Français au Burundi*.

Nous nous sommes intéressé aux marques d'usage qui accompagnent les unités retenues dans l'inventaire des particularités du français au Burundi (FREY 1996 & 2001). Nous distinguons deux axes: un axe diachronique et un axe diatopique.
L'axe diatopique est illustré par des exemples pour lesquels l'inventaire note explicitement que la norme de référence porte la mention « vieux » ou « vieilli ». Cette indication (qui évoque, sur l'axe différentiel de la *grille Poirier*, le statut dans l'usage) apparaît généralement à la fin de chaque entrée. C'est le cas, par exemple, de *cabaret* et de *cabaretier*. Dans une description purement franco-centrée, la définition de Cl. Frey peut suffire. Cependant, elle passe sous silence un phénomène extrêmement important: le *remprunt* (DEROY 1956) ou *réemprunt* (N'DIAYE-CORRÉARD 1995), encore appelés *emprunts aller-retour* (Geckeler 1997). Le terme *cabaret* a été emprunté et intégré au kirundi ; il réapparaît généralement dans le parler bilingue et possède un synonyme socialement marqué[8]: la *bibliothèque* !

[8] Avec l'avènement du multipartisme autour des années 1990, les bistrots seraient devenus des salons politiques, voire des mini-parlements (GÉNISSIEUX & THIBON 1996: 115).

| AXE DIACHRONIQUE ②	------- AXE DIATOPIQUE --------->	
	français de France	français du Burundi
usage ancien	*cabaret, cabaretier*	*arrondissement, chef*
usage actuel	*arrondissement, chef*	*cabaret, cabaretier*

L'axe diachronique est, pour sa part, illustré par différentes marques (FREY 1996: 31-35), relatives non plus au lien avec la France, mais au temps et à ses empreintes sur la variété propre au Burundi. Dans l'inventaire, ces marques suivent directement le mot vedette. Elles supportent un regard « endogène » et peuvent, à leur tour, être réparties en deux catégories. D'une part, nous avons une perspective purement historique, fortement ancrée dans le passé colonial ou précolonial: les marques sont alors « anciennement » ou « colonial ». C'est, a priori, le volet le plus riche, car il reprend le vocabulaire de l'administration et de l'anthropologie, tel qu'il est représenté par les termes *chef* et *chefferie*. D'autre part, il y a trois marques qui évoquent un passé non encore révolu, c'est-à-dire ayant toujours un impact sur l'actualité: « obsolescent », « vieilli », « vieux ». Un exemple suffit: l'*arrondissement* désignait, jusqu'en 1982, une entité administrative regroupant plusieurs communes et faisant partie d'une circonscription plus grande, la province.

Comme on pouvait le pressentir, ces marques ont, entre elles, des liens très étroits: par exemple, il y a très peu de différence entre « ancien » et « obsolescent », entre « vieux » et « vieilli ». C'est peut-être pour cela que leur distribution dans l'inventaire de Cl. Frey reste aléatoire. Les nuances sont d'autant plus difficiles à gérer qu'elles s'ajoutent à d'autres paramètres, en particulier ceux qui ont trait à la compétence linguistique ou à la stratification sociale. Par exemple, dire *aussi* là où *non plus* est attendu constitue un signe de la non-maîtrise des rapports entre les tours positifs et les tours négatifs ; par contre, *malaria* n'a rien d'archaïque ou d'acrolectal, alors que *palu* et *paludisme* paraissent recherchés, tributaires du jargon médical ou du lecte des expatriés. Finalement, le différentiel et le diachronique se fondent dans une opposition nouvelle, sur l'axe exogène/endogène.

5. L'archaïsme exogène

Nous appelons « exogène » l'archaïsme qui se manifeste sur l'axe diatopique: la lexie est vivante au Burundi, mais sentie comme archaïque dans la variété de référence, du moins pour certaines acceptions[9]. En parcourant la nomenclature du *Français au Burundi* (FREY 1996), nous obtenons une liste que recoupe la thèse de Cl. FREY (2001: 256):

Accoutrement	*y afférant*	*apprêter*
aussi « non plus »	*cabaret(cabaretier)*	
conséquemment	*ennuyant*	*enseigner quelqu' un*
gens, « personnes »	*grand chose*	*grosse, « enceinte »*
Lieutenant-général	*malaria*	*mêmement*
perdurer	*police de roulage*	*présentement*
quantième	*souper*	*tantôt*
visiter quelqu' un	*y afférent*	

Cette liste n'est pas limitative, puisqu'on aurait pu y ajouter *exhibition*, *gâter*, *incessamment*, *réciproquer*, etc.

D'après le *Petit Robert*, toutes ces unités ne seraient plus d'un usage courant en français de France. D'emblée, on peut se demander depuis quel moment ces unités sont perçues comme archaïques en français de France: sont-elles entrées au Burundi avec ce label? Si la réponse est affirmative, il faudrait alors chercher pourquoi elles ont été préférées aux variantes correspondantes, si celles-ci existent[10]. Sinon, il faudrait se pencher sur la différence qui caractérise le « cycle de vie » des lexies, selon que nous nous situons en France ou ailleurs en Francophonie. Il ne s'agirait pas d'un simple exercice d'*etimologia remota* (GECKELER 1997: 211), c'est-à-dire d'une recherche des origines les plus lointaines. La réflexion devrait amener à préciser le moment auquel s'opère la rupture: quand un terme ou une construction cessent-ils d'être courants et deviennent-ils désuets?

En ce qui concerne le Burundi, il faudra tenir compte du fait que certaines lexies ne sont pas directement « importées » de France, mais de Belgique ou d'ailleurs (HATUNGIMANA 1995): elles étaient vivantes dans la variété d'origine et ne pouvaient être assimilées à des archaïsmes[11]. Il faudra également se rappeler que le français vient se superposer à d'autres langues ; par exemple, *enseigner qqn* et *visiter qqn*, qui entrent dans le même paradigme que *téléphoner qqn*, peuvent n'être que des traces d'une interlangue fossilisée, mais dont la vitalité est renforcée par l'existence, en kirundi, de constructions similaires.

Par ailleurs, au-delà des limites inhérentes au corpus, on peut se demander si, par exemple, « vieux » et « vieilli » gardent chez Cl. Frey la même extension que dans les ouvrages de référence. À cet égard, il y a lieu de comparer les définitions de l'auteur à celles du *Petit Robert*:

9 Nous ne tenons pas compte des nuances éventuelles entre « vieux » et « vieilli », ni de l'existence de marques complémentaires, telles que « familier », « juridique », etc.

10 Nous pensons ici à l'explication que donne G. N'Diaye-Corréard afin de justifier la préférence accordée au terme *particularité* par rapport à *variante topolectale,* expression proposée par Cl. Poirier. Et de citer "l'exemple du québécisme *marchable*, qui n'a pas d'équivalent en français de référence" (N'DIAYE-CORRÉARD 1995: 83).

11 Le travail d'étymologie ressemble donc à une recherche de la « traçabilité » des lexies dont l'utilisation comporte des écarts par rapport au français de référence défini par la coutume linguistique (FRANCARD 2000 & 2001).

	NOUVEAU PETIT ROBERT (1993)	FREY (1996 & 2001)
vieilli	mot, sens ou expression encore compréhensible de nos jours, mais qui ne s'emploie plus naturellement dans la langue parlée courante	terme qui est sorti de l'usage, mais qui est encore compris par les locuteurs contemporains.
vieux	mot, sens ou emploi de l'ancienne langue, incompréhensible ou peu compréhensible de nos jours et jamais employé, sauf par effet de style: archaïsme.	terme qui est sorti de l'usage et qui n'est plus compris par les locuteurs contemporains.

Deux différences paraissent essentielles. Premièrement, le dictionnaire met l'accent sur le discours (« effet de style ») alors que l'inventaire présume le statut dans la langue. Ici s'insinue le débat sur la notion de *particularité*: s'agit-il d'un fait de langue ou d'un fait de discours? Ou, d'une manière générale, les ouvrages lexicographiques présentent-ils des données de la langue ou des données du discours?

La deuxième différence concerne le statut du « locuteur contemporain »: là où le dictionnaire met l'accent sur le sujet parlant/écrivant, l'inventaire insiste sur le récepteur. Et, en guise de corollaire, l'on a l'impression que le locuteur français a conscience d'employer un état de langue dont il mesure l'écart avec le présent, alors que le locuteur de l'inventaire croit que son usage s'inscrit dans le présent. Aussi en arrivons-nous à nous poser des questions sur la réelle compétence lexicale et culturelle des locuteurs de l'inventaire. Ou encore, la langue française est-elle capable de dire les univers culturels récemment découverts par les locuteurs francophones? Derrière ces interrogations se profile toute la question de la mise en place d'une norme endogène.

6. L'archaïsme endogène

Dans sa description, Cl. Frey distingue, dans l'histoire du français au Burundi, trois périodes: avant, pendant et après l'Administration belge. Mais la plus marquante semble la dernière, au cours de laquelle le Burundi indépendant a beaucoup investi dans la scolarisation. Et s'il fallait définir des archaïsmes aujourd'hui, c'est par rapport à cette période qu'il faudrait se positionner, plus particulièrement encore les années nonante, qui auraient dû cueillir les fruits d'une politique antérieure dite de la scolarisation universelle.

Cette prise de position amène à considérer, dans l'inventaire de Cl. Frey, la dimension diachronique, non plus sous l'angle des survivances venues d'ailleurs, mais comme l'évolution interne du français du Burundi. On pourrait donc mettre à part le vocabulaire issu de la période coloniale, et qui n'a pas survécu à cette dernière, si ce n'est dans les textes érudits qui rendent compte de l'époque. Par exemple, *mwami* et *muganuro* renvoient à des réalités aujourd'hui révolues: la colonisation et la christianisation ont eu raison de l'*Umuganuro* (fête des prémices présidée par le *Mwami* - Roi) avant que la République ne fasse disparaître ce qui restait de la monarchie (le roi, le tambour dynastique, etc.).

En d'autres mots, ce n'est pas parce que ces termes reviennent fréquemment dans les travaux scientifiques qu'ils ne sont pas frappés de désuétude. On peut toujours leur accoler la marque lexicographique « anciennement », afin de souligner qu'ils désignent « une chose du passé disparue » (définition du *Nouveau Petit Robert*): il restera à déterminer si leur forme ou leur sens sont réellement courants, en français. Si aujourd'hui certains termes liés au régime monarchique se survivent, c'est parce qu'ils ont acquis, en kirundi[12], une vie nouvelle. L'*Umuganuro* a été abolie à la fin des années vingt par l'Administration belge ; mais, pour le locuteur burundais, quelqu'un qui offre généreusement à boire et à manger, à plusieurs personnes à la fois, fait, aujourd'hui encore, un geste d'*Umuganuro*. Quarante ans après l'abolition de la monarchie, *umwami* reste un symbole immortel, ne serait-ce que parce que ce dernier a été récupéré par le langage liturgique de la puissante Église chrétienne. Enfin, le *chef* n'est plus un responsable administratif, mais toute personne (surtout si elle est scolarisée) dont on peut attendre un service.

Si l'on prend donc le français du Burundi, comme le fait Cl. Frey, d'un seul tenant, la part la plus importante d'archaïsmes est représentée par des lexies directement issues du contexte colonial belge. Certaines ont disparu avec la colonisation: *administrateur (territorial, provincial), askari, boma, bwana, école rurale, Gouverneur général, portage, zone d'action rurale*... D'autres lui ont survécu quelque temps, avant de tomber dans l'oubli: *arrondissement, bourgmestre, camp belge, homme adulte et valide,* etc. D'autres encore se maintiennent dans le milieu expatrié, mais ne sont presque jamais utilisés par les Burundais: *potopot, barza, capitula, souk,* etc.

En affinant un peu l'analyse, on pourrait trouver arbitraire d'opposer radicalement l'exogène à l'endogène. C'est le cas des lexies d'origine coloniale: *administrateur, gouverneur,* qui ont été reprises dans le vocabulaire administratif. Ce qui est archaïque n'est donc pas l'emploi ou le sens, mais le référent. En effet, aujourd'hui comme hier, ce sont des fonctions politiques qui sont désignées par les deux lexies. Cependant, l'*administrateur* ou le *gouverneur* actuels sont à la tête d'entités différentes de celles que dirigeaient leurs homologues du temps colonial. Et surtout, ils ont des origines totalement différentes: les coloniaux étaient tous blancs, les actuels sont noirs ; les uns étaient belges, les autres sont burundais ; etc. D'où l'importance d'un repère temporel.

En prenant comme référence la décennie 1990, on se rend compte que certaines lexies sont sorties de l'usage: *pattes, sultan,* pluriel *wa-*. D'autres sont seulement en train de sortir et peuvent être qualifiées d'obsolescentes: *abacost, arrondissement, assistance technique, athénée, Cadebu, école ménagère, examen national, Fête de semailles, impôt de capitation, pionnier,* etc. Enfin, il faudrait aux jeunes nés sous l'ère républicaine (depuis 1966) une bonne dose d'érudition pour comprendre des termes tels que *américani, astridien, askari, boma, capitation, clerc, kanga, kimputu, kraal, pian, samsam,* etc. En revanche, ils reconnaîtront peut-être *abacost, Cadebu, école centrale, école ménagère, gîte,* etc. qui sont sérieusement engagés sur la voie de la désuétude et qui, de ce fait, ne sont pas plus transparents pour un jeune burundais que pour un étranger (européen, en l'occurrence).

---

12 Certains autres termes sont compris à cause de leur parenté avec des mots courants en kiswahili: *bwana, capita, pombé, ugali, zamu,* etc.

7. Conclusion

On peut reprendre, à la « grille Poirier », la notion d'archaïsme, pour l'appliquer à l'inventaire des particularismes burundais. Mais on se rend vite compte qu'elle va loin au-delà de simples « survivances » de termes importés directement de France, ou même de l'ancienne puissance coloniale: la Belgique. Il ne s'agit pas seulement de termes importés par le passé et qui n'ont plus cours aujourd'hui ; ce qui entre en jeu, c'est l'évolution propre à la langue française, dans son entreprise d'implantation sur le sol et dans le paysage burundais. Cette dynamique renforce l'idée de l'existence d'une *norme locale endogène* que l'on ne peut nier sans risquer de « ramener tout écart dans le chapitre des barbarismes en se référant à la norme académique » (FREY 1997: 256). Comme le dictionnaire usuel, l'Inventaire de Cl. Frey n'hésite pas à « enregistrer des mots appartenant à des synchronies différentes (des archaïsmes de diverses époques) et même à des systèmes fonctionnels[13] différents » (POIRIER 1995: 21). Même si l'auteur ne s'estime pas autorisé à trancher la question du statut, il donne aux décideurs et au public intéressé de bons éléments d'appréciation: le plus marquant d'entre eux est probablement cette coexistence de synchronies différentes, qui témoigne de la vitalité du français en usage au Burundi et à propos du Burundi.

Bibliographie

BUYOYA, Pierre, 1998. *Mission possible: construire une paix durable au Burundi*, Paris, L'Harmattan.

DEROY, Louis, 1967 (1re éd. 1956). *L'emprunt linguistique*, Paris, Les Belles Lettres.

DUBOIS, Jean *et al.*, 1973. *Dictionnaire de linguistique*, Paris, Larousse.

FRANCARD, Michel & LATIN, Daniel (éd.), 1995. *Le régionalisme lexical*, Louvain-la-Neuve, Duculot / AUPELF-UREF.

FRANCARD, Michel, 1995. "Lorsque le français doit compter avec les parlers locaux. La description des variantes topolectales de la Wallonie". Dans M. Francard & D. Latin (éd.), *Le régionalisme lexical*, 57-66.

FRANCARD, Michel (éd.), 2000., *Le français de référence: constructions et appropriations d'un concept* (Actes du colloque de Louvain-la-Neuve, 3-5 novembre 1999), Tome I, Louvain-la-Neuve, Peeters (*Cahiers de l'Institut de Linguistique de Louvain* 26, 1-4).

FRANCARD, Michel (éd.), 2001., *Le français de référence: constructions et appropriations d'un concept* (Actes du colloque de Louvain-la-Neuve, 3-5 novembre 1999), Tome II, Louvain-la-Neuve, Peeters (*Cahiers de l'Institut de Linguistique de Louvain* 27, 1-2).

FREY, Claude, 1996. *Le français au Burundi. Lexicographie et culture*, Vanves, EDICEF/AUPELF.

[13] L'auteur renvoie, en ce qui concerne *Le Petit Robert*, aux belgicismes, aux helvétismes, aux québécismes et aux africanismes...

FREY, Claude, 1997. "Corpus et information". Dans Cl. Frey & D. Latin (éd.), *Le corpus lexicographique. Méthodes de constitution et de gestion*, Louvain-la-Neuve, Duculot, 247-263.

FREY, Claude, 2000. "Français de référence et français en Afrique et à Madagascar: théories, idéologies et pratiques". Dans M. Francard (éd.), *Le français de référence: constructions et appropriations d'un concept* (Actes du colloque de Louvain-la-Neuve, 3-5 novembre 1999), Tome I, Louvain-la-Neuve, Peeters (*Cahiers de l'Institut de Linguistique de Louvain* 26, 1-4), 197-211.

FREY, Claude, 2001. *Le français au Burundi: contextes, formes et cultures*, 3 vol., thèse de doctorat, Aix-en-Provence, Université Aix-Marseille 1.

GAHAMA, Joseph, 2001. *Le Burundi sous administration belge. La période du Mandat (1919-1939)*, 2e éd. revue et corrigée, Paris, Karthala.

GECKELER, Horst, 1997. "Les emprunts aller-retour français-anglais-français", *Travaux de linguistique et de philologie*, XXXV-XXXVI, Strasbourg - Nancy 1997-1998, Paris, Klincksieck, 211-221.

GÉNISSIEUX, Anne & Christian THIBON, 1996. "Burundi: Amagumé, l'impasse", dans Centre d'étude d'Afrique noire (CEAN) (éd.), *L'Afrique politique 1996. Démocratisation: arrêts sur images*, Paris, Karthala, 109-143.

GIRARD, Éliane & Brigitte KERNEL, 1994. *Ado/Parents: le manuel. Guide de conversation*, [Paris], Les Presses de la Cité (Hors collection).

HATUNGIMANA, Jacques, 1995. "Pour une description synchronique des particularités lexicales du français au Burundi". Dans M. Francard & D. Latin (éd.), *Le régionalisme lexical*, 129-137.

LAFAGE, Suzanne, 1995. "De la particularité lexicale à la variante géographique? Une notion évolutive en contexte exolingue". Dans M. Francard & D. Latin (éd.), *Le régionalisme lexical*, 89-99.

N'DIAYE-CORRÉARD, Geneviève, 1995. "Le français du Sénégal et le classement des particularités lexicales". Dans M. Francard & D. Latin (éd.), *Le régionalisme lexical*, 79-88.

NGORWANUBUSA, Juvénal, 2002. "Bujumbura dans le roman en français se déroulant au Burundi". Dans S. Ndayirukiye (éd.), *Bujumbura centenaire (1897-1997): croissance et défis*, Paris, L'Harmattan, 57-74.

POIRIER, Claude, 1995. "Les variantes topolectales du lexique français. Propositions de classement à partir d'exemples québécois". Dans M. Francard & D. Latin (éd.), *Le régionalisme lexical*, Louvain-la-Neuve, Duculot / AUPELF-UREF, 13-56.

Annexe 1: exemples cités

accoutrement, mêmement, présentement, souper, tantôt.

ambiance, bureau, bibliothèque, buyoyisme, bwana, café cerise, calebassier, campagne café, campagne coton, capita, colline, de toutes les façons, enseigner quelqu'un, ensemble avec, faire un accident, gagner des kilos, kibanguisme, kubandwa, ne rien dire à quelqu'un, palu, paludisme, petits vendeurs, piston, politico-ethnique, pombé, potopot, rester sur sa soif, siester, téléphoner quelqu'un, toilette, tradi-praticien, ugali, urwarwa, ventriotisme, zamu.

abacost, accoutrement, administrateur (territorial, provincial), américani, apprêter, arrondissement, askari, assistance technique, astridien, athénée, aussi, barza, boma, bonne, bourgmestre, cabaret, cabaretier, cadebu, camp belge, capitula, chef, chefferie, clerc, conséquemment, école centrale, école ménagère, école rurale, ennuyant, enseigner quelqu'un, examen national, exhibition, fête des semailles, gâter, gens, gîte, gouverneur général, grand chose, grosse, homme adulte valide, impôt de capitation, incessamment, kanga, kimputu, kraal, Lieutenant-général, malaria, mêmement, muganuro, mwami, pattes, perdurer, pian, pionnier, police de roulage, portage, potopot, présentement, quantième, réciproquer, samsam, souk, souper, sultan, tantôt, visiter quelqu'un, wa-, y afférant, y afférent, zone d'action rurale.

Annexe 2: tableau des archaïsmes

Français de France	*Administration coloniale*		*Missionnaire & Expatrié*	*Français du Burundi*		
	allemande	*belge*		*obsolescent*	*vieilli*	*vieux*
accoutrement, y afférent, apprêter, aussi		administrateur (territorial, provincial), athénée		abacost, arrondissement, assistance technique,	askari, astridien	
	(boma), (bouana)	(camp) belge, bourgmestre	barza, bwana		bandag, bourgmestre, boyerie	boma, camp belge
cabaret(ier), conséquemment	chef, chefferie	centre (détribalisé), chef, commissaire,	capita, capitula, caisse-chapelle, chapelle-école	cadebu, comarro (commissaire d'arrondissement)	camp swahili, cauri, clerc, commissaire, capitation, école centrale	compro (commissaire provincial)
ennuyant, enseigner qqn,	frasila	dhau, dhow, école rurale, extracoutumier	école centrale, école ménagère	école centrale, école ménagère, examen national	(centre) détribalisé,	degré (ordinaire, sélectionné)
gens, grand chose, grosse		Fonds du bien-être indigène, gîte, gouverneur général	ferme chapelle, gîte	fête des semailles	gîte	
	heller	homme adulte valide	kanga, kimputu		JNR, jus, kraal	HAV, huile de palmiste, impôt de polygamie
Lieutenant-général, malaria, mêmement			maison de prières	pionnier		mutwale
perdurer, police de roulage, présentement	poste	poste	portage	pionnier, portage	palmiste, pattes, pian, plaine, pluies	pince-nez, pombé
quantième, souper	roupie, samsam, sultan(at)	résidence, résident, sous-chef	souk, station		sultan(at)	sous-chef(ferie)
tantôt, visiter qqn, y afférent	territoire	territoire, vice-gouverneur, zone d'action rurale	ZAR		territoriale, wa-	ugali, tambour, trayeur, Z.A.R.

BCILL 112: *Langues à niveaux multiples*, 121-151

« Je n'ai qu'une langue, ce n'est pas la mienne.... Sur les concepts d'idiome et de nationalisme linguistique à partir de Jacques Derrida »

Cécile HAYEZ-MELCKENBEECK et Michel LISSE,
Fonds National de la recherche scientifique,
Université catholique de Louvain

De l'idiome

1. Appartenir

Dans « La langue n'appartient pas », un entretien de Jacques Derrida avec Evelyne Grossman autour de Paul Celan[1], on trouve un énoncé qui vient subtilement adoucir, mais aussi compliquer, les contours du titre: « Je n'ai qu'une langue, ce n'est pas la mienne » (DERRIDA, 2001, 81-91). Nous plaçant au cœur du lien complexe noué entre un individu et la langue (maternelle), c'est indirectement la question du *singulier* et du *collectif* qu'il soulève.

Il convient tout d'abord de faire une mise au point quant à la portée de cet énoncé, *Je n'ai qu'une langue, ce n'est pas la mienne*. Il faut savoir qu'il est *exemplaire* en ce sens qu'il part de la bouche du poète et traducteur juif allemand Paul Celan, dont la langue maternelle était l'allemand, c'est-à-dire la langue des nazis qui ont tué son père et sa mère. Il signifie alors précisément: ma langue, celle que ma mère m'a apprise, je n'en veux pas, je ne m'y retrouve pas, reprenez-la. *Je n'ai qu'une langue*, homologue au *Je n'ai qu'une patrie*, signifie que, bien que polyglotte, je me dois à une seule langue. Mais le *ce n'est pas la mienne* introduit le signifiant de la trahison: celle à qui je me dois m'a tout pris. Et pourtant, cet énoncé, Jacques Derrida l'emprunte moins à Paul Celan (c'est *fictivement* qu'il le lui a attribué, donné à dire), qu'à Jacques Derrida lui-même: il est extrait d'un livre au titre interpellant, *Monolinguisme de l'autre*, à la lecture duquel on comprend qu'il vaut aussi pour Jacques Derrida, Juif français d'Algérie, qui a vécu ce qu'il appelle plusieurs « troubles de l'identité collective »: il a perdu la citoyenneté française pendant la guerre (Pétain a aboli le décret Crémieux de 1870, qui octroyait la nationalité française aux Juifs français), puis se l'est vu rendue en 1943. Enfin, précise Derrida, si cet énoncé est exemplaire, c'est aussi parce qu'il

---

[1] Poète juif né en Buscovine (partie de la Roumanie, annexée en 1939 à l'Ukraine en vertu du pacte germano-soviétique).

est valable pour tous. Un exemple, c'est quelque chose d'unique, qui ne renvoie qu'à soi et qui, en même temps, représente un ensemble: « témoin de l'universel, mais au titre de la singularité absolue » (DERRIDA, 1986, 92). Certains individus vivent cet énoncé, en font l'expérience, en témoignent de manière plus aiguë, « plus à vif », mais cette expérience de l'identité collective et linguistique est communément partagée. Cet énoncé nous concerne – ou nous *com-prend* – tous:

> « Je ne doute pas que de telles exclusions – par exemple exclusion de Juifs français hors de l'école assurée aux jeunes Français – viennent laisser leurs marques sur cette appartenance ou non-appartenance de la langue. [...] Mais qui la possède au juste? Et qui possède-t-elle? Est-elle jamais en possession, la langue, une possession possédante ou possédée? » (DERRIDA, 1996, 35).

Chacun parle (au moins) une langue, « la sienne », comme on dit couramment. On notera ici qu'il existe deux constructions différentes, employées dans des contextes légèrement différents, pour exprimer le rapport à la langue maternelle: on dit « je parle (le) français » ou « je parle telle langue et aussi telle langue et aussi telle langue ». Mais dès que les langues en question en arrivent à se positionner non pas côte à côte, en parallèle, mais face-à-face, dans une situation de rencontre entre des locuteurs parlant des langues différentes, on dira alors: « chacun parle *dans sa* langue » ou « je parlerai *en* français et toi *en* allemand ». Dans certaines situations, resurgit ce fait que nous n'utilisons pas la langue en nous tenant simplement hors d'elle, mais que nous sommes pris dans son intérieur, *grille de paroles* (*Sprachgitter*). Nous appartenons à notre langue. Dans ce cas précis du « parler *dans* sa langue », la langue semble faire office de bouclier dans la rencontre avec l'étranger, mais parfois, ou pour certains, c'est une prison: « la grille est un moment terrible », écrit Antonin Artaud. Rectifions donc l'énoncé de départ: non pas *j'ai une langue*, ou *je n'ai qu'une langue*, mais *je suis dans une langue*. J'y suis et j'y suis avec d'autres. Cette langue, qui me vient de ma mère, qu'elle m'a transmise intimement et directement, je dois la partager ; elle est même l'agent privilégié du partage: ce n'est pas la mienne exclusivement ; elle n'est pas ma propriété. Au-delà de la question des compétences du locuteur, qui ne maîtriserait jamais tout à fait « sa » langue, même quand celle-ci est dite « première » ou « maternelle », cet énoncé signifie que l'individu est inclus dans une langue commune, dans la langue des autres, qui est toujours, de ce fait, une langue autre. J'ai une langue, ce n'est pas *que* la mienne. Nous sommes étrangers à notre propre langue, étrangers dans notre propre langue. A cette non-appartenance synchronique se superpose une non-appartenance diachronique[2]: nous recevons la langue non seulement en partage, mais aussi en héritage (avec tous les devoirs de mémoire

---

2 Ces quelques remarques valent également pour cette catégorie particulière de la langue, qui selon le sens commun, pourrait échapper à cette loi, qu'est le nom propre. Un nom n'est jamais *propre*, tout au plus est-il *proche*. Il n'appartient en propre à personne. En effet, on pourrait croire qu'un nom propre pointe directement vers l'individu ou la réalité qu'il désigne. Or ce n'est pas vrai et l'individu, bien que nommé par son nom propre, est avant tout dé-nommé par lui. D'abord, parce que le nom propre s'inscrit dans une lignée familiale. C'est un don symbolique. Le nom est toujours donné: par le père, chez nous, le plus souvent ; par la mère, ou, dans le cas du mariage, par un mari à sa femme. Un certain discours féministe un peu caricatural insiste pour que les femmes mariées gardent « leur » nom (à nouveau cette pulsion de propriété qui ressurgit). Or c'est la même question que celle de l'appartenance de la langue qui se pose et, sur le plan symbolique, ce nom de jeune fille n'est pas plus le leur que leur nom de femme mariée: le premier est un cadeau reçu de leur père ou de leur mère, qui eux-mêmes l'avaient reçu de leur père ou de leur mère (il n'en sont pas les détenteurs absolus), le second est un cadeau reçu de leur mari. Ensuite, parce que le nom propre circule socialement, il me représente, fait partie de tout un système de différences et de ressemblances, entre dans des fichiers, dans des registres, dans des listings et des séries... Enfin, parce qu'il peut fonctionner en mon absence et qu'il me survivra après mort.

que cela implique). On hérite de sa loi, de ses règles, de son lexique… et pourtant elle nous survivra: « Quand on naît à une langue, on en hérite parce qu'elle est là avant nous, elle est plus vieille que nous, sa loi nous précède. On commence par reconnaître cette loi, c'est-à-dire un lexique, une grammaire, tout cela étant quasiment sans âge. » (DERRIDA, 2001, 88)[3] Si l'on poursuit les réflexions de Derrida à partir de Paul Celan, on découvre chez le *je-parlant* un puissant désir de s'approprier cet inappropriable de principe qu'est la langue:

> « Elle est, la langue, cela même qui ne se laisse pas posséder mais qui, pour cette raison même, provoque toutes sortes de mouvements d'appropriation. Parce qu'elle se laisse désirer et non approprier, elle met en mouvement toutes sortes de gestes de possession. » (DERRIDA, 2001, 85-86)

Il serait peut-être intéressant d'interroger la différence entre la *possession* (qui est un état de fait) et la *propriété* (qui est un état de droit). Derrida ne le fait pas ici: dans l'extrait qui précède, il place sur un même plan, en les croisant, *ne pas se laisser posséder / se laisser non approprier* et *mouvements d'appropriation / gestes de possession*. Or cette distinction est à la base de certains principes juridiques, notamment ceux qui ont trait à la sphère de l'auteur et à la propriété intellectuelle. (cf. DAGOGNET, 1992, 103 et *sq*.) Tout le combat mené aux XVIIIe siècle par les « auteurs » a consisté à décoller l'un de l'autre ces deux types d' « avoir » et à faire admettre que ce n'est pas parce qu'un éditeur possède un manuscrit qu'il en est le propriétaire. Il faudrait alors réévaluer la pertinence du titre de l'entretien « La langue n'appartient pas » pour se demander si effectivement la langue, ne relevant ni d'une logique de la possession ni d'une logique de la propriété, ne se situe pas, précisément, dans celle de l'appartenance: ce qui se tient à part tout en se partageant, ce qui nous départit les uns des autres, ce qui part de chacun de nous sans nous déparer… Ce qui peut être divisé en restant entier, etc., etc.

Tout ceci soulève en tout cas une question: à l'intérieur de cette communauté linguistique, est-il possible de se démarquer individuellement et, si oui, comment? Quelles retombées, positives ou négatives, cette démarcation peut-elle avoir sur le lien social, sur le politique, sur le partage?

2. Signer

Dans « Nous, mots français », un texte par ailleurs très intéressant pour cette question de l'identité linguistique, Francis Ponge se montre admiratif devant ce que l'on pourrait appeler l'efficacité sociale de la langue, son inébranlable pragmatisme: « *Rendez-vous à telle heure, en tel lieu*, pouvons-nous, entre hommes, nous dire, et voilà qui connaît presque à coup sûr la réussite. » (PONGE, 1992, 103) Cette petite phrase met en scène la prévisibilité de la rencontre, la prévisibilité de l'événement: il est donc possible d'accrocher dans la chaîne signifiante le réel, il est possible de faire de *l'autre-ailleurs-demain* un *nous-ici-maintenant*. Mais en même temps, le bémol qui s'ensuit trahit une inquiétude typiquement pongienne: voilà qui connaît *presque* à coup sûr la réussite. *Tout* est dans *presque*. Il reste toujours du jeu, du malentendu, de l'interprétable, dans la langue, qui tracassait très fort Ponge, et c'est

---

[3] « Il y a donc une loi, elle oblige à l'égard de la langue et de la langue dans laquelle se dit la loi, la langue maternelle. […] La loi de la mère, comme langue, c'est un « domaine », un corps vivant à ne pas « sacrifier » (preisgeben), « céder » à bas prix. *Sich preisgeben*, cela peut vouloir dire aussi se donner, s'abandonner à bas prix et se prostituer. Ce mauvais traitement infligé au corps de la langue maternelle ou ce laisser-aller à n'importe quel prix, c'est un mouvement que le maître doit réprimer. Il doit apprendre à traiter correctement la vivante. » (DERRIDA, 1984, 78-80.)

d'ailleurs, je le pense en tout cas, ce qui l'a poussé à écrire: verrouiller, toujours plus, à double tour, les significations. Ce qui distingue le poète (Francis Ponge) des autres hommes, c'est que la langue le tracasse ; le plus commun des énoncés, fixer un rendez-vous, lui fait question. Il ne parvient pas à faire de la langue un outil, c'est-à-dire, en référence à la définition heideggerienne de l'outil, quelque chose qui s'efface pour agir sur autre chose que soi, quelque chose dont l'essence est de renvoyer à autre chose que soi. La grille de langage qui nous entoure est toujours visible, ne s'est pas retirée. En termes lacaniens: il n'y a pas de retrait de l'Autre. Pour lui, fixer un rendez-vous prend des proportions merveilleuses, relève presque du miracle: il est donc possible de fixer un moment et un lieu (un rendez-vous) où l'autre va *se rendre* (au sens physique du terme – aller – et guerrier du terme: capituler, déposer les armes). Chez Ponge un rendez-vous avec le petit autre, le semblable, le pair, devient un rendez-vous avec le grand Autre, en tant qu'Autre du langage: cette structure insaisissable qui me façonne va enfin se dévoiler, je vais pouvoir lui donner un nom et un visage pour qu'elle me laisse en paix et pour pouvoir enfin trouver ma place (un rendez-vous implique toujours deux sujets). C'est la question de la signature et de l'identité qui se profile: je vais pouvoir me *fixer*, m'agripper, prendre l'Autre en grippe, y laisser ma griffe.

Le sentiment d'un enfermement dans le langage commun et inadéquat, par lequel nous avons entamé cette réflexion, est à la base de toute la poétique pongienne. Un exemple parmi d'autres: « tout le monde se trompe en oubliant que nous sommes entièrement enfermés dans les mots, dans le langage, qu'on ne peut en sortir. Dirait-on qu'on en sort, on est encore dedans, bien sûr. » (PONGE, 1977, 37-38) Et cette langue est une langue souillée, qui me souille: « après une conversation, j'ai l'impression de saleté, d'insuffisance, des choses troubles. Ce n'est pas propre. Et mon goût pour l'écriture, c'est souvent rentrant chez moi après une conversation où j'avais l'impression de prendre de vieux vêtements, beaucoup de poussières, beaucoup de saleté, un peu transpirant et sale, mal dans ma peau. Je voix la page blanche et je me dis: je peux peut-être écrire quelque chose de propre, de net. » (PONGE, 1999, 671-672)

Pour poursuivre la réflexion, prenons maintenant l'exemple, le texte exemplaire, d'Antonin Artaud. A première vue, on trouve chez Artaud, le même sentiment pongien-celanien-derridien d'un emprisonnement dans la langue française, qui est, dans le cas d'Artaud, vécue très précisément comme une langue étrangère, comme le laisse entendre la formulation suivante: « Il faut vaincre le français sans le quitter, voilà 50 qu'il me tient dans sa langue » (ARTAUD cité par THÉVENIN, 1970, 72). Le français me tient dans *sa* langue: le français me parle dans une langue que je ne comprends pas, qui n'est pas la mienne. La formulation « le français me tient dans sa langue » nous mène peut-être moins vers l'idée d'un enfermement que d'un rapt, d'un enlèvement: la langue m'a pris à moi-même. On connaît la conviction artaldienne, mainte et mainte fois criée par lui, d'une effraction originaire, d'un rapt de l'identité corporelle et linguistique. La parole, pour Artaud, c'est le souffle, le soufflé / soufflant, c'est-à-dire que sa parole propre lui a été volée, soufflée à la naissance, et en même temps que la parole lui est toujours soufflée d'ailleurs. « Et qui peut être le voleur sinon ce grand Autre invisible, persécuteur furtif me doublant partout, c'est-à-dire me redoublant et me dépassant, arrivant toujours avant moi où j'ai choisi d'aller, [...] qui peut-il être sinon Dieu? [...] Dieu est donc le nom propre de ce qui nous prive de notre propre nature, de notre propre naissance et qui, par la suite, à la dérobée, aura toujours parlé avant nous. Il est la différence qui s'insinue entre moi et moi. » (DERRIDA, 1967, 269-270) Cette différence entre moi et moi, que Derrida appelle *le furtif*, Artaud l'a vécue de manière exacerbée, mais je pense que chacun peut en faire l'expérience, par exemple, quand on se met à écrire: les mots que l'on trace précèdent toujours, ou perdent parfois, la pensée que l'on croyait tenir ; on s'entend écrire, on s'égare, on se retrouve… L'écriture nous confronte à une expérience de la dépossession.

Par ailleurs, pour en revenir à Artaud, cette langue du français, langue de la langue, qui le détient, est une langue usée, parce que quotidiennement utilisée. « Du vieillissement, de l'appauvrissement du français, Artaud était parfaitement conscient », écrit Paule Thévenin:

> « Quant au français il rend malade,
> il est le grand malade
> d'une maladie, la fatigue,
> qui fait croire que l'on est français,
> c'est-à-dire abouti,
> l'abouti. » (ARTAUD cité par THÉVENIN, 1969, 58)

Chez Ponge comme chez Artaud s'affirme la nécessité, pour survivre, d'inventer un nouvel idiome qui me colle à la peau (Ponge), qui coupe le souffle (Artaud). Ponge: « Somme toute fonder une rhétorique, ou plutôt apprendre à chacun l'art de fonder sa propre rhétorique, est une œuvre de salut public. Cela sauve les seules, les rares personnes qu'il importe de sauver: celles qui ont la conscience et le souci et le dégoût des autres en eux-mêmes. » (PONGE, 1999, 193) Il faut mouler la langue sur ce à quoi elle s'applique. Une rhétorique par objet. Aucune déhiscence entre énoncé et énonciation. Artaud: « C'est moi Antonin Artaud /qui suis dieu et qui ai la force extrême du souffle / qui est la force extrême de densification, de cohésion, de pétrification » (ARTAUD cité par THÉVENIN, 1970, 79). A partir du souffle, se développe tout un imaginaire du resserrement, de la condensation, du rapprochement, de l'appropriation.

Avec ce nouvel idiome, dont je donnerai des exemples plus loin, on peut introduire le concept de signature: l'écriture va permettre de nettoyer la langue, c'est-à-dire de se nettoyer soi (Derrida: « cette énigme de chair qui voulut s'appeler *proprement* Antonin Artaud » (DERRIDA, 1967, 292): il s'agit de la rendre moins commune, plus propre, plus propre sur soi. « Ecrivain, je veux écrire comme nul autre, et ainsi imposer mon nom propre ou plutôt ma signature. Car une écriture qui me serait absolument propre et idiomatique devrait être considérée comme une signature. » (BENNINGTON, 1991, 169-170) La notion d'idiome, de signature, de langue propre ne signifie pas qu'il faut produire une langue désincarnée, débarrassée de ses impuretés, coupée du corps ! Au contraire. Une langue propre se sera une langue moins commune, moins prostituée, moins liante, contaminante (terme qui renvoie au signifiant de la peste chez Artaud), communicante. Une langue qui, comme mon corps, sera absolument unique, ne vaudra que pour moi, ne se donnera qu'à moi, me présentera sans équivoque.

Dans le lexique derridien de « La langue n'appartient pas », se déploie toute une chaîne très dynamique, mécanique, physique pour définir l'acte poétique: le poète s'explique avec la langue, il la réveille, il lui arrive, il la touche, la prend au corps, la fait bouger, la fait venir, la marque, y laisse un sillage, la blesse… (cf. DERRIDA, 2001, 83 ; 84 ; 86 ; 89 ; 90-91). Dès lors qu'il est question de signature, le signifiant de la cicatrice ressort: signer, c'est infliger une marque sur le corps de l'autre (non pas *sa* marque, manifestation d'une improbable personnalité, mais une marque: la signature réside moins dans l'objet que dans l'acte lui-même). On le retrouve très souvent dans les poèmes de Paul Celan, et dans la lecture que Derrida en a proposée: infliger dans la langue maternelle / étrangère le trait de style (le *style* des plantes se dit en allemand *Griff* – imposer son style, c'est laisser sa griffe – et la protubérance extrême du pistil, au bout du style, se dit *Narbe*: stigmate, cicatrice). Il faut infliger à la langue une cicatrice, une marque indélébile et a-signifiante, ou in-signifiante, trace du passage sur elle d'un corps étranger et agressif – le poète sort ses griffes:

> « Cela donne lieu, dans le texte de Celan, à une tropique de la circoncision qui tourne de la plaie-chiffrée vers toutes les lectures blessures, toutes les paroles coupées, notamment dans *Strette* où le fil peut être suivi qui passe par des points de suture, des déchirures ou des cicatrices refermées, des paroles à couper qui ne furent pas coupées, des membranes rapiécées, etc. » (DERRIDA, 1986, 100)

« Schibboleth » (CELAN, 1998, 323) est le titre d'un poème de Paul Celan écrit en allemand: il a pour titre un terme étranger, emprunté (*emprunt*: concept qu'il faudrait aussi interroger: peut-on rendre un terme que l'on a emprunté? Avec ou sans intérêt? Existe-t-il une logique du remboursement linguistique?...) à l'hébreu: le sceau qui le marque, qui le titre, lui est donc substantiellement hétérogène. Ce titre se retrouve aussi à l'intérieur du poème, comme un mot d'ordre:

> « Cœur:
> même ici manifeste-toi,
> ici, sur la place publique.
> Clame le schibboleth
> dans ton pays étranger:
> Février, No pasarán. »

Il y a donc un autre terme étranger dans le poème: *No pasarán*. Terme qui évoque bien sûr la guerre civile d'Espagne et signifie le maintien des frontières: « Ils ne passeront pas » ou « Vous ne passerez pas ». C'était le mot d'ordre des brigades internationales contre l'envahisseur espagnol dans son « propre pays » ou dans son pays devenu étranger, à conquérir, mot d'ordre lancé dans sa propre langue. Avec ce « no pasarán », l'étranger s'est non seulement insinué au cœur de la langue nationale, mais plus encore il se laisse reconnaître, s'affiche comme étranger, s'impose, se signe sans se renier ou se résigner, dans cette langue même.

Quant au terme *schibboleth*, il trahit l'appartenance linguistique, puisque c'est à leur manière de le prononcer que le Juifs d'Ephraïm en fuite étaient reconnus par ceux de Galaad. De plus, dans ce poème, on trouve deux villes en feu: Vienne et Madrid, le centre européen et le sud européen, la ville des Ashkenazes (membres d'une communauté juive d'un pays d'Europe non méditerranéen) et celle des Sefarades (juifs d'Espagne ou du Portugal). A nouveau dans cette division très marquée entre deux communautés, on trouve l'idée du trait de style a-signifiant qui positionne l'individu, puisque, entre eux, ils se reconnaissent à la manière d'enrouler rituellement les lanières des phylactères (petites boîtes de cuir contenant quatre passages de la Bible) autour de la tête et du bras gauche. Cet enroulement figure une lettre qui, se joignant à la lettre qui figure sur la boîte, vient former le nom de Dieu. C'est la répétition du schibboleth: la manière dont on prononce l'imprononçable, dont on trace Celui qui est sans trace est une signature: « mots de scission », mots décisifs. La signature relève moins de la *communication* que de la *reconnaissance*.

Chez Celan, le trait décisif se répète sous la forme de la gravure, rayure, strie...:

> « Il y aura un cil, tourné vers le dedans de la roche, durci à l'acier du non pleuré, le plus fin de tous les fuseaux. » (CELAN, 1998, 131)
>
> « Stries, traînées dans l'œil » (CELAN, 1998, 133)
>
> « Voix, rayures gravées sur la face verte de l'eau » (CELAN, 1998, 125)
>
> « un pistil, gros comme un œil avec une profonde résine, il bave de la résine, il ne veut pas cicatriser » (CELAN, 1998, 129)

Ce dernier vers appelle une comparaison avec un vers d'Artaud: « l'escharrasage à perpétuité? Le raclement infini de la plaie. Le labourage à l'infini de la fente d'où sortira la plaie. » (ARTAUD cité et commenté par THÉVENIN, 1969, 39). L'un comme l'autre, ils évoquent une blessure qui saigne impossible à cicatriser. Elles expriment toutes les deux un écoulement continuel du corps hors de soi, une continue liquéfaction, décomposition, putréfaction. Celle-ci est tout à fait en harmonie avec cette idée que la langue part sans cesse du corps, me dépare de moi, me rend étranger à moi. L'être parlant saigne, bave des mots, de la résine, et il lui est très difficile de signer, de cicatriser. On retrouve une évocation quasiment semblable dans « L'œillet » (PONGE, 1999, 356-365) de Francis Ponge, qui met en scène un œil coupé – un œil-let: un petit œil – un corps blessé, castré, qui saigne. Dans ce texte on voit une fille jeune (syntagme qui contient en creux les deux consonnes pongiennes: f+g) violée, volée à elle-même (idée de l'intrusion par le souffle dans le corps propre chez Artaud), qui saigne, soigne son linge (culotte déchirée) pendant que le poète signe ses lignes, nettoie la langue[4]. Dans ces trois références, les *maux* du corps ce sont les mots, organes qui sortent sans cesse de moi. L'invention verbale chez Artaud apparaît alors comme une multiplication cancéreuse des organes qui viendraient colmater le corps. Pensons au néologisme *Escharrasage*: eschare, terme auquel Artaud n'a pas seulement ajouter le suffixe *age*: escharrage serait l'action de produire des eschares, il a forgé un mot composite: eschare et raser, dans son sens dévastateur d'abattre, de démolir. Plus haut dans le texte, il est question de carnage. L'escharrasage c'est l'action de produire des eschares qui dévastent là où elles se forment. Eschare possède plusieurs significations: plaie, mais aussi, dit Littré, foyer, autel pour les sacrifices (étymologiquement), orifices féminins, cratère, ouverture faite avec

[4] D'ailleurs si on lit l'œuvre de Ponge avec un autre œil que celui avec lequel lui-même nous invite à lire (accent mis sur le monde des objets), on remarque que l'œil précisément est le foyer aveuglant autour duquel tourne toute sa poétique et tout son rapport à la langue. L'œil-let chez Ponge est un trou dans la langue, troue le tissu des représentations et déconstruit le réel représentable. Il y a un travail sur ce signifiant/signifié qui décompose toute la logique de la langue. L'œil devient la case vide qui permet de faire bouger toutes les autres cases. On peut en suivre le fil depuis l'œillet (fleur, mais aussi « petit trou pratiqué dans une étoffe, servant à passer un lacet ou un bouton » et « bordure rigide qui entoure cette ouverture »), en passant par l'oreille coupée de Van Gogh, l'orgueil, le troupeau, l'œil de bœuf, le soleil / seul œil qui, écrit Ponge, « repousse le regard à l'intérieur du coprs », le ron-fleur: une fois qu'on se laisse emporter par un signifiant, qu'on en suit le fil, ça va très loin... « Cicatrice en œillet » fait office, peut-être à l'insu du poète, de cheville en ce qu'elle assure la résonance du tout comme ces petits axes qui servent à régler la tension des cordes d'un instrument de musique. Il va surinvestir ce signifiant, le faire jouer ailleurs et par là modifier tout le système hiérarchique de la langue. Il la bouleverse. Il réveille la langue et la transforme.

violence. Proche du vieil anglais *scar*: cicatrice, et du haut allemand *scar*: couper. On voit à travers ce petit exemple comment l'idiome est un travail d'affolement de la langue commune, un travail par lequel il s'agit d'incendier la langue, de la faire brûler, afin qu'elle rende tous ses possibles en se consumant. J'insiste sur ce terme de travail, à l'opposé de la trouvaille ingénieuse, des troubadours aux surréalistes, du trait de style dû à la chance. Nous y reviendrons.

Venons-en alors à un point important: à savoir le paradoxe de la signature.

D'un côté, l'acte de signature, de la marque singulière, de l'affirmation individuelle, se situe à l'intérieur du lien social comme un acte de *désocialisation* (FRAENKEL, 1992, 41-43). Pensez à ce que vous faites quand vous signez, au sens propre, au sens le plus littéral du terme: vous griffonnez votre nom, vous le codez, le stylisez, au point que vous seul parfois pouvez retrouver le lien avec les lettres d'origine. Dans les textes imprimés, la signature est d'ailleurs suivie de l'écriture standardisée du nom qu'elle a dessiné, *de-signé*. Les enfants passent des heures entières à s'inventer une signature, à s'approprier en secret le nom qu'ils ont reçu de leurs parents, à essayer que ce nom leur colle à la peau, soit une seconde peau (une sorte de tatouage), soit un lieu où personne n'est admis d'emblée. Cela rejoint la signature au sens figuré: signer, travailler la langue, être poète (trois synonymes), c'est couper l'adresse à l'autre ou du moins la compliquer:

> « Ecrire, c'est briser le rapport qui, me faisant parler vers toi, me donne parole dans l'entente que cette parole reçoit de toi. Ecrire, c'est rompre ce lien. C'est, en outre, retirer le langage du cours du monde, le dessaisir de ce qui fait de lui un pouvoir par lequel, si je parle, c'est le monde qui se parle, c'est le jour qui s'édifie par le travail, l'action et le temps. » (BLANCHOT, 1955, 20-21)

Une signature, au sens propre ou figuré, contrairement à ce que l'on croit, n'a pas pour caractéristique d'être un tracé difficile à reproduire, mais difficile à déchiffrer, à lire, à entendre, à comprendre.[5]

Certains poètes (Ponge, Artaud, Joyce, Celan...) ne font dans leur écriture que dire cette expérience, leur œuvre est une immense signature, une langue idiomatique qui s'auto-alimente. Mais pour atteindre ce signifiant, il leur faut traverser toute la langue, il y a une poussée de l'écriture, une imagination linguistique, jusqu'à atteindre le point de jaillissement du langage. Je cite Artaud: « les idées que j'ai je les invente, en les souffrant moi-même, pas à pas et pied à pied, je n'écris que ce que j'ai souffert mesure par mesure de corps, et point par point dans tout mon corps, je n'ai jamais trouvé ce que j'écris que par affres, affres du moral de mon corps »: cette phrase est exemplaire en ce que le propos qui est tenu et qui se précise peu à peu refait dans sa syntaxe le trajet du monde éthéré des idées jusqu'au corps: Artaud ravale le fil de ses pensées. Pour signer, il faut remonter le langage articulé jusqu'à son point de jaillissement dans le corps: le cri, et le souffle qui le porte. Il faut retrouver le lieu où le

---

[5] En effet, dès l'époque mérovingienne, c'est en agissant sur l'acte de *lecture* que la signature se protège des contrefaçons d'*écriture*: « le [signataire] doit faire obstacle aux falsifications. » C'est pourquoi, les signataires mérovingiens ont imaginé un puissant « verrou »: le paraphe. Sous un apparent désordre, il règne à l'intérieur des paraphes mérovingiens une « véritable organisation de signes », mais dont seul le signataire possède la clé: « le [signataire], celui à qui l'on s'en réfère lorsqu'un doute surgit sur l'authenticité d'un écrit, doit devenir alors son propre lecteur. Le rôle d'expert de sa propre écriture implique une quelconque spécularité autographique » qui « va trouver son lieu d'élection dans le paraphe, espace intime d'une lecture pour soi seul ». (FRAENKEL, 1992, 43)

langage est geste (chez Artaud, la signature est un tracé). Lisons Artaud dans une lettre sur le langage adressée à Jean Paulhan:

> « Il s'agit de substituer au langage articulé un langage différent de nature, dont les possibilités expressives équivaudront au langage des mots, mais dont la source sera prise à un point encore plus enfoui et plus reculé. De ce nouveau langage, la grammaire est encore à trouver. Il part de la nécessité de parole beaucoup plus que de la parole déjà formée. Trouvant dans la parole une impasse il revient au geste de façon spontanée. Il plonge dans la nécessité. Il refait poétiquement le trajet qui a abouti à la création du langage. » (ARTAUD, 1964, 170-171)

Voici donc le paradoxe de la signature: par un travail sur la langue, le poète / signataire va pétrir tous les codes qui gravitent autour d'elle ou qu'elle contient, pour faire de ce métissage son idiome. Le poète réveille la langue, la déstratifie, fait ressortir toute son histoire, fait jouer ses multiples possibilités, y fait entrer de multiples langues. Au point que cette nouvelle langue potentiellement universelle qu'il façonne devient son idiome. Il faut mille langues et plus pour arriver à dire un reste, le reste. (cf. DERRIDA, 1996, 126) Écoutons Derrida à propos de Celan: « Comment expliquer que tout traducteur qu'il fût à travers tant de langues européennes, l'allemand ait été le lieu privilégié dans lequel il a écrit, signé sa poésie, même si, à l'intérieur de l'allemand il a fait venir un autre allemand, ou d'autres langues, ou d'autres cultures puisqu'il y a dans son écriture un croisement, au sens quasiment génétique, de cultures, de références, de mémoires littéraires assez extraordinaires, toujours dans la condensation minimale, dans la césure, l'ellipse, l'interruption? C'est cela le *génie* de cette écriture. » (DERRIDA, 2001, 84) Pour reprendre le motif artaldien du souffle: il y a un mouvement d'expiration qui s'inverse, se replie et s'amenuise dans une longue inspiration: « Le temps théâtral qui s'appuie sur le souffle tantôt se précipite dans une volonté d'expiration majeure, tantôt se replie et s'amenuise dans une inspiration féminine et prolongée. Un geste arrêté fait courir un grouillement forcené et multiple » (ARTAUD, 1964, 174).[6]

L'idiome du poète est quelque chose d'épais, de concret, qui contient de multiples strates. La lecture d'un idiome doit donc se faire de manière horizontale, à la surface du texte, et de manière verticale pour plonger dans l'épaisseur diachronique et synchronique de l'idiome:

> « Le chantonnement scandé
> Laïque,
> Non liturgique
> Non rituel
> Non grec
> Entre nègre
> Chinois
> Indien
> Et français Villon
> Pour y arriver,
> Partir de ce que je suis français

[6] Que dit Ponge de tout ceci? « Œillets, ces merveilleux chiffons. Comme ils sont propres. A les respirer on éprouve le plaisir dont le revers serait l'éternuement » (PONGE, 1999, 359).

> Ce sera toujours moi parlant une langue étrangère avec un accent toujours reconnaissable. » (ARTAUD cité par THÉVENIN, 1969, 57)

Au point que la langue poétique, si elle garde toutes les apparences du français (et Francis Ponge, que l'on donne à lire dans les écoles primaires, est un bel exemple des « Classiques » de la langue française), déborde et n'est plus le français. Le poète possède une imagination – au sens barthésien du terme: énergie de parole, par opposition à imaginaire – débordante (BARTHES, 1969, 37-39).

> « J'avais eu depuis bien des années une idée de la consomption, de la consommation interne de la langue. Et j'ai en 1934 écrit tout un livre dans ce sens, dans une langue qui n'était pas le français, mais que tout le monde pouvait lire, à quelque nationalité qu'il appartînt. » (ARTAUD cité et commenté par THÉVENIN, 1969, 45 et sq)

Ce livre, poursuit Artaud, a été perdu, mais il nous en donne le titre: *Letura d'Eprahi Falli Tetar Fendi Photia o Fotre Indi.*

Paule Thévenin, spécialiste de l'œuvre artaldienne, a déroulé, décortiqué, analysé, admiré aussi ce titre et elle est parvenue à montrer de manière magistrale qu'il met en œuvre une multitude de langues, de mythes, de références géographiques, religieuses, historiques, qu'il brasse et ressasse un patrimoine plus qu'européen pour en arriver à dire quoi? Le nom d'Antonin Artaud réinscrit dans une sorte de scène familiale originaire. Il y a donc ce double mouvement d'ouverture absolue de la langue, d'hétérogénéisation, et d'appropriation parfaite. Je ne peux hélas pas reproduire dans son entièreté l'analyse de Paule Thévenin, je vais simplement en souligner un des éléments clés: elle commence par remarquer qu'à l'exception d'une *n*, le nom d'Antonin Artaud peut y être reconstitué dans son entièreté: Antoine Artaud, qui est le nom officiel d'Artaud, celui inscrit sur l'acte de naissance. Pour ma part, ce n'est pas la *n* finale d'Antonin que je retrancherais, mais bien la première *n* du prénom: qui fait d'Antonin un *Atonin.* Antonin l'atone, celui qui manque de vie, de vigueur, d'énergie, de corps propre comme il dit lui-même. Cette atonicité explose, rayonne sur l'ensemble de son texte comme une présence fantomatique qui s'inverse dans une effrayante poussée de remplissage. L'atone donne le ton, la lettre manquante – la lettre volée, soufflée – fait office de levier. La force inverse, *antonyme* de la loi, néantise tout, *néantonise*. Artaud a écrit qu'il était un gouffre, le gouffre *Arto* qui expulse ses fumées (cf. ARTAUD cité par THÉVENIN, 1969, 86). Le gouffre prend alors la forme évasée d'un *entonnoir* utilisé à l'envers: les corps passent d'abord dans le goulot du corps avant leur expulsion / explosion. Dans le final de « Chanson », l'entonnoir explose, c'est l'explosion de celui qui se nomme ou se sur-nomme, dernier mot du texte, néant, « né ant. Onin »: « Frapper mon corps jusqu'à ce qu'il rende l'âme [...] c'est-à-dire se révolte et s'ardence à un plus fort brasier (*tonus*) de vie, les étincelles reviennent, tout fond, néant. » (ARTAUD, 1969, 30). Né ant tonus: le tonus, la tonicité d'une langue morte.

3. S'inscrire. Signature, histoire et société

Lorsque l'on présente le concept de signature dans les poésies contemporaines, une double objection est régulièrement formulée: d'une part, ces procédures d'affirmation identitaire sont propres à la modernité, voire à l'époque contemporaine uniquement ; elles sont comme les derniers avatars du XIXe siècle romantique et individualiste ; d'autre part, elles n'intéressent en rien la collectivité ; il s'agit d'actes solitaires réservés à quelques maniaques de l'*ego*. Je voudrais, pour terminer, répondre brièvement à ces deux objections.

Tout d'abord, l'histoire de la signature littéraire et du concept d'auteur reste à faire. Trop souvent, et notamment depuis les travaux en sociologie de la littérature d'Alain Viala, on confond la naissance de l'auteur avec son apparition dans la sphère juridico-politique française vers le XVIIe-XVIIIe siècles. Trop souvent, on ignore qu'avant de s'envoler dans les sphères abstraites de la littérature, et de s'intellectualiser en affichant un terrible mépris pour la part matérielle de son travail, ce que nous appelons aujourd'hui l'*auteur* était un artisan qui maîtrisait la technique fastidieuse de l'écriture manuscrite: notaire, scribe, copiste, chancelier ou secrétaire. Ces hommes d'écriture disposaient d'une entière liberté face aux textes qu'ils recopiaient (recréaient) ; ne se privaient pas de signer leurs œuvres au moyen de textes dans lesquels ils glorifiaient l'acte qu'ils venaient d'accomplir, ou au moyen de volumineuses représentations mi-littérales mi-figuratives apposées au bas des diplômes et autres chartes ; usaient sans limites d'écritures – au sens propre et figuré – dites *privatives*, que seule une petite communauté de pairs pouvaient déchiffrer et qu'ils se transmettaient de génération en génération comme un signe de reconnaissance certes, mais de communication avec l'extérieur certainement pas... Dans le chapitre des *Essais* de Montaigne consacré à « L'affection des pères aux enfants », Montaigne retrace toute une généalogie d'auteurs morts pour leur progéniture, d'auteurs incestueux... et ce, depuis l'Antiquité. Il y a de l'auteur, ou du moins des *traces* de celui-ci, pas spécialement là où nous nous attendons à le trouver (dans le concepteur « intellectuel » d'un texte littéraire) dans les corpus du Moyen Age, voire de l'Antiquité.[7]

Concernant le clivage individu / collectif, il faudrait montrer tout d'abord qu'il se retrouve à tous les niveaux de la société, voire de la civilisation occidentale: depuis l'Europe dite « des nations » ou « intégrée », jusqu'à la question de la brevetabilité du génome humain, en passant par le droit refusé aux sciences dites humaines à s'énoncer dans un langage technique et peu accessible aux non initiés... Chaque fois, c'est le même problème qui se pose: comment atteindre un équilibre entre les entités individuelles et l'entité collective qui les englobe, et dont elle est partie. Le problème est immense, néanmoins je me rallierais volontiers à cette position d'André Gide:

> « Plus particulière est l'œuvre plus utile elle devient dans le concert. De même que l'écrivain le plus individualisé est aussi celui qui présente l'intérêt le plus humainement général, l'œuvre la plus digne d'occuper la culture européenne est d'abord celle qui représente le plus spécialement son pays d'origine. » (GIDE cité par EINFALT, 1999, 89)

Individu et collectif ne doivent pas être pensés dans un rapport d'opposition, mais dans une dialectique de la complémentarité. Je voudrais donner un dernier exemple de ceci. Dans un travail que j'ai réalisé récemment, j'étudie la fonction et le fonctionnement de la main chez Paul Valéry (cf. HAYEZ, 2001, 91-104). Il s'agissait de montrer que la main chez Valéry est partout présente, dans tous les lieux d'articulation de son œuvre, qu'elle est la cheville ouvrière, la « petite main » comme on dit. Or ce signifiant de la main peut sembler secondaire

---

7 Citons quelques-uns de ces indices: l'analyse lexicologique de Benveniste des noms d'agent, les travaux de Dorandi ou de Debordes, sur la question du rapport à l'écriture, la méfiance de Platon vis-à-vis de celle-ci, telle qu'étudiée par Vernant, le topos *liber – liberi,* l'ébauche de législation quant à l'auteur sous l'empire romain: on a brûlé les 1ers livres, ce qui occasionna des suicides d'auteurs. Concernant le Moyen Age, les travaux de Zumthor (sur les rapports entre la lettre et la voix), de Dondaine (sur les secrétaires de Saint Thomas), d'Ouy (sur les manuscrits autographes de la fin du Moyen Âge), de Perrus (sur les noms d'*écrivants* au Moyen Age), de Fraenkel (sur les procédés de signature notariales), remettent en question la vision d'un Moyen Age indifférent à l'auteur.

chez Valéry: il n'est pas un « thème » central de son œuvre. J'ai essayé alors de comprendre pourquoi il m'avait, en quelque sorte, « agrippée ». Or il m'est apparu que pour ce travail, j'étais partie d'un énoncé de Valéry: « Ma main gauche cesse d'être ma main »: cet énoncé m'avait peut-être interpellée parce que je suis gauchère, parce que quand je l'ai lu, j'allais mettre au monde un deuxième petit garçon (j'en ai maintenant un à ma droite et un à ma gauche), il allait donc se détacher de moi. Suite à la lecture de cet énoncé, une personne de ma famille a fait un rêve dans lequel elle mettait au monde un bébé sans mains, rêve qu'elle a analysé. Mettre au monde un bébé sans mains, c'est aussi mettre au monde un bébé qui ne saura pas écrire, qui ne saura pas prendre son indépendance par l'écriture. Par ailleurs, ce « membre » de ma famille était un gaucher « contrarié » - que l'on a forcé à écrire de la main droite – et en a souffert. Cet énoncé singulier, secondaire chez Valéry, devient le centre d'un réseau provisoire qui dit quelque chose sur l'impossible propriété du corps, de la langue, des enfants, des œuvres… On accède à partir de notre expérience singulière à quelque chose de plus universel, touchant à la condition humaine. En même temps, cette expérience de mains réinvesties de sujets en sujets, de mains qui n'appartiennent plus à personne, produit, réalise performativement, le rapport à la langue qui se donne à tous et ne s'arrête chez aucun. Je terminerai dès lors en me réappropriant l'énoncé de départ et sa portée exemplaire, pour exprimer ce fait que ce que le chercheur découvre ne vaut que pour lui seul et en même temps représente une vérité humainement partagée: je n'écris que d'une main, ce n'est pas la mienne.

Des nationalismes linguistiques

En guise d'exergue à cette réflexion[8], je souhaite citer quelques phrases de Paul Celan, extraites de sa correspondance avec son épouse, Gisèle Celan-Lestrange (cf. CELAN / CELAN-LESTANGE, 2001). Dans une lettre datée du lundi 26 septembre 1955 et envoyée de Düsseldorf, Paul Celan semble répondre en français à une question de son épouse qui lui avait demandé: « comment va votre langue » (CELAN / CELAN-LESTANGE, 2001, 79). La réponse de Celan fuse: « je suis tout à fait dépaysé dans ce pays, où, assez bizarrement, on parle la langue que ma mère m'a apprise… » (CELAN / CELAN-LESTANGE, 2001, 80). Et, dans une autre lettre écrite le jeudi 28 septembre, il ajoute: « la langue dont je fais mes poèmes ne dépend en rien de celle qu'on parle ici ou ailleurs […]. S'il y a encore des sources d'où pourraient jaillir de nouveaux poèmes (ou de la prose), c'est en moi-même que je les trouverai et non point dans les conversations que je pourrais avoir en allemand, avec des Allemands, en Allemagne. » (CELAN / CELAN-LESTANGE, 2001, 83) Il est vrai que Celan avait déjà écrit le samedi 24: « Les têtes que je vois ici ne sont guère celle d'un peuple hölderlinien… » (CELAN / CELAN-LESTANGE, 2001, 78). L'évocation de Hölderlin annonce un poème de 1963, intitulé *Tübingen, Jänner, Tübingen Janvier* (Cf. CELAN cité par LACOUE-LABARTHE, 1986, 19-20) où Paul Celan, tout à la fois, décrit une désarticulation de la langue et la produit:

> Käme,
> käme ein Mensch,
> käme ein Mensch zur Welt, heute, mit
> dem Lichtbart der
> Patriarchen: er dürfte,
> spräch er von dieser

[8] Je remercie très vivement Cécile Hayez et Stéphanie Vanasten pour la relecture de ce texte.

Zeit, er
dürfte
nur lallen und lallen,
immer-, immer-
zuzu.

S'il venait,
venait un homme,
homme venait au monde, aujourd'hui avec
clarté et barbe des
patriarches: il lui faudrait,
dût-il parler de telle
époque, il lui faudrait
babiller uniquement, babiller
toujours et toujours ba-
biller iller.
(trad. André du Bouchet)

S'il venait,
venait un homme,
venait un homme au monde, aujourd'hui, avec
la barbe de clarté
des patriarches: il devrait,
s'il parlait de ce
temps, il
devrait
bégayer seulement, bégayer
toutoutoujours
bégayer.
(trad. Martine Broda)

Il est intéressant de comparer l'évocation du retour en Allemagne de Paul Celan avec le témoignage qu'a apporté Hannah Arendt (cf. ARENDT, 1987) quant à la manière dont elle a vécu ce même retour. La scène se passe à la télévision allemande: dans une émission diffusée le 28 octobre 1964, Hannah Arendt va, en utilisant une terminologie semblable à celle de Celan, avancer que ce qui reste de l'Allemagne pré-hitlérienne est la langue: « J'ai toujours refusé, consciemment, de perdre ma langue maternelle. » (ARENDT, 1987, 240) La *Muttersprache* est ce qui demeure, malgré le nazisme. Même si, comme elle le rappelle, elle ne s'est jamais considérée comme Allemande « au sens d'appartenance à un peuple et non à un État » alors que Jaspers lui affirmait le contraire: « Bien sûr que vous êtes Allemande ! » (ARENDT, 1987, 232), elle a conservé un rapport essentiel à la langue allemande: « la langue allemande, c'est en tout cas l'essentiel de ce qui est demeuré et que j'ai conservé de façon consciente » (ARENDT, 1987, 240) et ce pour deux raisons. Hannah Arendt enchaîne alors très vite et de manière un peu surprenante: « Ce n'est tout de même pas la langue allemande qui est devenue folle ! Et en second lieu: rien ne peut remplacer la langue maternelle. » (ARENDT, 1987, 240). Si on voit le nazisme et « Auschwitz » comme une perte de la rationalité (LYOTARD, 1986, 53: « Tout ce qui est réel est rationnel, tout ce qui est rationnel est réel: « Auschwitz » réfute la doctrine spéculative. Au moins ce crime, qui est réel, n'est pas rationnel. »), ce surgissement de l'irrationnel n'est pas dû à la langue allemande, celle-ci est en quelque sorte restée intacte, inentamée par le déferlement de la folie. Mais ce premier argument, qui aurait dû suffire, est immédiatement renforcé et supplanté par un deuxième qui paraît être la réponse à tout: « rien ne peut remplacer la langue maternelle », comme si, même si cette langue était devenue folle (car, dès que l'on demande si ce n'est tout de même pas…, on a déjà consciemment, inconsciemment ou quasi inconsciemment envisagé l'hypothèse contraire[9], elle demeurerait malgré tout (le titre de l'entretien met en évidence ce privilège exorbitant de la langue maternelle: « *Was bleibt? Es bleibt die Muttersprache* » « Seule demeure la langue maternelle »). À l'inverse de Celan, Arendt identifie cette langue maternelle avec celle que parlent les gens dans la rue. Évoquant son retour en Allemagne après la guerre (1949?), Arendt dit que d'entendre parler allemand dans les rues fut pour elle une joie énorme: « cela m'a incroyablement réjouie » (ARENDT, 1987, 243).

Troisième scène de retour: celle d'Adorno. Il s'agit cette fois d'une émission de radio, diffusée le 9 mai 1965, sur le thème *Qu'est-ce qui est allemand?* (ADORNO, 1984 a). Adorno justifie son retour en Allemagne par une « motivation objective »: « C'était la langue. Non seulement parce qu'on ne réussit jamais à exprimer les nuances et le rythme d'une pensée dans une langue apprise tardivement. Il y a quelque chose de plus: la langue allemande présente manifestement une affinité élective [Adorno reprend le mot de Goethe] pour la philosophie, qui lui est particulière, une affinité pour la spéculation à laquelle l'Occident reproche non sans raison d'être dangereusement fumeuse. » (ADORNO, 1984 a, 228) À la différence de Hannah Arendt qui disait écrire en anglais et ne faisait pas du recours à une langue particulière la condition d'une pensée, Adorno justifie son retour en Allemagne par la nécessité d'un contact avec la langue allemande. Deux raisons sont avancées. La première a une valeur apparemment universelle et pourrait se résumer de la sorte: on n'écrit véritablement que dans sa langue maternelle. Même si Adorno ne parle pas de *Muttersprache*, de langue maternelle, il insiste sur une sorte d'incapacité à écrire ou à penser dans une langue apprise tardivement (et que veut dire tardivement? quand est-il trop tard pour passer d'une langue à l'autre?) dans la mesure où à la fois le rythme et les nuances échappent. Mais cette première raison à portée universelle est hiérarchiquement seconde par rapport à la deuxième raison, apparemment particulière, mais à vrai dire exemplaire. Il y a plus, dit Adorno. Plus que la proposition universelle selon laquelle on n'écrit bien que dans sa langue. Ce *plus* est un certain privilège de l'allemand, une « affinité élective » de cette langue pour la philosophie, pour la spéculation. C'est particulier à la langue allemande qui est une langue spéculative, voire la langue spéculative par excellence, la langue de la philosophie. Ce qui n'est pas sans danger, ajoute alors Adorno. Ce faisant, il s'inscrit et se démarque à la fois d'une tradition philosophique allemande que je souhaite brièvement traverser pour en revenir à ce texte d'Adorno.

Dans les lignes qui vont suivre, je prendrai pour appui méthodologique un séminaire de Jacques Derrida intitulé *Nationalisme et nationalités philosophiques*. Je retiendrai en particulier un axiome relativement simple dans sa formulation, mais aux conséquences très importantes: dans la modernité philosophique, les critères d'appartenance à une nation ou à un peuple, la définition d'une nationalité, voire d'une nationalité philosophique, ne relèvent pas de déterminations accidentelles, empiriques telles que la couleur des cheveux, la race, le sol…, mais bien de critères philosophiques: « le nationalisme, l'affirmation nationale, en tant que phénomène essentiellement moderne, est toujours un philosophème » (DERRIDA, 1991, 48-49). Il faut encore ajouter la précision suivante: cette détermination philosophique du nationalisme ou de la nationalité repose très souvent sur une certaine conception du langage ou de la langue, foyer d'identification pour un peuple ou une nation qui lui confère un statut

---

9 Sur la possibilité d'une dénégation de Hannah Arendt, cf. DERRIDA, 1996, 100 et *sq*., note 2).

exemplaire: la spécificité de la langue fait du peuple ou de la nation qui la parle, le peuple ou la nation par excellence, le peuple ou la nation qui a un destin à accomplir.

Pour des raisons inhérentes à la place dont je dispose, je ne traiterai ici et dans de larges traits que du cas allemand, mais je pense que cette logique pourrait également se retrouver dans des textes de Rivarol, Renan, Michelet, Valéry..., bref dans une tradition française. Quatre exemples seront retenus: deux appartiennent au 19e siècle: Fichte et Hegel ; deux au 20e Heidegger et Adorno. Sans doute n'est-il pas indifférent que les textes qui seront cités aient été écrits dans des contextes politiques marqués par l'impérialisme français et par le nazisme, c'est-à-dire par une volonté de conquête, de main-mise et de domination d'une nation sur l'Europe. Il faudrait également étudier très attentivement les prises de position politiques de ces penseurs par rapport aux régimes dominateurs: Fichte s'oppose à Napoléon alors que Hegel voit l'empereur comme « l'âme du monde » ; Adorno fuit l'Allemagne nazie alors que Heidegger tente de spiritualiser le national-socialisme.

1. Fichte

Les *Discours à la nation allemande* (cf. FICHTE, 1981) ont été prononcés à Berlin entre le 13 décembre 1807 et le 20 mars 1808. Dès le premier discours, Fichte précise quels sont les destinataires de ces discours et l'enjeu politique qui les soutient:

> « Je parle pour des Allemands, rien que pour des Allemands, et je leur parle d'Allemands, rien que d'Allemands... » (FICHTE, 1981, 62-63)

Et ce, précise Fichte, sans tenir compte des événements qui, depuis des siècles, ont créé des distensions au sein d'une même nation. Il y a donc une nation allemande qui existe depuis longtemps et qui est l'union de tous les pays (*Ländern*) allemands, même si cette nation n'a pas pu s'institutionnaliser en un état allemand. Par conséquent, c'est aux membres de cette nation que Fichte dit s'adresser afin d'empêcher l'anéantissement de celle-ci:

> « ... c'est seulement en partant du trait général (*dem gemeinsamen Grundzug*, le trait fondateur commun) de la *Deutschheit* [Jankélévitch a renoncé à traduire ce concept] que nous pourrons empêcher la disparition de notre nation par suite de sa fusion avec l'étranger, que nous pourrons en faire un moi reposant sur lui-même et réfractaire à toute dépendance. » (FICHTE, 1981, 63)

La détermination de la *Deutschheit* va se déployer dans le quatrième discours où Fichte entend exposer les principales différences entre les Allemands (*Deutschen*) des autres peuples germaniques (*anderen germanischen Völkern*). La différence capitale est que les Allemands « ont conservé et cultivé la langue primitive de la souche principale, tandis que les autres ont adopté une langue étrangère qu'ils ont modifiée peu à peu à leur manière. » (FICHTE, 1981, 108). Les Allemands parlent une langue-source-originelle (*die ursprüngliche Sprache*) alors que les autres peuples germaniques se sont contaminés par le contact avec l'étranger et y ont perdu leur langue. La langue allemande « a conservé (*behalten*) ce qui lui appartenait en propre, tandis que les autres ont adopté (*angenommen*) quelque chose d'étranger » (FICHTE, 1981, 109) ; les hommes ont fait un usage ininterrompu de cette langue et ont été formés (*gebildet*) par elle. Cette relation originelle et continue permet un rapport direct avec le supra-sensible (c'est-à-dire l'intelligible, le conceptuel, le spirituel) et est condition d'une pensée vraie, vivante et vivifiante. À l'inverse les langues qui auront perdu ce rapport originel seront des langues mortes et les hommes qui les parleront, parce qu'ils seront formés par du mortifère, seront incapables de penser par eux-mêmes et ne pourront avoir qu'une culture étrangère, sèche, morte et non spirituelle et vivante:

> « Un souffle de vie peut paraître encore animer une telle langue ; mais au fond elle est morte: en se laissant pénétrer par un nouveau courant d'idées et en rompant avec les anciennes traditions, la langue se trouve détachée de sa racine vivifiante. » (FICHTE, 1981, 116)

C'est pourquoi, en raison de ce contact ininterrompu avec la langue-source-originelle et de ce modelage de l'homme allemand par celle-ci, les mots d'origine étrangère sont, pour lui, « vides de sens ». Prononcez devant un Allemand les mots: *Humanität, Popularität, Liberalität* et il ne les comprendra pas. Si on les traduit littéralement, si on dit *Menschlichkeit* au lieu de *Humanität*, l'Allemand comprendra, mais dira que cela ne conduit pas bien loin, car le terme allemand ne désigne pas une réalité supra-sensible. Il faut traduire en « allemand pur et correct » (FICHTE, 1981, 119) (*in rechtes wahres Deutsch*), il faut passer à *Menschenfreundlichkeit*, l'amitié pour les hommes, la philanthropie, pour que l'Allemand comprenne tout en éliminant la nuance péjorative de servilité associée à l'Antiquité latine. À l'inverse, les langues néo-latines (*neulateinische Sprachen*), qui ont perdu le rapport avec la langue-source-originelle, avec la langue vivante, avec la *Muttersprache*, sont incapables d'une telle démarche et restent donc dans l'incompréhension:

> « Les langues néo-latines sont naturellement et par leur origine même inintelligibles, il n'y a pas de remède (*Mittel*) à cela, puisque les peuples parlant le néo-latin ne possèdent aucune langue vivante (*lebendige Sprache*) à l'aide de laquelle ils pourraient corriger la langue morte, autrement dit, à prendre les choses de très près, ces peuples n'ont pas de langue maternelle (*eine Muttersprache gar nicht haben*). » (FICHTE, 1981, 119)

Privés de langue maternelle, de langue-source-originelle, les peuples néo-latins sont incapables de penser ; tout au plus peuvent-ils apprendre des concepts arbitraires (*willkürliche Begriffe*). À vrai dire, il n'y a pas de comparaison possible entre l'allemand et les langues néo-latines. Seule une autre langue-source-originelle pourrait être de son rang, avoir la même valeur et combattre avec elle: cette langue, c'est le grec:

> « Ainsi toute comparaison directe entre la langue allemande et les langues néo-latines est sans intérêt, les termes de ces comparaisons étant absolument incompatibles. S'il était question de la langue allemande et de sa valeur intrinsèque, il faudrait lui opposer une langue occupant le même rang, une langue également primitive (*ursprüngliche*), le grec par exemple… » (FICHTE, 1981, 120)

Les autres langues ne sont pas dignes de combattre avec l'allemand, elles n'ont pas de place sur le champ de bataille (*Kampfplatz*) ; seul le grec peut rivaliser avec l'allemand. Fichte va alors tirer quatre conséquences de son analyse: toutes reposent sur l'opposition entre un peuple parlant la langue vivante (*lebendige Sprache*) et les autres peuples et montrent la supériorité du premier peuple.

1. Chez le premier, la *Geistesbildung*, la formation de et par l'esprit et la vie ne font qu'un alors que chez les autres la *geistige Bildung,* la formation intellectuelle, et la vie sont

séparées. Dans le premier cas, l'esprit serait formant et formé, puisque la langue est vivante, alors que dans le second, il ne serait que formé, car sa langue est morte.
2. Il en résulte que les premiers prennent au *sérieux* (*Ernst*) la *Geistesbildung* alors que les autres n'y voient qu'un jeu génial.
3. Dès lors le même *sérieux* (*Ernst*), accompagné d'efforts, affectera toutes les choses de la vie chez le premier peuple, mais les autres, en fonction de leur nature heureuse, laisseront les choses se dérouler. [J'insiste sur le mot *sérieux*, que nous retrouverons plus tard chez Adorno.]
4. Politiquement, le premier peuple est éducable et sera éduqué par ses dirigeants alors que les autres peuples ne seront que l'instrument aveugle, inéduqué, des dirigeants.

Le début du septième discours capitalise les enseignements des discours précédents, et en particulier du quatrième, en faisant du peuple allemand un peuple originel (*Urvolk*), le seul à vrai dire à qui convient le concept de peuple ; il est *tout simplement* (*schlechtweg*) *le* peuple, le Peuple, ce que le traducteur choisit justement de rendre par « le peuple par excellence »:

> « ... nous avons essayé [...] de montrer que les caractères fondamentaux des Allemands étaient ceux d'une race primitive [un peuple originel (*Urvolk*)], ayant le droit (*Recht*) de se considérer comme le peuple par excellence (*das Volk schlechtweg*), en opposition aux autres peuples qui se sont séparés de lui... » (FICHTE, 1981, 150)

Ce nationalisme linguistico-philosophique va se dire *exemplaire* et, parce qu'exemplaire, va s'ouvrir au cosmopolitisme. Dans son septième discours, Fichte va, en quelque sorte, tendre les bras au monde entier et l'inviter à devenir allemand. Cette logique de l'exemplarité bouleversera les oppositions jusque-là figées, puisque, comme nous allons le lire, des Allemands qui préféreraient la régression et l'immobilité, la nature morte comme gouvernail du monde ne seraient pas allemands. La démarche de Fichte a été jusqu'à ce point des *Discours* une démarche historique. Il dit avoir historiquement démontré que le peuple allemand est le peuple par excellence, mais il importe aujourd'hui à ce peuple d'accomplir son destin, de devenir ce qu'il doit être, de transformer un savoir inconscient, naturel en une philosophie de la liberté, reposant sur des concepts clairs (*klare Begriffe*). De la sorte le peuple allemand renouvellera l'alliance et fermera le cercle:

> « Dans la nation, qui jusqu'à ce jour, se considère comme le peuple par excellence (*das Volk schlechtweg*), le peuple allemand, on a discerné, depuis quelque temps, des manifestations d'une force originelle et créatrice ; aujourd'hui, enfin, cette nation se trouve en présence d'une philosophie de la clarté qui, tel un miroir, lui renvoie en toute netteté l'image fidèle qu'elle a été jusqu'à présent sans le savoir, en vertu seulement de sa nature, et lui montre sa destinée ; et on lui propose de se conformer à cette image afin de réaliser, avec un art réfléchi et libre, sa perfection, de faire en sorte qu'elle devienne ce qu'elle doit être, de renouveler l'alliance (*Bund*) et de fermer son propre cercle. (FICHTE, 1981, 163-164)

Il s'agit donc d'atteindre une perfection par la philosophie et de devenir plus qu'un peuple ou une nation, il importe de devenir *unseren Geschlechts*, notre Geschlecht. Mot très difficile à traduire, mot d'ailleurs, omis, comme le signale Jacques Derrida dans « La main de Heidegger » (DERRIDA, 1990, 177), par le traducteur. Le partage ne sera plus celui de la langue ou du pays d'origine, mais celui d'une adhésion au Geschlecht allemand, marqué par l'esprit et la liberté:

> « Le principe sur lequel se base le travail est le suivant: tout ce qui croit à la spiritualité (*Geistigkeit*) et à la liberté (*Freiheit*) de cet esprit, ce qui veut l'éternelle et progressive formation (*die ewige Fortbildung*) de cette spiritualité à travers la liberté est de notre Geschlecht (*ist unseren Geschlechts*) [c'est le passage non traduit], nous appartient et à affaire à nous, où qu'il soit né et quelque langue qu'il parle. » (FICHTE traduit par DERRIDA, 1990, 177)

Dès lors, ceux qui ne s'inscrivent pas dans cette formation de l'esprit au travers de la liberté seront *undeutsch* (non allemands) et étrangers:

> « Et tout ce qui croit à l'immobilité, à la régression, à la danse en cercle ou qui place une nature morte au gouvernail du monde, où qu'il soit né et quelque langue qu'il parle, n'a rien d'allemand et nous est étranger… » (FICHTE traduit par DERRIDA, 1990, 164)

Commentant ces passages, Jacques Derrida dit de Fichte qu'il est « nationaliste » en « progressiste, en républicain et en cosmopolitiste » (DERRIDA, 1990, 177). La famille, le sexe, la race - le Geschlecht est affaire d'esprit et de liberté. De manière paradoxale, on peut donc parler allemand quelle que soit la langue, mais aussi ne pas parler allemand tout en parlant allemand. Historiquement, selon Fichte, une séparation a eu lieu entre le peuple allemand, originel, source et souche et les peuples germaniques qui ont perdu leur *Deutscheit*, sans parler de ceux qui ont adopté le latin. Aujourd'hui, pense-t-il, une nouvelle alliance doit être conclue entre le peuple allemand et lui-même, mais également avec quiconque désire la formation de l'esprit au travers de la liberté. Et celui-là, ce n'est qu'une conjecture de ma part, retrouvera son origine en l'accomplissant comme destin et finira par parler allemand, langue-source-originelle de la philosophie d'aujourd'hui.

2. Le même paradoxe se trouve chez Hegel. D'après Catherine Malabou, il y a une injonction hégélienne à « philosopher dans sa langue » (MALABOU, 1996, 28), mais d'autre part, Hegel insiste sur le caractère spéculatif de la langue allemande et sur les « privilèges » qu'elle possède « au regard d'autres langues modernes ». On citera dans cette perspective ce texte du 29 septembre 1809 où Hegel établit une hiérarchie entre les langues et donc entre les peuples. Un peuple dont la langue ne permet pas de dire « tous les trésors de la science » et qui ne l'ouvre pas à une liberté d'expression ne peut être considéré comme « cultivé ». À l'inverse, quand nous possédons notre propre langue, quand elle nous appartient, l'esprit peut alors être chez lui signe incontestable de culture:

> « … on ne peut regarder comme cultivé un peuple qui ne peut exprimer tous les trésors de la science dans sa propre langue ni se mouvoir librement en elle avec tout son contenu. Cette intimité selon laquelle notre propre langue nous appartient fait défaut aux connaissances que nous possédons seulement dans une langue étrangère ; elles sont séparées de nous par un mur qui ne leur permet pas d'être pour l'esprit tel qu'il y soit véritablement chez lui. » (MALABOU, 1996, 228)

C'est pourquoi, il faut philosopher dans sa langue, mais à la condition que cette langue soit suffisamment spéculative ; ce qui ne serait pas le cas du chinois, selon Hegel (cf. HEGEL, 1991). Certaines langues ont pour avantage de mettre en évidence les « déterminations de pensée » et les « expressions logiques » pour celles-ci:

> « C'est un avantage pour une langue de posséder une richesse d'expressions logiques, c'est-à-dire spécifiques et séparées, pour les déterminations de pensée elles-mêmes ; parmi les

> prépositions, les articles, beaucoup appartiennent déjà à ces relations qui reposent sur le penser [...]. Dans une langue, il est bien plus important que les déterminations de pensée soient mises en relief comme substantifs et verbes, recevant ainsi le sceau d'une forme objective ; la langue allemande... » (HEGEL, 1991, 14)

Parmi les langues privilégiées, il y a donc l'allemand, la langue allemande, privilégiée parmi les privilégiées. Exemplaire en somme dans son registre spéculatif:

> « ... la langue allemande possède en cela bien des privilèges au regard des autres langues modernes ; nombre de ses mots ont en outre la propriété plus étendue de n'avoir pas seulement des significations différentes, mais bel et bien opposées, de telle sorte qu'il est impossible de méconnaître, en cela même, un esprit spéculatif de la langue... (HEGEL, 1991, 14)

C'est là une source de joie pour le philosophe que de trouver dans sa langue des mots spéculatifs. Cela le dispense d'en emprunter à d'autres langues, en particulier au latin:

> « Parler dans *sa* langue est un des plus hauts moments de la culture. Un peuple s'appartient. Dehors les étrangetés, et jusqu'aux lettres latines. » (HEGEL cité par NANCY, 1973, 86)

Quelques guerres plus tard

Pour servir de transition au commentaire de Heidegger et d'Adorno, je souhaite très brièvement évoquer un texte du philosophe juif allemand, Hermann Cohen, néo-kantien du début du XXe siècle, auteur d'un texte qui connut un grand succès (trois éditions la première année) (cf. COHEN, 1987). Jacques Derrida a longuement et remarquablement commenté ce texte dans *Kant, le Juif, l'Allemand.* Le contexte de sa publication est particulier. En 1915, Cohen écrit ce texte à destination des Juifs américains afin que ceux-ci opèrent une pression sur leur gouvernement pour que celui-ci n'entre pas en guerre contre l'Allemagne. Pourquoi une telle demande? Parce qu'il existe selon Cohen une proximité très étroite entre le Grec, le Juif et l'Allemand: un fil relie la philosophie grecque au néo-kantisme par le biais de Philon d'Alexandrie, Kant, Mendelssohn... Dans cette lignée, Fichte occupe une place singulière: du point de vue théorique (de la raison pure), il est en recul par rapport à Kant, mais du point de vue de l'éthique, il a mis en évidence le « *socialisme* latent » (COHEN, 1987, 42) de Kant, ce qui constitue aux yeux de Cohen un progrès. Plus précisément, « *il a découvert que le Moi social est un Moi national* » (COHEN, 1987, 42), autrement dit que l'identité sociale tient dans l'identité nationale. Cohen considère qu'une telle découverte est « un sommet de la philosophie allemande », parce que « le Moi national de la germanité est [...] la véritable réalisation éthico-sociale de l'idéal de l'humanité ». (COHEN, 1987, 42) Cohen retient de Fichte ce schème de l'exemplarité qui fait de la spécificité allemande et de son esprit le modèle de l'humanité: « Si cette guerre permet de dissiper les dernières ombres qui planent sur l'unité allemande intérieure, on reconnaîtra [il ne s'agira que d'une reconnaissance d'un savoir déjà là] alors, bien au-delà de toutes les frontières religieuses et nationales, que *l'esprit cosmopolite qui anime la conception allemande de l'humanité* (Humanität) *fondée sur la nationalité allemande*, que la spécificité allemande en matière de *savoir*, de *morale*, de *religion* sont appelés à devenir la vérité reconnue de l'histoire mondiale », ce que nous avons déjà appris de « notre philosophie et notre littérature » (COHEN, 1987, 40). Fichte ne disait-il pas: « nous avons [...] conservé notre langue et notre littérature (*unsere Literatur*), grâce à quoi nous restons une nation... » (FICHTE cité par COHEN, 1987, 234), identifiant langue vivante et langue d'écrivain (FICHTE cité par COHEN, 1987, 235: « notre langue reste une langue vivante, une langue d'écrivain (*Schriftstellersprache*) et conserve ainsi sa littérature (*Literatur*) »). On remarquera en passant, avec Jacques Derrida, que littérature reste, même en allemand, un mot issu du latin (cf. DERRIDA, 1998, 17-18). Cohen, qui souhaitait que les Juifs soient allemands et les Allemands juifs (cf. COHEN, 1987, 41), dans cette logique fichtéenne qui conjugue nationalisme et cosmopolitisme et à laquelle il adjoint le messianisme, va lancer un appel aux Juifs du monde entier. Il faut ici remarquer un travail de la signature qui ne peut être individuelle. C'est le *nous*, Juifs-Allemands, qui signe l'appel de Cohen, contresigné à son tour, on le verra, par le Dieu de la justice:

> « C'est ainsi qu'à cette époque cruciale pour le destin des peuples nous sommes fiers, en tant que Juifs, d'être allemands, car nous sommes conscients de la tâche qui doit convaincre nos coreligionnaires du monde entier de l'importance religieuse de l'esprit allemand, de son influence, de la légitimité de son existence à l'égard des Juifs d'autres pays, importance et influence qui touchent autant leur développement religieux que l'ensemble de leurs efforts culturels. En tant que Juifs allemands, nous avons conscience d'appartenir à une force culturelle nodale qui est appelée à unir les peuples dans la perspective d'une humanité messianique (*der messianischen Menschheit*) ; » (COHEN, 1987, 39)

Cohen rejette alors l'accusation portée contre l'Allemagne de vouloir anéantir d'autres peuples et envisage deux hypothèses: soit on tente de faire la paix et il faut alors poser en préalable à toute négociation la reconnaissance de la priorité allemande du point de vue intellectuel et spirituel à partir de l'exemple juif-allemand ; soit la guerre se poursuit et la victoire allemande, « le triomphe des armes allemandes » (COHEN, 1987, 39), qui est également une victoire divine (et donc la guerre est une guerre de religion), libérera l'homme de la servitude incarnée dans le régime de l'empire russe:

> « ... et nous sommes en droit de rejeter le reproche qui impute à notre nature historique le projet d'anéantir peuples et lignées. Lorsqu'on en reviendra à des efforts sérieux en vue de promouvoir une entente internationale et une paix entre les nations qui soit vraiment fondée, notre exemple servira de modèle à la reconnaissance d'une *priorité allemande* dans tout ce qui fait l'essentiel de la vie intellectuelle et spirituelle. Ce présupposé bienveillant constitue à nos yeux la condition *sine qua non* à une entente légitime.
> Nous sommes également sereinement confiants dans le fait que, grâce à la victoire héroïque de notre patrie, le Dieu de justice mettra fin à la servitude barbare qu'inflige à nos frères l'empire russe dont toute l'existence politique fait honte au droit, dont la raison d'État, la religion et les mœurs sont une insulte à la miséricorde humanitaire, à la dignité et à la noblesse de l'homme. » (COHEN, 1987, 39)

Cohen est mort en avril 1918, avant l'armistice, et son épouse Martha, en 1942, au camp de Theresienstadt...

3. Dans un cours professé en 1935 et publié en 1952, Martin Heidegger va accorder au peuple allemand et à la langue allemande un privilège ontologique et une mission historiale (c'est-à-dire liée à l'histoire de l'être). Le privilège ontologique vient de sa parenté avec le grec qui est la langue dans laquelle s'est dit l'être. Or les grammaires occidentales découlent de la réflexion grecque sur sa langue. Mais parmi les langues occidentales, la langue allemande est la plus proche du grec, car toutes deux offrent la plus grande puissance et la plus grande spiritualisation en ce qui concerne « le penser »:

> « Le fait que la formation de la grammaire occidentale soit due à la réflexion grecque sur la langue *grecque* donne à ce processus toute sa signification. Car cette langue est, avec l'allemande (au point de vue des possibilités du penser), à la fois la plus puissante de toutes et celle qui est la plus spirituelle (*geistigste*). » (HEIDEGGER, 1967, 67)[10]

Eu égard à l'oubli de la question de l'être dont Heidegger a retracé l'histoire, oubli déjà commencé chez les Grecs eux-mêmes, mais amplifié et déployé par le passage du grec au latin, à la scolastique, à la philosophie moderne…, il est clair que nous ne sommes pas en face d'une simple hiérarchisation, mais bien d'une exclusion des autres langues occidentales. Seuls demeurent le grec et l'allemand. Cette exclusion se marque par un refus de la traduction. Dans son entretien avec *Der Spiegel* (cf. HEIDEGGER, 1976 a), Heidegger invalide toute tentative de traduction d'une pensée: « Pas plus que des poèmes, on ne peut traduire une pensée. […] Dès qu'on se met à traduire littéralement, tout est transformé. » (HEIDEGGER, 1976 a, 67). Autre parenté, celle de la pensée et de la poésie: *denken* et *dichten. Dichtung*, mais jamais *Literatur*. Celle-ci est toujours dépréciée par Heidegger, peut-être en raison de sa latinité. En tous cas, Heidegger ajoute qu'il serait nécessaire de réfléchir sur la transformation de la pensée grecque et de ses conséquences dans la traduction dans le latin de Rome (HEIDEGGER, 1976 a, 67). Cette impossibilité de traduire implique l'impossibilité de penser dans une langue autre que la langue allemande, seule parente du grec, notamment pour des Français:

> « Je pense à la parenté particulière qui est l'intérieur de la langue allemande avec la langue des Grecs et leur pensée. C'est une chose que les Français aujourd'hui me confirment sans cesse. Quand ils commencent à penser, ils parlent allemands: ils assurent qu'ils n'y arriveraient pas dans leur langue. » (HEIDEGGER, 1976 a, 66-67)

Penser ou simplement commencer à penser implique de parler allemand. Et pourquoi pas grec? Sans doute Heidegger souscrirait-il jusqu'à un certain point seulement à cette objection. Jusqu'à un certain point, car il est des mots qui n'ont pas été pensés en grec. Ainsi le *Geist*. Commentant Trakl, et particulièrement son dernier poème où il évoque « la flamme brûlante de l'esprit » (*heisse Flamme des Geistes*), Heidegger placera au second plan la compréhension de *Geist* comme *Pneuma* ou *Spiritus* pour lui préférer celle du *Geist* comme ce qui flambe (*Der Geist ist das Flammende*), donc ce qui déplace, transporte, transpose, déporte… Cette compréhension du *Geist* est sa signification originelle (*die ursprüngliche Bedeutung*) en référence à la langue-source-originelle où *gheis* veut dire être lancé, transporté hors de soi (cf. HEIDEGGER, 1976 b, 72-73)[11]. De la sorte Heidegger accomplit et dépasse les propositions de Fichte et de Hegel. Au premier, il aurait sans doute reproché une compréhension trop chrétienne[12] du *Geist*, trop proche du *Spiritus ;* au second, il aurait contesté l'idée que l'on puisse philosopher dans sa langue, si celle-ci n'est pas l'allemand.

Dans son *Introduction à la métaphysique*, Heidegger se livre à un double diagnostic de l'Occident, c'est-à-dire de la planète dans la logique heidegérienne: il opère une analyse politique à partir d'une analyse de la question de l'être et de l'esprit pour montrer combien l'Europe et en particulier le peuple allemand se voient pris dans un étau:

---

10 Traduction modifiée par Jacques Derrida: DERRIDA, 1990, 86.

11 Cf. également le commentaire de Jacques Derrida: DERRIDA, 1990, 122 et *sq*.

12 « Fichte perpétue le sens chrétien de l'universel, en le laïcisant sous forme de cosmopolitisme rationaliste » (M. ROUCHÉ, « Introduction » dans FICHTE, 1981, 39).

> « … l'Europe se trouve dans un étau entre la Russie et l'Amérique, qui reviennent métaphysiquement au même quant à leur appartenance au monde et à leur rapport à l'esprit. » (HEIDEGGER, 1967, 56 ; cf. également 48)

Pour le dire de manière beaucoup trop rapide et trop brusque, l'oubli de la question de l'être et les mésinterprétations (*Mißdeutung*) ou mécompréhensions de l'esprit, inaugurées en Europe, se voient poussées à l'extrême en Russie et en Amérique où règne le dernier avatar de la technique: la pratique routinière (cf. HEIDEGGER, 1967, 57):

> « La Russie et l'Amérique sont toutes deux, au point de vue métaphysique, la même chose ; la même fréquentation sinistre de la technique déchaînée, et de l'organisation sans racine de l'homme normalisé ». (HEIDEGGER, 1967, 49)

Dès lors « l'être n'est presque plus qu'un mot, et sa signification une vapeur évanescente » (HEIDEGGER, 1967, 61). Dès lors l'esprit devient un morceau d'apparat au service de la propagande russe (cf. HEIDEGGER, 1967, 60). L'Europe est donc dans un étau et le peuple allemand subit la pression la plus forte de cet étau en tant que peuple du milieu. Il est pris en étau dans l'étau:

> « Nous sommes pris dans l'étau. Notre peuple (*Unser Volk*), en tant qu'il se trouve au milieu (*Mitte*), subit la pression de l'étau la plus violente, lui qui est le peuple le plus riche en voisins, et aussi le plus en danger, et avec tout cela le peuple métaphysique (*das metaphysiche Volk*). Mais à partir de cette disposition (*Bestimmung*), dont le danger ne nous échappe pas, ce peuple ne se fera un destin (*Schicksal*) que si d'abord il crée *en lui-même* une résonance, une possibilité de résonance pour cette disposition (*Bestimmung*), et s'il comprend sa tradition de façon créatrice. » (HEIDEGGER cité et traduit par DERRIDA, 1990, 49-50)

Comme souvent Heidegger déploie une logique qui tend à voir le salut à même le danger. Le peuple qui subit la pression la plus forte est le peuple qui peut se forger un destin, produire de nouvelles forces spirituelles qui vont préserver l'Europe de l'anéantissement:

> « Tout cela implique que ce peuple, en tant que peuple historial (*geschichtliches Volk*), s'expose lui-même dans le domaine originaire où règne l'être, et par là y expose l'historialité (*Geschichte*) de l'Occident, à partir du centre de son événementialité future (*künftigen Geschehens*). Et si l'on ne veut pas que la grande décision concernant l'Europe se produise sur le chemin de l'anéantissement (*Vernichtung*), c'est précisément par le déploiement de nouvelles forces, *spirituelles* (*geistiger*) en tant qu'historiales (*geschichtlich*), issues de ce centre (*Mitte*), qu'elle doit se produire. » (HEIDEGGER cité et traduit par DERRIDA, 1990, 50)

Le peuple allemand, en tant que peuple du milieu, en tant que peuple historial, doit se poser la question de l'être, doit poser la question vers l'être. Il y va du destin de l'Europe, donc de la planète:

> « … nous avons mis la question vers l'être en connexion avec le destin de l'Europe, où se trouve décidé le destin de la planète (*Erde*), et il faut considérer encore qu'à l'intérieur de ce destin, pour l'Europe même, notre *Dasein* historial se révèle comme le centre. » (HEIDEGGER cité et traduit par DERRIDA, 1990, 53)

Le peuple allemand a donc une « mission historiale » (*geschichtliche Sendung*) (HEIDEGGER, 1967, 61) qui consiste à (r)établir une (nouvelle) relation à l'être, impliquant une nouvelle relation à sa langue, par exemple par le biais de l'écoute de certains poètes, les deux relations étant liées de manière intime:

> « C'est parce que le destin de la langue (*das Schicksal der Sprache*) est fondé (*gegründet ist*) sur une *relation* toujours nouvelle d'un peuple à l'être, que la question vers *l'être* va s'imbriquer pour nous de la façon la plus intime dans la question vers la *langue.* » (HEIDEGGER cité et traduit par DERRIDA, 1990, 62)

Questionner vers l'être impliquera de questionner vers la langue: l'adresse à l'être sera également adresse à la langue la plus puissante et la plus spirituelle, la langue allemande. De tout ceci on peut se demander si Heidegger ne pousse pas le schème de l'exemplarité à sa limite extrême, à savoir une exemplarité sans imitation possible. Là où Fichte était nationaliste en cosmopolitiste, Heidegger semble être cosmopolitiste en nationaliste: le destin de la planète est lié au destin du peuple allemand, de la langue allemande, d'une certaine poésie allemande, et ce, sans traduction possible. Pour le dire dans d'autres termes, le destin de la langue allemande est de devenir idiomatique, comme si le peuple pouvait être un poète à la signature singulière.

En conclusion, je citerai une conférence de 1962 où Heidegger oppose à la langue technique la « langue de tradition » (*überlieferte Sprache*), c'est-à-dire la « langue naturelle »:

> « La tradition de la langue est transmise par la langue elle-même, et cela à partir de telle manière qu'elle exige de l'homme qu'à partir de la langue conservée, il dise à nouveau le monde et par là porte au paraître du non-encore-aperçu. Or, c'est là la mission des poètes. » (HEIDEGGER, 1990, 43)

Ce serait également, semble penser Heidegger, une tâche de l'enseignement de *la langue maternelle* (HEIDEGGER, 1990, 44), allusion très rare chez Heidegger, que de favoriser la langue de tradition.

4. Avant de revenir au texte d'Adorno relatif à la question *Was ist deutsch?*, j'aimerais insister sur la complexité de cette pensée où un énoncé peut souvent être contrebalancé par un ou plusieurs autres. Pour vous donner une illustration de cette relativité à l'œuvre, je repartirai d'une proposition très connue d'Adorno relative à la poésie après Auschwitz. La phrase très célèbre, très souvent citée, est extraite de *Prismes* (Cf. ADORNO, 1986):

> « Écrire un poème après Auschwitz est barbare et ce fait même affecte même la connaissance qui explique pourquoi il est devenu impossible d'écrire aujourd'hui des poèmes. » (ADORNO, 1986, 23)

Or Adorno a pu envisager que cette phrase soit fausse. En effet, dans *Dialectique négative* (cf. ADORNO, 1978), on trouve la remarque suivante:

> « La sempiternelle souffrance a autant de droit à l'expression que le torturé celui de hurler ; c'est pourquoi il pourrait bien avoir été faux d'affirmer qu'après Auschwitz il n'est plus possible d'écrire des poèmes. »

Remarque à son tour nuancée dans un texte sur la question de l'engagement dans les *Notes sur la littérature* (cf. ADORNO, 1984 b, 298):

> « Je n'ai pas l'intention de vouloir minimiser la phrase selon laquelle il serait barbare de vouloir encore écrire de la poésie après Auschwitz ; elle exprime en négatif l'impulsion qui anime la littérature engagée. [...] il faut en effet que la littérature puisse affronter ce verdict, et donc faire comme si le simple fait de venir après Auschwitz ne la condamnait pas au cynisme. C'est sa propre situation qui est paradoxale, et non l'attitude qu'on a envers elle. »

Ces textes ont été étudiés par Alexandre García Düttman dans *La parole donnée* (cf. DERRIDA, 1989). Je ne les commenterai donc pas ici et je me précipite vers le texte qui nous retient. Devant répondre à la question « Qu'est-ce qui est allemand? », Adorno choisit de différer la réponse, le temps d'un examen de la question elle-même. Examen qui le conduira d'ailleurs à expliquer les raisons de son retour en Allemagne après la seconde guerre mondiale. Pour Adorno, la question posée est grevée de toutes les définitions complaisantes du spécifiquement allemand (*das spezifisch Deutsch*), marquées plus par le souhait, le désir, le vœu que par la réalité. Cette remarque d'Adorno invalide, semble-t-il, les discours de Herder, Hamann, Fichte... jusqu'à celui de Heidegger. Il y a de plus, ajoute Adorno, un outrage fait « aux expériences irréfutables de ces dernières décennies » (ADORNO, 1986, 220) par la forme même de la question qui suppose une autonomie à l'entité collective « allemande ». Or il n'est pas sûr que quelque chose comme l'homme allemand ou le caractère allemand (*der Deutsche, oder das Deutsche*) existe. Cette remarque vaut également pour les autres nations, précise Adorno qui, dans la foulée, définit ce qui est le plus vrai et le meilleur dans un peuple:

> « La part véritable et la meilleure (*Das Wahre und Bessere*) d'un peuple est sans doute bien plus ce qui *ne* se laisse *pas* intégrer au sujet collectif (*Kollektivsubjekt*) et, si possible, lui résiste. » (ADORNO, 1986, 220, traduction modifiée)

Pour des raisons qu'Adorno analyse lui-même par la suite, à savoir le développement du narcissisme collectif par des stéréotypes et l'association entre l'essence du groupe et le bien (ce qui génère l'assimilation des autres au mal), on se sent assez proche de cette résistance au sujet collectif. Cette position semble annoncer celle de Blanchot, de Nancy et Lacoue-Labarthe sur la communauté désœuvrée (cf. LISSE, 1993). Il n'en reste pas moins que le risque de la mise en œuvre d'une logique de l'exemplarité est toujours présent. Voyez comme notre peuple est exemplaire, lui qui résiste si farouchement à l'intégration au sein d'un sujet collectif, voyez comment, grâce à cette résistance, tout narcissisme collectif se trouve éradiqué. Telle est sa signature... Peut-être ce risque est-il un des plus résistants dans toutes les questions liées à l'identité, la collectivité, la singularité... Il faut remarquer qu'Adorno a opéré une lecture de la question qui l'a conduit immédiatement vers des questions politico-philosophiques liées à l'identité, au sujet individuel ou collectif... En effet, il est passé sans transition de l'allemand au spécifiquement allemand, comme si, quand quelqu'un demande « qu'est-ce qui est allemand? », il interrogerait automatiquement sur la spécificité de l'allemand, de telle sorte qu'une réponse comme « les saucisses et la bière, mais on en trouve également dans d'autres pays » devenait ridicule et inappropriée (peut-être serait-il intéressant de se demander si la réaction serait la même face à une question comme « Qu'est-ce qui est belge? »). En d'autres termes, une question posée sur l'être allemand exclurait d'elle-même toute réponse empirique ou anecdotique.

La suite de l'examen de la question par Adorno va montrer que les tentatives les plus grandes dans la tradition allemande pour échapper « à la sujétion collective et à l'idolâtrie de soi » (*der kollektiven Hörigkeit und der Selbstvergötzung*) reconduisent inéluctablement à ce qu'on veut éviter. L'exemple pris est celui de Kant:

> « Sa pensée trouve son centre dans le concept d'autonomie, de responsabilité personnelle de l'individu raisonnable et non dans l'assujettissement à toutes sortes de puissance, parmi lesquelles la prédominance du facteur national jamais remis en question. C'est dans l'individu seul que se réalise, d'après Kant, l'universalité de la raison. Si l'on acceptait de rendre justice à Kant en tant que témoin principal de la tradition allemande (*als Kronzeugen deutscher Tradition*), cela signifierait qu'on s'engage à renoncer à la sujétion collective et à l'idolâtrie de soi. » (ADORNO, 1986, 221)

Or, dans ce geste même de renonciation, dans le concept même d'autonomie, il y a en germe le narcissisme allemand dont Wagner a donné la formule: « être allemand signifie faire une chose pour elle-même » (*deutsch sein heisst, eine Sache um ihrer selbst willen tun*) (ADORNO, 1986, 222). Sans cet amour pour la chose elle-même, « la grande philosophie allemande et la grande musique allemande n'auraient pu exister » (ADORNO, 1986, 223), mais, hélas, il s'agissait en même temps « de la subordination des idées et des actes à un État dont l'expansion devait seule apporter satisfaction à l'égoïsme provisoirement réfréné des individus. » (ADORNO, 1986, 223). C'est pourquoi le témoin principal de la tradition allemande a aussi ouvert la porte à l'idolâtrie de l'État et à une forme d'inhumanité:

> « Les grandes idées allemandes (*Die grossen deutschen Konzeptionen*) qui célèbrent avec exaltation l'autonomie, la pureté des choses qu'on ne fait que pour elles-mêmes, n'étaient-elles pas disposées à idolâtrer tout autant l'État? [...] Il y a quelque inhumanité à faire une chose pour elle-même, dans son inflexible intégrité. [...] Si l'on peut se risquer à qualifier quelque chose de spécifiquement allemand (*als spezifisch deutsch*), c'est cette grandeur s'accommodant d'étroites limites conventionnelles et qui se mêle à la monstruosité, transgressant toutes les limites, visant à tout soumettre à son joug, tout comme les philosophes et les œuvres d'art à l'époque de l'idéalisme ne toléraient rien de ce qui naissait en dehors de la sphère d'influence de leur identité. » (ADORNO, 1986, 223)

Ici encore surgit l'esprit, puisque Adorno voit dans ce mouvement un pacte des « manifestations les plus élevées de l'esprit » (*der obersten Manifestationen des Geistes*) (ADORNO, 1986, 223) avec le pire. Le pire, c'est-à-dire le nazisme incarné par Hitler à propos duquel Adorno écrit qu'il est aussi inexact de dire qu'il « était inscrit dans le destin du caractère national allemand (*in das Schicksal des deutschen Nationalcharakters*) » (ADORNO, 1986, 224) que de prétendre que sa montée est due au hasard. Hitler s'est imposé grâce à ce qui conditionne ce que « nous », dit Adorno, nous, les Allemands, avons de meilleur. Souvenons-nous que cette allusion au meilleur associé au plus vrai a déjà été utilisée à propos du peuple, non du peuple allemand en particulier, mais du peuple d'un point de vue universel:

> « La part véritable et la meilleure (*Das Wahre und Bessere*) d'un peuple est sans doute bien plus ce qui *ne* se laisse *pas* intégrer au sujet collectif (*Kollektivsubjekt*) et, si possible, lui résiste. » (ADORNO, 1986, 220, traduction modifiée)

Quelle est la condition du meilleur du peuple allemand? Son sérieux, le « sérieux allemand » (*der deutsche Ernst*):

> « Que l'on songe simplement au sérieux allemand qui a son origine dans le pathos de l'absolu, *sans lequel rien de ce que nous avons de meilleur* (*das Beste*, le nec plus ultra) *n'existerait*, et l'on peut dire que, sans ce sérieux, Hitler n'aurait pu s'imposer. » (ADORNO, 1986, 224, je souligne)

Sans le noble sérieux allemand, qui a produit la grande philosophie et la grande musique allemandes, sans le « saint sérieux » (*ohne heiligen Ernst*), va dire dans un instant Adorno, Hitler ne serait jamais arrivé à ses fins ; dans d'autres pays, moins sérieux, on se serait moqué de lui, il aurait été tourné en ridicule. Mais les Allemands sont sérieux. Fichte le savait déjà, lui qui, dans ses conclusions du quatrième discours, insista à deux reprises sur le sérieux (*Ernst*) du peuple qui parle une langue vivante: « un peuple parlant une langue vivante prend au sérieux la *Geistbilbung* » ; « un peuple parlant une langue vivante prend toute chose au sérieux » (FICHTE, 1981, 121). Et ce sérieux allemand, ce sérieux saint, salutaire (*heilig*, et dans ce *Heil*, résonnent tous les *Heil* de la langue allemande, celui que s'échangent les skieurs (*Heilski*), mais aussi les *Sieg Heil* ou *Heil Hitler* que Heidegger crut bon de mettre à la fin de ses discours les plus sinistres et les plus médiocres) peut se transformer en extrêmement sérieux: on agit *mit tierischem Ernst*, avec un sérieux animal:

> « Le noble sérieux (*Der heilige Ernst*, le sérieux sacré) peut se transformer en sérieux indécrottable (*in den tierischen*, en sérieux animal) qui va jusqu'à s'ériger en absolu et se déchaîne contre tout ce qui ne se plie pas à ses prétentions. » (ADORNO, 1986, 224)

Adorno conclut alors ce que j'ai dit être la première partie de son texte consacrée à l'examen de la question *Was ist deutsch?* par une note de découragement. Cette complexité qui fait que, « dans ce qui est allemand » (*was deutsch ist*), on rencontre toujours une chose et son contraire, décourage le penseur d'apporter une réponse claire à la question. C'est pourquoi, dit Adorno, passant du « nous » au « je », donc d'une signature collective à une signature individuelle, je préfère réduire la question à l'exposé des motifs qui m'ont poussé à revenir en Allemagne:

> « Une telle complexité, le fait de savoir que, dans ce qui est allemand, on ne peut rencontrer une tendance sans l'autre, décourage (*entmutigt*) de répondre clairement à la question posée. [...] C'est pourquoi il vaudra mieux que je réduise un peu la question concernant la spécificité allemande et que [...] je résume les raisons... » (ADORNO, 1986, 224)

Ce qui était une joie pour le penseur spéculatif devient un découragement pour celui de la *Dialectique négative*. Après avoir, d'une certaine façon, multiplié les réponses à la question, il se dit découragé par la complexité et choisit de passer à une sorte d'autobiographie. Ce recourt à l'autobiographie n'est pas une facilité, car il permet à Adorno d'œuvrer de « la manière la plus efficace contre la constitution de stéréotypes » (ADORNO, 1986, 224), dit-il. Jamais, ajoute-t-il, je n'ai renoncé à l'espoir du retour qui est bien sûr une « identification » avec ce qui m'avait été familier, mais cette « identification spontanée » (*spontane Identifikation*) (ADORNO, 1986, 225) comporte un autre aspect: le désir de faire du bien à l'Allemagne et d'agir contre un nouveau désastre. Il s'agit tout simplement du désir de revenir sur le lieu de l'enfance[13], un *besoin subjectif*.

---

13 Ce motif de l'enfance se trouve associé à la problématique de la patrie quand Adorno commente Hölderlin: « L'amour de ce qui est proche, le désir nostalgique de retrouver la chaleur de l'enfance, ont dégénéré en exclusive, en haine de l'autre, et ce mot ne peut plus en être lavé. Il s'est pénétré d'un

Adorno ouvre alors une sorte de parenthèse critique qui paraît adressée en particulier à Heidegger. Il concède que l'Allemagne a produit la *Geisteskultur*, la civilisation de l'esprit, mais, bien qu'il existe une différence entre cette *Geisteskultur* et une civilisation technologique, il ne s'agit pas de les opposer bêtement et donc il n'est pas question pour l'Allemagne de regarder de haut les États-Unis, car ce serait faire mauvais usage d'une certaine supériorité. Autrement dit, la civilisation de l'esprit (l'Allemagne) est supérieure à la civilisation technologique (les États-Unis), mais cette supériorité ne doit pas servir des « instincts rétrogrades ». Adorno va illustrer cette supériorité de la culture de l'esprit par rapport au règne de la technologie, donc du profit, de l'exploitation économique: par deux fois, on lui a refusé de publier un texte, soit parce que l'éditeur le trouvait « mal organisé », soit parce qu'Adorno avait refusé la technique de l'adaptation, du « rewriting » prônée par une revue qui visait à l'homogénéité. Pour chaque cas, Adorno prétend que ça ne se serait pas passé comme cela en Allemagne: « ... en Allemagne, [...], on m'épargnerait au moins cela. » (ADORNO, 1986, 226) ; « Dans notre pays, on n'exige pas encore de l'esprit qu'il s'adapte totalement. » (ADORNO, 1986, 227). Et même si Adorno prend soin de qualifier ses péripéties éditoriales de « bagatelles » au regard des horreurs du nazisme, il n'en reste pas moins que de telles exigences économiques risquent de conduire l'esprit à sa perte comme sous le fascisme:

> « S'il devait arriver que l'esprit, comme beaucoup le souhaitent, se plie aux demandes d'une clientèle elle-même conditionnée par le marché qui se servira de son infériorité pour justifier sa propre idéologie, c'en sera fait de l'esprit aussi irrévocablement que ce fut le cas sous la botte des fascistes. » (ADORNO, 1986, 227)

Voilà pourquoi la *Geisteskultur*, où l'on fait les choses pour elles-mêmes et non pour le profit économique, est supérieure à la culture technologique. Voilà « la chance de l'esprit allemand » (*die Chance des deutschen Geistes*) (ADORNO, 1986, 228). Adorno va alors considérer ce qu'il dit être une « motivation objective » (ADORNO, 1986, 228) qui a provoqué son retour: la langue allemande, langue de la pensée, de la spéculation. Dans cette valorisation de la langue allemande, nous allons entendre des échos fichtéens et heideggériens. *Tout d'abord* dans une impossibilité de la traduction, signe de la spécificité de la langue allemande: Adorno insiste sur la grande difficulté à traduire des textes philosophiques d'un niveau élevé. L'exemple pris n'est sans doute pas dû au hasard: il s'agit de Hegel, celui qui a insisté sur la langue allemande comme langue spéculative. Ce qui vaut pour les pensées spéculatives de haut niveau, vaut pour les concepts très précis comme celui d'esprit (*Geist*). Dans ce cas la traduction est non pas très difficile, mais impossible et c'est le signe d'une « propriété spécifique et objective de la langue allemande »:

> « ... le fait qu'il est impossible (*die Unmöglichkeit*) de transposer dans une autre langue sans leur faire violence, non seulement des pensées spéculatives de haut niveau, mais aussi des concepts (*Begriffe*) très précis tels que celui d'esprit (*Geist*), de moment (*Moment*), d'expérience (*Erfahrung*), avec toutes les nuances qu'ils contiennent en allemand, parle bien en faveur d'une propriété spécifique et objective de la langue allemande (*einer spezifischen, objecktiven Eigenschaft der deutschen Sprache*). » (ADORNO, 1986, 228-229)

---

nationalisme dont il n'y a pas la moindre trace chez Hölderlin. Le culte que la droite allemande voue à Hölderlin a dénaturé et détourné le concept hölderlinien du patrotique » (ADORNO, 1984 b, 318).

Ensuite dans une reconduction à la langue allemande par la philosophie en tant que *Darstellung* (représentation). Celui qui sait que la philosophie est différente des sciences, celui qui sait qu'elle est représentation, celui-là est à la fois un grand philosophe (*grosser Philosoph*) et un grand écrivain (*grosser Schrifsteller*) et il est ramené à la langue allemande (cf. ADORNO, 1986, 228). Il est des nôtres, aurait dit Fichte. On l'a vu, Adorno ne méconnaît pas le côté dangereusement fumeux de cette langue spéculative qu'est l'allemand, mais ce danger est une forme de naïveté qui sera combattue par celui qui a presque perdu sa langue à l'étranger. L'écho serait ici hölderlinien: *Rückkehr in die Heimat* (Retour au pays) et surtout *Mnemosynè*. Celui qui a presque perdu sa langue à l'étranger a en fait perdu une certaine naïveté dans son rapport à la langue et cette perte est à vrai dire un bénéfice qui lui permettra d'être vigilant et d'éviter la supercherie, le jargon et en particulier « le jargon de l'authenticité »:

> « Celui qui rentre (*Der Zurückkehrende* [il y a sans doute plus qu'un hasard à retrouver dans ce mot deux motifs heideggériens: le *Schritt zurück* et la *Khere*]) et qui a perdu le contact naïf avec ce qui fait sa spécificité devra, tout en conservant son intimité avec sa propre langue, faire preuve d'une vigilance infatigable pour échapper à toute supercherie que cette langue pourrait faciliter... » (ADORNO, 1986, 229)

Ainsi « l'excédent métaphysique de la langue allemande » (*der metaphysische Überschuss der deutschen Sprache*, le surplus, le supplément métaphysique) (le jargon de l'authenticité?) ne garantit en rien sa vérité. Si le dernier mot du texte d'Adorno insiste sur la vanité, le côté désespéré qu'il y a à vouloir dire le dernier mot sur ce qui est allemand, vraiment allemand et si Adorno pense, quand on se réfère au concept de profondeur, en particulier de profondeur allemande, qu'il est préférable d'associer cette profondeur au concept de solidarité (*Solidarität*) comme refus de la souffrance, c'est parce que, selon lui, le concept de profondeur (allemande) « permet d'atteindre l'état d'humanité ». (ADORNO, 1986, 229) Il est forcé d'écrire, presque comme Fichte le recommandait, *Menschheit* et non *Humanität*.

En guise de fin, je souhaite vous laisser avec un fragment des *Minima moralia* dont la compréhension m'apparaît, au moment où je termine ce texte, des plus difficiles: « Les mots étrangers sont les Juifs du langage. » (ADORNO, 1983, 106)

Bibliographie

De l'idiome:

ARTAUD, 1964: A. ARTAUD, *Le théâtre et son double*, Paris.

ARTAUD, 1969: A. ARTAUD, "La main de singe et autres textes", *Tel Quel*, 39.

BENNINGTON, 1991: G. BENNINGTON, *Derridabase*, Paris.

BARTHES, 1969: R. BARTHES, "Comment parler à Dieu", *Tel Quel*, 1969, 38.

BLANCHOT, 1955: M. BLANCHOT, *L'espace littéraire*, Paris.

CELAN, 1998: P. CELAN, *Grille de paroles* (*Sprachgitter*), dans *Choix de poèmes*, édition bilingue, traduction et présentation de J.-P. LEFEBVRE, Paris.

DAGOGNET, 1992: J. DAGOGNET, *Philosophie de la propriété. L'avoir*, Paris.

DERRIDA, 1967: J. DERRIDA, *L'écriture et la différence*, Paris.

DERRIDA, 2001: J. DERRIDA, "La langue n'appartient pas. Entretien avec Evelyne Grossman" *Europe*, 861-862, 81-91.

DERRIDA, 1986: J. DERRIDA, *Schibboleth. Pour Paul Celan*, Paris.

DERRIDA, 1996: J. DERRIDA, *Le Monolinguisme de l'autre*, Paris.

DERRIDA, 1984: J. DERRIDA, *Otobiographies. L'enseignement de Nietzsche et la politique du nom propre*, Paris.

EINFALT, 1999: M. EINFALT, "Autonomie littéraire et engagement politique. La *Nouvelle Revue française* et l'Allemagne après la Première Guerre mondiale", *Recherches et Travaux, Littérature et politique (France / Allemagne)*, 56.

FRAENKEL, 1992: B. FRAENKEL, *Signature. Genèse d'un signe*, Paris.

HAYEZ, 2001: C. HAYEZ, "Ma main, ma main gauche cesse d'être ma main", *Poétique*, 105.

PONGE, 1977: COLLECTIF, *Ponge inventeur et classique*, Paris.

PONGE, 1992: F. PONGE, *Nouveau nouveau recueil*, t. III, éd. établie et annotée par J. THIBAUDEAU, Paris.

PONGE, 1999: F. PONGE, *Œuvres complètes*, t. I, éd. publiée sous la direction de B. BEUGNOT, Paris.

THÉVENIN, 1969: P. THÉVENIN, "Voir/Entendre/Lire", *Tel Quel*, 1969, 39.

THÉVENIN, 1970: P. THÉVENIN, "Voir/Entendre/Lire *(fin)*", *Tel Quel*, 1970, 40.

Des nationalismes linguistiques:

ADORNO, 1978: Th. W. ADORNO, *Dialectique négative*, traduit de l'allemand par G. Coffin e. a., Paris.

ADORNO, 1983: Th. W. ADORNO, *Minima Moralia. Réflexions sur la vie mutilée*, traduit de l'allemand par E. KAUFHOLZ et J.-R. LADMIRAL, Paris.

ADORNO, 1984 a: Th. W. ADORNO, "Qu'est-ce qui est allemand?", dans *Modèles critiques. Interventions-Répliques*, traduit de l'allemand par M. JIMENEZ et E. KAUFHOLZ, Paris.

ADORNO, 1984 b: Th. W. ADORNO, *Notes sur la littérature*, traduit de l'allemand par S. MULLER, Paris.

ADORNO, 1986: Th. W. ADORNO, *Prismes: critique de la culture et société*, traduit de l'allemand par G. ROCHLITZ e.a., Paris.

ARENDT, 1987: COLLECTIF *La tradition cachée. Le Juif comme paria*, textes traduits de l'allemand et de l'anglais par S. COURTINE-DENAMY.

CELAN/CELAN-LESTANGE, 2001: P. CELAN, G. CELAN-LESTANGE, *Correspondance (1951-1970) avec un choix de lettres de Paul Celan à son fils Eric*, éditée et commentée par B. BADIOU avec le concours d'E. CELAN, vol I: *Lettres*, Paris.

COHEN, 1987: H. COHEN, *Germanité et judéité*, traduit par M. B. de LAUNAY, *Pardès*, 1987, 5.

DERRIDA, 1989: J. DERRIDA, *La parole donnée*, Paris.

DERRIDA, 1990: J. DERRIDA, *Heidegger et la question*, Paris.

DERRIDA, 1991: J. DERRIDA, *L'autre cap*, suivi de *La démocratie ajournée*, Paris.

DERRIDA, 1998: J. DERRIDA, *Demeure. Maurice Blanchot*, Paris.

FICHTE, 1981: J. G. FICHTE, *Discours à la notion allemande*, introduction de M. ROUCHÉ, traduction de l'allemand S. JANKÉLÉVITCH, Paris.

HEGEL, 1991: G. W. F. HEGEL, *Science de la logique. Préface à la seconde édition* (1831), traduit de l'allemand par C. MALABOU, *Philosophie*, 1991, 29.

HEIDEGGER, 1967: M. HEIDEGGER, *Introduction à la métaphysique*, traduit de l'allemand par G. KAHN, Paris.

HEIDEGGER, 1976 a: M. HEIDEGGER, interrogé par "Der Spiegel", *Réponses et questions sur l'histoire et la politique*, traduit de l'allemand par J. LAUNAY, Paris.

HEIDEGGER, 1976 b: M. HEIDEGGER, *Acheminement vers la parole*, traduit de l'allemand par J. BEAUFRET, W. BROKMEIER et F. FÉDIER, Paris.

HEIDEGGER, 1990: M. HEIDEGGER, *Langue de tradition et langue technique*, traduction par M.HAAR, Bruxelles.

LACOUE-LABARTHE, 1986: Ph. LACOUE-LABARTHE, *La poésie comme expérience*, Paris.

LISSE, 1993: M. LISSE, "La communauté démythifiée: le trait européen", *C.E.S.P.R.*, 14.

LYOTARD, 1986: J.-F. LYOTARD, *Le postmodernisme expliqué aux enfants. Correspondance 1982-1985*, Paris.

MALABOU, 1996: C. MALABOU, *L'avenir de Hegel. Plasticité, temporalité, dialectique*, Paris.

NANCY, 1973: J.-L. NANCY, *La remarque spéculative (Un bon mot de Hegel)*, Paris.

Cécile Hayez-Melckenbeeck
Chargée de recherches du F.N.R.S.
Université catholique de Louvain
FLTR / ROM / PROPHILE
Place Blaise Pascal, 1
1348 Louvain-la-Neuve
Belgique
hayez@rom.ucl.ac.be

Michel Lisse
Chercheur qualifié du F.N.R.S.
Université catholique de Louvain
FLTR / ROM / PROPHILE
Place Blaise Pascal, 1
1348 Louvain-la-Neuve
Belgique
lisse@rom.ucl.ac.be

BCILL 112: *Langues à niveaux multiples*, 153-163

Wat wordt / worden *de lezers aangeraden te doen?* Het indirect object als subject van de passieve zin

Philippe HILIGSMANN
Université catholique de Louvain (Louvain-la-Neuve)

1. Inleiding

De laatste jaren heeft het passief heel veel pennen in beweging gebracht. In zijn overzichtsartikel is VAN ES (1970) ingegaan op 'de plaats en functie van de passieve constructie in het syntactisch systeem van het Nederlands'. Andere onderzoekers hebben veeleer aandacht besteed aan de 'interpretatiestructuur van passieve zinnen' en het perspectief dat daarmee samengaat, o.a. VERHAGEN (1990, 1992) en CORNELIS (1997).

In deze bijdrage wordt ingegaan op een aspect dat in stijlboeken en in handleidingen voor verzorgd taalgebruik[1] regelmatig aan de orde komt, nl. het feit dat het indirect object / meewerkend voorwerp uit de actieve zin als grammaticaal subject / onderwerp van de passieve zin fungeert. De auteurs wijzen er meestal op dat zinnen van het type *de passagiers **worden** verzocht niet te roken* in strijd zijn met de grammaticale congruentieregels. In deze zin congrueert de finiete vorm van het werkwoord immers niet met het lijdend voorwerp uit de actieve zin (nl. *niet te roken*) maar met het meewerkend voorwerp uit de actieve zin (nl. *de passagiers*). Aangezien het lijdend voorwerp van de actieve zin tot onderwerp van de passieve pendant wordt gemaakt, zou in bovenstaande zin in plaats van de meervoudsvorm de enkelvoudsvorm *wordt* moeten worden gebruikt: *de passagiers **wordt** verzocht niet te roken.* In SANDERS & METSELAAR (2000: 310) staat in dit verband dat *worden verzocht* grammaticaal niet correct is, maar dat het wel veel gebruikt wordt. Dit verklaart in feite waarom steeds meer taalgebruikers zinnen met de finiete vorm van het werkwoord in het meervoud – terecht – goedkeuren. Hiermee gaat uiteraard ook het gebruik van persoonlijke voornaamwoorden in de onderwerpsvorm gepaard, d.i. *ik, zij/ze* in plaats van *mij, hun*: ***zij** worden verzocht niet te roken* in plaats van ***hun** wordt verzocht niet te roken.*

Ook op taaladvieswebsites vindt men vaak informatie over de verschuiving van meewerkend voorwerp naar grammaticaal onderwerp van de passieve zin. In verband met zinnen van het type: *de reizigers worden verzocht...* zegt de Taaladviesdienst van het Genootschap *Onze Taal* het volgende: 'Strenge taalgebruikers zullen "De reizigers worden verzocht..." nog afkeuren. Zo'n streng oordeel hebben wij niet. "De reizigers wordt verzocht..." heeft nog steeds onze voorkeur, maar "De reizigers worden verzocht..." is niet

[1] O.a. KLEIN & VISSCHER (1996), RENKEMA (2002) en SMEDTS & VAN BELLE (1993).

(meer) fout' (www.onzetaal.nl). De Taaladviesdienst vindt een zin zoals *De plannen worden door de gemeente gestalte gegeven* evenwel 'minder juist': 'De persoonsvorm had beter in het enkelvoud kunnen staan: *De plannen wordt door de gemeente gestalte gegeven.*'

Het verschil van mening over de grammaticaliteit van zulke zinnen is ongetwijfeld symptomatisch voor een verandering die wellicht al lang aan de gang is (zie ook VAN LANGENDONCK 1968, 1998). Naar aanleiding van die discussie zijn VAN DER HORST & VAN DER HORST (1999: 85) van mening dat '[de] kwestie met *verzoeken*, dus *wordt verzocht* of *worden verzocht*, [...] te maken [heeft] met een omvangrijke, gecompliceerde en al heel lang lopende verandering', nl. de leegloop van het meewerkend voorwerp. Ze wijzen er in dit verband op dat er 'in passieve zinnen een groeiende neiging [is] geen meewerkende voorwerpen te gebruiken, en de betroffen persoon tot onderwerp tet maken' (VAN DER HORST & VAN DER HORST 1999: 86) en dat dit vooral voorkomt als het meewerkend voorwerp vooraan staat, m.a.w. als het de eerste zinsplaats inneemt.

Ook de *Algemene Nederlandse Spraakkunst* [ANS] (HAESERYN e.a. 1997: 1408-1412) gaat hier uitvoerig op in. De ANS wijst er in de eerste plaats op dat het verschijnsel zich voordoet bij 'een beperkt aantal passieve zinnen die corresponderen met een actieve zin waarin een indirect object in de vorm van een naamwoordelijke constituent voorkomt' (HAESERYN e.a. 1997: 1408). Het gaat in feite om constructies waarvan 'het lijdend voorwerp uit de actieve zin geen of geen duidelijk herkenbare naamwoordelijke constituent is, terwijl het indirect object dat wel is (het lijdend voorwerp is bijv. een beknopte bijzin of geen zelfstandig zinsdeel, maar deel van een uitdrukking of vaste verbinding; soms is er zelfs helemaal geen lijdend voorwerp)' (HAESERYN e.a. 1997: 1408). De redacteurs onderscheiden vier types (de voorbeelden komen telkens uit de ANS):

[1] Zinnen met een werkwoord met een communicatief betekeniselement dat een vorm van 'verzoeken', 'bevelen', of 'aanraden' (of het tegendeel) uitdrukt. Voorbeeld: *De automobilisten wordt/worden aangeraden de E5 zoveel mogelijk te vermijden.*

[2] Passieve zinnen met het werkwoord *wijzen (op)*: *Volgens hem moet/moeten kandidaat-bewindslieden erop worden gewezen dat ze na hun ambtsperiode niet te snel een baan mogen aannemen.*

[3] Het derde type bevat 'gevallen met een gezegde met een indirect object die bijzonder zijn doordat het lijdend voorwerp niet aanwezig is' (HAESERYN e.a. 1997: 1409): *Op ons bellen werd ons / werden wij opengedaan door een kalende heer met een vriendelijk gezicht.*

[4] Zinnen met als lijdend voorwerp een naamwoordelijke constituent die deel uitmaakt van een werkwoordelijke uitdrukking, bijv. *de mantel uitvegen, de loef afsteken, de deur wijzen, de raad geven.* Voorbeelden: *Tot twee maal toe werd/werden de Nederlandse bisschoppen door het Vaticaan de mantel uitgeveegd. Hun wordt/Ze worden de raad gegeven de E5 zoveel mogelijk te vermijden.*

Ten slotte wijst de ANS er ook op dat niet alle taalgebruikers constructies met verschuiving van indirect object naar grammaticaal onderwerp acceptabel achten, ondanks het feit dat zulke constructies '(vooral die van type [1]) regelmatig voorkomen' (HAESERYN e.a. 1997: 1411).

2. Onderzoeksvragen

In deze bijdrage wordt aan de hand van een corpusonderzoekje nagegaan hoe vaak het meewerkend voorwerp als onderwerp van de passieve zin wordt gebruikt. Zowel de ANS (1997: 1411) als VAN DER HORST & VAN DER HORST (1999: 86) suggereren in dit verband dat zulke zinnen steeds vaker of regelmatig voorkomen. Verder kan men zich afvragen of alle werkwoorden met een communicatief betekeniselement (cf. type [1] in de ANS) over dezelfde kam worden geschoren. M.a.w.: zijn er werkwoorden waarbij het verschijnsel gebruikelijker is of doet het verschijnsel zich bij alle werkwoorden in dezelfde mate voor? Ten slotte wordt nagegaan of de plaats van het meewerkend voorwerp dat als onderwerp van de passieve zin fungeert, wel degelijk een rol speelt bij de congruentie van de finiete vorm van het werkwoord. VAN DER HORST & VAN DER HORST (1999: 86) geven namelijk aan dat dit vooral het geval is als het meewerkend voorwerp vooraan staat.

3. Materiaal

Voor dit onderzoekje is gebruik gemaakt van een corpus van meer dan 40 miljoen woorden met materiaal uit *NRC Handelsblad* (de jaargangen 1993 en 1994). Het onderzoek beperkt zich dus tot krantentaal (en tot materiaal uit één dagblad).

In dat uitgebreide corpus zijn alle passieve zinnen geselecteerd met het voltooid deelwoord van een beperkt aantal werkwoorden die zich voor verschuiving van meewerkend voorwerp naar grammaticaal onderwerp lenen. Het zou immers onbegonnen werk zijn alle potentiële werkwoorden bij zo'n onderzoek te willen betrekken. Om de werkwoorden te selecteren is dan ook gebruik gemaakt van het overzicht in de ANS (1997: 1162 [20.4.2/1,b], 1408-1412) en van de voorbeelden in VAN DER HORST & VAN DER HORST (1999: 85-88). In dit onderzoek komen de volgende werkwoorden en werkwoordelijke verbindingen aan bod:

[1] *aanbevelen, aanraden, adviseren, afraden, beloven, bevelen, meedelen, vertellen, verwijten, verzoeken, voorstellen,*

[2] *op iets wijzen,*

[3] *de mantel uitvegen, de loef afsteken, de deur wijzen, de raad geven, de mond snoeren, de wacht aanzeggen, ontslag aanzeggen, een halt toeroepen, gestalte geven.*

4. Resultaten en discussie

In deze paragraaf worden eerst de passieve zinnen met een meervoudig meewerkend voorwerp in de vorm van een naamwoordelijke constituent onder de loep genomen. De keus tussen een enkelvoudige en een meervoudige persoonsvorm doet zich immers uitsluitend in zo'n geval voor. In een tweede fase zal ook kort aandacht worden besteed aan de gevallen waarbij de persoonlijke voornaamwoorden in de onderwerpsvorm verschijnen.

In tabel 1 staan de globale resultaten van het corpusonderzoekje voor enkele werkwoorden met een communicatief betekeniselement. Zoals reeds gezegd, is voor de selectie van de werkwoorden een beroep gedaan op de lijst uit de ANS (1997: 1162) en op de voorbeelden uit VAN DER HORST & VAN DER HORST (1999: 85-88). Voor deze categorie werkwoorden is bovendien uitsluitend rekening gehouden met de zinnen waarvan het lijdend voorwerp 'geen duidelijk herkenbare naamwoordelijke constituent' is. Het lijdend voorwerp is ofwel een beknopte bijzin (al dan niet ingeleid door *om*) ofwel een *dat*-bijzin. Voorbeelden uit het corpus: *De vreemdelingen wordt verzocht begin januari terug te komen omdat... In het algemeen wordt Duitse handelsbanken verweten dat zij conservatief opereren.* In het corpus is geen enkel voorbeeld gevonden van een zin met een meervoudige persoonsvorm van een werkwoord met een communicatief betekeniselement en een lijdend voorwerp in de vorm van een naamwoordelijke constituent.

Tabel 1: *wordt/werd/is/was* of *worden/werden/zijn/waren* als persoonsvorm van enkele werkwoorden met een communicatief betekeniselement

Werkwoord	**enkelvoud**	**meervoud**	**totaal**
aanbevelen	1	0	1
aanraden	28	1	29
adviseren	13	2	15
afraden	3	0	3
beloven	3	0	3
bevelen	1	0	1
meedelen	4	0	4
vertellen	9	0	9
verwijten	37	2	39
verzoeken	31	18	49
voorstellen	2	0	2
TOTAAL	**132**	**23**	**155**
	85%	**15%**	**100%**

Voorbeelden uit het corpus:

> Managers wordt ook aanbevolen veel rekening te houden met de ideeën en de klachten van de werknemers.
> Mensen die voor hun hobby pluimvee houden, wordt dringend aangeraden hun dieren te laten inenten tegen de besmettelijke pseudo-vogelpest.
> Automobilisten op doorreis naar Italië wordt geadviseerd gebruik te maken van de Sint-Bernardtunnel of de Brennerpas.
> Nederlanders wordt afgeraden hun auto voor de bank te parkeren, omdat...
> De sponsors wordt meegedeeld dat de partners van de artsen zich tegen het einde van het symposium voegen bij het gezelschap...
> Werknemers wordt kortweg per memo verteld dat zij ver weg worden overgeplaatst.
> Wat te doen als de socialisten wordt verweten dat ze voor Sinterklaas spelen?
> Deze drie landen wordt verweten dat zij nog steeds te weinig doen aan de schending van patenten en octrooien op Amerikaanse producten.
> Onderaan staat dat de gasten wordt verzocht minstens één dienst per dag bij te wonen.
> ... en enkele grote industriële afnemers is verzocht het productieproces aan te passen.
> Aandeelhouders wordt voorgesteld het dividend te verhogen van 1,20 tot 1,75 gulden in contanten of gedeeltelijk in geld en in aandelen.
>
> Alle burgers worden geadviseerd om zich niet naar dit deel van de stad te begeven.

Voetballers als Israel, Laseroms, Neeskens, Spelbos, Van Hanegem, Wouters en mij werden nogal eens verweten dat ze hard konden spelen.
De reizigers worden in verband met hun veiligheid verzocht niet dicht bij de rand van het perron te staan.
Ook kunnen de bewindslieden eventueel verzocht worden de Kamer te informeren over de strategie die...
Zwangere vrouwen met infectieziektes of zij die een abnormale foetus dragen, zullen volgens de wet worden aangeraden abortus te laten plegen.

Uit tabel 1 blijkt in de eerste plaats dat het aantal zinnen waar de keus tussen het enkelvoud en het meervoud zich voordoet – ondanks het uitgebreide corpus – niet erg hoog is. Voor de 11 onderzochte werkwoorden zijn er in totaal 155 zinnen gevonden (gemiddeld 14 zinnen per werkwoord). Van die 11 werkwoorden zijn er maar 4 die verhoudingsgewijs relatief gebruikelijk zijn, nl. *aanraden*, *adviseren*, *verwijten* en *verzoeken*. Dat er uitgerekend bij die 4 werkwoorden zinnen met een persoonsvorm in het meervoud zijn gevonden, is waarschijnlijk aan het toeval te wijten (cf. de voorbeeldzinnen bij type [3]).

Verder constateren we dat er – althans in krantentaal – nog steeds een duidelijke voorkeur is voor de persoonsvorm in het enkelvoud: in 85% van de gevallen wordt de naamwoordelijke constituent in het meervoud als meewerkend voorwerp beschouwd. Slechts in 15% van de gevallen hebben we te maken met de verschuiving van meewerkend voorwerp naar grammaticaal onderwerp van de passieve zin.

Wat ook opvalt, is dat de meeste voorbeelden van een persoonsvorm in het meervoud te vinden zijn bij het werkwoord *verzoeken*, met maar liefst 18 gevallen (op een totaal van 23 zinnen met een persoonsvorm in het meervoud). Bij *verzoeken* bedraagt het percentage persoonsvorm in het meervoud trouwens 37%, terwijl het gemiddelde over alle onderzochte werkwoorden heen 15% is. In tegenstelling tot wat VAN DER HORST & VAN DER HORST (1999: 85) suggereren, toont dit kleinschalige onderzoek aan dat het geen toeval is dat er juist rondom *verzoeken* zoveel discussie is geweest.

In wat volgt wordt nagegaan of de plaats van het meewerkend voorwerp uit de actieve zin een rol speelt bij de keus van de persoonsvorm in de passieve zin. VAN DER HORST & VAN DER HORST (1999) wijzen er in dit verband op dat de verschuiving van meewerkend voorwerp naar grammaticaal onderwerp zich vooral voordoet als het meewerkend voorwerp vooraan staat.

Hierbij is een onderscheid gemaakt tussen hoofdzinnen (tabel 2a) en bijzinnen met achter-pv (tabel 2b). In zulke bijzinnen kan het meewerkend voorwerp uit de actieve zin immers niet achter de persoonsvorm staan.

Tabel 2a laat zien dat de journalisten iets vaker een persoonsvorm in het meervoud gebruiken als het meewerkend voorwerp uit de actieve zin de eerste zinsplaats inneemt (22%). Wanneer datzelfde zinsdeel ergens in het middenstuk staat, bedraagt het percentage slechts 12%. Toch congrueert de persoonsvorm in de overgrote meerderheid van de gevallen (78% resp. 88%) niet met het meewerkend voorwerp.

Tabel 2a: Welke plaats neemt het meewerkend voorwerp uit de actieve zin in de passieve hoofdzin in? (EV = enkelvoud; MV = meervoud; S1 = eerste zinsplaats; S3 = middenstuk)

Werkwoord	EV S1	MV S1	EV S3	MV S3
aanraden	18	1	5	0
adviseren	7	2	5	0
verwijten	18	2	12	0
verzoeken	17	12	7	4
Totaal	**60**	**17**	**29**	**4**
	78%	**22%**	**88%**	**12%**

Tabel 2b: bijzinnen

Werkwoord	EV	MV
aanraden	5	0
adviseren	1	0
verwijten	7	0
verzoeken	7	2
Totaal	**20**	**2**
	91%	**9%**

Twee andere factoren die het gebruik van een meervoudige persoonsvorm in de hand zouden kunnen werken, zijn de tijd van het werkwoord en de vorm van de werkwoordelijke groep. Bij een voltooide tijd (d.i. met *zijn* als hulpwerkwoord van het passief) of in combinatie met een hulpwerkwoord van modaliteit zou het wellicht best kunnen dat men zich er minder of niet meer van bewust is dat men te maken heeft met een passieve zin. In zulke zinnen zou de meervoudige persoonsvorm dan ook meer voor de hand kunnen liggen.

In het corpus zijn er geen voorbeelden van *adviseren* en *verwijten* gevonden met een voltooide tijd van het werkwoord. Met *aanraden* en *verzoeken* zijn er in totaal 8 voorbeelden gevonden. In 6 gevallen (3 x *aanraden*, 3 x *verzoeken* [75%]) stond de persoonsvorm in het enkelvoud, in 2 gevallen (2 x *verzoeken* [25%]) in het meervoud. Voorbeelden:

> Bewoners van de stad is aangeraden het centrum te mijden.
> De Antillen is dringend verzocht mee te werken aan ondertekening door het hele koninkrijk van het verdrag van Straatsburg.
> Hij zei (...) dat alle instellingen, waaronder de geheime dienst CIA, zijn verzocht hun archieven te openen.

Als de persoonsvorm van de werkwoordelijke groep een vorm is van een hulpwerkwoord van modaliteit, zien de resultaten er als volgt uit: van *aanraden* en *verzoeken* is telkens één voorbeeld van dit type gevonden. In beide zinnen werd een meervoudige persoonsvorm gebruikt. Voorbeeld:

> Ook kunnen de bewindslieden eventueel verzocht worden de Kamer te informeren over de strategie...

Van de 39 zinnen met *verwijten* waren er 9 met de persoonsvorm van een hulpwerkwoord van modaliteit. In één zin stond de persoonsvorm in het meervoud:

> Kees Ploegsma en Jacques Ruts kunnen worden verweten dat zij te veel hebben gekeken naar de mens Romario, die arme Braziliaan in den vreemde.

Gezien het kleine aantal voorbeelden kan in dit verband geen uitsluitsel worden gegeven maar het ziet er wel naar uit dat een voltooide tijd van het werkwoord en de persoonsvorm van een hulpwerkwoord van modaliteit het gebruik van een meervoudige persoonsvorm in de hand werken. Het zou zeker interessant zijn om aan de hand van meer voorbeelden na te gaan of dit wel degelijk klopt.

In tabel 3 staan de resultaten voor het werkwoord *op iets wijzen*, dat de ANS een 'min of meer geïsoleerd' geval noemt. Voor dit werkwoord is een onderscheid gemaakt tussen de zinnen met *erop* als voorlopig voorzetselvoorwerp en het eigenlijke voorzetselvoorwerp (in de vorm van een volle of van een beknopte bijzin) en de zinnen met een voorzetselbepaling ingeleid door *op*.

Tabel 3: (EV = enkelvoud; MV = meervoud; S1 = eerste zinsplaats; S3 = middenstuk)

	EV	MV	EV S1	MV S1	EV S3	MV S3
bijzin	1	7	1	5	0	2
voorzetsel-bepaling	3	13	1	10	2	3
Totaal	**4**	**20**	**2**	**15**	**2**	**5**
	[17%]	[83%]	[12%]	[88%]	[29%]	[71%]

Voorbeelden uit het corpus:

> Tijdens het project wordt de deelnemers gewezen op het belang van veilig rijgedrag en het kunnen inschatten van gevaarlijke situaties.
> Hierin wordt jonge boeren gewezen op de risico's van het overnemen van het ouderlijk boerenbedrijf.
> Wanneer die burgers erop wordt gewezen dat de overheid niet almachtig is en ook wel eens overvraagd kan worden,...
>
> De gasten worden erop gewezen dat zich op de campings vluchtelingen kunnen bevinden uit de gebieden die nog wel in oorlog zijn.
> Die consumenten worden volgens Nijhoff te weinig gewezen op de gevaren die een grote hypotheek met zich meebrengt.
> Mannen moeten erop gewezen worden dat...

In tegenstelling tot de werkwoorden met een communicatief betekeniselement komt de meervoudige persoonsvorm bij *op iets wijzen* vaker voor dan de enkelvoudige. Verder wijst tabel 3 uit dat dit niet alleen het geval is bij een voorzetselvoorwerp maar ook bij een voorzetselbepaling ingeleid door *op* (cf. de voorbeelden).

Net als voor de werkwoorden met een communicatief betekeniselement (zie tabel 2a) gebruiken de journalisten iets vaker een persoonsvorm in het meervoud als het meewerkend voorwerp uit de actieve zin de eerste zinsplaats inneemt (88%). Wanneer datzelfde zinsdeel ergens in het middenstuk staat, bedraagt het percentage 71%.

In wat volgt wordt ingegaan op de zinnen met als lijdend voorwerp een naamwoordelijke constituent die deel uitmaakt van een werkwoordelijke uitdrukking (HAESERYN e.a. 1997: 1410-1411).

Van de volgende werkwoordelijke uitdrukkingen is in het uitgebreide corpus geen enkel voorbeeld gevonden: *de mantel uitvegen, de loef afsteken, gestalte geven*. De resultaten voor de andere vaste verbindingen staan in tabel 4.

Tabel 4: Enkele werkwoordelijke uitdrukkingen met een naamwoordelijke constituent die als lijdend voorwerp fungeert

Werkwoordelijke uitdrukking	**enkelvoud**	**meervoud**	**totaal**
de deur wijzen	4	0	4
de raad geven	1	0	1
de mond snoeren	4	3	7
een halt toeroepen	1	1	2
de wacht aanzeggen	5	1	6
ontslag aanzeggen	5	0	5
TOTAAL	**20**	**5**	**25**
	80%	**20%**	**100%**

Voorbeelden uit het corpus:

> De hiërarchie onder de journalisten wordt streng bewaakt en spelbrekers wordt definitief de deur gewezen.
> In de brieven wordt de Turken de raad gegeven terug te gaan naar hun geboorteland voordat...
> Door op de schaarste te wijzen, kon orthodoxe tegenstanders de mond worden gesnoerd.
>
> Desalniettemin ben ik van mening dat de meest extreme kanten van de door Lubbers gesignaleerde symbiose tussen voorlichters en journalisten een halt zouden moeten worden toegeroepen.
> Kritische consumentenorganisaties worden de mond gesnoerd.
> Bovendien worden lastpakken als H. nu voorgoed de mond gesnoerd.

Uit tabel 4 blijkt dat de enkele bovengenoemde werkwoordelijke uitdrukkingen niet vaak voorkomen in het uitgebreide corpus dat ten grondslag lag aan dit onderzoekje.

Net zoals voor de werkwoorden met een communicatief betekeniselement constateren we toch dat er in krantentaal een duidelijke voorkeur is voor een enkelvoudige persoonsvorm: in 80% van de gevallen fungeert de naamwoordelijke constituent in het meervoud als meewerkend voorwerp. Slechts in 20% van de gevallen hebben we te maken met de verschuiving van meewerkend voorwerp naar grammaticaal onderwerp van de passieve zin.

Bij het excerperen van het corpus is in verband met de twee werkwoordelijke uitdrukkingen met *aanzeggen* (*ontslag/de wacht aanzeggen*) geconstateerd dat de journalisten in plaats van de verschuiving van meewerkend voorwerp naar grammaticaal onderwerp af en toe een andere alternatieve constructie bezigen, nl. het semi-passief *krijgen* + voltooid deelwoord. Voorbeelden:

> ...dat de betrokkenen de wacht kregen aangezegd nog vóór het onderzoek naar hun eventuele misdragingen was afgerond.
> De circa 500 werknemers van deze bedrijven hebben door curator mr. H.I. Prinsen ontslag aangezegd gekregen.

Naast het semi-passief had het passief hier ook gekund:

> ...dat de betrokkenen de wacht *werd/werden* aangezegd nog vóór het onderzoek naar hun eventuele misdragingen was afgerond.
> De circa 500 werknemers van deze bedrijven *is/zijn* door curator mr. H.I. Prinsen ontslag aangezegd.

In dit opzicht biedt het semi-passief de gebruiker een interessant alternatief. Het kan immers als een soort vermijdingsstrategie worden opgevat: op die manier hoeft men niet te kiezen tussen de persoonsvorm in het enkelvoud en de persoonsvorm in het meervoud. Vergelijk de volgende voorbeelden met elkaar:

> ...maar toen hij de vele intercontinentale vluchten niet langer goed doorstond, *werd hem* de wacht *aangezegd.*
> Kessels kwam bij SCM terecht nadat *hij* bij Vroom & Dreesmann amper drie jaar na zijn aantreden de wacht *kreeg aangezegd.*

Het zou dan ook de moeite waard zijn na te gaan wanneer en in welke mate het semi-passief als alternatieve constructie wordt gebruikt voor de verschuiving van meewerkend voorwerp naar grammaticaal onderwerp van de passieve zin.

Tot nu toe is ingegaan op het gebruik van de persoonsvorm in combinatie met een meervoudige naamwoordelijke constituent die in de actieve zin als meewerkend voorwerp fungeert. De leegloop van het meewerkend voorwerp wordt verder ook gekenmerkt door het gebruik van persoonlijke voornaamwoorden in de onderwerpsvorm. Naast *hun/haar wordt verzocht niet te roken* komt ook *zij worden/zij wordt verzocht niet te roken.*

In het corpus krantentaal komen persoonlijke voornaamwoorden in de onderwerpsvorm in passieve zinnen met een werkwoord met een communicatief betekeniselement (type [1]) echter heel zelden voor: in totaal zijn er slechts 4 voorbeelden aangetroffen.

> Sinds *ze* als dissidente tegen Fidel Castro na een kort verblijf in de gevangenis begin jaren tachtig werd verzocht het eiland met spoed te verlaten, is ze slechts één maal teruggeweest voor familiebezoek.
> Als twee politiemannen dan ook quasi-nonchalant in de richting van de kapperszaak wandelen, worden *we* dringend verzocht ons onzichtbaar te maken.
> ...nadat *hij* dit voorjaar door Rotterdam was verzocht te bemiddelen bij een conflict tussen de bonden en Smit-havensleepdiensten.
> Zwangere vrouwen met infectieziektes of zij die een abnormale foetus dragen, zullen volgens de wet worden aangeraden abortus te laten plegen.

Opvallend is weer de centrale plaats die ingenomen wordt door *verzoeken* (cf. supra). Van de 11 onderzochte werkwoorden met een communicatief betekeniselement is *verzoeken* immers het enige werkwoord waarvoor er meer dan één zin is gevonden met een persoonlijk voornaamwoord in de onderwerpsvorm. Men zou evenwel over meer gegevens moeten beschikken alvorens in dit verband een definitieve conclusie te kunnen trekken.

Naast bovenstaande zinnen met een persoonlijk voornaamwoord in de onderwerpsvorm is in het corpus ook één zin gevonden met het voornaamwoord *men*, dat alleen maar onderwerp kan zijn: *Men wordt dringend aangeraden zich aan de regels te houden.*

Hierna volgen enkele voorbeelden met een persoonlijk voornaamwoord in de voorwerpsvorm:

> *Hem* wordt geadviseerd deze regelmatig te wijzigen.
> *Hem* werd aangeraden hulp te zoeken bij een therapeut.
> Toen het Nederlandse bataljon daar vervolgens aankwam, werd *hun* meegedeeld dat de apparatuur pas vrijdag teruggegeven zou worden.
> *Hem* werd verweten het kabinet bij Eisenhower te hebben zwartgemaakt.
> *Hun* werd verzocht in een kamertje plaats te nemen,...

In de passieve zinnen met *op iets wijzen* verscheen het persoonlijk voornaamwoord – in tegenstelling tot de zinnen met een werkwoord met een communicatief betekeniselement – bijna uitsluitend in de onderwerpsvorm. Enkele voorbeelden:

> Het lijkt of *wij* altijd eerst door anderen op de waarde van ons culturele erfgoed moeten worden gewezen voordat we die zelf inzien.
> Streng wordt *hij* erop gewezen dat de wens die Zijne Majesteit te kennen geeft een bevel is.
> Toen *hij* erop gewezen werd dat een onderdeel van het beeld door koningin Beatrix zelf werd vervaardigd, verklaarde hij laconiek dat...

Voor de werkwoordelijke uitdrukkingen met een naamwoordelijke constituent als lijdend voorwerp zijn er echter weinig gevallen van dit type aangetroffen. Voorbeelden:

> Niet dat we bij onze diplomatieke vertegenwoordiging om hulp of medewerking hadden gevraagd, nee, *we* werden de deur gewezen nog vóór we hadden aangeklopt.
> *Hij* slaagde niet en werd door toenmalig voorzitter Ruts de wacht aangezegd.

Ten slotte wil ik nog wijzen op het volgende zinnetje dat een duidelijk geval van contaminatie is: *Hij en zijn partijgenoten moet de mond worden gesnoerd.* Hier had ofwel een meervoudige persoonsvorm (*moeten*) ofwel een persoonlijk voornaamwoord in de voorwerpsvorm (*hem*) moeten worden gebruikt.

5. Conclusie

Gezien het relatief kleine aantal voorbeelden dat ten grondslag lag aan onderhavig onderzoekje en het feit dat het beperkt is tot krantentaal *wordt / worden* de lezers verzocht de resultaten met een korreltje zout te nemen. Mij kan bij voorbeeld worden verweten geen gesproken materiaal bij het onderzoek te hebben betrokken. Toch zijn enkele interessante tendensen aan het licht gekomen: bepaalde (categorieën) werkwoorden lenen zich meer voor verschuiving van meewerkend voorwerp tot grammaticaal onderwerp van de passieve zin dan andere. Dit is bv. het geval met *verzoeken* en met *op iets wijzen.* Verder lijken drie factoren het gebruik van de meervoudige persoonsvorm enigszins in de hand te werken: 1) het feit dat de meervoudige naamwoordelijke constituent de eerste zinsplaats inneemt, 2) als de persoonsvorm een vorm is van het hulpwerkwoord *zijn* (voltooide tijd van het werkwoord) en 3) als de werkwoordelijke groep een vorm van een hulpwerkwoord van modaliteit bevat. In dit verband zou het ongetwijfeld de moeite waard zijn aan de hand van meer (o.a. gesproken) materiaal na te gaan of deze tendensen wel degelijk kloppen.

6. Bibliografie

ANS = HAESERYN, W. e.a. (1997), *Algemene Nederlandse Spraakkunst*, Groningen/Deurne: Martinus Nijhoff/Wolters Plantyn.

CORNELIS, L. (1997), *Passive and perspective*, Amsterdam: Rodopi.

KLEIN, M. & M. VISSCHER (1996), *Handboek Verzorgd Nederlands*, Groningen: Nijhoff.

RENKEMA, J. (2002), *Schrijfwijzer*, Den Haag/Antwerpen: Sdu.

SANDERS, E. & K. METSELAAR (2000), *Stijlboek NRC Handelsblad*, Utrecht: Van Dale Lexicografie.

SMEDTS, W. & W. VAN BELLE (1993), *Taalboek Nederlands*, Kappelen: DNB/Pelckmans.

VAN DER HORST, J. & K. VAN DER HORST (1999), *Geschiedenis van het Nederlands in de twintigste eeuw*, Den Haag/Antwerpen: Sdu/Standaard.

VAN ES, G.A. (1970), "Plaats en functie van de passieve constructie in het syntactisch systeem van het Nederlands", in: *Tijdschrift voor Nederlandse Taal- en Letterkunde* 86, 127-156; 213-233.

VAN LANGENDONCK, W. (1968), "Het meewerkend voorwerp van de aktieve zin als onderwerp van de passieve", in: *Leuvense Bijdragen* 57, 101-118.

VAN LANGENDONCK, W. (1998), "The dative in Latin and the indirect object in Dutch", in: W. Van Langendonck & W. Van Belle (red.), *The Dative* II, Amsterdam/Philadelphia, 211-259.

VERHAGEN, A. (1990), "De interpretatiestructuur van passieve zinnen", in: *Forum der Letteren* 31, 81-92.

VERHAGEN, A. (1992), "Praxis of linguistics: Passives in Dutch", in: *Cognitive Linguistics* 3, 301-342.

BCILL 112: *Langues à niveaux multiples*, 165-172

Des mots: communiquer et juger

Guy JUCQUOIS
Université de Louvain (B – 1348 Louvain-la-Neuve)

La fonction de juger est essentielle dans toute communauté organisée. Dans les pays dont le droit s'inspire des principes issus des droits romain et germanique, et en particulier de ce qu'on appelle communément le Code Napoléon, la fonction communicationnelle de l'acte de jugement est entravée par diverses dispositions de droit judiciaire, renforcées par des usages et des représentations mentales dominantes chez les professionnels du droit. On aboutit ainsi à une compréhension très peu satisfaisante entre les parties au procès, situation qui renforce ou qui conduit à des dysfonctionnements de l'appareil judiciaire que divers scandales récents rendent encore plus insupportables. En plusieurs lieux des tentatives d'amélioration du système ont été proposées. Elles sont habituellement techniques et mineures, en outre elles méconnaissent généralement les conditions requises pour une communication efficace, même s'il s'agit de « communication judiciaire ».

Ainsi, parmi les améliorations possibles du système judiciaire belge, on devrait se pencher sur le fait que tout acte judiciaire suppose le passage de mots entre les uns et les autres, ce qui renvoie également aux usages langagiers qui relient les juristes aux autres citoyens. Il s'agit en effet de tenter de communiquer ensemble ou de procéder à un échange de paroles, même, surtout, si les échanges habituels s'avèrent difficiles ou impossibles, situation qui prélude sans doute à tout procès. Cela paraît naturel et pourtant pour qu'une véritable communication puisse se produire, il est indispensable que diverses conditions soient remplies. On essayera de les expliciter quelque peu par le moyen d'une réflexion qui vise à conjuguer le point de vue du linguiste et celui du juriste. Nous dédions ces quelques pages à notre Collègue, Jacques Lerot, au linguiste et à l'homme de science auquel on rend hommage dans ce volume, mais également à l'homme de dialogue et de communication qu'il fut tout au long de sa longue carrière.

1. Les conditions de la communication

Pour qu'une communication puisse avoir lieu, il faut d'abord que tous les participants aient le sentiment de **partager le même code** grammatical et de communiquer dans la même langue. Cette condition inclut évidemment que les interlocuteurs utilisent la même langue, au sens habituel du mot, mais cela va bien au-delà de la langue pour inclure de proche en proche tout ce qu'on peut appeler la « culture » et aussi ce que les Anglo-Saxons désignent par le terme de « sous-cultures ».

Au delà des premières évidences, les choses ne sont donc pas aussi simples qu'elles paraissent. D'abord parce que le langage est si « naturel » aux hommes qu'on en dispose et qu'on l'utilise comme si cela allait de soi et comme si cela n'impliquait rien de particulier de s'exprimer dans telle langue ou dans telle autre. En réalité, **le langage s'inscrit dans tout un ensemble de systèmes de signes**, les systèmes sont hiérarchisés entre eux ainsi que les signes à l'intérieur des systèmes. De nombreux travaux récents, soulignent les rapports complexes existant entre tout texte et le milieu qui le produit[1]. Les difficultés de compréhension sur le plan du langage ne peuvent donc se résumer à des questions d'apprentissage de la langue, elles reflètent plus profondément des oppositions sur le plan des modes de fonctionnement et des valeurs partagées au sein des différentes composantes d'une communauté.

Généralement lorsqu'on constate l'inadéquation du langage juridique et les difficultés engendrées par sa compréhension chez nombre de citoyens, on pense qu'il serait possible de porter remède à cet état de chose grâce à quelques remplacements lexicaux ou en simplifiant quelque peu la syntaxe des propositions. C'est méconnaître **les liens profonds qui unissent la langue aux réalités qu'elle exprime**. Il est vrai que la division traditionnelle des savoirs et des compétences ne nous pousse guère à établir des liens entre diverses réalités. D'ailleurs, si les dispositions du code régissent les règles d'échange des biens et des personnes, elles n'abordent que fort discrètement les règles d'échange des paroles. En effet, si toute société humaine connaît trois codes (juridique, moral et grammatical), les conditions qui président à l'échange des mots sont habituellement perçues comme si elles étaient d'une importante secondaire par rapport au droit et à la morale. Or la langue préexiste en quelque sorte à la constitution du code juridique et à l'explicitation du code moral, mais elle est généralement occultée au profit des deux autres codes qui ont tendance à se présenter et à être présentés comme s'ils étaient transcendants.

Ce n'est pas un hasard. En effet, l'étude des conditions de fonctionnement de la communication au sein d'une communauté humaine met en évidence le non-dit des règles que cette société se donne et impose à ses membres. De nombreuses expressions courantes évoquent les rapports de force que les diverses manières de communiquer supposent, ainsi lorsqu'on « donne » ou qu'on « prend la parole », ou encore lorsqu'on prétend « avoir le dernier mot ». La mise en mots et en phrases des règles morales et juridiques, les applications légitimées de ces règles dans des situations concrètes, les conséquences que ces applications entraînent pour chaque individu, évoquent et rappellent les modes de fonctionnement de chaque société. Dans une large mesure, **les manières de communiquer conditionnent donc les contenus des communications**. Il n'est pas possible d'évoquer ici, même grossièrement, les multiples aspects de tout acte de communication. On ne peut cependant passer sous silence deux traits qui sont fondamentaux pour le propos. Il s'agit d'abord de l'opposition entre l'oral et l'écrit et ensuite de la notion de dialogue.

---

1 Ceci vaut aussi bien pour les textes littéraires que pour les textes juridiques. Cf. notamment, CHARLES, 1995, aborde nombre de notions fondamentales (existence et unité du texte, autorité du texte, interaction entre le texte et son commentaire, etc.). Dans une perspective historique, suggérant les pistes de l'avenir, VANDENDORPE, 1999, avec de nombreux points intéressants portant sur l'opposition entre l'écrit et l'oral (p. 28), sur la lisibilité (p. 29 sq.), etc. ainsi qu'avec des développements sur les formes les plus récentes (CD-ROM, p. 191 sq.). Partant d'une analyse sociologique de la société française, FITOUSSI et ROSANVALLON, 1996, mettent en évidence comment les inégalités se manifestent sur différents plans, comment il y a lieu de les combattre et de tenter de les atténuer. Les différences langagières reflètent habituellement d'autres formes de différenciations sociales.

2. La construction du sens

L'opposition entre oralité et scribalité dans nos civilisations et notamment dans le système juridique est particulièrement tranchée. Les fonctions de chaque mode d'expression ont été définies historiquement et culturellement. Or, chacun des deux modes a ses spécificités intrinsèques en sorte qu'il conditionne un type de discours et qu'il exclut l'autre. Les propriétés de chacune des deux formes de langage, oral et écrit, permettent d'opposer deux formes très différentes de communication, dont l'usage et la maîtrise sont très inégalement répartis dans nos sociétés. Très schématiquement, on peut dire que le langage oral n'y exerce plus de fonctions prestigieuses que dans des contextes particuliers où il revêt d'ailleurs alors fréquemment un caractère sacral. On sait que dans ces contextes spécifiques la langue orale a perdu tout caractère de spontanéité et d'inattendu. L'oral y est devenu un simple mode récitatif du langage écrit. Dans les sociétés occidentales contemporaines, toutes les fonctions liées à la gestion et à la compréhension rationnelle du monde et des hommes s'expriment de préférence, sinon exclusivement, par écrit. Or, sauf dans des situations très particulières et d'ailleurs largement artificielles, l'écriture exclut le dialogue.

Précisons simplement que **le dialogue est une forme de communication** où plusieurs intervenants échangent alternativement et où le sens se construit de manière souvent inattendue, ce qui ne signifie pas de manière irrationnelle, mais certainement d'une façon non linéaire. La manière dont le sens se construit est quelque chose de fondamental. Sans doute le langage y participe pour une bonne part, mais il n'est pas le seul élément à intervenir: l'interprétation nécessairement culturelle et sociale des éléments contextuels et de la situation détermine des sémantismes, impose certaines compréhensions, en exclut d'autres ou les rend plus improbables. Or, dans le processus juridique le dialogue est réduit à peu de choses et il n'intervient généralement qu'en complément de l'écrit et d'une manière très ponctuelle. Cela détermine des modalités herméneutiques, sans doute habituellement inconscientes, auxquelles s'adaptent par formation, par nécessité et par habitude, les gens de robe et auxquelles les justiciables sont contraints de se soumettre.

Au-delà du langage, cela engendre dans chaque communauté humaine **une rationalité particulière** qui tire ses propriétés du langage écrit et notamment la linéarité causale, la syntaxisation renforcée et le caractère formel du langage. *A contrario* on constate que des justices plus dialogiques demeurent plus proches des réalités vécues et sombrent moins dans les justifications formelles. Dans nos juridictions, on pense par exemple à la Justice de Paix, mais aussi aux juridictions du travail, à celles du commerce ou encore à celles de la jeunesse. Par contraste le droit anglo-saxon a conservé et entretenu des approches plus dialogiques et moins formelles que nos droits germano-romains. Ces droits sont aussi moins formels. Je suggère simplement l'existence d'un lien, à première vue souterrain, entre le degré de formalisation d'un système juridique et des pratiques juridiques centrées davantage, du moins dans un premier temps, sur l'oralité et le dialogue.

3. Les aspects externes à la communication

Le travail sur la communication judiciaire s'inscrit d'emblée dans certaines pistes que je me borne à énumérer ici. En premier lieu, il importe de souligner combien toute communication s'inscrit dans un contexte à la fois langagier et situationnel. Avant d'évoquer le premier soulignons quelques aspects du second. L'émission et l'interprétation d'un message dépendent autant **des conditions situationnelles** dans lesquelles il est produit et transmis que de son contenu. Le langage humain ne retient que quelques éléments d'un ensemble extraordinairement complexe, mais dont l'appréciation globale est indispensable pour communiquer. Ce sont d'ailleurs ces éléments dont les écarts culturels importants accroissent le poids qui rendent l'intercompréhension délicate entre des individus fort éloignés dans le temps ou dans l'espace. Dans le cas concret du langage juridique, il faut se souvenir que les justiciables vivent les procès dans lesquels ils sont impliqués d'autant plus affectivement que les enjeux sont importants pour eux.

À ce sujet, on peut souligner que dans le conflit que le juge doit trancher, **les parties au procès peuvent différer grandement** quant aux effets de la durée des procédures, quant à leur coût, quant à leur impact personnel (psychologique, familial et sociologique), et évidemment quant à l'issue, positive ou négative, du litige. Il suffit, par exemple d'imaginer un litige opposant un simple citoyen à une administration ou à une multinationale pour mesurer l'impact de ces différences sur le vécu des parties. Or, tant du point de vue de la réception que du point de vue de l'émission, la communication est d'autant plus perturbée qu'elle suscite des échos personnels importants. En fait, entre la communication envisagée simplement en termes de transmission et de compréhension d'information et la communication telle qu'elle se vit concrètement lorsque la personne y est fortement impliquée existe une différence de même ordre et de nature identique à celle qui oppose en mathématique la probabilité d'un événement et son espérance mathématique. Les démarches les plus récentes de la recherche en communication portent précisément sur l'impact des émotions dans le processus communicationnel (à Rennes et à Louvain-la-Neuve).

On n'insiste pas davantage sur ce point sauf pour souligner que, dans la perspective d'un meilleur fonctionnement de la Justice, si on entend réellement améliorer la communication, il devient essentiel d'atténuer de toutes les manières **l'impact négatif des conditions environnementales et psychosociologiques** de la communication entre les différents acteurs. Comment imaginer, par exemple, qu'un individu puisse assister avec sérénité au déballage public, dans un décorum désuet et perturbant, dans un contexte totalement inhabituel, de questions qui relèvent par exemple de sa vie privée ou de sujets vitaux pour sa survie et celle de sa famille? Quelques exemples récents montrent combien la permutation des rôles suffit souvent à déstabiliser ceux qui jusqu'alors considéraient comme parfaites ou au moins acceptables les conditions de la communication juridique.

Serait-ce impensable de discuter autour d'une table dans un local agréablement aménagé et où mobilier et décoration viseraient à améliorer la communication? La mise en œuvre habituelle du discours judiciaire renforce le caractère artificiel du langage qui y est pratiqué: le décorum et les usages empêchent le dialogue. Or le dialogue est une manière d'atteindre à la vérité. Pour qu'il puisse avoir lieu, il faudrait une autre disposition des lieux et des personnes, **une autre « mise en scène »**. On rejoint sur ce point les observations faites plus haut à propos de certaines juridictions: justice de paix, juridictions du travail, de la jeunesse, etc., où se pratiquent davantage qu'ailleurs l'échange verbal et le dialogue.

4. Langue de spécialité et communication

Passons à d'autres questions périphériques de la langue. D'abord, **le niveau de connaissance de l'ensemble des acteurs**. Il est évident que la compréhension serait d'autant améliorée entre spécialistes et profanes que ces derniers auraient accepté une formation plus citoyenne ou même une initiation au droit dispensée, par exemple, au cours de l'enseignement général. Il va de soi en effet qu'une meilleure culture juridique devrait faciliter la communication, tout comme une meilleure culture médicale généralisée favoriserait le dialogue entre le médecin et le patient et participerait indirectement à l'amélioration du niveau de santé de la population. Sans nier l'intérêt d'une initiation de tous à un langage spécialisé, on constatera cependant d'abord qu'on est fort loin de cette situation, que celle-ci se maintiendra vraisemblablement longtemps sinon toujours et enfin que, dans l'hypothèse envisagée, les juristes attendraient une bonne part de l'amélioration attendue de la compréhension d'un effort fourni par les non-juristes.

Il n'empêche que, et on en convient aisément, chaque spécialité, chaque technique, chaque pratique professionnelle, doit disposer d'**une langue adaptée à des usages propres** et qui, de ce fait, se distancie par rapport à la langue usuelle. On comprend que les médecins ou les ingénieurs conversent entre eux en des termes hermétiques au commun des mortels. Il en va de même pour chaque spécialité et donc pour le droit, sinon pour chaque secteur développé à l'intérieur de celui-ci. L'analyse que l'on fait du langage juridique demeure souvent à ce stade. Les juristes postulent aisément la nécessité d'un vocabulaire précis, donc technique, pour justifier des difficultés de communication entre les praticiens du droit et ceux qui, sans l'être, sont dans l'obligation de recourir à leurs services.

En fait dans les diverses questions relative au langage juridique et à son fonctionnement, celles posées par le lexique ne sont guère les plus complexes. Dans **le vocabulaire juridique**, certaines difficultés de compréhension peuvent être aisément contournées. Ainsi les termes techniques dont on affirme, parfois commodément, qu'ils sont indispensables à la clarté. Supposons qu'il en soit ainsi. La compréhension des documents juridiques serait toutefois facilitée si les termes techniques inévitables étaient signalés par un signe typographique (une astérisque par exemple) renvoyant en bas de page ou en finale à des explicitations accessibles à tous ou à des paraphrases. La pratique de l'apposition permettrait également d'éviter certaines difficultés de compréhension. Ainsi plutôt que de demeurer dans l'abstrait en évoquant par exemple l'appelant au principal, on pourrait ajouter à chaque fois son nom.

Les mots inconnus des justiciables ne sont pourtant pas les plus dangereux. De nombreux termes reçoivent **une signification spécifique dans le domaine juridique**, souvent fort éloignée de l'acception courante. Lorsque quelqu'un apprend que son avocat a déposé des conclusions dans son affaire, comment empêcher que ce citoyen comprenne que l'affaire est terminée, réglée et qu'une solution a été trouvée puisque ce sont les sens de ce mot en français courant. Ensuite quand le jugement sera rendu, il aura éventuellement l'impression que son avocat l'a trahi en s'entendant avec la partie adverse et en revenant sur ce qui avait été conclu. On multiplierait facilement les exemples. Des termes aussi précis mais dont la sémantique et les connotations seraient mieux maîtrisées conviendraient mieux.

Cependant on attend également de chaque spécialiste qu'il se révèle capable **d'expliciter en des termes accessibles à tous** ce qui concerne chacun, par exemple pour un médecin à un patient les soins que requiert son état de santé. La contre-partie de la spécialisation doit être l'apprentissage de la communication des éléments pertinents d'une spécialité à un public général. L'efficacité requise de la communication spécialisée doit être compensée par un effort et une volonté de communication généralisée, sous peine de porter atteinte à la cohésion sociale.

5. Compréhension et « lisibilité »

On sait qu'on ne peut plus **dissocier le medium du message** au point que certains n'hésitent d'ailleurs à proclamer paradoxalement que le message c'est le medium. La volonté de communiquer passe donc par l'emploi de moyens adéquats. Dans le domaine de la communication judiciaire, certains pays, tels l'Allemagne, se sont engagés sur cette voie. En Belgique, dans le secteur des textes administratifs certains efforts ont également été entrepris.

Mais on mesure les progrès qui pourraient encore être accomplis par la comparaison avec les modes de communications adoptés par les entreprises ou le monde du spectacle.

Plus particulièrement en ce qui concerne les documents écrits, se posent la question de la présentation typographique et celle de la mise en page. C'est toute **la question de la « lisibilité ».** Depuis les grands typographes de la Renaissance, on sait que la lisibilité d'un document dépend pour une bonne part de son organisation matérielle. Aujourd'hui, particulièrement depuis une trentaine d'années[2] les études ont beaucoup progressé visant à faciliter la lecture et la compréhension du document: la mise en page, les cadres, le choix des caractères, bien d'autres éléments encore, peuvent faciliter la compréhension de documents par tout un chacun ou rendre obscur ce qui aurait pu demeure simple. Il suffit de comparer, par exemple, les ouvrages scolaires d'il y a quelques décennies avec ceux qu'utilisent aujourd'hui les élèves pour mesurer le progrès sur ces points.

Mais les études sur la lisibilité n'ont pas porté uniquement sur les aspects typographiques et de mise en page. **L'agencement du contenu** s'en est trouvé profondément modifié, ce qui n'est pas sans incidence sur le contenu lui-même. Il suffit de confronter des encyclopédies contemporaines, notamment sur CD – ROM, à leurs versions traditionnelles. Les premières reflètent un mode d'expression « foisonnant », une approche en réseaux de la communication tandis que les secondes représentent une présentation hiérarchisée et structurée dont le contenu serait en principe identique[3].

Aujourd'hui la notion de lisibilité a été grandement élargie et ne concerne plus qu'accessoirement les aspects typographiques et de mise en page ou plutôt ceux-ci s'inscrivent désormais dans **l'ensemble des paramètres qui conditionnent la « bonne » compréhension** d'un texte quelconque. D'autre part, depuis les travaux notamment du « Groupe μ » issu de l'Université de Liège, on ne peut plus ignorer les liens intimes qui unissent les variétés langagières à des fonctions sociales et politiques[4]. Aujourd'hui on sait que les codes langagiers sont également, sinon d'abord, des codes sociaux[5]. La notion de « lisibilité » a été progressivement et paradoxalement restreinte aux seuls aspects langagiers, éliminant ce qui la justifiait initialement.

Soulignons en passant que la notion même de « lisibilité » renvoie **uniquement et explicitement au langage écrit** puisqu'il s'agit de la compréhension d'un texte à la lecture. On reste donc toujours bien enfermés dans la langue écrite. Dans une brochure récente[6], Michel Leys résume ce que la Commission « lisibilité » du Conseil supérieur de la Langue française propose comme définition de cette notion: « un texte est lisible si le lecteur pour qui vous écrivez a compris l'essentiel après l'avoir lu une seule fois », puis après un point (d'hésitation?): « ou, en tout cas, après avoir lu le texte avec attention ». Une autre étude récente faite au sein de la « Communauté française de Belgique » dans le cadre du « Service de la langue » en liaison avec le « Conseil supérieur de la Langue française » aborde la question de la lisibilité en précisant qu'il s'agit d'améliorer la compréhension d'un texte.

---

2 Le premier ouvrage en français sur le sujet est celui de RICHAUDEAU, 1969. Le précédent était dû à l'ophtalmologiste Javal et remontait à 1905. Depuis les titres se succèdent et la thématique s'est considérablement élargie.

3 RICHAUDEAU, 1969, 222, en donne déjà un exemple.

4 Parmi bien d'autres travaux, citons le numéro spécial de *Littérature*, t. 12, 1973, intitulé « Codes littéraires et codes sociaux », ainsi que le volume de DUBOIS, 1983.

5 Par les règles qu'elle se donne et qu'elle impose à ses membres, toute société inclut et exclut, chacun des deux fonctions étant aussi fondamentale pour sa survie et son identité. Nous en avons esquissé l'étude ailleurs, Michel de CERTEAU le soulignait déjà dès 1969 dans un texte opportunément réédité aujourd'hui (2001, 491 – 495).

6 LEYS, 1998, 10.

Dans l'étude due à Christiane Strauven[7], Marc Wilmet précise bien dans son introduction[8] que la lisibilité d'un texte concerne des paramètres grammaticaux de forme (morphologie et syntaxe), et de contenu (lexique et sémantique), mais **doit se situer par rapport à des émetteurs et des récepteurs concrets**, en l'espèce d'une part l'Administration et de l'autre le public, encore que ce dernier soit multiforme et de niveaux fort variés comme les testings le démontrent lors de toutes les enquêtes. Ce que l'on suggère déjà sont des phrases plus courtes, un meilleur découpage du texte, une présentation typographique et une mise en page plus adéquates. Enfin, Marc Wilmet propose de s'adresser directement à la personne concernée en évitant les tours impersonnels et en recourant aux pronoms de la deuxième personne. Il évoque l'intérêt de ces modifications en montrant qu'ils atténuent le caractère anonyme de l'échange pour le rendre plus direct, personnel et lui donner l'apparence d'un « dialogue ».

Dans ses conclusions, Strauven reprend ces différents points[9] et insiste sur le fait que les auteurs des textes administratifs utilisent une langue impersonnelle étrangère à presque toutes les catégories sociales, une langue de spécialistes, respectueux d'usages formels et soucieux des rapports hiérarchiques. Bref, malgré les précautions d'usage, en d'autres termes si le texte administratif n'est pas lisible c'est surtout parce qu'**il ne s'adapte pas au public réel** auquel il devrait pourtant être destiné (variantes régionales et sociolectiques) et qu'il s'insère dans un mode de communication de type hiérarchique et non réticulaire (ce qui redouble dans une certaine mesure la première critique).

6. S'il faut conclure

Attention à ce qu'on veut mesurer et à ce qu'on veut changer: les gens de robe ont perdu la perception de ce que signifient des mots, surtout s'ils sont également de l'usage courant (par ex. « conclusion »), dans le contexte juridique. Les mots reflètent la distance entre les citoyens et les gens de justice: **changer la langue sans changer la distance ne servirait à rien qu'à redoubler les incompréhensions**. Lorsqu'on parle « la même langue » on a fréquemment l'illusion d'être compris. Ceci veut dire qu'on pense que chacun comprend ce qu'on a voulu dire. Or, dans la communication, les incompréhensions sont sans doute aussi nombreuses que les compréhensions. Lorsqu'on entend une langue étrangère que l'on ne comprend pas, on sait qu'on ne comprend pas et on tente alors de recourir à des stratégies pour comprendre ce qui apparaît comme indispensable ou utile (interprète, dictionnaire, aide contextuelle, etc.).

Cette illusion se renforce lorsque l'on parle la « même langue » par le sentiment d'appartenance à une même communauté, par le fait de partager une identité commune (tout cela est fondamental pour chacun et sécurisant), etc. Mais le besoin d'un « Volksgeist » ne prouve pas qu'il existe, ni encore moins qu'il serait répandu chez tous de la même manière. Au contraire, **supposer une compréhension commune et générale** renforce le conformisme du groupe et la puissance de l'autorité, ce qui explique l'intérêt de ce présupposé pour ceux qui ont charge de faire respecter la règle.

En résumé, une **meilleure compréhension du langage juridique** exigerait que l'on réponde à certaines conditions:

---

7 STRAUVEN, 1993.
8 STRAUVEN,1993, 6.
9 STRAUVEN, 1993, 38 – 39.

- **créer les conditions d'une véritable communication**: juridiques (procédures simplifiées et compréhensibles), environnementales (aménagement et disposition des lieux, vêtements, etc.) et humaines (attitude d'écoute et de dialogue),
- **déterminer quel est le destinataire réel** pour chaque document et éliminer les destinataires parasites,
- dans chaque cas, préciser quelles sont les **conditions d'appartenance sociolectiques du destinataire** et les confronter à celles du rédacteur,
- **n'entreprendre la rédaction d'un document qu'après avoir dialogué** avec les destinataires afin de construire ensemble le sens du texte qui en résultera,
- **rédiger le document et le mettre en page** de façon claire et aérée, éviter les termes qui induisent des sens inadéquats, ainsi que les termes techniques inutiles, gloser ceux qui sont indispensables,
- **commenter le document** avec les justiciables qui le souhaitent.

On le constate, pour être remplies ces conditions n'exigent que peu de changementS législatifs, **l'essentiel étant du domaine des mentalités et de la culture professionnelle.** C'est à la fois rassurant et stimulant, parce que les changements dépendent d'abord de nous et de chacun dans sa sphère d'activité.

Bibliographie

de CERTEAU, 2001 (1969): M. de CERTEAU, *L'étranger*, *Etudes*, 2001, 491 – 495.

CHARLES, 1995: M. CHARLES, *Introduction à l'étude des textes*, Paris.

DUBOIS, 1983: J. DUBOIS, *L'institution de la littérature. Introduction à une sociologie*, Bruxelles.

FITOUSSI et ROSANVALLON,1996: J.-P. FITOUSSI et P. ROSANVALLON, *Le nouvel âge des inégalités*, Paris.

LEYS, 1998: M. LEYS, *Ecrire pour être lu. Comment rédiger des textes administratifs faciles à comprendre?,* Bruxelles.

LITTERATURE, 1973: *Littérature*, 12, 1973, *Codes littéraires et codes sociaux.*

RICHAUDEAU, 1969: F. RICHAUDEAU, *La lisibilité*, Paris.

STRAUVEN, 1993: C. STRAUVEN, *La lisibilité des textes administratifs*, *Français et Société*, 7.

VANDENDORPE, 1999: C.VANDENDORPE, *Du papyrus à l'hypertexte. Essai sur les mutations du texte et de la lecture*, Paris.

Guy Jucquois
40 rue de Hanret,
5380 Cortil-Wodon
Belgique
jucquois@acla.ucl.ac.be

BCILL 112: *Langues à niveaux multiples*, 173-180

Esquisse de la sémantique et de la syntaxe du pronom *on*

Michel KEFER
Université de Liège

1. Les sémanticiens qui, d'un point de vue théorique, se sont penchés sur la distinction entre vague et ambigu ne sont pas tous persuadés de sa nécessité. Certains défendent cette distinction en l'appuyant sur des tests concordants (cf. p. e. ZWICKY/SADOCK, 1975, ou SEUREN, 1998) ; d'autres, spécialement depuis l'apparition de la notion de prototypie dans les années 70, rejettent la distinction et mettent en doute la fiabilité des tests (p. e. GEERAERTS, 1993). Dans la pratique, pourtant, malgré des tentatives chez des linguistes qui se réclament assez souvent de la sémantique cognitive, il est clair que la majorité des lexicographes et des grammairiens tracent une frontière entre les différents sens d'un morphe, d'un mot, d'une expression ou d'une construction. Ceci est parfaitement compatible avec l'idée de prototypie, ou plutôt avec une certaine idée de la prototypie. Pour prendre l'exemple du « jeu » de WITTGENSTEIN, 1953: qu'il s'agisse de football, de jeu d'échecs, de réussites ou de l'activité ludique d'un enfant faisant seul n'importe quoi avec une balle, *jouer* a un seul sens, qu'on peut définir à l'aide du trait nécessaire « activité » et de traits typiques comme « distrayant », « requérant un ou plusieurs adversaires », « dont le but est de gagner », « demandant de l'adresse physique », « demandant de la réflexion », « où intervient le hasard »; les tests (comme le test *oui/non* et le test *aussi* brièvement décrits ci-dessous) montrent qu'il s'agit bien d'un seul sens, pas d'ambiguïté. On peut tirer de cela deux conclusions. D'une part, contrairement à ce qui est suggéré dans ZWICKY/SADOCK, 1975, ce qui est « vague », c.-à-d. non-ambigu, n'est pas nécessairement non spécifié (comme la couleur pour *table*). D'autre part, on peut parfaitement travailler à la fois avec la notion d'ambiguïté et celle de prototypie si on ne fait intervenir cette dernière qu'à l'intérieur d'un sens, si donc on la distingue d'une notion comme le sens de base d'un mot polysémique ; sinon, on doit, comme LAKOFF, 1987, et GEERAERTS, 1993, renoncer à distinguer à ce qui est ambigu et ce qui ne l'est pas.

2. Nous allons voir dans cet article que le pronom *on* du français est ambigu. Les tests d'ambiguïté utilisés ici seront les suivants:

(a) Le test *aussi*, équivalent du test *do so* de LAKOFF, 1970, et ZWICKY/SADOCK, 1975. Dans

(1) J'ai joué toute la soirée, et mon frère aussi.

le locuteur peut très bien avoir joué aux échecs et son frère fait des réussites. Par contre, (2) est inacceptable:

(2) *Le film était triste, et après l'avoir vu, moi aussi.

Le mot potentiellement ambigu est d'abord employé dans un des sens potentiels puis, dans la proposition avec *aussi*, est à comprendre dans un autre sens potentiel: si cette « lecture croisée » est possible, le mot est vague; si elle n'est pas possible, le mot est ambigu. *triste* est donc ambigu: il y a une entrée lexicale dont le sens est « qui ressent de la tristesse » et une autre dont le sens peut être paraphrasé par « qui cause un sentiment de tristesse ». Mais pour *jouer*, il ne faut pas des entrées différentes pour les jeux avec adversaires et ceux sans adversaire, les jeux où la réflexion est déterminante et ceux où le hasard l'est, etc. Lorsque le test *aussi* est applicable, l'impossibilité d'une lecture croisée dans un contexte où elle est pragmatiquement plausible, comme dans (2), constitue une condition nécessaire et suffisante à l'ambiguïté d'une forme. (Le test n'est pas applicable quand il y a une opposition privative entre les deux sens; c'est par exemple le cas du mot anglais ambigu *dog*, dont un des sens comporte le trait « mâle » et l'autre n'a pas de spécification concernant le sexe de l'animal: voir ZWICKY/SADOCK, 1975, 23-25.)

(b) Le test de QUINE, 1960, que j'appellerai test *oui/non*. « Vague terms are only dubiously applicable to marginal objects, but an ambiguous term such as 'light' may be at once clearly true of various objects (such as dark feathers) and clearly false of them. » (QUINE, 1960, 129.)

(3) (Situation: Les plumes d'un oiseau sont foncées.)
John: The feathers are light.
Mary: Yes, they are.
No, they aren't.
*More or less.

(4) (Situation: Pierre a fait des réussites toute la journée.)
Jean: Pierre a joué toute la journée.
Marie: Oui.
*Non.

(5) (Situation: Le petit Pierre est très bon en musique, assez bon en mathématiques, mauvais en français.)
Jean: Pierre est doué.
Marie: Oui
Non.
Plus ou moins.

Si, pour décrire une seule et même situation, une phrase peut être clairement vraie (*oui*) et clairement fausse (*non*) sans être vraie d'un certain point de vue et fausse d'un autre (c.-à-d. sans tolérer *plus ou moins*), elle est ambiguë ; sinon, elle est vague. La phrase de John dans (3) est donc ambiguë (*yes* se justifie si on prend le sens « léger », *no* si on prend le sens « clair »), celles de Jean dans (4) et (5) sont vagues. Il faut bien voir que, formulé ainsi, le test a besoin de phrases, qui sont le véhicule de propositions au sens sémantique ou logique, susceptibles d'être vraies ou fausses. Dans le cas de *triste*, le test est inapplicable car *triste* présuppose un sujet animé dans le sens « qui ressent de la tristesse » et un sujet inanimé dans le sens « qui cause un sentiment de tristesse »: même si le mot *triste* est ambigu, une seule et même phrase avec *triste* ne permettra pas les deux sens ; or, le test requiert une phrase.

(c) Si une forme ayant deux sens potentiellement à distinguer présente un comportement syntaxique ou morphologique limité à un des sens, elle est ambiguë: on a affaire à deux unités bien distinctes linguistiquement. Remarquons tout de suite qu'il s'agit ici d'une condition suffisante mais nullement nécessaire à l'ambiguïté: beaucoup de formes identifiées comme ambiguës sur la base des autres tests n'ont pas de comportement morpho-syntaxique différent selon le sens. Le comportement morpho-syntaxique varie selon le phénomène considéré, si bien qu'un exemple semble à ce stade superflu. Nous constaterons pour le pronom *on* deux ensembles distincts de comportements; cet aspect syntaxique n'a, à ma connaissance, été que peu étudié ; il a pourtant son intérêt en soi et sera examiné ici relativement en détail.

3. Considérons les phrases suivantes

(6) Il paraît qu'on va bientôt trouver le gène du langage.

(7) (Nous,) on restera ici.

Il semble intuitivement plausible de distinguer un *on* familier, sémantiquement de la première personne du pluriel, d'un *on,* sémantiquement de la troisième personne utilisé pour se référer à des êtres humains qu'on ne peut ou ne veut pas identifier. Nous appellerons le premier sens *on1* (où *1* rappelle « première personne »), le second *on3* (où *3* rappelle « troisième personne »).

3.1. Effectivement, le test *aussi* indique qu'il y a bien ambiguïté entre les deux *on.* Dans (8) par exemple, la lecture croisée de *on* est impossible:

(8) On travaille dans la rue Louis Pasteur, et dans la rue voisine aussi.

(8) signifie soit (9)(a), soit (9)(b), mais pas (10)(a) ou (10)(b):

(9) (a) Nous travaillons dans la rue Louis Pasteur et nous travaillons dans la rue voisine.
(b) Des gens travaillent dans la rue Louis Pasteur et des gens travaillent dans la rue voisine.

(10) (a) Nous travaillons dans la rue Louis Pasteur et des gens travaillent dans la rue voisine.
(b) Des gens travaillent dans la rue Louis Pasteur et nous travaillons dans la rue voisine.

Le test *oui/non* donne le même résultat. Imaginons une situation S dans laquelle une entreprise A travaille dans la rue Louis Pasteur, mais pas l'entreprise B. Si un ouvrier de l'entreprise B dit

(11) On travaille dans la rue Louis Pasteur.

son collègue de l'entreprise B peut dire la vérité (être conforme à la situation S) en répondant (12)(a) ou (12)(b), mais pas (12)(c):

(12) (a) Oui. / Oui, c'est l'entreprise A qui y travaille.
(b) Non. / Non, nous n'y travaillons pas.
(c) *Plus ou moins. / *Plus ou moins, l'entreprise A y travaille mais pas nous.

3.2. Examinons maintenant si des différences syntaxiques ou morpho-syntaxiques viennent se superposer à la distinction sémantique.

3.2.1. Certes, le comportement des deux *on* présente des points communs. Il s'agit de la même forme *on.* Ce *on* fonctionne comme sujet. Le verbe dont il est sujet reste au singulier. Si la proposition a un complément d'objet direct ou indirect sans préposition coréférent de *on*, il a la forme *se*, quel que soit le sens de *on:*

(13) On se voit.

(14) On se parle.

L'adjectif attribut de *on* (ou de *se* coréférent de *on*) peut se mettre au féminin, comme le montrent (15)(a) et (15)(b) pour *on3* et (16)(a) et (16)(b) pour *on1*:

(15) (a) Pourquoi se teindre quand on est blonde?
(b) Si on se préfère blonde, on peut se teindre.

(16) (a) (Nous), on est blondes et on veut le rester.
(b) (Nous), on se préfère blondes.

Enfin, qu'il s'agisse de *on1* ou de *on3*, *on* ne peut pas s'employer avec *c'est* ... *qui*, même sous la forme *soi:*

(17) *C'est on/soi qui travaille dans cette rue.

3.2.2. Cette restriction à propos de *c'est* ... *qu-* ne concerne que le *on* sujet. Un pronom non sujet coréférent d'un *on* peut être focus, mais il a alors la forme *soi*, comme le montrent (18) et (19) comparés à (13) et (14):

(18) C'est soi qu'on voit quand on regarde là.

(19) Dans de telles circonstances, c'est à soi qu'on parle plus qu'aux autres.

Toutefois, dans de tels cas, *on* et *soi* ont nécessairement le sens *on3*. Nous voyons donc déjà ici une différence de comportement entre *on1* et *on3*.

Il y a d'autres différences. Ainsi, l'adjectif attribut se met normalement au pluriel avec *on1*, mais pas avec *on3*:

(20) (a) Quand on est moral/*moraux, on agit différemment.
(b) Quand on se veut moral/*moraux, on agit différemment.

(21) (a) Nous, on est moraux/?moral.
(b) Nous, on se veut moraux/?moral.

Une autre différence apparaît dans les compléments prépositionnels coréférents de *on.*

(22) Quand on travaille pour soi, on ne pense plus qu'à soi.

(23) (Nous,) quand on travaille pour nous/*soi, on ne pense plus qu'à nous/*soi.

On emploie donc *nous* avec *on1* et *soi* avec *on3* ; il est indifférent que le complément soit un actant (comme *à SN* après *penser*) ou un circonstant (comme *pour SN* après *travailler*). Il est intéressant d'opposer (22) à (24), où le sujet est un pronom indéfini *quelqu'un* demandant *lui* quand le pronom coréférent est précédé d'une préposition et *il* quand il est sujet (dans une autre proposition):

(24) Quand quelqu'un$_i$ travaille pour lui$_i$/?*soi$_i$, il$_i$/*quelqu'un$_i$ ne pense plus qu'à lui$_i$/?*soi$_i$.

Dans (22), on ne pourrait pas, en gardant le même sens, remplacer *soi* par *lui,* ni *on (ne pense...)* par *il (ne pense...).*

Parallèlement au contraste entre (22) et (23), on peut opposer (25) à (26):

(25) Quand on$_i$ aime ses$_i$ enfants,...

(26) Nous, on$_i$ aime nos$_i$/?*ses$_i$ enfants.

Une différence entre (23) et (26) mérite toutefois d'être mentionnée: *ses* dans (26) semble acceptable en français populaire alors que *soi* dans (23) est tout à fait exclu, quel que soit le niveau de langue.

3.2.3. Nous allons maintenant examiner ce qui se passe lorsque la coréférence avec *on* s'établit par delà une frontière entre propositions. Comme le montrent (22) et (23), quand le coréférent est sujet, *on* est employé pour *on1* comme pour *on3*. Mais dans les autres cas, le comportement diffère à nouveau.

3.2.4. Pour les pronoms compléments et les adjectifs possessifs, *on1* se comporte comme dans le cas de la coréférence à l'intérieur d'une proposition (*nous* d'une part, *notre/nos* ou éventuellement, dans le langage populaire uniquement, *son/sa/ses* d'autre part).

(27) (Nous,) quand ça nous$_i$ arrive, on$_i$ ne peut rien faire.

(28) (Nous,) on$_i$ n'est pas contents quand notre$_i$/?*sa$_i$ voiture tombe en panne.

En ce qui concerne *on3*, on constate un comportement différent du cas de la coréférence intra-propositionnelle où on a *se*, *soi* ou *son/sa/ses* (cf. (13), (14), (22) et (25)) ; au lieu de cela, on rencontre *vous* ou *votre/vos:*

(29) Quand ça $vous_i$ surprend, on_i ne peut rien faire.

(30) On_i ne va pas éteindre l'incendie chez le voisin quand $votre_i$ maison brûle (GREVISSE, 1964, 354).

vous est la seule possibilité pour un complément sans préposition. Dans le cas des compléments prépositionnels et des adjectifs possessifs, toutefois, les choses ne sont pas si simples. Comme adjectif possessif, *son/sa/ses* est tout aussi possible, et souvent peut-être même plus naturel, que *votre*:

(31) On_i n'est jamais heureux quand sa_i/$votre_i$ voiture tombe en panne.

Dans (30), *sa maison* serait possible, mais comme *sa* pourrait se référer au voisin, *votre* est préférable car il permet d'éviter une ambiguïté gênante. Pour les compléments prépositionnels, la situation est très complexe. *vous* est toujours possible. *soi* l'est parfois. Quand l'est-il et quand ne l'est-il pas? Remarquons d'abord que *soi* est exclu s'il est coréférent d'un *vous* dans la même proposition, comme dans (33):

(32) Quand un malheur frappe chez soi_i, on_i est pris de panique.

(33) *Quand un malheur $vous_i$ frappe chez soi_i, on_i est pris de panique.

Considérons maintenant les phrases (34) à (40):

(34) Quand les malheurs s'acharnent sur soi_i, on_i est révolté.

(35) ?Quand un supérieur s'acharne sur soi_i, on_i est révolté.

(36) Quand un supérieur travaille près de soi_i, on_i se sent bien.

(37) ?Un supérieur travaille près de soi_i: on_i se sent bien !

(38) ?Les malheurs s'acharnent sur soi_i: on_i ne peut rien faire !

(39) Ça se passe en soi_i ; mais on_i ne s'en aperçoit pas.

(40) ??Un supérieur s'acharne sur soi_i: on_i ne peut rien faire !

Nous avons affaire pour ces compléments prépositionnels à une règle variable (« variable rule »: sur cette notion, découverte par LABOV, voir par exemple LABOV, 1972). Les facteurs linguistiques qui favorisent l'emploi de *soi* après préposition lorsqu'il est coréférent de *on* (*on3*) dans une autre proposition me semblent au moins au nombre de trois:

- Facteur 1: En première approximation, on peut formuler ce facteur comme suit: le sujet de la proposition du syntagme prépositionnel est non-humain. Cela explique que (35), tout en étant grammatical, est légèrement moins acceptable que (34). Toutefois, nous formulerons le facteur différemment, de façon à pouvoir également expliquer que (42) est légèrement moins acceptable que (41):

  (41) Quand on_i a trouvé une belle pierre, le règlement prévoit qu'elle est à soi_i.

  (42) ?Quand on_i a trouvé une belle pierre, le contrôleur considère qu'elle est à soi_i.

  Il faut donc préférer la formulation suivante: *le syntagme prépositionnel n'est pas c-commandé par un sujet humain*. C'est la cas dans (34) et (41), pas dans (35) ni (42). (Après REINHART, 1976, « c-commander » est devenu une relation classique en grammaire générative, même si des définitions différentes ont été proposées: cf. KEFER, 1989, 18.)

- Facteur 2: *Le syntagme prépositionnel est un circonstant*. Les circonstants (« adverbials » en anglais), que TESNIERE, 1959, a opposés aux actants, sont souvent définis de façon inadéquate comme compléments facultatifs ; il faut plutôt concevoir le circonstant comme un complément dont le rôle sémantique peut être déterminé indépendamment de son entourage linguistique (cf. KEFER, 1989, 30-48). Le facteur 2 explique que (35) est légèrement moins acceptable que (36): alors que *près de soi* dans (36) est un circonstant, *sur soi* dans (35) est un actant, dont la préposition fait partie de l'unité lexicale *s'acharner sur*.

- Facteur 3: *« on » se trouve dans la même phrase que le syntagme prépositionnel coréférent* (mais dans une autre proposition: la situation à l'intérieur d'une proposition a été décrite sous 3.2.1 et 3.2.2 ci-dessus). Ce facteur explique que (37) et (38) sont légèrement moins acceptables que (36) et (34) respectivement.

Dans les règles variables, les facteurs ont un effet cumulatif. Des sept exemples (34)-(40), (40) est le moins acceptable car c'est le seul où aucun des facteurs favorisant *soi* n'est présent. Dans (35), le facteur 3 est présent, dans (37) le facteur 2, dans (38) le facteur 1. Dans les autres phrases, parfaitement acceptables, deux facteurs sont présents: 1 et 3 dans (34), 2 et 3 dans (36), 1 et 2 dans (39). Les exemples (34) à (40) sont tous acceptables si on remplace *soi* par *vous*. Dans (32), *vous* serait certes acceptable aussi, mais *soi* est plus naturel: la raison en est qu'ici les trois facteurs favorisant *soi* sont réunis.

4.1. A première vue en tout cas, il existe un troisième *on*. Ce *on* est familier et implique généralement un ton badin ou goguenard (plaisanterie amicale ou non). Pour distinguer ce *on* des deux autres, il sera question de *on2* car il s'utilise souvent (mais pas exclusivement, voir plus loin) pour se référer à un ou plusieurs interlocuteurs (deuxième personne):

(43) (Un professeur s'adressant à un ou plusieurs élèves:)
(Alors,) est-ce qu'on a étudié?

Ce *on2* se distingue nettement de *on1*. Tout d'abord, le *on1*, bien que familier, n'est pas humoristique comme *on2*. Ensuite, considérons les exemples suivants de *on2:*

(44) C'est les autres ou soi qu'on admire?
(45) Alors, c'est à soi qu'on parle?
(46) On se veut moral /*moraux? Alors, il faut agir différemment.
(47) Comme je vois, quand on travaille pour soi, on ne pense plus qu'à soi.
(48) Je vois qu'on_i croit encore ses_i amis !

Dans tous ces cas, *on2* a un comportement différent de *on1* et identique à *on3* (cf. (18), (19), (20)-(21), (22)-(23) et (25)-(26)). Si nous examinons maintenant les exemples de 3.2.4, nous constatons que tous les exemples avec *s-* (*soi, son,* etc.) restent possibles dans l'interprétation *on2*. Certes, *vous, votre,* etc. sont exclus dans cette interprétation, en tout cas s'ils se réfèrent à une seule personne (cf. (29) et (30)) ; mais cela peut s'expliquer par le fait que *on2* est familier alors que la forme polie *v-* (*vous, votre*, etc.) est d'un niveau plutôt élevé ; et *t-* (*te, ta,* etc.) me semble relativement acceptable dans l'interprétation *on2* partout où *v-* l'est dans l'interprétation *on3*.

La parenté formelle entre *on2* et *on3* est donc très grande, jusque dans les détails, et il ne peut s'agir d'un hasard. On est dès lors en droit de se demander s'il y a ambiguïté ou si *on2* est seulement le résultat d'une utilisation particulière de *on3*. Ci-dessous, l'idée sera défendue que *on2* est en fait une métaphore basée sur *on3*. Si cela est vrai, la question de l'ambiguïté entre *on2* et *on3* est très délicate (et cet article ne peut prétendre y apporter une réponse). En effet, le comportement des tests d'ambiguïté en cas de métaphore a été à ma connaissance peu étudié et risque de réserver des surprises.

Il faut remarquer que le ton badin et goguenard qui, comme on l'a vu, est typique de *on2* peut aussi être présent quand on se réfère à une troisième personne (du singulier ou du pluriel):

(49) (Au cours d'une séance d'un conseil d'administration, un membre chuchote à l'oreille de son voisin à propos du président qui s'active fébrilement:)
On est en forme, aujourd'hui !

On pourrait parler d'un *on2/3*. Ce *on2/3* est intermédiaire entre *on2* et *on3* déjà très proches. Il a le ton familier, généralement badin ou goguenard, de *on2* mais il se réfère à une troisième personne. Comme le lecteur peut s'en persuader, notamment en lisant (44)-(48) dans cette nouvelle interprétation, *on2/3* présente exactement le même comportement formel que *on2*. Il semble bien qu'il n'y ait pas ambiguïté entre *on2* et *on2/3*. Dans (50), en tout cas, la lecture croisée est parfaitement acceptable:

(50) (Le locuteur s'adresse à un groupe de personnes B à propos d'un groupe de personnes C:)
On est en forme là-bas !
(Puis à propos du groupe B lui-même:)
Ici aussi, d'ailleurs.

Nous ne ferons donc plus de distinction entre *on2* et *on2/3* et nous regrouperons ces deux *on* sous la dénomination *on2*.

4.2. Résumons les observations faites sous 4.1.
D'une part,

(A) *on2* a le comportement morpho-syntaxique de *on3*.

D'autre part, *on2* s'oppose à *on3* sur le plan sémantique et sur le plan stylistique:

(B) *on3* se réfère à des êtres humains qu'on ne peut ou ne veut pas identifier, *on2* se réfère à des êtres humains bien identifiés et est donc, en ce sens, plus concret ;

(C) *on3* est stylistiquement non-marqué, *on2* est familier et souvent humoristique (badin ou goguenard).

Cet ensemble de faits est à première vue assez surprenant. *on2* ne se comporte pas comme *on1* mais comme *on3* (cf. A) alors que, comme *on1* et contrairement à *on3*, il se réfère à des personnes bien identifiées (cf. B). Et comment expliquer le caractère souvent humoristique de *on2* (cf. C), caractère absent de *on3* et de *on1?*

Considérons *on3* et *on2* tels que décrits dans (B) et partons de l'hypothèse que *on2* est une métaphore basée sur *on3*. Cela permet d'expliquer (A) sans difficulté: il n'est pas étonnant que les comportements formels d'un mot employé métaphoriquement soient empruntés à l'emploi non-métaphorique du mot. La métaphore dont il est question ici a toutefois une propriété inhabituelle pour les métaphores, et nous allons voir que (C) est lié à cette propriété.

Quand on utilise *on3* dans le sens *on2*, on utilise un mot au sens relativement abstrait dans un sens plus concret: *on3* se réfère à des personnes sans les identifier (il s'agit même assez souvent de personnes non identifiables), alors que *on2* désigne des personnes bien identifiées. Or, dans l'énorme majorité des cas, les métaphores, qu'elles soient lexicalisées ou créées librement, fonctionnent de façon exactement inverse: des concepts abstraits sont représentés à l'aide de concepts plus concrets, qui généralement se prêtent mieux à une image mentale précise. C'est ainsi que des pensées peuvent être noires ou sombres, des accusations ou des punitions peuvent pleuvoir, etc. ; c'est ainsi aussi que souvent l'espace est utilisé pour représenter le temps, le temps pour représenter la concession (p. e. *alors que*) ou, par exemple, la vie (conçue comme une journée dans *le soir de sa vie*), etc. Toutefois, la possibilité existe de métaphores représentant quelque chose à l'aide d'un concept plus abstrait (cf. (51)) ou au moins aussi abstrait (cf. (52)):

(51) Cet homme, c'est la bonté même.

(52) (Un professeur de violon à son élève qui ne respecte pas la partition:) Tu composes !

Si on fait abstraction d'un emploi poétique des métaphores de ce type, celles-ci ont souvent une nette tendance à être familières et humoristiques. Or, *on2* est une métaphore de ce type. Il n'est donc pas étonnant d'y retrouver le ton familier et humoristique. Nous avons maintenant une explication pour (C).

L'interprétation de *on2* comme métaphore basée sur *on3* nous a permis d'expliquer le lien entre (A), (B) et (C), un lien qui, sans cette interprétation, est inattendu et même surprenant.

Bibliographie

GEERAERTS, 1993: D. GEERAERTS, *Vagueness's Puzzles, Polysemy's Vagaries*. Cognitive Linguistics 4, 223-272.

GREVISSE, 1964[8]: M. GREVISSE, *Le bon usage. Grammaire française*. Gembloux.

KEFER, 1989: M. KEFER, *Satzgliedstellung und Satzstruktur im Deutschen*. Tübingen.

LABOV, 1972: W. LABOV, *Language in the Inner City: Studies in the Black English Vernacular*. Philadelphia.

LAKOFF, 1970: G. LAKOFF, *A Note on Vagueness and Ambiguity*. Linguistic Inquiry 1, 357-359.

LAKOFF, 1987: G. LAKOFF, *Women, Fire and Dangerous Things*: *What Categories Reveal about the Mind.* Chicago.

QUINE, 1960: W. V. O. QUINE, *Word and Object*. Cambridge, Mass.

REINHART, 1976: T. REINHART, *The Syntactic Domain of Anapora*. Cambridge, Mass.

SEUREN, 1998: P. A. M. SEUREN, *Western Linguistics: An Historical Introduction*. Oxford.

TESNIERE, 1959: L. TESNIERE, *Eléments de syntaxe structurale*. Paris.

WITTGENSTEIN, 1953: L. WITTGENSTEIN, *Philosophical Investigations*. Oxford.

ZWICKY/SADOCK, 1975: A. M. ZWICKY et J. M. SADOCK, *Ambiguity Tests and how to Fail them*, dans J. P. KIMBALL, *Syntax and Semantics 4*. New York, 1975, 1-36.

Michel Kefer
Université de Liège
3, Place Cockerill
B-4000 Liège
Michel.Kefer@ulg.ac.be

BCILL 112: *Langues à niveaux multiples*, 181-186

« Avoir chaud, avoir froid »

Un problème de classe (adjectif/nom) ou quand dictionnaires et grammaires soufflent ...le chaud et le froid

Jean René KLEIN
Université Catholique de Louvain

1. La problématique

Dans la langue, plus qu'ailleurs, les apparences sont trompeuses et l'ambiguïté règne dans le discours, à la grande joie de ceux qui l'analysent et la traquent dans ses moindres recoins. Jacques LEROT, dans ses cours comme dans ses travaux, s'est toujours plu à aborder des questions à la limite de la syntaxe, de la sémantique et de la pragmatique, disciplines trop souvent compartimentées dans les dictionnaires ou les grammaires. Maurice GROSS l'avait bien compris en développant un *Lexique-grammaire* où les deux composantes du langage, lexique et syntaxe, sont analysées conjointement [1], chaque mot étant défini sémantiquement par son environnement syntactico-distributionnel. Ainsi,

Aspirer une bouffée d'air frais
Aspirer à un congé bien mérité (différences de construction)
ou encore
Respirer la santé et la bonne humeur
Respirer l'air frais (différences sous-catégorielles affectant les compléments)

montrent sans peine que les verbes les plus connus recèlent des ambiguïtés qui justifient des classements différents (d'où une homonymisation radicale avec des entrées différentes pour des sens différents).

Dans le cadre d'une recherche sur les expressions verbales dans la francophonie (BFQS)[2], il s'est confirmé que le français de Belgique, mais aussi le français régional de

---

[1] On trouvera une excellente synthèse des positions théoriques développées par Maurice Gross dans B. LAMIROY, *Travaux de linguistique*, déc. 1998, n° 37, 7-23

[2] Une présentation de cette recherche sera publiée, en 2003, dans les *Cahiers de lexicologie* (B. LAMIROY, CH. LECLÈRE, J.R. KLEIN, J. LABELLE. *Expressions verbales figées et variation en français: le projet BFQS).*

France (GOOSSE, 1981 ; RÉZEAU, 2001) usaient abondamment de tours du type *avoir* + *ADJ*

avoir facile, difficile, dur, bon, mauvais,...

constructions syntaxiques que le français « standard » de France ne connaît que de façon très limitée dans

avoir beau (tour figé à valeur concessive)

avoir belle (à, de + inf) (avoir des facilités à réaliser quelque chose),

sauf si l'on fait précéder certaines de ces expressions du pronom personnel élidé *l'*

l'avoir dur(e), l'avoir beau, l'avoir belle, l'avoir mauvaise, etc.,

ce qu'attestent de nombreux exemples d'auteurs français tels Anouilh, Gracq, Audiberti, Sartre... (GOOSSE,1981 et GREVISSE-GOOSSE, 1993).

Cette relative résistance du français à des constructions *avoir* + ADJ m'a amené à m'interroger sur les formules *avoir chaud, avoir froid*, à la suite d'une analyse de Gaston GROSS (1996, 74-77). Ce dernier oppose *avoir froid* et *avoir faim* qui ont une structure de surface identique (verbe de sens général + article zéro: *Luc a faim, froid ;* avec adverbe intensif*: Luc a très froid, très faim ;* avec comparatif: *Luc a plus froid, plus faim que Léa*). Ces énoncés cacheraient deux types de constructions différentes, illustrées par les transformations suivantes:

Luc a faim
la faim que Luc a
la faim de Luc
sa faim

Luc a froid
*le froid que Luc a
*le froid de Luc
*son froid [3]

Gaston GROSS en conclut qu'*avoir froid* ressortit à des « prédicats verbaux composés », à l'inverse d' *avoir faim*, constitué d'un verbe support et d'un prédicat nominal. Selon lui,

> L'absence d'article devant le SUBSTANTIF[4] *froid* n'a pas le même statut que celle qu'on observe avec *faim.* Dans une construction nominale à verbe support, il n'y a pas d'article figé, ni, par conséquent, d'article zéro figé. Dans la mesure où un prédicat nominal peut toujours fonctionner comme substantif-tête d'un groupe nominal, c'est-à-dire perdre son actualisation, on voit que c'est le substantif qui a des arguments et non l'ensemble verbe + nom, comme on le voit avec *avoir besoin* (...) [5].

Si l'analyse ne manque pas de pertinence, du moins si l'on s'en tient au français « standard », on remarquera que G. GROSS considère comme acquis que *froid* est un substantif, tout comme *faim* (pp.74-75).

Or, la question que nous nous posons est de savoir si *froid* et *faim* sont bien des substantifs ou des adjectifs, ce qui permettrait peut-être des rapprochements avec d'autres constructions *avoir* + ADJ, ou encore avec *faire* (impersonnel) + ADJ.

---

3 *Avoir, attraper un froid,* c'est avoir un refroidissement, un rhume. Le sens est donc assez différent de *avoir froid* 'éprouver la sensation de froid'.

4 Les capitales sont de nous.

5 *Il a besoin de repos, le besoin de repos qu'il a*, etc., confirment bien l'analyse de G. GROSS. Toutefois, si l'on prend en considération certaines formes du français oral familier, l'on entend parfois *je l'ai besoin* au lieu de *j'en ai besoin,* ce qui attesterait plutôt une forme d'» intégration » de *besoin* au verbe *avoir* (WILMET, 1998, §177).

A voir la remarquable hétérogénéité des analyses des lexicographes et des grammairiens, le moins que l'on puisse dire est que la question n'a pas été tranchée... Comme on peut le constater, les analyses s'embarrassent peu de critères syntaxiques ou sémantiques, et se contredisent plus d'une fois à différents endroits d'un même ouvrage !

2. Les dictionnaires

Le *Grand Robert* (2001) comme le *Trésor de la langue française* laissent à cet égard une grande impression d'incohérence. Le premier organise différemment les articles *chaud* et *froid. Chaud* n'a droit qu'à une entrée avec deux sous-entrées pour l'adjectif et le nom (cet emploi étant « moins lexicalisé que celui de *froid* qui y correspond), tandis que *froid* a droit à deux entrées (adjectif et nom). *Chaud* y est considéré comme nominal après un verbe: *avoir chaud, faire chaud* (impersonnel), *prendre chaud* (moins courant que *prendre froid*), *ça fait chaud* (fam), où *chaud est* considéré comme nominal, alors qu'à l'article *faire*, on signale que ce verbe peut être suivi d'un adjectif (ça fait *joli, moche*)! Quant à *froid*, la situation est tout aussi embrouillée, puisqu'on trouve *faire froid* sous l'article consacré à l'adjectif, mais aussi sous l'entrée nominale, où la locution est rejointe par *avoir froid, donner froid, prendre froid, attraper froid.*

Au sein des articles du *TLF*, règne la même incertitude. L'attribution des classes syntaxiques varie selon que l'on passe du chaud au froid ! Ainsi *manger chaud* serait un emploi adverbial de *chaud*, mais *manger froid* serait adjectival. De même *faire chaud*, *avoir chaud* seraient adverbiaux, mais il *fait froid, avoir froid* intégreraient un substantif.

3. Les grammaires

WILMET (1998, §177) aborde la question des locutions verbales tout en se référant à G. GROSS (1996) (qui distingue donc *avoir froid*, locution verbale, d'*avoir faim*, construction à verbe support), mais il s'intéresse surtout à l'article zéro, sans faire allusion à la classe d'un mot tel que *froid*. GREVISSE-GOOSSE (1993, §964) attire l'attention sur les adverbes qui « normalement ne s'emploient qu'avec un adjectif ou un adverbe » tels *très* ou *si*, et se retrouvent devant des noms, dans *avoir très faim, très envie, faire si peur*, etc. Cet usage rejeté par certains pour des raisons normatives, « n'a guère été contesté pour *avoir froid ou chaud*, *froid* et *chaud* étant aussi des adjectifs, par ex. dans *il fait froid, chaud* ». Cette remarque laisse donc entendre implicitement que *froid* et *chaud*, seraient plutôt nominaux dans *avoir froid, chaud,* mais adjectivaux dans *il fait froid, chaud.*

Seule la grammaire de LE GOFFIC (1993, §§166, 168 et 171) traite de façon tout à fait explicite la question qui nous occupe, sans toutefois apporter une solution vraiment satisfaisante et sans éviter quelque contradiction. Pour cet ouvrage, dans *Marie a froid*, « l'adjectif s'apparente plutôt à un objet qu'à un attribut », ce qui semble tout à fait justifié. MEYER-LÜBKE (*Grammaire des langues romanes*, t.III, Syntaxe, p.249), le premier peut-être à s'interroger à ce sujet, croyait voir - à tort - dans *il fait très froid*, l'origine de *j'ai très froid* parce que « des substantifs au régime direct dépendant du verbe *avoir* et des adjectifs servant de prédicats au verbe *être* s'emploient de la même manière pour exprimer un état physique ou psychique ». En bon néo-grammairien, surtout expert en phonétique, MEYER-LÜBKE fait bon marché de la sémantique. Au contraire, LE GOFFIC insiste sur le sens:

> *Avoir froid* exprime le fait pour un humain de « ressentir le froid » (ou « du froid ») ; le froid est une réalité distincte du sujet qui l'éprouve, réalité sans extension propre (sans

> détermination) (...). Un rapport s'établit entre le sujet qui *a froid* et le froid, mais ce rapport n'est pas un rapport attributif ; *J'ai froid* n'est en aucune façon concurrencé par *Je suis froid*, et les deux tours se distinguent nettement.

On ne peut que souscrire à cette analyse. Mais s'il admet que la nature adjectivale ou nominale de *froid* peut être discutée, LE GOFFIC considère qu' « il n'y a pas de raison de ne pas conserver à *froid* sa catégorie de base » en se fondant sur deux arguments:

(1) une quantification de type adjectival (*très, trop*), mais on rappellera qu'on trouve aussi *très faim, très envie*, ce qui affaiblit ce critère,

(2) l'impossibilité de voir apparaître les marques formelles de substantivation (à comparer avec *avoir faim ---avoir une faim dévorante*).

Or, l'attribution d'un statut adjectival à *froid* ou *chaud* après *avoir* ne nous semble pas sans inconvénient, car ce serait, semble-t-il, le seul cas où un « objet » aurait cette nature, comme le montre bien le §166: « Le complément direct par excellence est le GN » (et il s'agit ici essentiellement d'objets) ou ses équivalents. Ce qui oblige LE GOFFIC à admettre une exception: « On rencontre aussi quelques cas de complément direct adjectival (*avoir froid, boire chaud*) ».

4. Un argument diachronique

Plutôt que d'isoler les cas d'*avoir chaud, froid*, en conférant à la suite d'*avoir* une nature adjectivale (cf. plus bas, dans la synthèse, le cas des types régionaux *avoir facile, dur*, avec adjectifs incontestables, qui manifestent d'autres propriétés syntaxiques), il serait peut-être plus cohérent d'y voir des nominaux, ce que semblent permettre ces exemples anciens que cite LITTRÉ:

XIe S: Et endurer et *granz chauz* et *granz freiz* (Ch. de Roland)

XIIIe S: Por ce que j'ai *grant froit* en mon mantel (je) m'enclo *(Berte aux grands pieds)*

XIIIe S: Li oisel qui se sont teü
Tant cum il ont le froid eü *(Roman de la Rose)*

La présence d'une épithète ou d'un article dans ces exemples montre plutôt la nature nominale de *froid* (LITTRÉ met d'ailleurs la locution sous l'entrée FROID, nom). Un exemple moderne, mais sans doute régional cité par GREVISSE-GOOSSE (1993, §964, b), se trouve chez Pérochon: « Elle avait grand chaud quand elle arriva ». Cet emploi de *grand*, apparemment courant en ancien français, aussi bien devant *froid* ou *chaud* que devant *peur, faim, envie*, etc., devenu de nos jours plutôt « littéraire », est remplacé par des substituts adverbiaux *très, fort, si*, etc.

5. Un essai de synthèse

En dehors de GOOSSE (1981), qui embrasse un grand nombre de cas en français standard et régional, la plupart des ouvrages traitent ces phénomènes de façon isolée, d'où des interprétations incohérentes ou même franchement contradictoires, en particulier chez les lexicographes qui attestent ces syntagmes verbaux au hasard des entrées lexicales (soit sous le verbe, soit sous l'adjectif ou le nom).

Naturellement plus orientées vers l'interprétation syntaxique, les explications des grammaires sont plus pertinentes, mais restent très partielles (certains ouvrages ne se posent même pas la question).

Au vu des considérations qui précèdent, l'on pourrait résumer la situation de la façon suivante:

1. Un paradigme *avoir chaud, froid* (*frais*), où les suites d'*avoir* seraient des éléments nominaux (ce qu'ils étaient à l'origine, si l'on en croit les exemples anciens cités plus haut), à valeur d'objets, mais entièrement figés au sein d'une locution verbale ne permettant aucune des transformations propres aux syntagmes à verbes supports (cf. G. GROSS, 1996). On pourrait y assimiler les variantes aspectuelles *attraper, prendre, froid, chaud* (*prendre chaud*, comme le souligne le *GR*, étant peu usuel).
2. *Servir chaud (froid), manger chaud (froid)* manifestent ici un cas plus net d'adjectifs nominalisés (WILMET, 1998, §545) où, comme l'explique LE GOFFIC (1993, §168), l'adjectif qualifie la chose mangée ou bue dans toute sa généralité (manger, boire « du chaud »), sans qu'il soit nécessaire de penser à un objet sous-entendu [6].
3. Un paradigme avec l'impersonnel *il fait* + adjectif (*chaud, froid, beau, bon, doux, humide, frais*, etc.). Ces adjectifs exprimant « une qualité attribuée à la situation représentée par *il* » (LE GOFFIC, 1993, §133), ressortissent essentiellement au domaine météorologique, mais on trouve d'autres emplois, surtout en Belgique (il fait *propre, sale, gai, triste*...), sans que ces usages soient inconnus en France (GREVISSE-GOOSSE, 1993, §757).
4. Un paradigme du type *il a facile, difficile, dur*, etc., très connu en français de Belgique, mais vivant aussi dans le français régional de France (GOOSSE, 1981 ; RÉZEAU, 2001), dans les zones picarde et normande et dans l'est de la France. Ici, comme l'a bien montré GOOSSE, après avoir passé au crible de la critique diverses hypothèses d'analyses, les adjectifs seraient, le plus vraisemblablement des attributs du complément d'objet prenant soit la forme d'un pronom personnel (tu l'as *facile*), soit celle d'un infinitif (tu as facile de *répondre*). Comme le fait remarquer encore GOOSSE, ces locutions qui se construisent avec un complément infinitif se distinguent nettement de ce point de vue, de leurs homologues apparents: *avoir chaud, froid*, car dans *avoir facile de marcher*, l'infinitif a une tout autre fonction que dans *avoir chaud de marcher*.

Jean René KLEIN
Université Catholique de Louvain
Département d'études romanes
Centre d'étude sur les lexiques romans
Collège Erasme – Place Blaise Pascal, 1
B-1348 Louvain-la-Neuve
klein@rom.ucl.ac.be

[6] WILMET (*ibid.*) analyse de la même façon *boire sec* (adjectif nominalisé avec déterminant zéro), mais cela ne nous semble convenir qu'à l'interprétation 'boire une boisson alcoolisée sans eau' et non au sens plus courant 'boire beaucoup' où *sec* fonctionne comme un adverbial intensif ; cf. aussi *conduire, démarrer sec*.

Bibliographie

GOOSSE, A. 1981. *Le dossier d' « avoir facile ». Les dialectes de Wallonie*, 8/9, 68-94.

GREVISSE, M., GOOSSE, A. 1993. *Le Bon usage.* Paris/Louvain-la-Neuve: Duculot.

GROSS, G.. 1996. *Les expressions figées en français. Noms composés et autres locutions.* Paris/Gap: Ophrys.

LAMIROY, B. 1998. *Le lexique – grammaire*. Essai de synthèse. *Travaux de linguistique*. 37, 7-23.

LE GOFFIC, P. 1993. *Grammaire de la phrase française.* Paris: Hachette.

Trésor de la langue française. 1971-1993.Paris: CNRS.

LITTRÉ, E.. 1863-1872 ; suppl.1877. *Dictionnaire de la langue française.* Paris: Hachette.

MEYER-LÜBKE, W. 1890-1906. *Grammaire des langues romanes.* Paris: Welter.

REY, A., (dir.). 2001. *Le Grand Robert de la langue française.* Paris: Le Robert.

RÉZEAU, P., (éd.). 2001. *Dictionnaire des régionalismes de France.* Louvain-la-Neuve: De Boeck/Duculot.

WILMET, M. 1998. *Grammaire critique du français.* Paris/Bruxelles: Hachette/Duculot.

BCILL 112: *Langues à niveaux multiples*, 187-196

"Ein intelligenter Student bereitet sich auch auf den Prüfer vor" Oder: Nachdenken über indirekte semantische Charakterisierungen

Jacqueline KUBCZAK
Institut für Deutsche Sprache (IDS)

Mit diesem Beitrag möchte ich mich bei meinem ehemaligen Professor Jacques Lerot bedanken. Er hat in mir die Liebe zur Sprachwissenschaft und zu der zu Unrecht oft verschrieenen Grammatik geweckt. Bei ihm war es nie langweilig. Seine Begeisterung sprang auf uns über, auf uns, seinen ersten Jahrgang, das kleine Häufchen französischsprachiger Germanistikstudenten – damals noch an der alten Université Catholique de Louvain. Wir mochten ihn sehr. Seine Liebe zu dem Fach, seine Freundlichkeit, Hilfsbereitschaft, seine selbstverständliche Kollegialität haben uns geprägt. Und Deutsch hat er uns auch beigebracht! Ich grüße ihn, auch im Namen vieler meiner Kollegen, aus dem Institut für Deutsche Sprache in Mannheim, in dem er lange als geschätzter Berater mitgewirkt hat.

1. Einleitung

Am Institut für Deutsche Sprache sind gerade die Arbeiten zu einem neuen Valenzwörterbuch deutscher Verben (VALBU 2004) abgeschlossen. In diesem Beitrag möchte ich nur eines der vielen Probleme behandeln, die sich während der Arbeit ergeben haben.[1] Um das Folgende richtig einordnen zu können, will ich VALBU ganz kurz und in großen Zügen darstellen und zur Illustration am Ende dieses Beitrags einen Wörterbuchartikel in Gänze abdrucken.[2]

2. Allgemeines über VALBU

In VALBU werden Verben behandelt, die man zur Bewältigung von Alltagssituationen braucht. Die Auswahl dieser Verben basiert auf der Wortliste des

1 Darstellungen von weiteren "Problemen" finden sich in SCHUMACHER (1999) und KUBCZAK (1999).
2 Eine detaillierte Vorstellung des Wörterbuchs findet sich in KUBCZAK (2004).

'Zertifikats Deutsch als Fremdsprache' (jetzt 'Zertifikat Deutsch') des deutschen Volkshochschulverbandes und des Goethe-Instituts. Es sind alle Verben berücksichtigt, die in den Vokabularlisten seit 1972 vorkommen. Als Benutzerkreis von VALBU wurden vor allem die in- und ausländischen Lehrenden im Bereich Deutsch als Fremdsprache ins Auge gefasst. Aber außerdem sollen auch Deutschlerner, die mindestens das Niveau des Zertifikats Deutsch erreicht haben, VALBU als Nachschlagewerk besonders für die Sprachproduktion benutzen können.

Die zentrale Aufgabe von VALBU ist, Auskunft zu geben über die verschiedenen Bedeutungen des jeweiligen Verbs (sie begründen Verbvarianten, die einzeln als Sublemmata behandelt werden) und über die Umgebung der einzelnen Verbvarianten in morphosyntaktischer und in semantischer Hinsicht. Die morphosyntaktische Beschreibung der Ergänzungen, auf die hier nicht weiter eingegangen wird, lehnt sich an die Darstellung in "Verben in Feldern" (SCHUMACHER 1986) an. Die semantischen Angaben in VALBU verteilen sich auf drei Gebiete: die Bedeutungserklärung der dargestellten Verbvariante, die Bestimmung der semantischen Rolle und die Bestimmung der semantischen Kategorie der Ergänzungen. Neben diesen zentralen Informationen wird auch Auskunft gegeben über die Passivfähigkeit, über die häufig vorkommenden Angaben und vieles mehr. Die Wörterbuchartikel sind eingeteilt in Langartikel und Kurzartikel. In den Langartikeln werden die Verbvarianten dargestellt, deren aktive Beherrschung auf dem Niveau des Zertifikats verlangt wird. In den Kurzartikeln werden weitere Verbvarianten dargestellt, die dem Studenten beim Lesen oder in Gesprächen häufiger begegnen, aber nicht Gegenstand der Prüfung sind.

Die spezielle Fragestellung, die in diesem Beitrag behandelt wird, gehört in den Bereich der Bestimmung der semantischen Kategorie der Ergänzungen ['kategoriale Bestimmung']. Bevor ich darauf eingehe, skizziere ich zum besseren Verständnis kurz den semantischen Teil von VALBU im Allgemeinen.

Die Bedeutungserklärung nähert sich den traditionellen Bedeutungserklärungen aus den bekannten Bedeutungswörterbüchern an. Da es sich aber hier um ein Valenzwörterbuch handelt, gibt es in der Paraphrase Verankerungsstellen für die Ergänzungen. Diese Verankerungsstellen werden durch standardisierte Variablen angezeigt, deren Form für jede Ergänzungsklasse festgelegt ist. Als standardisierte Variablen dienen Anaphern.[3] Zu jeder Ergänzung des Valenzrahmens einer Verbvariante wird die sprachliche Ausdrucksform in Verbindung mit der semantischen Rolle und der kategorialen Bestimmung angegeben.

Aus didaktischen Gründen wurde auf das Operieren mit Tiefenkasus verzichtet. Die Rollenbeschreibungen sind „verbnah" gehalten. Sie werden mit Hilfe der Elemente aus der Bedeutungsparaphrase dargestellt, etwa so wie ein Dozent sie auf der Basis einer Szene, die sich beim Aufrufen der Verbvariante aufdrängt, ansprechen könnte. Die Bedeutungsparaphrase zu der Verbvariante **verzeihen** 1 z.B. lautet: 'jemandem wegen etwas nicht mehr böse sein'. Die Beschreibung der semantischen Rolle der NomE (Nominativergänzung) lautet 'derjenige, der nicht mehr böse ist', die Beschreibung der Rolle der AkkE (Akkusativergänzung) lautet 'dasjenige, dessentwegen jemand nicht mehr böse ist' und die Beschreibung der Rolle der DatE (Dativergänzung) lautet 'derjenige, dem jemand nicht mehr

---

[3] Die Liste der Anaphern aus 'Verben in Feldern' (Schumacher 1986) [jemand/jemanden/.../ etwas/ Präposition + etwas/irgendwohin/....] wurde durch einige wenige ergänzt wie z.B. 'irgendwozu' oder 'irgendwomit' bzw. 'mittels irgendetwas'. Eine Tabelle mit allen Ergänzungsklassen und den entsprechenden Anaphern findet sich in KUBCZAK (2003).

böse ist'. An der Beschreibung der semantischen Rolle der jeweilige Ergänzung schließt sich die kategoriale Bestimmung an, mit der die Klasse der Denotate angegeben wird, auf die mit der Ergänzung Bezug genommen wird.

Auf diesem Bereich soll im Weiteren ein wenig näher eingegangen werden.

3. Kategoriale Bestimmung

Es wurde sehr viel Kritik an den Konzepten der sogenannten semantischen "Selektionsregeln", der "kategorialen Valenz" u.ä. geübt, und zwar in dem Sinne, dass sie, abgesehen von ein paar Ausnahmen wie z. B: die Selektion von *Hund*, *Fuchs* und *Wolf* als NomE von *bellen*, das Weltwissen repräsentieren und auf schwankendem ontologischen Boden stünden. Dennoch sind wir der Meinung von Blumenthal, dass "bestimmte Regelmäßigkeiten und Möglichkeiten in der Selektion von Objektklassen bisweilen weniger mit einer ontologischen Gliederung der Wirklichkeit als mit Projektionsfähigkeiten des regierenden Verbs (coercion) zu tun haben" (BLUMENTHAL 2001, 109) und dass die kategoriale Bestimmung der Ergänzungen neben den semantischen Rollen ihre Existenzberechtigung haben. Denn, wie Nikula (NIKULA 2001) schon zeigte, man kann den Unterschied zwischen *gießen, schütten, streuen* z.B. kaum darstellen, ohne auf die Beschaffenheit derjenigen Entität, die man gießt, schüttet oder streut, einzugehen. Darüber hinaus ist bei weitem nicht klar, dass alle Denotatsklassen, auf die mit einer Ergänzung einer Verbvariante Bezug genommen wird, auch als Denotatsklasse für die Ergänzung der entsprechenden Verbvariante in einer anderen Sprache gelten. Für einen Deutschsprachigen ist es ganz klar, dass ein normaler Hahn kräht. Für ein französisches Ohr scheinen die Geräusche des Hahns aber melodiöser zu klingen (wenn ich so sagen darf), denn zu demselben Sachverhalt sagt der Franzose: un coq chante. Und so steht auch im Petit Robert (ROBERT, 1967) zu *chanter*: 1° Former avec la voix une suite de sons musicaux [...] 2° Crier (oiseaux, certains insectes). V. gazouiller, siffler. *L'alouette, le rossignol, le coq chante.*

Solange *verletzen*, um ein anderes Beispiel aufzuführen, mit Bezeichnungen für Lebewesen als Belegung für die AkkE verwendet wird, kann man im Französischen *verletzen* durch *blesser* übersetzen. Wenn die Akkusativergänzungsstelle mit einer Bezeichnung für eine Regularität, z.B. *ein Gesetz, eine Regel* o. Ä. belegt ist, muss eine andere Übersetzung gesucht werden, z.B. *enfreindre*. Es heißt: *Il a enfreint la loi.* Auch Nikula zeigt, dass in der mehrprachigen Lexikographie die kategoriale Bestimmung einen praktischen Wert hat. An Beispielen aus dem Vergleich Deutsch – Schwedisch – Finnisch führt er vor, wie es bei der Suche nach einer passenden Übersetzung häufig wichtig ist, die semantische Kategorie der Ergänzungen zu kennen. Die adäquatere Übersetzung von *palla* wäre demnach nicht *stehlen*, denn im Objektbereich können nur Bezeichnungen für Früchte oder Obst und in der Subjektposition nur Bezeichnungen für Kinder oder Jugendlichen stehen. Somit wäre *palla* besser übersetzt durch *klauen*, dessen Beschreibung im Duden lautet: [...] [**kleinere Dinge**] stehlen. (nach NIKULA 2001, 291). Auch wenn vieles, was durch die kategorialen Bestimmungen erfasst wird, mit dem Weltwissen übereinstimmt, kann man also nie ganz sicher sein, dass in einer anderen Sprache das Weltwissen in derselben Weise aufbereitet wird und wo die Schnitte sind. Daher ist es von Vorteil, die kategorialen Belegungen durchgängig anzugeben, zumal zu bedenken ist, dass gerade auch Valenzwörterbücher vorwiegend für Sprecher anderer Sprachen geschrieben werden! Der Kritik von Ágel gegen die Angabe von sehr abstrakten Kategorien schließen wir uns allerdings an. (ÁGEL 2000, 183ff.) In VALBU werden demzufolge abstraktere Kennzeichnungen wie Person, abstr. Objekt usw. bei Bedarf spezifiziert z.B. durch 'Person [als Funktionsträger]', 'abstr. Objekt [Geldsumme]' oder 'abstr.

Objekt [Zeichengruppe]', 'Ereignis [Veranstaltung]', wobei uns klar ist, dass die Zuordnung im Einzelfall problematisch sein kann.

In diesem Zusammenhang kommt immer wieder das Thema der sogenannten poetischen Sprache und des Märchens auf. Damit geraten die Metaphorik und das Konzept der "verschiedenen Welten" in die Diskussion. Inwiefern können Steine in der Wüste schlafen? Als Metapher muss die Bedeutung des Satzes umgewandelt werden z.B. in "die Steine blieben lange in der Wüste unentdeckt", und in einer anderen Welt könnte man den ontologischen Status der Denotate von *Steinen* ändern, etwa in dem Sinne, dass diese sich wie Lebewesen benehmen oder sogar eine Art Lebewesen sind. Letzteres braucht man m. E. in einem Wörterbuch nicht zu berücksichtigen, und Metaphern werden nur berücksichtigt, wenn sie schon einigermaßen eingebürgert sind und somit eine neue Verbvariante begründen können.

4. Indirekte Charakterisierung

Bei der Darstellung im Rahmen eines Wörterbuchs gerät aber nun noch ein anderes Phänomen ins Blickfeld. Es wird illustriert durch Sätze wie

Die Stadt schläft.
Ich verstehe dich nicht, sprich lauter!
Der Student hat sich gut auf den Prüfer vorbereitet.
Die Fahrer werden gewissenhaft auf den neuen Bus vorbereitet.

Auf den ersten Blick sind derartige Sätze unauffällig. Es handelt sich um Sätze aus unserer 'normalen Welt', und eine metaphorische Interpretation drängt sich ebenfalls nicht auf. Dennoch haben diese Sätze etwas Besonderes, und dies fällt erst auf, wenn man sich übliche Wörterbucherklärungen zu den Verben aus diesen Sätzen anschaut.

Ich komme jetzt zu dem ersten Beispiel:

- *Die Stadt schläft*

Kann man mit Hilfe eines Wörterbuchs zu einer sinnvollen Interpretation dieses Satzes gelangen? Im Duden wird *schlafen* wie folgt dargestellt:

> **schlafen** *sich im Zustand des Schlafes befinden* [...Beispiele...]; ü. [...] im Winter schläft die Natur. Der Wind schlief (wehte nicht); Die kleine Stadt schlief unter schwarz verhängtem Himmel. (Geissler, Wunschhütlein 121) [...]

Und für *Schlaf* findet man folgenden Beitrag:

> **Schlaf** *der Erholung des Organismus dienender Zustand der Ruhe, der Entspannung (bei Menschen und Tieren), in dem die Augen gewöhnlich geschlossen, das Bewusstsein ausgeschaltet u. viele Körperfunktionen herabgesetzt sind.*

Bei den Beispielen, die durch "ü." (übertragen) eingeführt werden, gibt es eine Inkompatibilität zwischen der Belegung der Subjektstelle und der Bedeutungsdefinition. Wie diese Inkompatibilität aufzulösen ist, wird hier nicht gesagt. Bei dem Satz *im Winter schläft die Natur* bleibt die Bezugsgröße die Natur, und die Inkompatibilität mit der im Duden angegebenen Bedeutung von *schlafen* führt zu einer Umdeutung von *schlafen* etwa i.S.v. 'sich in einem vorübergehenden Zustand der Ruhe befinden, in dem die vitalen Funktionen stark herabgesetzt sind', und könnte zu einem neuen Sublemma führen. Einen Hinweis darauf, wie die Fälle *Die Stadt schläft* oder *Die kleine Stadt schlief unter schwarz verhängtem Himmel* zu behandeln wären, steht z.B. in ViF (Verben in Feldern). In ViF wird der Fall *Die Stadt schläft* wie folgt behandelt; "Wenn also jemand die Sätze *Eugen/Der Lange Eugen/Der Wasserturm schläft.* äußert, wird dadurch ausgedrückt, daß Eugen/der Lange Eugen und der Wasserturm Lebewesen bezeichnen. Während Eugen als direkte Bezeichnung für einen Menschen zu interpretieren ist, wird durch die Gebäudebezeichnung der Lange Eugen indirekt ein Kollektiv von Lebewesen charakterisiert, das sich dort regelmäßig aufhält." (SCHUMACHER 1986, 20)

Im Grunde handelt es sich bei diesen indirekten Charakterisierungen um die 'verkürzte Darstellung eines komplexeren Sachverhaltes', etwa darum, dass es die Menschen aus dieser Stadt sind, die schlafen. Solche wohlbekannten Umdeutungen von Bezeichnungen für geographische Orte müssen im Deutschen und in vielen anderen Sprachen häufig vorgenommen werden. Auf die Möglichkeit solcher Umdeutungen könnte durch einen Vermerk bei der Subjektstelle hingewiesen werden.

Wenn es aber so ist, dass alles, was im Subjektbereich von *schlafen* als Lebewesen bzw. Kollektiv von Lebewesen gedeutet wird, dann muss man sich überlegen, ob es überhaupt sinnvoll ist, die erzielte Umdeutung zu vermerken. In einem reinen Bedeutungswörterbuch, dessen Hauptfunktion es ist, eine Unterstützung beim Verstehen von vorhandenen Texten zu bieten, kann man auf diese Information verzichten. In einem Wörterbuch, dessen Hauptfunktion es ist, die Sprachproduktion zu unterstützen, liegt die Situation anders. Es scheint so, dass bestimmte Verben problemlos ein solches Verfahren zulassen und andere weniger. Um im Feld *schlafen* zu bleiben: *Die Stadt schläft heute aus* z.B. ist zwar grammatikalisch korrekt, aber ungewöhnlich. Es hat sich im Korpus kein einziger derartiger Satz finden lassen. Das heißt nicht, dass er nicht bildbar wäre, und dass er u.U. nicht verstanden werden könnte, aber er ist irgendwie markiert. Einem muttersprachlichen Poeten ist er erlaubt. Aus dem Munde eines Nichtmuttersprachlers wirkt der Satz befremdlich und wird im Gegensatz zu *Die Stadt schläft* vermutlich korrigiert (Ich spreche aus eigener Erfahrung!) Solche Informationen können also wichtig sein.

Ich möchte jetzt noch ein paar weitere Fälle darstellen, um das Interesse an solchen Informationen in Wörterbüchern (wieder?) zu wecken. An diesen Beispielen sieht man auch, dass 'Indirekte Charakterisierungen' auch an anderen Stellen im Satz als an der NomE- Stelle erfolgen.

- *Ich verstehe dich nicht, sprich lauter!*

Dieser Satz ist ein ganz üblicher deutscher Satz. Das Ungewöhnliche tritt erst zu Tage, wenn man sich die Bedeutungsparaphrase z.B. im Duden anschaut:

> **verstehen 1.** *(Gesprochenes) deutlich hören:* ich konnte alles, jedes Wort, keine Silbe v.; der Redner war noch in der letzten Reihe gut zu v.; ich konnte sie bei dem Lärm nicht v.; vor drei Wochen bekam ich in Frankfurt ein schwer zu verstehendes Ferngespräch aus Addis Abeba (Grzimek, Serengeti 64) [...]

In dem Satz *Ich verstehe dich nicht, spricht lauter!* stoßen wir auf eine Inkompatibilität zwischen der Bedeutung der Verbvariante und der semantischen Kategorie der Akkusativergänzung, denn die Beschreibung im Duden legt nahe, dass mit der AkkE auf "Gesprochenes" Bezug genommen wird. Demnach dürfte an der Akkusativstelle nur Bezeichnungen für "Gesprochenes", d.h. *Satz*, *Text* u. Ä. stehen, nicht aber Bezeichnungen für den Redner selbst. Dies ist aber in unserem Beispielsatz der Fall und auch hier handelt es sich um eine verkürzte Darstellung von etwa *Ich verstehe nicht das, was der Redner sagt was du sagst.* Auch hier kann es für einen Ausländer wichtig sein, eine Information zu einer solchen Verkürzungsmöglichkeit im Wörterbuch zu bekommen, denn man kann sich Sprachen vorstellen, in denen in einem solchen Fall nur eine Entsprechung zu "das vom Redner Gesprochene", zu "die Worte des Redners" o. Ä. zugelassen sind. Die deutschen Sätze, die er nach diesem Muster bildet, wären zwar nicht falsch. Seine Sprache fiele aber durch Auslassung einer deutschen sprachlichen Möglichkeit auf.

Im Folgenden soll gezeigt werden, dass nicht alle indirekten Charakterisierungen so bekannt sind wie die oben gezeigten und dass in zwei Sprachen wie dem Französischen und dem Deutschen, die hinsichtlich des besagten "Weltwissens" nah verwandt sind, zwar das Prinzip der indirekten Charakterisierung existiert, aber in Abhängigkeit vom Verb unterschiedlich zum Tragen kommt.

Dazu ziehe ich folgende Beispiele heran:

- *Der Student hat sich gut auf den Prüfer vorbereitet.*
- *Die Fahrer werden gewissenhaft auf den neuen Bus vorbereitet.*
- *écrire l'Allemagne*

Auch bei **vorbereiten** wollen wir zunächst von der Definition im Duden ausgehen:

> **vorbereiten**: a) *auf etw. einstellen, für etw. leistungsfähig, geeignet machen*: sich auf/für ein Examen v.; auf einen Wettkampf v.; die Patientin für eine Operation v.; ein Manuskript für den Satz v.; der Saal wird für ein Fest vorbereitet; entdeckte die Aargauer Polizei ... einen Hochspannungsmast, der zur Sprengung vorbereitet war (NZZ, 1.2.83, 13); alte Leute und Kinder bereiteten sich auf die Verteidigung der Stadt vor (Bieler, Bonifaz 9); Jedenfalls sind wir auf alles gefasst und vorbereitet (Plievier, Stalingrad 13); meine erste Aufgabe wird es sein, den Bürgermeister schonend darauf vorzubereiten (*davon zu unterrichten*), dass du hier deine Zelte aufzuschlagen gedenkst (Kirst, Aufruhr 20); der Prüfling hat sich, ist nicht gut vorbereitet *(hat für die Prüfung nicht gelernt);* b) [...]

Eine Bemerkung am Rande: In dieser Bedeutungsdefinition wird nicht klar, ob die angeführten Präpositionen *auf / für,* die im ersten – also im prototypischen – Beispiel als Alternative nebeneinander stehen, und die Präposition *zu*, die kommentarlos in einem weiteren Beispiel eingeführt wird, überall auswechselbar sind oder ob sie einen Unterschied in der Bedeutung begründen. *jemanden auf eine Operation vorbereiten* und *jemanden für eine Operation vorbereiten* sind beide übliche Ausdrücke. Sie bezeichnen aber nicht dieselben Handlungen! Ein Chirurg wäre sehr ungehalten, wenn ihm eine Patientin auf den OP-Tisch gelegt würde, die zwar a u f die Operation vorbereitet wurde (und sich daher vielleicht damit abgefunden hat), aber nicht f ü r die Operation (und also noch hellwach ist). Und einen Hochspannungsmast auf eine Sprengung vorzubereiten, wäre wahrscheinlich verlorene Liebesmühe. (Woran man auch drastisch zeigen kann, dass auch für ein Bedeutungswörterbuch die Einbeziehung der Verbumgebung in die Betrachtung zu einer Verbesserung der Darstellung führt.)

In der Definition des Duden gibt es kaum ausdrückliche Auskünfte über die Umgebung von *vorbereiten.* Die semantische Kategorie der PräpE (Präpositivergänzung) wird durch "etwas" angedeutet. Aus der Verwendung des Pronomens *etwas* schließe ich, dass es nicht vorgesehen ist, dass man sich auf Personen vorbereiten kann. Auch gibt es keinen einzigen Beispielsatz, in dem mit der PräpE auf einen konkreten Gegenstand Bezug genommen wird. Es scheint so zu sein, dass mit der PräpE *auf* +Nominalgruppe im Dativ bzw. mit dem *dass*-Satz auf Ereignisse / Handlungen Bezug genommen wird. Die Beispiele *Prüfung, Operation, Verteidigung* usw. deuten jedenfalls darauf hin. In der Tat handelt es sich also bei unseren beiden Beispielsätzen wieder um indirekte Charakterisierungen i.S.v. 'Die Fahrer werden auf die richtige Behandlung des neuen Busses, auf das richtige Fahren mit dem Bus o. Ä. vorbereitet' und 'der Prüfling hat sich gut auf das Verhalten, auf die Art der Fragestellung usw. des Prüfers vorbereitet'.

Im Großwörterbuch Französisch von PONS (PONS 1996) wird als Äquivalent für *sich vorbereiten auf*: *se préparer à* oder *pour* angegeben:

> **vorbereiten I.** [...]
> **II. 1.** *(sich präparieren)* - **jd bereitet sich [auf etw** *(Akk)*] **vor** *auf eine Rede, Prüfung, ein Gespräch* qn se prépare [à [*o* pour] qc]
> (*sich einstellen*) - **jd bereitet sich auf etw** (Akk) **vor** *auf jds Ankunft, auf einen großen Tag* qc se prépare pour qc
> [...]

Die Beispiele, die im Artikel aus dem Duden aufgeführt werden, können auch alle mit *préparer à* oder *pour* übersetzt werden. Die Beispiele *Die Fahrer werden gewissenhaft auf den neuen Bus vorbereitet* und *Der Student hat sich gut auf den Prüfer vorbereitet* hingegen nicht. Hier muss die Verkürzung wieder aufgelöst werden: *Les conducteurs sont bien préparés/ont été préparés à conduire le nouveau bus, à la conduite du nouveau bus* o.Ä.; oder man schließt die Übersetzung von *Prüfer* anders an *préparer* an, z.B. *L' étudiant s' est bien préparé en fonction de l'examinateur* o.Ä.

Umgekehrt ist eine zwar modische, aber nichtsdestoweniger inzwischen im Französischen häufig verwendete Verkürzung nicht direkt ins Deutsche übertragbar, nämlich *écrire l'Allemagne*. Diese Verkürzung müsste wieder aufgelöst werden, vielleicht in *Alles über Deutschland schreiben*; oder sie müsste anders übersetzt werden, z.B. mit *Deutschland ganz beschreiben.* (Wenn man nicht genau weiß, wovon etwas die Verkürzung ist, ist die Übersetzung schwierig!)

Interessant wäre es, die hier behandelten Probleme auch im Zusammenhang mit der großen Frage nach einer geeigneten Metonymiedefinition zu erörtern. Dies würde jedoch den hier gesteckten Rahmen um Einiges sprengen! Immerhin genügen diese wenigen Beispiele, um die These von Blumenthal, dass "bestimmte Regelmäßigkeiten und Möglichkeiten in der Selektion von Objektklassen bisweilen weniger mit einer ontologischen Gliederung der Wirklichkeit als mit der Projektionsfähigkeiten des regierenden Verbs (coercion) zu tun haben", auf die indirekte Charakterisierungen auszuweiten und ihre Behandlung in einem Wörterbuch zu rechtfertigen.

In VALBU haben wir einen solchen Integrationsversuch unternommen, wie am Subartikel **vorbereiten 2** jetzt gezeigt wird. (Den Pfeil habe ich hier nur zu Demonstrationszwecken hinzugefügt.)

> **[...]** [4]
> ***SBP* vorbereiten 2 auf/für NomE AkkE PräpE**

---

4 Die Beispiele *jemanden auf eine Operation, auf den Besuch der Schwiegermutter* usw. *vorbereiten* gehören in VALBU zu einer anderen Verbvariante und werden unter einem weiteren Sublemma des Hauptlemmas **vorbereiten** behandelt.

BED mit jemandem üben, jemanden anlernen o. Ä., damit ihm etwas gelingt.
(13) Der Lehrer bereitet seine Schüler auf die Prüfung vor.
BELR NomE: [...]
AkkE: [...]
PräpE: auf +A/selten *für* +A: dasjenige, das jemandem gelingt:
Sachverhalt/Handlung/[indirekt Konkretum]
SE mit obl. Korrelat *darauf*: Sachverhalt/Handlung
(20) [...]
(24) Die Polizei hatte sich **auf die jugendlichen Demonstranten** [sehr genau] vorbereitet.
(25) Die Fahrer wurden [gewissenhaft] **auf den neuen Bus** vorbereitet.

(Auszug aus dem Artikel **vorbereiten** in VALBU)

5. Bibliographie

ÁGEL, 2000: V. ÁGEL, *Valenztheorie,* Tübingen, Gunter Narr Verlag (= Narr Studienbücher).

BLUMENTHAL, 2001: P. BLUMENTHAL, *Zum Valenzwandel im Französischen. Gegenstand vs Sachverhalt im Objektbereich*, dans W. THIELEMANN et K. WELKE, *Valenztheorie. Einsichten und Ausblicke,* Münster, Nodus Publikationen, 97-115.

DUDEN, 1999: *Das große Wörterbuch der deutschen Sprache in zehn Bänden* (3., völlig neu bearb. und erw. Auflage), Mannheim - Leipzig - Wien – Zürich, Dudenverlag.

HELBIG, 1992: G. HELBIG, *Probleme der Valenz- und Kasustheorie*, Tübingen, Niemeyer (= Konzepte der Sprach- und Literaturwissenschaft 51).

KUBCZAK, 1999: J. KUBCZAK, *Nachdenken über verletzen und die Folgen oder: Eine Valenzgruppe "in Not",* dans B. SKIBITZKI, et B. WOTJAK, *Linguistik und Deutsch als Fremdsprache: Festschrift für Gerhard Helbig zum 70. Geburtstag*, Tübingen, Niemeyer, 133-148.

KUBCZAK, 2004: J. KUBCZAK, *Zum neuen Mannheimer Valenzwörterbuch deutscher Verben (VALBU).* Internationale Fachtagung: Das Valenzkonzept in Lexikon und Grammatik. 6.- 8. Mai 2002, Universität Santiago de Compostela. (erscheint demnächst).

NIKULA, 2001: H. NIKULA, *Zum Problem der semantischen Valenz,* dans W. THIELEMANN et K. WELKE, *Valenztheorie. Einsichten und Ausblicke*, Münster, Nodus-Publikationen, 281-294.

PONS, 1996: *Großwörterbuch Französisch - Deutsch / Deutsch - Französisch,* Stuttgart, Dresden, Ernst Klett Verlag.

ROBERT, 1967: P. ROBERT, *Dictionnaire alphabétique et analogique de la langue française*, Paris, Société du Nouveau Littré: Le Robert.

SCHUMACHER, 1986: H. SCHUMACHER (Hg), *Verben in Feldern. Valenzwörterbuch zur Syntax und Semantik deutscher Verben,* Berlin/New York, de Gruyter (= Schriften des Instituts für Deutsche Sprache 1).

SCHUMACHER, 1999: H. SCHUMACHER, *Wir glauben die Schifahrer in Gefahr. Probleme bei der Beschreibung von Verben des Glaubens,* dans P. BASSOLA, C. OBERWAGNER, et G. SCHIEDERS, *Schnittstelle Deutsch. Linguistische Studien aus Szeged. Festschrift für Pavica Mrazović*, Szeged, (= Acta Germanica 8), 1999, 49-59.

VALBU, 2004: H. SCHUMACHER, J. KUBCZAK, R. SCHMIDT et V. DE RUITER, *VALBU, Valenz-wörterbuch deutscher Verben*, Tübingen, Gunter Narr Verlag, (erscheint 2004).

Jacqueline Kubczak
Institut für Deutsche Sprache
R5, 6-13
D-68161 Mannheim
Deutschland
Kubczak@ids-mannheim.de

6. Anhang: Der Wörterbuchartikel "verzeihen" aus Valbu

Auch hier wurden einige Charakterisierungen als indirekt notiert, s. dazu die Belegungsregeln der NomE, der AkkE und der DatE von **verzeihen 1** und die Belegungsregel der AkkE von **verzeihen 2**.

ver'zeihen verzeiht - verzieh - hat verziehen

verzeihen 1 jemandem nicht mehr böse sein

verzeihen 2 keine unangenehme Reaktion auf etwas zeigen

SBP **verzeihen 1** NomE (AkkE) (DatE)

BED jemandem wegen etwas nicht mehr böse sein; vergeben. (1) Kannst du mir meinen Wutausbruch verzeihen?

BELR NomE: derjenige, der nicht mehr böse ist: Person/Institution/[indirekt abstr. Objekt]

(2R) **Gott** verzeiht jedem Sünder, aber er hasst die Sünde. (Grisebach, Frau im Westen) (3) Aber **Tante Hedwig** konnte [schnell] verzeihen und trug nichts nach. (Grisebach, Frau im Westen) (4) **Die Regierung** wird diesen Affront [nie] verzeihen. (5) Wenn jemand einen Fehler macht und ihn eingesteht, bin ich davon überzeugt, dass **die Öffentlichkeit** auch diesen Fehler verzeiht. (nach BerlZ, 13.1.2001, S. 44) (6) **Echte Liebe** verzeiht [bekanntermaßen] alles. (MM, 26.6.2001)

(AkkE): dasjenige, dessentwegen jemand nicht mehr böse ist: Sachverhalt/Handlung/[indirekt Konkretum/geistiges Produkt]

SE mit fak. Korrelat *es* (stellungsbed.): Sachverhalt/Handlung

(7) Sein Onkel hat ihm **seine Sammelleidenschaft** [nie] verziehen. (nach BerlZ, 24.3.2001, S. 5) (8) Edgar hat mir **diese Taxifahrt** [nie] [ganz] verziehen. (Böll, Ansichten, S. 197) (9) Jesus hat [nicht nur] **Sünden** verziehen, er hat [auch] Krankheiten geheilt. (Bamm, Ex Ovo, S. 19) (10) Wer liebt, verzeiht **auch kleine Lügen**. (MM, 2.2.2001) (11) **Eine Ohrfeige** würde ich dem Schläger [nie] verzeihen. (nach BerlZ, 27.1.2001, S. 11) (12) Die Militärs verzeihen Alape **sein Buch** [nicht]. (nach taz, 10.2.2001, S. 1) (13) Unser Lehrer hat uns [großzügig] **das Niespulver** verziehen.

dass-S: (14) Franz konnte **(es)** sich [nie] verzeihen, **dass er so dumm gewesen war und diese Nazipropaganda am Anfang geglaubt hatte.** (15) Ich kann **(es)** ihr [nicht] verzeihen, **dass sie Schlechtes über meine Schwester geredet hat.**

Inf+: (16) **Verspottet worden zu sein**, wird sie [nie] verzeihen.

w-Frag: (17) Er wird **(es)** [nie] verzeihen können, **wie man seine Eltern im Gefängnis behandelt hat.**

(DatE): derjenige, dem jemand nicht mehr böse ist: Person/Institution [indirekt geistiges Produkt]

(18) Kannst du **mir** [noch einmal] verzeihen? (19) Die Menschen wollen **dieser verbrecherischen Regierung** [nicht] verzeihen und werden ihre Mitglieder vor Gericht stellen. (20) Die Bilder sind so schön, dass es leicht fällt, **dem Film** seine paar Ungeschicklichkeiten zu verzeihen.

PASSK Werden-, Sein-Passiv

werden: (21) Stimmt es, dass [in einer Beziehung] eine große Verfehlung [eher] verziehen wird [als viele kleine Unachtsamkeiten]?

sein: (22) Deine Sünden sind dir verziehen.

WORTB die Verzeihung; verzeihlich

ANM – Auf dasjenige, dessentwegen jemand nicht mehr böse ist, wird auch häufig mit einem wenn-Satz Bezug genommen: (23) Nella verzeiht mir [zwar immer gleich großmütig], **wenn ich mal die Beherrschung verliere**, aber warum ich sie verliere, kann sie nicht verstehen. (Grisebach, Frau im Westen)

– **verzeihen 1** wird häufig in Aufforderungen als höfliche Einleitung einer Frage, Bitte o.Ä. verwendet, wenn diese als Störung oder Unhöflichkeit empfunden werden könnte: (24) Verzeihen Sie, wo geht es hier zum Bahnhof? (25) Verzeihen Sie [bitte] die Störung, findet hier der Kurs „Deutsch für Fortgeschrittene" statt? (26) Verzeihen Sie, könnten Sie mir helfen, den Koffer ins Netz zu heben?

W.BED **verzeihen 2** NomE AkkE; AkkSE mit fak. Korrelat *es* (stellungsbed.)

etwas [konkr. Objekt/abstr. Objekt] hat keine unangenehme Reaktion auf etwas [Vorgang/Handlung/[indirekt konkr. Objekt/Substanz]]

(27) Einen Kaltstart bei einer sportlichen Leistung verzeiht die Muskulatur [nicht]. (28) Schumis Ferrari fährt sich anders als ein gutmütiger Benetton, der so manchen Fahrfehler verzeiht. (MM, 14.3.2001) (29) Ob die Natur so viele Umweltsünden [noch] verzeihen kann? (30) Pflastersteine verzeiht die gute Federung [problemlos]. (31) Zu viel Alkohol verzeiht die Leber [nicht]. (32) Sogar Kalkwasser verzeiht dieses neue Bügeleisen.

dass-S: (33) Die Haut verzeiht (es) [nicht], dass man sie zu viel der Sonne ausgesetzt hat.

Inf+: (34) Zu heiß gewaschen zu werden, verzeiht ein Wollpulli [nicht].

PHRAS Idiom: nur Wendungen

– *Das verzeih ich/verzeiht er/... dir/ihm/... nie!*: [als Ausdruck tiefster Kränkung]; *Gott/Der Himmel möge ihm/ihr/... verzeihen!*: Er/Sie/... hat einen so schweren Fehler gemacht, dass nur noch Gottes Gnade helfen könnte.

BCILL 112: *Langues à niveaux multiples*, 197-215

Autonomie oder der moderne Lerner

Ann RINDER
Université catholique de Louvain

I. Vorbemerkungen

Die Theorie und die Praxis des Sprachunterrichts sind in eine neue Epoche eingetreten; dem Lerner helfen, so autonom wie möglich zu werden, ist zum Leitmotiv der modernen Didaktik geworden. Das Konzept „Autonomie" ruft heftige Reaktionen hervor. Für einige repräsentiert es ein zu idealisiertes Ziel, dessen Förderung eine Distanz zum eigentlichen Sprachunterricht zu Wege bringt; für andere ist Autonomie die Voraussetzung zum erfolgreichen Lernen; einmal autonom, entwickeln sich die Lerner dann auch zu verantwortungsbewussten und kritischen Bürgern innerhalb unserer Gesellschaft.

Dieser Begriff „Autonomie" ist nicht neu in der Sprachdidaktik (PORCHER, 1992, 6), aber er hat in diesen letzten zehn Jahren beträchtlich an Beliebtheit gewonnen. Dieser Popularitätsanstieg lässt sich besser mit dem Hintergrund der Lernpsychologie verstehen, die durch ihre Forschungsergebnisse erheblichen Einfluss auf die Sprachdidaktik ausübt. Neuere Recherchen sind vor allen Dingen in Hinsicht auf die neuen Medien durchgeführt worden. Die Wechselwirkung zwischen der Lernpsychologie und den neuen Medien kann nicht geleugnet werden. Diese Meinung vertreten auch LEGROS und CRINON (2002, 19):

> « L'histoire de la psychologie de l'apprentissage depuis une trentaine d'années est indissociablement liée aux tendances qui ont successivement dominé le paysage des technologies de l'apprentissage. »

Über den Einsatz der neuen Technologien im autonomen Sprachunterricht können verschiedene Ansichten festgestellt werden. Manche Autoren wie z. B TREBBI (2000, 120) weisen auf die Wechselbeziehung zwischen der Autonomie und den neuen Medien hin:

> « A ce point de notre recherche-action, nous sommes amenés à considérer l'autonomisation de l'apprentissage comme un préalable à la réussite de l'usage des TIC[1] dans la classe de langue, et à son tour les TIC comme un moyen opératoire dans l'apprentissage autodirigé. »

---

[1] TIC= technologies de l'information et de la communication.

Andere wie zum Beispiel BENSON und VOLLER (1997, 10) beziehen kritischer Stellung in Bezug auf den fördernden Einfluss der neuen Technologien auf die Autonomie und umgekehrt: « The new technologies of language learning have tended to latch on to autonomy as one justification to their existence ».

Was feststeht, ist, dass diese neuen Technologien einen Paradigmenwechsel in der Lernpsychologie verursacht haben, nämlich den vom Behaviorismus zum Konstruktivismus. Dieses neue, konstruktivistische Paradigma verlangt vom Lerner, dass er individuell sein Wissen aufbaut, indem er neue Informationen mit seinem bereits vorhandenen Wissen und seinen Erfahrungen verbindet. Dies ist ein Bruch mit den traditionellen Lerntheorien, und es wundert uns dann auch nicht, dass dem Konstruktivismus das Konzept „Autonomie" sehr gelegen kommt und umgekehrt. Doch was charakterisiert Lernerautonomie oder besser gesagt einen autonomen Sprachlerner? Ist es jemand, der allein lernt oder jemand, der selbstständig sein Lernen in die Hand nimmt?

Der Weg zur Autonomie sollte nicht allein begangen werden, sondern in Begleitung von einem Lehrer und anderen Lernern, und der Europäische Referenzrahmen für Sprachenlernen (vgl. QUETZ, 2001) unterstreicht diesbezüglich die Entwicklung dieser autonomen Kompetenz innerhalb der Klasse. In der Klasse lernen wird als unvermeidbar betrachtet, und wir können feststellen, dass diese soziale Komponente in der Konstruktivismustheorie, die sich auf PIAGET beruft, nicht vorhanden ist. Dies ist der Grund, weshalb viele Didaktiker und Pädagogen sich einem neuen Lernparadigma zuwenden, das der sozialen Funktion wohl gerecht wird, nämlich dem Soziokonstruktivismus (VYGOTSKI).

Im Rahmen eines Seminars mit Jacques Lerot hatte ich die Gelegenheit, autonome Arbeit mit den Studenten zu organisieren. Dieser Aufsatz gilt ihm als Ausdruck meines Danks für die Zusammenarbeit.

Dieser Beitrag möchte einen Überblick über das bestehende Forschungsmaterial der letzten zehn Jahre in Bezug auf die Lernerautonomie geben und versteht sich als eine Einleitung in das Konzept „Autonomie". Grundelemente dieses Konzepts werden vorgestellt, Gründe für die Notwendigkeit der Veränderung des bisherigen Unterrichts genannt und verschiedene Probleme in der praktischen Anwendung dieses Konzepts dargestellt. Dieser Beitrag gliedert sich in vier Abschnitte. Im ersten wird erläutert, was hier unter Lernerautonomie verstanden wird, unter anderem indem auf die Rolle des autonomen Lerners und des Lehrers eingegangen wird. Im zweiten Abschnitt werden eine Reihe psychologischer Erkenntnisse in Hinsicht auf die Autonomie aufgezählt, und zwar die der kognitiven und konstruktiven Lerntheorie. Der dritte Abschnitt versucht aufzuzeigen, welche pädagogischen Konsequenzen diese Erkenntnisse für den Fremdsprachenunterricht mit sich bringen.

II. Was ist Lernerautonomie?

Das Konzept „Lernerautonomie" wurde zuallererst von HOLEC (1981) definiert als die Fähigkeit, das eigene Lernen gestalten zu können. Dies bedeutet, dass der Lerner Lernziele, Lerninhalte und Progression definieren, seine Arbeits- und Lernstrategien selbst auswählen und die eigenen Lernresultate auswerten kann. LITTLE (1991, 13) hat das Konzept weiter ausgebaut und vertritt die Meinung, dass Lernerautonomie eine notwendige Charakteristik des erfolgreichen Lerners ist: « (...) it is a necessary characteristic of all successful learners ».

Lernerautonomie ist zum wichtigsten Ziel der Erziehung geworden, und LITTLE erwähnt das Beispiel eines Kindes, das die Muttersprache autonom erlernt; Kinder eignen sich schon früh eine gewisse Autonomie an, aber sind sich dessen nicht bewusst, und es ist die Rolle des Lehrers, die Lerner darauf hinzuweisen und aufmerksam zu machen, damit die Lerner diese autonomen Arbeitsweisen auch auf andere Sprachen anwenden können. LITTLE (zitiert nach WOLFF, 1999, 93) betont auch, dass

> « (...) die Entwicklung von Lernerautonomie eine Notwendigkeit in unserer Gesellschaft ist, da Wissen mit ungeheurer Geschwindigkeit verfällt und der Mensch nur deshalb überleben kann, wenn er die Fähigkeit zum autonomen Wissenserwerb entwickelt ».

Diese Gesellschaft stellt auch neue Anforderungen an den Lerner, den zukünftigen Mitarbeiter. Er muss sich immer wieder anpassen können, bereit und im Stande sein, dazuzulernen. Das Konzept „Lebenslanges Lernen“ ist laut ESCH (2000, 121) in diesem Zusammenhang zum Schlagwort geworden:

> « La nécessité de mettre en oeuvre des formations tout au long de sa vie se fait toujours plus forte, dès lors que des enfants scolarisés aujourd'hui devront demain envisager trois ou quatre activités professionnelles différentes tout au long de leur carrière. »

Im Fremdsprachenbereich macht sich diese Idee auch bemerkbar, aber auf eine andere Art und Weise: eine Sprache soll nicht mehr beherrscht werden, sondern man soll etwas mit ihr anfangen können (vgl. TUDOR, 1996). LEBRUN (2001) unterscheidet vier allgemeine Niveaus an Wissen, die sich der Lerner aneignen soll:

- « savoir »: die theoretische Grundlage eines Fachs
- « savoir faire »: die Theorie anwenden können
- « savoir être »: dem Wissen eine persönliche Bedeutung zumessen können
- « savoir devenir »: die Fähigkeit, lebenslang zu lernen, das heißt das Lernen in den Griff zu bekommen.

Autonomes Lernen ist also auf der einen Seite heute ein relativ neuer Begriff, auf der anderen Seite sind seine Grundlagen aber schon seit einiger Zeit Inhalt der didaktischen und pädagogischen Diskussion (vgl. DEWEY, 1964; MONTESSORI, 1992). Schon der berühmte Pädagoge FREINET (1896-1966) sprach sich gegen einen Unterricht aus, der dem Lerner Methoden und Lektionen aufzwingt. Viele Aspekte dieser Reformpädagogik können heute in Begriffen wie „offene Arbeit“, „praktisches Lernen“, usw. wiedergefunden werden.

Autonomes Fremdsprachenlernen ist die Anwendung dieser Ideen auf den Fremdsprachenunterricht. Ziel dieses Konzepts ist es, möglichst viele Entscheidungen den Lernern zu überlassen, und zahlreiche Arbeitstechniken können dies ermöglichen. Autonomes Lernen kann langsam eingeleitet werden oder es kann aber auch ganz schnell gehen; das hängt natürlich von den Fähigkeiten der Lerner ab. Die Lerner müssen begreifen, dass sie viele ihrer Arbeits- und Lernstrategien hinter sich lassen müssen und die für sie am geeignetesten anwenden.

II. 1 Der autonome Fremdsprachenlerner

Autonomes Fremdsprachenlernen hat sicherlich nicht nur einen lernpädagogischen Hintergrund, sondern auch einen sprachpädagogischen, denn es handelt sich hier um das Erlernen einer Fremdsprache. Da das Erwerben einer Sprache eine komplexe Angelegenheit ist und nicht durch einfache Regeln beherrscht werden kann, wird laut WESKAMP (1999, 16) die Sprache als ganzheitlich betrachtet; das heißt, dass die Lerner eine „interlanguage" entwickeln und zu diesem Zweck eigene Strategien verwenden.

Der Lerner erhält also fortan einen anderen Stellenwert als beim Modell des Nürnberger Trichters (vgl. THISSEN, 1997, 4): er soll autonom und selbstgesteuert lernen. Doch kann er das? Was charakterisiert autonome Lerner? Sie haben Lust zum Lernen, kennen die Grenzen ihrer Lernmöglichkeiten, artikulieren ihre Lernprobleme, verbinden neues Wissen mit ihrem Vorwissen, kennen die Lebensbedeutung des Lerngegenstands, organisieren ihr eigenes Lernen, lernen durch Selbststeuerung, benutzen Lerntechniken und Lernstrategien, überprüfen ihre Lernroutine, lernen durch Kommunikation, stellen echte Wissensfragen. (vgl. LEGENHAUSEN, 1994). Diese erwähnten Lernstrategien sind: « (...) den eigenen Lernprozeß zu gestalten (to shape), den eigenen Lernprozeß zu überwachen (to monitor), den eigenen Lernprozeß auszuwerten (to evaluate) ». (LITTLE, 1997, zitiert nach MEESE, 2001, 55)

Der Unterricht wird lernerzentriert, das heißt der Lerner trifft eigene Entscheidungen und organisiert seinen Lernprozess (vgl. BENSON; VOLLER, 1997, 8). Auf der einen Seite muss der Lerner selbstständig und flexibel die Zielsprache als Kommunikationsmedium verwenden können; auf der anderen Seite braucht er das notwendige Wissen und die Fertigkeiten, um fähig zu sein, nach der Schule oder dem Studium weiterhin in der Fremdsprache Fortschritte zu machen (vgl. LITTLE, 1999).

Strategiengebrauch wird also im schüler- oder lernerzentrierten Unterricht sehr wichtig, denn die Fähigkeit, sich Wissen anzueignen, findet große Anerkennung; bisher wurde den Strategien im Fremdsprachenunterricht nur wenig Bedeutung zugemessen. Doch was sind Lernstrategien? Es gibt zahlreiche Definitionsversuche, so die Definition von WOLFF (1997, online):

> « Lernstrategien sind strategische Verhaltensweisen, die der Lernende u.a. beim Gebrauch und beim Erwerb der fremden Sprache einsetzt. Als komplexe Pläne steuern sie sowohl das Verhalten des Lernenden beim Lernen und in der Interaktion mit anderen, als operationalisierte Fertigkeiten steuern sie den Erwerb sprachlicher Mittel und die Verarbeitung nicht-sprachlicher Informationen. »

Damit autonomes Fremdsprachenlernen stattfinden kann, muss der Lernweg und -prozess transparent sein, und für HÄUPTLE-BARCELO (1999, 50) müssen deshalb zusätzlich

> « (...) zur Vermittlung von Sprachkenntnissen (…) im Unterricht verschiedene Verfahren mit den Lernern gemeinsam erprobt werden, die den jeweils schnellsten und besten Lösungsweg für eine Lernaufgabe darstellen ».

Für HÄUPTLE-BARCELO müssen kognitive wie auch metakognitive Strategien in den Unterricht einbezogen werden. Wir sind aber der Meinung, dass eine dritte Art indirekter Strategie, die affektive Strategie, auch sehr wichtig zum Erfolg eines autonomen Lerners ist. O'MALLEY und CHAMOT (1990) definierten diese drei Strategiearten folgenderweise:

- « metacognitive: (...) make use of knowledge of cognitive processes to regulate the learning process »,
- « cognitive: (…) operations carried out directly on the material to be learned »,
- « affective: (…) involve the ways in which the learners interact with others and control themselves to enhance their learning. » (zitiert nach BENSON, 2001, 81)

Je transparenter der eigene Lernprozess, umso besser kann der Lerner diesen erkennen und sein Lernen darauf einstellen. Jeder Lerner entwickelt seine eigenen Strategien und sein eigenes Wissen, denn jede Person lernt anders. Lehrer sollten nicht davon ausgehen, dass Lerner erst mit ihnen anfangen zu lernen; nein, sie haben schon einen langen Lernweg hinter sich und verfügen dementsprechend über eigene Lernmethoden und Lernstile. Die Motivation, die Kompetenz, die Lernmethode und die Persönlichkeit beeinflussen das Lernen; und diese Verschiedenheit ist einer der Gründe, warum Lernerautonomie gefördert werden soll.

II. 2 Die Rolle des Lehrers

Heute ist allgemein bekannt, dass autonom lernen nicht bedeutet, allein zu lernen, sondern innerhalb einer Gruppe mit einem Lehrer, aber mit eigenen Lernstrategien zu lernen. Auch die Tatsache, dass der Lehrer nicht mehr gebraucht würde, wird immer stärker verworfen. Die Rolle des Lehrers hat sich zwar geändert, denn sie hat sich vom Wissensvermittler zum Wissensmanager entwickelt. Das Hauptziel des Lehrers besteht jetzt darin, die Lerner anzuregen und zu führen. Es ist eine komplexe und schwierige Aufgabe, und die Lehrerausbildung zu diesem Zweck ist notwendiger denn je.

Der Lehrer muss aber auch selbst autonom handeln können:

> « Only teachers who have first-hand experience of what it is to be an autonomous learner can be depended upon to promote autonomy in their classrooms. » (LITTLE, 1999, 34)

Der Lerner muss also Strategien entdecken und anwenden können, und laut LEGENHAUSEN (2001) ist es die Funktion des Lehrers, die Lerner auf diese Strategien und deren Verwendung aufmerksam zu machen. Es erscheint als nicht unwahrscheinlich, dass die Auswahl der methodischen Verfahren zur Bearbeitung der Lernaufgaben sehr wichtig ist, um geeignete Lernstrategien zu entdecken und zu üben.

> « The teacher thus dispenses with the attempt to 'teach' linguistic forms as described in the syllabus, and instead relies on the learners' ability to work out the rules of the target languages themselves. (…) One of the teacher's most important functions is to initiate and

> support awareness-raising processes as regards the formal structures of the target language, of communication and of the learning process itself. » (LEGENHAUSEN, 2001, 59)

Den Lehrern kommt also eine zentrale Rolle zu, die des Lernorganisatoren und des Lernmoderatoren. Ihre Aufgaben bestehen darin, zu planen, zu organisieren, zu unterrichten, zu beraten, Material zu entwickeln, auszuwerten und die Qualität des Unterrichts und die Identität der Lerner zu sichern (vgl. VONDERHANDT, 1999, online). Diese Kompetenzen müssen in der Lehrerausbildung, die für PARMENTIER und PAQUAY (2001, 1) wichtiger denn je wird, behandelt werden:

> « Le rôle de l'enseignant n'est d'ailleurs plus de transmettre ces contenus-matières comme tels, mais de concevoir et de gérer des séquences d'apprentissage dans lesquelles les apprenants sont confrontés à des situations nouvelles et motivantes qui les amènent à interagir pour chercher et traiter l'information nécessaire, pour y faire face adéquatement et/ou leur donner sens. Il convient d'outiller les enseignants dans cette perspective. »

Autonomie betrifft also nicht nur den Lerner; der Lehrer muss auch autonom werden und zu diesem Zweck ausgebildet werden.

III. Kognitive und konstruktive Lerntheorien

Die Befürworter des autonomen Lernens stützen sich auf das konstruktivistische Lernparadigma, das in gewisser Weise der Nachfolger des Behaviorismus ist. Dieses behavioristische Lernparadigma hatte sehr viel Erfolg in den siebziger Jahren, vor allem mit der Einführung der Sprachenlabors. Dieser Beitrag möchte sich aber vor allen Dingen auf die konstruktivistische Lerntheorie konzentrieren, da diese in Bezug auf das autonome Lernen interessanter ist.

Dieser konstruktivistische Ansatz betrachtet den Lerner als einen aktiven Menschen, der selbst sein eigenes Wissen in seinem Kopf herstellt und organisiert anhand eigener Erfahrungen und selbst erlangten Wissens. Dies ist neu, denn in der behavioristischen Auffassung wurde der Lerner zum Automaten herabgesetzt, zur Maschine, die über keine kognitive Fähigkeiten verfügte, sondern nur auf Reize reagierte. SKINNER (1904-1999), ein Behaviorist, sprach deshalb in seinen Werken über Lernszenarien, die durch Lehrer einfach kontrollierbar waren. Die Vermittlung von Inhalten war durch Instruktionsverfahren möglich; der Lehrer gab Wissen weiter, das die Lerner nur selten mit eigenem Wissen in Verbindung bringen konnten. Diese Theorie –auch wenn sie heutzutage noch oft in der Klasse angewandt wird- wurde in den neunziger Jahren heftiger Kritik unterworfen, vor allem wegen der neuen Erkenntnisse in kognitiver Lerntheorie.

Tatsächlich wird immer deutlicher, dass die Instruktionsmethode in unserer heutigen Lerngesellschaft überholt ist, und WOLFF (1999, 40) stellt fest, dass

> « (...) viele der Ideen, die von Anhängern der Lernerautonomie in der Unterrichtspraxis eingebracht wurden, in viel höherem Maße dem entsprechen, was wir über das Lernen

> wissen, als die durch Instruktion charakterisierten und in unserem derzeitigen Schulsystem vorherrschenden Unterrichtskonzepte ».

Lernerautonomie verfügt über eine empirisch abgesicherte Grundlage, die sich auf konstruktivistische und vor allem kognitive Erkenntnisse stützt (vgl. WOLFF, 1990). Die Kognitivisten haben sich u.a. damit beschäftigt zu ergründen, was sich im Kopf eines Lerners abspielt. Sie stellten fest, dass jeder Lerner Strategien anwendet, um Informationen auf der Basis bereits erworbenen Wissens zu verarbeiten. Wissen wird nämlich so gespeichert, dass es schnell und flexibel abrufbar ist; Psycholinguisten und Kognitivisten vermuten, dass es in Schemata aufgenommen wird. Sehr wichtig für uns ist, dass jeder Lerner individuelles Wissen besitzt, da jeder seine eigenen Erfahrungen gesammelt hat. Die Lerner müssen also die für sie geeignetesten Strategien benutzen, um Informationen in bisheriges Wissen zu integrieren. Es handelt sich hier um Hypothesen, die von Lernern gemacht und getestet werden. Neben diesen Verarbeitungsstrategien verwenden die Lerner auch mentale Operationen, um Wissen zu strukturieren, damit es effektiver benutzt werden kann.

Die konstruktivistischen Überlegungen finden ihren Ursprung in der Theorie von PIAGET (1869-1980), die besagt, dass Wissen konstruiert wird, dass es subjektiv und selbstorganisiert ist: « Lernen ist ein Prozess der Selbstorganisation und findet nur statt, wenn der Lerner Verantwortung für sein eigenes Lernen übernimmt. » (WOLFF, 1999, 44)

Es versteht sich von selbst, warum viele Didaktiker auf die konstruktivistische Lerntheorie zurückgreifen, wenn es um Autonomie geht. Auch die Kooperation mit anderen beim Wissensprozess ist wichtig, um autonom zu werden. Da PIAGET immer nur die individuelle Wissenskonstruktion hervorgehoben hatte, sind laut WOLFF (1999, 44) die Konstruktivisten zwar mit PIAGETS Prinzipien einverstanden, doch vermissen einige unter ihnen in dieser Theorie die Interaktion mit anderen Lernern:

> « Die Konstruktivisten nehmen an, dass wir, weil wir die Welt um uns herum subjektiv aufbauen, mit anderen agieren und kommunizieren müssen, um eine Welt zu organisieren, in der wir zusammenleben können. »

Dies erklärt, warum heutzutage eher vom Soziokonstruktivismus gesprochen wird, die Konstruktivismustheorie mit der sozialen Komponente, die wir bei VYGOTSKY finden.

IV. Der Soziokonstruktivismus

Während PIAGET die Ansicht vertrat, dass Wissen individuell erworben wird, ist Wissen für VYGOTSKY nur durch Interaktion mit anderen möglich. Andere Lerner und/oder der Lehrer kooperieren mit dem Lerner zusammen, bis dass letzterer unabhängig die Aufgabe lösen kann. RENAUD und VIENS (2001, 20) bestätigen den soziokonstruktiven Trend und zitieren als Beispiel kanadische Schulen und Universitäten:

> « La société du savoir engendre de nouveaux besoins d'apprentissage moins axés sur l'acquisition des connaissances que sur des processus d'apprentissage et de résolutions de problèmes qui permettent à l'individu d'augmenter son autonomie et de transférer ses

> apprentissages pour répondre aux besoins requis pour un monde en constante évolution. Dans cet esprit, les programmes d'éducation du ministère de l'éducation du Québec mettent l'accent sur une telle orientation dite socio-constructive de l'éducation. »

VYGOTSKY interessierte sich vor allem für die Rolle der Gesellschaft und der Kultur in unserem Leben, aber die Sprachdidaktiker konzentrierten sich besonders auf das sehr bekannte Konzept: „zone of proximal development", das VYGOTSKY (1978, 86) selbst folgendermaßen definierte:

> « the distance between the actual developmental level as determined by independent problem solving and the level of potential development as determined through problems solving under adult guidance or in collaboration with more capable peers ».

Dem Lerner muss geholfen werden, autonom zu werden; dies bestätigt natürlich die Annahme, dass Lernerautonomie nicht allein erworben wird, sondern mit anderen. Der Lerner wird diese „zpd" immer wieder durchlaufen müssen; dieser Prozess wird natürlich immer schneller vonstatten gehen, je autonomer der Lerner ist.

Damit Wissen erfolgreich konstruiert werden konnte und ein kognitiver Konflikt stattfinden konnte, bot PIAGET den Lernern komplexe authentische Situationen an; für VYGOTSKY reichte die Präsenz anderer Menschen, die den Lerner in der „zpd" stimulierten und mit ihm kooperierten. Es kann nun besser mitverfolgt werden, warum sich die Konstruktivisten, vor allem in Hinsicht auf das Konzept der Lernerautonomie, eher dem Soziokonstruktivismus zuwenden (DE GUERRERO; VILLAMI, 2000, 52). Diese Wende macht sich auch in den Anwendungsmöglichkeiten der neuen Medien bemerkbar, die nun als Werkzeuge gebraucht werden, die aber erst durch die Kollaboration mit anderen zur Geltung kommen.

Diese „zpd" könnte uns an einen anderen Begriff in der Linguistik erinnern, und zwar Krashens Formel vom Input: „input:(i)+1".Diese Formel beweist laut Krashen, dass dem Lerner immer ein höherer Input angeboten werden soll, das heißt, ein Input, das der Lerner noch nicht beherrscht: (i)+1, doch aber auch nicht zu schwierig für ihn ist. Diese Parallele wurde heftig unter Didaktikern und Linguisten diskutiert (vgl. SCHINKE-LLANO, 1993; DUNN; LANTOLF, 1998).

V. Pädagogische Konsequenzen

V.1 Gruppenarbeit oder Kooperation

Der Weg zur Autonomie kann nicht an den anderen und den Lehrer vorbeiführen, und viele Autoren sehen die Gruppenarbeit als wichtiges Mittel, um die Autonomie zu fördern; (vgl. DÖRNYEI, 1997; BENSON, 2001; LEGROS; CRINON, 2001). In der Gruppenarbeit, oft das kollaborative oder kooperative Lernen genannt, bemüht sich jeder, das Lernen aller Gruppenmitglieder zu fördern. Ein anderes typisches Merkmal der Gruppenarbeit ist, dass die Lerner die Verantwortung teilen und jeder auf den anderen zählen kann und muss. Die Arbeit wird immer in Aufgaben ausgeführt und ist viel komplexer als die individuelle oder kompetitive Arbeit. Auch belegen Studien (vgl. CRINON, 2002, 32), dass die Gruppenarbeit effizienter ist als das individuelle Lernen: « (...) de nombreuses données confirment la plus grande efficacité de l'apprentissage collaboratif par rapport à l'apprentissage individuel ».

Diese Kooperation unterstützt auch das Bewusstmachen der gebrauchten Strategien, und in einer kooperativen Umgebung lernt der Schüler auch immer mehr sein Lernen zu organisieren und zu kontrollieren (CRINON; LEGROS, 2002, 32). BLIN (1998, 219) ist auch von der Effizienz der Gruppenarbeit überzeugt und schreibt: « (...) cette collaboration rendra dès lors possible l'autonomie d'utilisation de la langue et la construction de savoirs et savoir-faire langagiers ».

In der Fremdsprachenklasse ist die Situation natürlich anders als in anderen Klassen, denn jeder Gebrauch der Zielsprache kann Sprachlernen fördern, während zum Beispiel im Mathekurs nicht jede Diskussion zu Mathekenntnissen führt. Darum ist Gruppenarbeit in der Fremdsprachenklasse besonders wichtig und vor allen Dingen einfach anzuwenden. Alle Sprachkompetenzen könnten im Sprachenunterricht in Gruppenarbeit geübt werden, wie zum Beispiel bei PEMBROCKE und LEGROS (2002, 83) die Lesekompetenz:

> « En effet, l'activité de compréhension de textes peut être conçue non plus seulement comme une activité individuelle, mais aussi comme une activité coopérative au cours de laquelle les apprenants construisent la signification à l'aide de partenaires et donc de façon plus riche. »

Eine Idee wäre die Klasse in Stationen einzuteilen. Zu einem bestimmten Thema stehen den Lernern an verschiedenen Tischen, also an verschiedenen Stationen, Informationen zur Verfügung. An jeder Station gibt es andere Informationen, die sich aber mit denen der anderen Tische ergänzen. Die Lerner können sich zur gleichen Zeit mit verschiedenen Aufgaben beschäftigen und in ihrem eigenen Tempo arbeiten. Sie können sich gegenseitig helfen und kontrollieren. Bei dieser Übung steht natürlich die Gruppenarbeit und die autonome Arbeit zugleich im Vordergrund. Es wäre sinnvoll, Informationen mit verschiedenen Methoden anzubieten und so die verschiedenen Lernkanäle und Fertigkeiten anzusprechen. Der Arbeitsaufwand und die Vorbereitungszeit sind für den Lehrer sicherlich hoch, denn er muss schließlich das Material suchen, auswerten und zur Verfügung stellen, aber ist es einmal gefunden, ist es wiederverwendbar; natürlich nur, wenn das Material nicht ständig aktualisiert werden muss. Die Lerner müssen auch genau wissen, wie die Aufgaben zu bewältigen sind und was von ihnen erwartet wird. Die Endresultate sollten in der Klasse gemeinsam ausgewertet und verglichen werden. Auch sollte darüber gesprochen werden, welche Station den Lernern besser gefallen hat oder welche schwerer oder einfacher waren und was und wie viel sie gelernt haben.

In Deutschland hat KLIPPERT (2000) viele Bücher zu dem Thema Gruppenarbeit und eigenverantwortliches Lernen geschrieben. Seine Bücher sind Bestseller und stellen den Lehrern eine Menge an Materialien zur Verfügung. Sein Projekt wird zurzeit an mehreren Schulen in verschiedenen Bundesländern durchgeführt.

V.2 Lernen lernen

Der Unterricht ist also nicht mehr lehrerzentriert, sondern lernerzentriert. Doch wie lässt sich das in der Praxis gestalten? MARTIN (1998) hat in Deutschland sehr viele

Recherchen und Projekte zu diesem Thema angestellt und konzentrierte sich auf das Konzept „Lernen lernen", das seiner Meinung nach Lernern dazu hilft, autonom zu werden. LEGUTKE (1999, 108) schreibt zu „Lernen lernen":

> « Die Lernenden müssen folglich die dazu notwendigen Fertigkeiten erwerben. Dies bedeutet, dass sie selbst Aufgaben entwickeln, Inhalts- und Informationsmaterialien bereitstellen und u.U. sogar Übungsphasen für andere planen. Doch nicht nur die Kommunikation zwischen den Gruppen machte den Erwerb von Lernfähigkeiten notwendig, auch innerhalb der Gruppen waren die Schüler gefordert, als Lernhelfer füreinander zu handeln – kurz, sie mussten Lehrerrollen übernehmen. »

Laut BENSON und VOLLER (1997,8) entspricht lernerzentrierter Unterricht den soziokonstruktivistischen Überlegungen:

> « Concepts of autonomy and independence have also been promoted by the general trend in language education towards learner centeredness over the last two last decades. Learner centeredness is characterized by a movement away from language teaching as the transmission of the body of a knowledge towards language learning as the active production of knowledge. At the same time, there is tendency to focus on methods of learning rather than methods of teaching. Autonomy and independence are therefore also supported by approaches that emphasize the role of learners as active agents in their own learning. »

Erfolgreich ist diese Methode zumindest in den Artikeln und Büchern; ob sie auch in der Klasse schon angewandt wird, bleibt fraglich. Es ist verständlich, dass diese Methode praktisch nur zögerlich eingesetzt wird, denn sie widerspricht all dem, was bisher im traditionellen Klassenraum gemacht wurde. Gerade eine solche Neuigkeit könnte den Klassenunterricht von seinen Problemen befreien und von Schülern die geträumten aktiven Lerner machen:

> « (...) En permettant à l'élève de soulever lui-même des questions et de rechercher des réponses, ils (les constructivistes, A.R.) favorisent le développement des processus cognitifs de construction des connaissances. Cet apprentissage par l'action *(Richard 1995)* contribue ainsi au développement de la pensée critique de l'élève et donc à son autonomie.» (LEGROS; CRINON, 2002, 33 ff)

Schon in den neunziger Jahren hatte ein Autor wie KENNY (1993, 438) festgestellt, dass „Lernen lernen" sehr wichtig für die Lernerautonomie ist: « Learning how to learn (...) is central to the development of learner autonomy during the period of formal learning ». Doch warum lässt die praktische Anwendung dieses Konzepts so lange auf sich warten? Vielleicht fehlten dem Lehrer die notwendigen Werkzeuge. Viele Didaktiker sind heute der Ansicht, dass die neuen Technologien den Lehrer in seiner Lehraufgabe unterstützen können: sie können nicht nur zur Lernerautonomie beitragen sondern sie können auch den Lehrern helfen, die Autonomie bei Lernern zu fördern.

V.3 Multimedia

Im Soziokonstruktivismus wird Lernen als ein aktiver Lernprozess betrachtet, in dem der Lerner selbst Wissen bildet in Interaktion mit anderen. Wissen ist also nicht mehr von

Lehrern vermittelbar. Diese neuen Ansichten rufen also neue Bedürfnisse hervor und dementsprechend angepasste Lernszenarien; die neuen Medien scheinen diesen Bedürfnissen gut entgegenzukommen. BOURDET und TEUTSCH (2000, 4) sind der Meinung, dass Multimedia einerseits neue Kontexte darbieten kann, um das Lernen attraktiver zu gestalten:

> « (...) recontextualiser l'apprentissage (...), aborder les contenus proposés d'une autre façon (d'une manière plus personnelle, parfois plus ludique, voire plus ouverte par l'implication de l'utilisateur à travers les rôles qui lui sont proposés) ».

Andererseits kann Mutlimedia dem Lerner helfen, den Lernprozess und dessen Auswertung in den Griff zu bekommen. Um ein Beispiel zu nennen: das Korrekturprogramm; es lässt den Lerner über die Sprache und seine Fehler nachdenken. Ein erheblicher Vorteil dieser Werkzeuge ist auch, dass sie Informationen und Übungen unterschiedlich darstellen können und so den verschiedenen Autonomiestadien der Lerner gerecht werden können. Denn wie ELLIS (1994, zitiert nach BLIN 1998, 218) schon vor ein paar Jahren feststellte, befinden sich die Lerner einer Klasse nicht unbedingt im selben Stadium: « (...) les individus peuvent faire preuve de différents degrés d'autonomie à des moments différents et pour des raisons différentes».

Es gibt natürlich unzählige Multimediaprogramme, doch unterstützen sie fast nie den Lerner in seinem Autonomieprozess. Im Gegenteil! Laut BENSON (2001, 139) stützen sie oft noch auf behavioristische Ansätze:

> « However, even the best multimedia applications tend to restrict learner control to the process of text interpretation and do little to facilitate creative response to input. At worst, multimedia applications simply reproduce the behaviouristic assumptions of early CALL software with the addition of sounds and images. »

Die Relevanz der Art und Weise der Programmgestaltung wird immer mehr Didaktikern deutlich, und wir können nur mit ROSSI (2002, 69) übereinstimmen, wenn sie schreibt, dass diese Gestaltungsfrage heutzutage eine der umstrittensten Diskussionen anregt.

Viele Didaktiker probieren anhand empirischer Beweise die Autonomie detaillierter zu erkunden. So haben einige festgestellt, dass es verschiedene Autonomiephasen gibt. BLIN (1998, 224) teilt die Autonomie in 5 Phasen ein:

1. Ablehnung
2. Abhängigkeit, Unregelmäßigkeit, Mangel an Motivation und Organisation, Ablehnung des Strategienaufbaus
3. Abhängigkeit, Präsenz sozio-affektiver Faktoren, Mangel an Organisation
4. Motivation, Abhängigkeit, jedoch schwache Interdependenz mit anderen Lernern
5. Motivation, Organisation, Unabhängigkeit und Interdependenz mit anderen Lernern

BLIN wollte in ihrer Studie mit einem Kurs, der teils online, teils in der Klasse stattfindet, die Autonomie der Lerner fördern. Am Anfang wurden alle Lerner getestet, und BLIN konnte feststellen, dass die meisten Studenten sich in der zweiten Phase befanden. Nach dem Kurs situierten die Lerner sich in der vierten oder sogar fünften Phase. Deutlich wird, dass noch viele Recherchen und Studien zu den verschiedenen Niveaus und zu der Art und Weise, wie die neuen Medien die Lerner von einer Phase zur anderen begleiten können, durchgeführt werden müssen. Natürlich geht es hier nicht nur um die Kreation, sondern auch um die Auswahl der Programme; und hier sollte ein Lerner, der schon fast autonom ist, selbst auch fähig dazu sein, das für ihn richtige Programm zu wählen. Darum ist es sehr wichtig, Kriterien und Programme mit den Lernern zu untersuchen. Doch sollte nicht vergessen werden, Autonomie nach und nach einzuleiten und nicht direkt mit der Tür ins Haus zu fallen. Ein Lerner, der fähig ist, die für ihn besten Werkzeuge auszusuchen und zu benutzten, situiert sich laut BLIN (1998, 224) bereits in der vierten oder fünften Phase:

> « Ces observations préliminaires suggéraient que la décision d'utiliser les outils multimédia disponibles et la sélection informée et critique de matériels appropriés vont de pair avec un degré d'autonomie croissant et notamment avec une capacité à collaborer avec d'autres. »

V.4 Probleme

Das Konzept „Autonomie“ wirft natürlich auch viele kritische Fragen auf, und dieser Teil geht auf einige dieser Fragen ein.

V.4.1 Autonomie lehren?

Zuallererst kann hier auf eine andere Debatte zwischen Didaktikern verwiesen werden, nämlich die Frage, ob Autonomie angeboren ist oder angelernt wird? Während einige Autoren von der angeborenen Autonomie ausgehen, wie z.B. WHITE (1995, 209) « Autonomy is then something which is internal to the learner and which is not necessarily tied to any particular learning circumstances », beharren andere (vgl. ANDRÉ, 1992; VICTORI; LOCKHART, 1995) auf der Tatsache, dass die Autonomie eine anzueignende Kompetenz ist: « On ne peut pas être autonome au départ, mais il y a un processus qui permet, sans doute, de le devenir» (ANDRÉ, 1992, 67). Letztere Stellungnahme hat sich in den rezenten Jahren immer mehr durchgesetzt. Wenn wir aber von dieser Ansicht ausgehen, lässt sich eine andere Frage stellen: Kann Autonomie gelernt oder gelehrt werden? Ist dies nicht wider alle Prinzipien des autonomen Lernens (vgl. BENSON; VOLLER, 1997)? Wenn Autonomie nicht gelehrt werden kann, reicht es dann, dem Lerner einfach zu sagen, was er nicht tun soll oder ihn einfach experimentieren lassen, damit dieser autonom wird?

Motivation stellt auch einen wichtigen Bestandteil im Autonomieprozess dar. Was, wenn der Lerner nicht autonom sein oder werden will? Viele Didaktiker sind jedoch der Meinung, dass gerade dieser Autonomieprozess einen hohen motivatorischen Stellenwert für die Lerner besitzt (vgl. VAN LIER, 1996; WESKAMP, 1999) und bislang unmotivierte Schüler in der Klasse zu motivieren weiß. DÖRNYEI (2001, 59) hat in verschiedenen Studien festgestellt, dass Autonomie und Motivation einen gegenseitigen Einfluss aufeinander haben:

> « (...) a number of recent reviews and discussions (...) provide evidence that L2 motivation and learner autonomy go hand in hand and autonomous language learners are by definition motivated learners *(Ushioda)* ».

Gerade im Fremdsprachenbereich stellt Motivation eine wichtige Komponente dar, denn der Lerner soll dazu motiviert werden, nicht nur in der Klasse die Fremdsprache zu erlernen, sondern auch zu Hause in der Fremdsprache zu lesen, Nachrichten zu hören usw. und um schließlich in dem Land der Fremdsprache eine gewisse Zeit zu verbleiben.

V.4.2 Autonomie und Lehrbuch?

In den Lehrbüchern hat es immer schon eine übereinstimmende Progression in Grammatik gegeben; die Lerner behandelten z.B. den Akkusativ vor dem Genitiv usw.

> „Denn trotz aller Zuwendung zur Perspektive des Lernenden galt es langehin – und ist auch heute noch in der Schulkultur tief verankert- optimale Anordnungen und Abfolgen von stofflichen Pensen in der aufsteigenden Reihenfolge eines Jahrgangsunterrichts von 10-16-Jährigen in der allgemeinbildenden Schule (...) zu finden" (EDELHOFF, 1991, 66)

Doch was passiert, wenn im konstruktivistischen Sinne unterrichtet wird? Der Lerner wählt ja selbst aus, was und wie er was lernen möchte; ist da die so lang bewährte Progression überhaupt noch möglich? Da das Lehrbuch etwas Statisches ist, stellt sich auch die Frage, ob es noch Nutzen bringen kann und falls ja, welchen im Vergleich zu den „nicht statischen" elektronischen Medien? In jüngster Zeit wird aus diesem Grund die Progression oft in Frage gestellt.

Eine gute Lösung wäre, dass der Lehrer selbst nach und nach seine eigene Datenbank erstellt und eigene Tipps und Hinweise dazu schreibt, wie die Materialien der Datenbank zu gebrauchen sind. Diese können als semi-offene Arbeitsmittel betrachtet werden, denn sie können von den Lernern autonom bearbeitet werden, sind aber doch vom Lehrer ausgesucht. Vielleicht sollten Lehrbücher, d.h. neue Materialien, als Ausgangspunkt benutzt werden, um so zur weiteren Recherche mit Hilfe elektronischer Medien anzuregen und die Lerner dazu ermuntern, selbst einen Unterricht oder ein Lehrbuch zusammenzustellen. Am praktischsten wäre natürlich, dass die Lehrer diese Datenbanken online verfügbar machen und ein interaktiver Austausch stattfinden könnte. Die soziale Interaktion sollte also nicht nur zwischen Lehrer und Lernern stattfinden, sondern auch zwischen Lehrern. Multimediale Materialien werden oft dazu benutzt, lehrwerkersetzende Module zu präsentieren, und sie üben eigentlich eine doppelte Funktion aus: einerseits können sie Materialien aller Art vorstellen und so auf reale Lebenssituationen hinweisen und vorbereiten; andererseits können sie einzelne, aber auch kombinierte Kompetenzen üben.

V.4.3 Autonomie und Auswertung?

Ein autonomer Lerner lernt selbstständig und ist also dazu fähig, seine Fortschritte einzuschätzen und auszuwerten, um dann den Resultaten zufolge die nächsten Lernschritte einzuleiten. Es kann sich hier um zweierlei Arten von Auswertungsverfahren handeln, die des Lerners und die des Lehrers. Wie soll aber der Lehrer die Fortschritte des Lerners bewerten; wie soll er erfahren, in welcher Autonomiephase sich der Lerner gerade befindet? Eine Sache leuchtet ein: die Auswertung des Endprodukts muss im autonomen Unterricht durch die Auswertung des Prozesses ersetzt werden. Die traditionelle Testmethode kann nicht mehr organisiert werden, denn es ist jetzt wichtiger, den Lernprozess zu bewerten, zum Beispiel durch die Bewertung der eingesetzten Strategien, als das Wiedergeben des vom Lehrer vorgeschriebenen Resultats zu bewerten (ESCH, 2000). Diese Prozessauswertung wird auch formative Auswertung genannt und findet momentan viel Anklang bei Didaktikern. Natürlich sind die meisten Lehrer und Lerner noch nicht zu einer solchen Auswertung bereit und sind sie darauf auch nicht genügend oder gar nicht vorbereitet worden. Die Rolle der Lehrerausbildung kann hier nochmals eine wichtige Rolle spielen, denn von ihr wird es größtenteils abhängen, ob Veränderungen im Unterricht stattfinden werden oder nicht. Die Lehrerausbildung ist aber nicht Sinn dieses Beitrags; wir werden deshalb nicht näher darauf eingehen.

Ein anderes Problem stellt sich in der Situation, in welcher der Lerner vielleicht über eine gewisse Autonomie und Strategien verfügt, sie aber im Moment nicht anwendet oder zeigt. BENSON (2001, 53) ordnet dieses Problem der Unwissenheit der Didaktiker zu, denn noch sind nicht genügend Recherchen zu diesem Thema durchgeführt worden:

> « In general, therefore, we might say that the exercise of control in natural contexts of learning is likely to constitute positive evidence of autonomy. On the other hand, the absence of autonomous behaviour can rarely be taken as reliable evidence for the absence of autonomy as a capacity. (...). At present, we know very little about the stages learners go through in developing their autonomy in different context of learning other than that the process is highly variable and uneven. »

So wird oft die Frage gestellt, wie Lehrer Lerner prüfen sollen, da ja laut konstruktivistischen Prinzipien jeder Lerner individuell sein Wissen aufbaut. Es ist schwer zu wissen, was genau der Lerner gelernt hat und ob er etwas gelernt hat. NARCY (1994, 444) umschreibt das Problem und spricht von der Rolle des Lehrers, der versuchen muss, den Lerner und dessen Lernmethoden so gut wie möglich zu kennen:

> «(...) l'apprenant aura une approche spécifique, son attitude cognitive qui favorisera ou contrariera le fonctionnement des processus mentaux. L'enseignement devra donc connaître ces paramètres et mesurer pour chaque apprenant, si leur interaction est efficace ».

Auf jeden Fall steht fest, dass der Lerner sich die Kompetenz zur Selbstbewertung und Selbsteinschätzung zum Ziel setzen muss, denn ein autonomer Lerner braucht diese Kompetenz.

VI. Fazit

Lernerautonomie muss als gemeinsames Lernziel anerkannt werden, denn in der heutigen Gesellschaft gibt es keine Garantie mehr dafür, ein ganzes Leben den angelernten Beruf ausüben zu können. Das „lebenslange Lernen" wird zur Notwendigkeit und ist zum Schlüsselwort geworden. „Erfolgreiches Lernen" oder „lebenslanges Lernen" ist ohne Autonomie unmöglich und solange die Autonomie nicht in der Klasse bewusst vermittelt wird, werden sich die Ergebnisse im Fremdsprachenunterricht nicht verbessern. Die Fähigkeit, beim Wissenserwerb miteinander zu kooperieren und das erworbene Wissen zu teilen, gehören zu den Qualifikationen, die z.B. bei der Auswahl von Stellenbewerbern von zentraler Bedeutung sind (WOLFF, 1999, 38). Mit anderen Lernern und Lehrern kooperieren, ermöglicht viel sinnvolleres Lernen als allein zu lernen. Die soziale Komponente war allerdings nicht bei PIAGET vorhanden, auf den sich alle Konstruktivisten berufen, und deshalb können wir einen Übergang vom Konstruktivismus zum Soziokonstruktivismus feststellen. Dieses neue Lernparadigma findet seinen Ursprung in den Werken von VYGOTSKY, für den Lernen nur durch soziale Interaktionen stattfinden kann; sei es durch Interaktion zwischen Lehrern und Lernern oder zwischen Lernern unter sich.

Gerade im Fremdsprachenunterricht sollte diese Autonomie keine Probleme verursachen, denn eine fremde Sprache zu erlernen, ist immer schon ein doppeltes Lernen gewesen: Wir lernen nicht nur eine Sprache an sich, sondern machen gleichzeitig Erfahrungen, wie man eine fremde Sprache erlernen kann (HÄUPTLE-BARCELO, 1999). Diese Erfahrungen helfen uns, auf Strategien aufmerksam zu werden und sie bewusst einzusetzen. Der Fremdsprachenunterricht eignet sich auch in perfekter Weise zu Kooperationen, denn solange man in der Fremdsprache spricht, lernt man.

Es kann festgestellt werden, dass der Begriff Autonomie theoretisch viele Anhänger findet, aber praktisch noch nicht oft in der Klasse eingesetzt wird. Kritiker stellen sich auch die Frage, ob die Schule weiterhin noch überhaupt eine Rolle in unserer Gesellschaft spielen kann, wenn wir die Leitlinien vom Soziokonstruktivismus in der Klasse anwenden wollen? Natürlich hat die Schule ihren Platz in dieser Umgebung, und KLIPPERT zeigt dies in seinen Untersuchungen (2001), aber um diesen Platz zu behalten, muss sie sich verändern. So sollte die Lernumgebung umstrukturiert werden: Lerninhalte müssen authentisch, im Kontext und komplex dargestellt werden, ohne feste Progression oder starre Systematisierung. Alles sollte der Lebenswirklichkeit entsprechen, denn nur so kann der Lerner das Wissen anwenden. Der Lerner muss sich seiner Fertigkeiten und Strategien bewusst werden und deshalb in den Lern- und Lehrprozess durch den Lehrer miteinbezogen werden. Lernspezifische Arbeits- und Lerntechniken müssen besprochen und erprobt werden. (Selbst)evaluation und gemeinsames Konstruieren an Wissen spielen eine Schlüsselrolle im Klassenraum (WOLFF, 1999).

Unterricht wird also lernerzentriert und die Rolle des Lerners wird erheblich aktiver; alles dreht sich um ihn. Und nicht nur die Lerner müssen sich an diese neue Umgebung anpassen, auch der Lehrer. Ihm wird keine so leichte Rolle zugeteilt, und die Lehrerausbildung muss dafür sorgen, dass er genügend ausgebildet ist. Die neuen Medien werden von vielen Didaktikern als Werkzeuge betrachtet, die die autonome Umgebung am besten zur Geltung bringen könnten. Doch ist momentan noch nicht genau deutlich, wie diese elektronischen Medien am besten gestaltet werden, um dem autonomischen Prinzip gerecht zu werden. Es ist klar, dass die Tatsache, dass es solche Medien gibt, nicht genügt. Diese Medien sollten auch so gestaltet sein, dass sie die Autonomie und die Kooperation unterstützen. Weitere Recherchen und Studien erweisen sich für GREMMO (2000, 11) als unvermeidlich:

> « Il est donc nécessaire de développer la réflexion sur les spécificités des multimédias afin de pouvoir les mettre en rapport avec le double objectif d'apprendre à apprendre et d'apprendre une langue étrangère fondamental dans l'apprentissage autodirigé »

Dieser Artikel hat auf die Probleme in Hinsicht auf die Umsetzung dieses Prinzips in die Praxis aufmerksam gemacht: die Frage, ob und wie Autonomie gelehrt werden kann und die Frage und Rolle des Lehrbuchs. So bleibt ebenfalls unklar, wie die im konstruktivistischen Sinne erworbene Sprachfertigkeit gemessen werden kann, was ein gewisses Effizienzkriterium erfordert.

Es handelt sich hier weder um ein Erkenntnis- noch um ein Informationsproblem, es ist ein Kompetenzproblem. Die meisten Lehrkräfte kennen die neue Lernkultur; sie müssen nur in die Lage versetzt werden, diese Innovation entsprechend umzusetzen. Diese Probleme werden sich nur lösen lassen, wenn effiziente Unterstützungssysteme aufgebaut werden, die Lehrer und Lerner helfen und anregen, autonom zu werden (vgl. KLIPPERT, 2001). Alles Alte soll nicht verschwinden und durch das Neue ersetzt werden; die Frage sollte eher gestellt werden, wie sich die bewährten Prinzipien und didaktischen Lehr- und Lernmethoden mit den neuen Ansichten am besten verbinden lassen.

VII. Literatur

ANDRÉ, 1992: B. ANDRÉ, "De l'autonomisation à l'autonomie en didactique des langues non maternelles", dans *Les auto- apprentissages, Le français dans le monde. Recherches et applications*, 66-74.

BENSON, 2001: P. BENSON, *Teaching and Researching Autonomy in Language Learning.* Longman: Harlow.

BENSON; VOLLER, 1997: P. BENSON; P. VOLLER (eds.), *Autonomy and Independence in Language Learning.* Longman: Harlow.

BLIN, 1998: F. BLIN, "Les enjeux d'une formation autonomisante de l'apprenant en environnement multimédia", dans T. CHANIER et M. POTHIER, *Hypermédias et apprentissage des langues, Etudes de Linguistique Appliquée* (ÉLA), n°110, Didier Érudition: Paris, 215-226.

BOURDET; TEUTSCH, 2000: P. BOURDET; J-F. TEUTSCH, "Une définition d'un profil d'apprenant en situation d'auto-évaluation", *Alsic*, 3, 1, juin, 125-136.

COUNCIL OF EUROPE EDUCATION COMMITTEE, 1997: COUNCIL OF EUROPE, *European Language Portfolio: Proposals for Development.* Strasbourg.

DE GUERRERO; VILLAMI, 2000: M. DE GUERRERO; O.S. VILLAMI, "Activating the ZPD: Mutual scaffolding in L2 Peer revision", *The Modern Language Journal*, 84, 52-68.

DEWEY, 1964: J. DEWEY, *Demokratie und Erziehung: Eine Einleitung in die philosophische Pädagogik*, 3. Auflage. Westermann: Braunschweig.

DE PEMBROCKE; LEGROS, 2002: E.M. DE PEMBROCKE; D. LEGROS, "Les TICE et l'aide à la compréhension de textes en langue étrangère: quelles perspectives", dans M.J. BARBOT; V. PUGIBET, *Apprentissage des langues et technologies: usages en émergence. Français dans le monde*, 76-84.

DÖRNYEI, 1997: Z. DÖRNYEI, "Psychological processes in cooperative language learning: Group dynamics and motivation", *The Modern Language Journal*, 81, 482-493.

DÖRNYEI, 2001: Z. DÖRNYEI, *Teaching and Researching Motivation.* Longman: Harlow.

DUNN; LANTOLF, 1998: W.E. DUNN; J.P. LANTOLF, "Vygotsky's zone of proximal development and Krashen's i+1: In commensurable constructs; incommensurable theories", *Language Learning*, 48, 411-442.

ESCH, 2000: E. ESCH, "Apprendre tout au long de la vie et rôle social de l'évaluation et des nouvelles technologies", *Une didactique des langues pour demain, Le français dans le monde, Recherches et Applications*, 121-133.

GREMMO, 2000: M.J. GREMMO, "Autodirection et innovation: raisons d'être d'un réseau européen". *Une didactique des langues pour demain, Le français dans le monde, Recherches et Applications*, 5-14.

HÄUPTLE-BARCELO, 1999: M. HÄUPTLE-BARCELO, "Lernstrategien und autonomes Lernen", dans C. EDELHOFF; R. WESKAMP, *Autonomes Fremdsprachenlernen*. Ismaning: Hueber (Forum Sprache), 50-62.

HOLEC, 1981: H. HOLEC, *Autonomy in Foreign Language Learning*. Pergamon Press: Oxford.

HOLEC, 1992: H. HOLEC, "Apprendre à apprendre et apprentissage hétérodirigé", dans L. PORCHER, *Les auto- apprentissages, Le français dans le monde. Recherches et applications*, 46-52.

KENNY, 1993: B. KENNY, "For more autonomy", *System*, 21, 4, 431-442.

KLIPPERT, 2000: H. KLIPPERT, *Pädagogische Schulentwicklung. Planungs- und Arbeitshilfen zur Förderung einer neuen Lernkultur*. Weinheim und Basel: Beltz.

KLIPPERT, 1998: H. KLIPPERT, *Teamentwicklung im Klassenraum. Übungsbausteine für den Unterricht*. Weinheim und Basel: Beltz.

KLIPPERT; LOHRE, 1999: H. KLIPPERT; W. LOHRE (eds.), *Auf dem Weg zu einer neuen Lernkultur: pädagogische Schulentwicklung in den Regionen Herford und Leverkusen*. Verlag Bertelsmann Stiftung.

LEBRUN, 2001: M. LEBRUN, *Courants pédagogiques et technologies de l'éducation*. IPM: Louvain-la-Neuve.

LEGENHAUSEN, 1994: L. LEGENHAUSEN, "Vokabelerwerb im autonomen Kontext", *Die Neueren Sprachen*, 93, 5, 467-483.

LEGENHAUSEN, 2001: L. LEGENHAUSEN, "Discourse behaviour in an autonomous learning environment", dans L. DAM, *The AILA Review 15: Learner Autonomy: New Insights*, 56-69.

LEGROS; CRINON, 2002: D. LEGROS; J. CRINON, *Psychologies des apprentissages et multimédia*. Collection U Psychologie. Paris: Armand Colin.

LITTLE, 1999: D. LITTLE, "Autonomy in second language learning: some theoretical perspectives and their practical implications", dans C. EDELHOFF; R. Weskamp, *Autonomes Fremdsprachenlernen*. Ismaning: Hueber (Forum Sprache), 22-36.

LITTLE, 1991: D. LITTLE, *Learner Autonomy 1: Definitions, issues and problems*. Authentik: Dublin.

MARTIN, 1998: J.P. MARTIN, "Das Projekt „Lernen durch Lehren"- fachdidaktische Forschung im Spannungsfeld von Theorie und selbsterlebter Praxis", dans M. LIEDTKE, *Gymnasium: neue Formen des Unterrichts und der Erziehung*. Bad Heilbrunn/ Obb: Klinkhardt, 151-166.

MONTESSORI, 1995: M. MONTESSORI, *Kinder sind anders*. München: Deutscher Taschenbuchverlag.

NARCY, 1994: J.P. NARCY, "Autonomie: Evolution ou révolution", *Die Neueren Sprachen* 93, 5, 442-454.

O'MALLEY; CHAMOT, 1990: J.M. O'MALLEY; A.U. CHAMOT, *Learning strategies in second language acquisition*. Cambridge: Cambridge University Press.

PARMENTIER; PAQUAY, 2002: P. PARMENTIER; L. PAQUAY, *En quoi les situations d'enseignement/apprentissage favorisent-elles la construction de compétences? Développement d'un outil d'analyse*. Louvain-la-Neuve.

RAMPILLON, 1994: U. RAMPILLON, "Autonomes Lernen im Fremdsprachenunterricht - ein Widerspruch in sich oder eine neue Perspektive? ", *Die Neueren Sprachen* 93, 5, 455-466.

RENAUD; VIENS, 2001: J. RENAUD; L. VIENS, "La complexité de l'implantation de l'approche socio-constructiviste et de l'intégration des TIC", *Revue Education Canada* 41/3, 20-24.

ROSSI, 2002: M. ROSSI, "Enseignement à distance et enjeux professionnels: attentes et pratiques de l'usager virtuel", dans *Apprentissage des langues et technologies: des usages en émergence, Le français dans le monde. Recherches et applications*, 96-102.

RÜSCHOFF; RITTER, 2001: B. RÜSCHOFF; M. RITTER, "Technology-enhanced language learning: construction of knowledge and template-based learning in the foreign language classroom", *CALL* 14, 3-4, 219-232.

THISSEN, 1997: F. THISSEN, "Das Lernen neu erfinden- konstruktivistische Grundlagen einer Multimedia-Didaktik", dans U. BECK; W. SOMMER, *LearnTec 94*, Tagungsverband. Berlin: Springer Verlag, 69-79.

USHIODA, 1996: E. USHIODA, *Learner Autonomy: The Role of Motivation*. Dublin: Authentik.

VON DER HANDT, 1999: G. VON DER HANDT, *Medien als eine Grundlage für eine neue Lernorganisation. Erfordernisse an das Sprachenlernen*. Online. Availabe: http://www.die-frankfurt.de/esprid/dokumente/doc-1999/vonderhandt99_01.htm (10/09/03)

VYGOTSKY, 1978: L. VYGOTSKY, *Mind in Society. The Development of Higher Psychological Processes*. Cambridge, Mass: Harvard University Press.

WESKAMP, 1999: R. WESKAMP, "Unterricht im Wandel – Autonomes Fremdsprachenlernen als Konzept für schülerorientierten Fremdsprachenunterricht", dans C. EDELHOFF ; R. Weskamp, *Autonomes Fremdsprachenlernen*. Ismaning: Hueber (Forum Sprache), 8-19.

WHITE, 1995: C.J. WHITE, "Autonomy and strategy use in distance foreign language learning: research findings", dans A. WENDEN; L. DICKINSON, *System*, special issue on autonomy, 23, 2, 207-221.

WOLFF, 1994: D. WOLFF, "Der Konstruktivismus: Ein neues Paradigma in der Fremdsprachendidaktik? ", *Die Neueren Sprachen*, 93, 407-429.

WOLFF, 1997a: D. WOLFF, *Lernstrategien: Ein Weg zu mehr Lernerautonomie*. Vortrag gehalten auf dem Internationalen Deutschlehrertag in Amsterdam am 5. 8. 1997. Online: http://www.ualberta.ca/~german/idv/wolff1.htm (10/09/03).

WOLFF, 1997b: D. WOLFF, "Computers and New Technology: will they change language learning and teaching? ", dans B. RÜSCHOFF; D. WOLFF et al., *New Horizons in CALL-Proceedings of EUROCALL 96*. Sombathely, 65-82.

WOLFF, 1998: D. WOLFF, "Lernerstrategien beim Fremdsprachenlernen", dans J-P. TIMM, *Englisch lernen und lehren*. Berlin: Cornelsen, 70-77.

WOLFF, 1999: D. WOLFF, "Zu den Beziehungen zwischen Theorie und Praxis in der Entwicklung von Lernerautonomie", dans C. EDELHOFF; R. WESKAMP, *Autonomes Fremdsprachenlernen*. Ismaning: Hueber (Forum Sprache), 37-48.

Ann Rinder
Université catholique de Louvain, UCL
Place Blaise Pascal 1
1348- Louvain-la-Neuve
BELGIQUE
rinder@ilv.ucl.ac.be

BCILL 112: *Langues à niveaux multiples*, 217-227

Hertha Ligetis Roman *Die Sterne verlöschen nicht* (1959): Ein vergessenes Werk der Exilliteratur in Belgien

Hubert ROLAND
Fonds National de la Recherche Scientifique (FNRS)
Université catholique de Louvain

In den letzten Jahren hat es sich die germanistische Sektion der *Université catholique de Louvain* (UCL) u.a. zur Aufgabe gemacht, die weitgehend unbekannte Geschichte der deutsch-belgischen kulturellen und literarischen Beziehungen zu erforschen (LEONARDY & ROLAND, 1999; BAUMANN & ROLAND, 2001). Die ersten Ergebnisse dieser mittelfristigen Arbeit, die mit verschiedenen Partnern in Deutschland, Belgien und anderen Ländern fortgeführt wird, können nicht nach Vollständigkeit streben, da es in diesem Sonderforschungsbereich noch viele Lücken gibt, berücksichtigt man die Ausgiebigkeit der deutsch-französischen Studien, die, wohlgemerkt, im Rahmen des politischen Prozesses der deutsch-französischen Versöhnung seit dem Ende des Zweiten Weltkriegs angemessene Unterstützung erhalten haben. Sogar die etablierte Branche der germanistischen *Exilforschung*, die sich systematisch, den Ländern gemäß, mit den vom Nationalsozialismus in die Flucht getriebenen Autoren des deutschsprachigen Exils 1933-1945 auseinandergesetzt hat, hat den Fall Belgien vernachlässigt (LANGKAU-ALEX, 1998, 168). Trotzdem liegen zur Untersuchung der Exilliteratur in Belgien literarhistorische Materialien vor, die der Entdeckung wert sind. Zu diesen Zeugnissen gehört der 1959 in Bukarest veröffentlichte Roman von Hertha Ligeti *Die Sterne verlöschen nicht*, dem ich mich in diesem Aufsatz widme.

Das deutschsprachige Exil in Belgien: kulturpolitische Aspekte

Diese unvollständige Übersicht über das Exil in Belgien kann sich nur damit begnügen, einige Verbindungen zwischen Geschichte und Literaturwissenschaft anzubahnen, die im Rahmen einer spezialisierten Arbeit perspektivisch analysiert werden sollten.

Da das deutschsprachige Exil nach 1933 grundsätzlich politischer Natur war, darf die Bedeutung des historischen Hintergrunds für die literarwissenschaftliche Analyse nicht unterschätzt werden. Eine rein textimmanente Interpretation der Exilliteratur macht in der Tat wenig Sinn. Das Realitätsbewusstsein der Emigranten ist durch ein allgegenwärtiges Gefühl der Flucht, das diese Literatur tiefgehend prägt, charakterisiert. Der Emigrant befindet sich in einer ständigen *Transit*situation, um den Titel des bekannten Romans von Anna Seghers wiederaufzunehmen. Nicht nur wurden die Emigranten dazu gezwungen, ihr Land zu verlassen, sondern zu ihrem Zustand des Entwurzeltseins gehört auch die Tatsache, dass sie im Gastland als «unerwünschte Gäste» betrachtet werden, wie Frank Caestecker es in seiner Studie über die jüdischen Flüchtlinge in Belgien in den 30iger Jahren festgestellt hat (CAESTECKER, 1993). Für die belgische Regierung und Bevölkerung stellte in der Tat die massive Anwesenheit von deutschen jüdischen Flüchtlingen eine potentielle Drohung für den saturierten Arbeitsmarkt dar. Wider den Geist von verschiedenen zwischen 1936 und 1938 auf internationaler Ebene vereinbarten Konventionen, die der Förderung der jüdischen Migranten dienten (juristische Schutzmaßnahmen, vereinfachte Prozedur zur Genehmigung einer Arbeitserlaubnis usw.), definierte das belgische Arbeitsministerium den ununterbrochenen fünfjährigen Aufenthalt auf belgischem Boden als Bedingung für den Erwerb einer Arbeitsgenehmigung (CAESTECKER, 2000, 211-212). Zwar wäre es übertrieben zu behaupten, dass die Exilanten wegen Feindschaftsgefühle von der belgischen Gesellschaft zurückgeworfen wurden. Sie waren einfach toleriert, unter der doppelten Bedingung, dass sie nicht in Wettbewerb mit den belgischen Arbeitnehmern auf dem legalen Arbeitsmarkt traten, und dass sie keine Quelle von Unruhen und politischer Agitation darstellten. Ihr legaler Status wurde kurz vor dem Krieg immer unbequemer und einige unter ihnen wurden ausgewiesen. Der Zwischenfall des Transferts der «verdächtigen» (deutschsprachigen) Ausländer nach den südfranzösischen Lagern (u.a. dem bekannten Lager von Gurs in den Pyrenäen) nach dem 10. Mai 1940 zählt nicht zu den glänzendsten Kapiteln der belgischen politischen Geschichte. Undifferenziert wurden in diesem Zusammenhang belgische Anhänger der nationalsozialistischen Kollaboration mit dem Maler Felix Nussbaum, dem Schriftsteller Jean Améry oder dem engagierten sozialdemokratischen Journalisten Kurt Grünebaum in denselben Zügen transportiert (LANGKAU-ALEX, 1998, 171; BAUMANN, 2001, 279). Solche Umstände helfen zum besseren Verständnis des ständigen Unsicherheitsgefühls, das die Exilliteratur prägt.

Die beiden wichtigen Zentren des deutschen antifaschistischen Aktivismus waren Antwerpen und Brüssel. In der flämischen Stadt setzte sich der Bürgermeister und Chef der Polizei, der Sozialdemokrat Camille Huysmans für den Schutz und die Bewegungsfreiheit der Exilanten ein. Seine engagierte Politik war der Grund des Ärgers, den er mit dem deutschen Konsulat bekam, der sich nicht darüber freute, dass die Stadt im stillschweigenden Einverständnis mit ihrem Bürgermeister zum Treffpunkt und zur Drehscheibe des antifaschistischen Engagements wurde (VAN DOORSLAER & VERHOEYEN, 1986, 86-87). Joris Duytschaever hat in diesem Zusammenhang den Fall des deutschen Schriftstellers Hans Bendgens-Henner (1892-1942) und seines Exils nach Holland und Belgien ausführlich kommentiert. Trotz zahlreicher Kontakte mit flämischen gleichgesinnten Freunden und trotz der Unterstützung des Schriftstellers Lode Baekelmans sowie des *Fonds Matteoti* (des Komittees zur Unterstützung der Flüchtlinge), ist es Henner nicht gelungen, der Ausweisung nach Holland zu entgehen. Letztendlich wurde er in Düsseldorf inhaftiert, wo er nicht überlebte. Sein tragisches Schicksal illustriert das unstete Leben, das die deutschen Literaten in Belgien führten, wo, im Gegensatz zu Frankreich und vor allem Holland, keine strukturierte literarpolitische Gemeinschaft mit Verlagsinfrastrukturen anwesend war (DUYTSCHAEVER, 1977, 69ff.). Die Präsenz von deutschsprachigen Kreisen in Brüssel muss noch untersucht werden. Im Vortrag, den der seit 1933 in Belgien ansässige Journalist Kurt Grünebaum über den Schriftsteller Carl Sternheim beim Brüsseler Goethe-Institut im Jahre 1978 hielt, war die Rede von einem «Schutzverband deutscher Schriftsteller» und von antifaschistischen Demonstrationen in Belgien (GRÜNEBAUM, 1997, 96). Am besten strukturiert waren tatsächlich ab 1938 die Netze des österreichischen Widerstandes, wovon hier die Rede sein wird.[1]

Neben der Studie einiger wenig bekannter Einzelfälle (z.B. der von Mark Schaevers studierte Treffpunkt deutscher Emigranten in Bredene) muss auch die Reaktion der belgischen intellektuellen Kreise auf das Phänomen des Exils untersucht werden. Dies würde sich als sehr aufschlussreich erweisen, was die Bereitschaft bzw. die Nicht-Bereitschaft der belgischen Kulturpolitik angeht, das Phänomen des antifaschistischen sog. «anderen Deutschlands» wahrnehmen zu wollen. Nur hat soweit Carlo Tindemans die Rezeption des deutschen Theaters in Antwerpen studiert, um zur Schlussfolgerung zu kommen, dass das engagierte Exiltheater in dieser Stadt nicht enthusiastisch rezipiert wurde. So fand die Anwesenheit der berühmten, von Erika Mann (der Tochter Thomas Manns) geleiteten Kabaretttruppe *Die Pfeffermühle* im Mai 1936 keine große Resonanz (TINDEMANS, 1977, 181). Wie gesagt bedürfen wir aber einer Gesamtstudie, um die Bedeutung solcher partieller Ergebnisse festlegen oder relativieren zu können.

Die österreichische Präsenz

Unter den deutschsprachigen Intellektuellen der Exilliteratur in Belgien ist der österreichische Schriftsteller Jean Améry der bekannteste. Rosemarie Müller und andere haben über seine Teilnahme an der österreichischen Sektion einer Widerstandsbewegung, seinen Aufenthalt im Lager von Breendonk und der Kaserne Dossin in Mecheln, seine Deportation nach Monowitz, wovon er im April 1945 zurückkam, berichtet (MÜLLER, 1990, 37ff.; HEIDELBERGER-LEONARD, 2002). Es mag überraschen, dass der Name der Schriftstellerin Hertha Ligeti im Rahmen der Améry-Forschung nicht auftaucht,[2] denn die Tätigkeiten Ligetis führen gerade auf das Netz des österreichischen Widerstandes in Belgien zurück, wie aus ihrem 1959 in Bukarest veröffentlichten autobiographischen Roman *Die Sterne verlöschen nicht* hervorgeht (LIGETI, 1959).

Am 11. November 1920 in Wien geboren, wurde Hertha Ligeti sehr früh Mitglied der kommunistischen Jugendorganisation dieser Stadt, die sich nach dem Verfassungsbruch des autoritär-ständestaatlichen Regimes von Dollfuß und dem Bürgerkrieg vom Februar 1934 Widerstandstätigkeiten widmete.[3] Wegen ihres Aktivismus befanden sich diese jungen Österreicher nach dem Anschluss an das «III. Reich» am 12. März 1938 in Lebensgefahr und mussten die Flucht ergreifen. In sehr kleinen Gruppen (wenn nicht einzeln) auf belgischem Boden angekommen, lebten sie in äußerst prekären Verhältnissen, aber im Laufe der Zeit bildeten sie wieder Sozialisierungssnetze, die Grundlagen für die spätere Widerstandsbewegung lieferten; hier spielten die Frauen eine besonders aktive Rolle (THURNER, s.d.). Während des Krieges druckten sie beispielsweise die Zeitschrift *Die Rote Fahne* auf Zigarettenpapier. Hertha Ligeti nahm an der Fabrikation der Soldatenzeitung *Die Wahrheit* teil; in diesem Zusammenhang hätte sie Jean Améry kennenlernen können, der in dieses Unternehmen von seiner Gefährtin Marianne Brandt eingeführt wurde.[4] 1943 wurde Ligeti verhaftet und mit vielen Mitgliedern dieses Netzes in Mecheln inhaftiert; danach wurde sie im Januar 1944 nach Auschwitz-Birkenau deportiert. Dass sie diesen Aufenthalt überlebte

---

1 Bekannt ist auch die Gründung eines österreichischen Kulturvereins in Brüssel, an dessen Veranstaltungen der seit dem Anschluss in Belgien emigrierte Schriftsteller Adolf Unger teilnahm.

2 Mitteilung von Prof. Dr. Irene Heidelberger-Leonard. Als Améry-Expertin leitet Prof. Heidelberger-Leonard die Gesamtausgabe der Werke Amérys bei Klett-Cotta.

3 S. die biographischen Informationen über Hertha Fuchs-Ligeti im *Lexikon der österreichischen Exilliteratur*, Wien/München, Franz Deuticke, 2000, 233.

4 *Ebd.*, 33-35.

war ein Wunder, da sie ihre Widerstandstätigkeiten innerhalb des Lagers wiederaufnahm. Nach Ravensbrück kurz vor der Befreiung des KZ Auschwitz deportiert, wurde sie am Ende des Kriegs befreit und kehrte nach Wien zurück. Danach hat sie offenbar in Rumänien gelebt und wäre im Jahre 1975 nach Israel gezogen.

Wegen der deutlichen Zugehörigkeit des Romans Ligetis zum «sozialistischen Realismus» und zur Exilliteratur lässt sich das Wirklichkeitsbewusstsein der Autorin am besten durch Kriterien, die diesen Gattungen zugrunde liegen, annähern.

Lebensstation Brüssel

Für die österreichischen Flüchtlinge war Belgien kein beliebtes Land des Exils; am liebsten haben die Familien mit mehr Mitteln den Weg nach der Schweiz oder den USA genommen (THURNER, s.d., 11). Für die kommunistischen Anhänger entschied oft die Partei die Destination; die anderen waren von mehr oder weniger vertrauenswürdigen persönlichen Verbindungen abhängig. Nach der Abfahrt wird die Notsituation des Exils durch materielle, psychologische und emotionale Prekarität, sowie durch Unsicherheits- und Entwurzelungsgefühle gekennzeichnet.

Der Anfang des Romans Ligetis wird aus der Perspektive der zwei Jugendlichen Kurtl und Ossi (16 und 18 Jahre alt) erzählt, deren Eltern und das Parteikomitee dazu bewegen, sich nach Belgien zu begeben. In Antwerpen soll sie eine unbekannte Kusine empfangen, mit der es unmöglich gewesen war, vor der Abfahrt Kontakt zu knüpfen. Auf den Stationen ihres Wegs nach Westen werden sie von ambivalenten Vermittlerfiguren gefördert – die deutschen und österreichischen Behörden unterstützten vor dem Kriege die Migration ihrer eigenen jüdischen Staatsangehörigen – und gehen im Grenzgebiet Aachen/Köln viele Risiken ein, bevor sie Belgien erreichen. Danach wechselt die Handlung dieses umfangreichen Romans (670 S.) zwischen Brüssel und Wien, wo sich die verschiedenen Mitglieder der Familien Huber und Tannenbaum, die in diesen zwei Städten der Repression und den Vergeltungsmaßnahmen der nationalsozialistischen Macht unterworfen sind, verstreut haben. Die Lebensverhältnisse des Exils in Belgien und die berichteten Vorgänge entsprechen ziemlich genau den Erinnerungen österreichischer Widerständlerinnen, die in den *Cahiers de la Mémoire contemporaine* der Universität Brüssel gerade veröffentlicht wurden (KLEIN, 2001, 73-86). Dort ist ebenso die Rede von der nach dem Anschluss forcierten Migrationspolitik der jüdischen österreichischen Staatsangehörigen, die im Grenzgebiet mit anderen europäischen Ländern zusammenströmten. Widersprüchlich war dabei, dass das belgische Konsulat in Österreich keine Visa erteilen durfte, so dass das Exil notwendigerweise in der Klandestinität geschah. Diesen Prozess förderten wie gesagt die deutschen Behörden, während man sich in Belgien vor diesem massiven Strom von Flüchtlingen fürchtete (KLEIN, 2001, 75-76).

Die meist sehr jungen Reisenden wurden nach der Ankunft durch das von Max Gottschalk geleitete «Jüdische Hilfskomitee» zugunsten der Opfer des Antisemitismus ökonomisch, medizinisch und juristisch unterstützt. Der Politisierungsprozess im Dienste des antifaschistischen Engagements vollzog sich dann im Laufe der ersten Monate nach ihrer Ankunft. Anfänglich unpolitisch wehren sich die Exilanten gegen die Demütigungen, die das Regime ihnen auferlegt und werden in gemeinschaftliche kollektive Strukturen empfangen, die ihnen gleichzeitig ein Sozialisationsprogramm anbieten (Vorträge über politische Themen, Französischunterricht, Lektüre und Analyse der Presse, Theateraufführungen, Ausflüge usw.): «L'accueil réservé aux jeunes au sein du parti communiste était organisé de manière attrayante et répondait aux besoins de personnes qui cherchaient leur vocation» (KLEIN, 2001, 80).

Nach dem deutschen Einsatz in Belgien am 10. Mai 1940 erfolgte die improvisierte und provisorische Abfahrt aus dem Lande, sei es aus eigener Initiative oder im Rahmen der von den belgischen Behörden organisierten Deportationen der «verdächtigen» Deutschsprachigen nach Südfrankreich. Nach der Rückkehr nach Brüssel gerieten die Exilanten in die Klandestinität und führten dort ein höchstgefährliches Leben, besonders wenn sie für den Widerstand tätig waren, wie die Figuren in Ligetis Roman. In Brüssel verbreiteten die jungen Männer sog. «Pickerl» unter den deutschen Soldaten; es handelte sich um winzige subversive Zettel, die an allen möglichen Orten angeklebt wurden. Flugblätter wurden auch massiv am Abend über die Kasernenmauern hingeworfen. Die sog. «Mädelarbeit» erwies sich nicht als ein weniger riskantes Unternehmen. Der Auftrag der jungen Frauen bestand darin, sich mit den deutschen Soldaten zu befreunden, um ein defätistisches Klima unter ihnen zu schaffen, oder wenn möglich sie in das Netz des Widerstandes einzuführen. Es versteht sich, dass viele Frauen trotz der größten Vorsicht dieser Arbeit zum Opfer gefallen sind und von «Spritzeln», Gestapoagenten verhaftet wurden. Es folgten die Internierung und die Deportation nach Birkenau.

In ihrem Zeugnis erwähnt Maya Klein die Zusammenarbeit der österreichischen Widerständler mit der belgischen sog. Partisanenbewegung, wovon es auch in Ligetis Roman die Rede ist. Trotzdem scheinen die beiden Bewegungen, unterschiedliche Auffassungen des Widerstandes zu vertreten: während die österreichischen Kommunisten methodisch und unspektakulär vorgehen, begeistern sich die Partisanen für heroische «Heldentaten» wie die Bestürmung des Gefängnisses von Saint-Gilles. Dieser romantischen Auffassung der Revolution steht der Pragmatismus und die langfristige Arbeit der Österreicher gegenüber (LIGETI, 1959, 487-488, 494-495, 506-507).

Ligetis Roman verfolgt andererseits deutliche «pädagogische» Absichten, indem er die Wechselbeziehungen zwischen den Anhängern der Revolution und «durchschnittlichen» unpolitischen Figuren beschreibt. Angestrebt wird, dass die Aufklärungsarbeit der ersteren zur Entwicklung des politischen Bewusstseins der letzteren führt. Der Roman versteht sich also als eine gesellschaftliche Skizze, die die verschiedenen möglichen menschlichen Haltungen gegenüber der Okkupation darstellt (Mut, Treue, Feigheit, Opportunismus usw.), und zur Erbauung der Leser beitragen möchte. In diesem Sinne dient er unmittelbar der Ästhetik des «sozialistischen Realismus», die in den kommunistischen Ländern die Konventionen der engagierten Literatur regelte.

Literarische Aspekte

Obwohl der sozialistische Realismus nach einem, auf den Regeln der Mimesis beruhenden, wirklichkeitstreuen Bild der Geschichte strebt, muss man seine erzählerische Logik hervorheben. Dies setzt voraus, dass die Geschichte (die historischen Ereignisse) eindeutig als Erzählung verstanden wird. So bildet die Struktur des Romans eine geschlossene erzählte Welt, die von der traditionellen Anfangssituation des Bruchs einer etablierten Weltordnung ausgeht: das Gleichgewicht des «normalen Lebens» wird durch die Verstöße der autoritären Dollfuß-Regierung gegen den Alltag gestört. Letztendlich führt die Logik der politischen Gewalt zur Weltkatastrophe. So passt sich das historische Zeugnis den Konventionen und den Gesetzen der Erzählung an: der «Bruch» im Gleichgewicht der Weltordnung dient als Grundlage für die Anfangssituation; nach den äußerst tragischen Ereignissen im Leben der Figuren und in der Weltgeschichte wird (wie in jeder traditionellen Erzählung) im Wien der Nachkriegszeit ein neues Gleichgewicht wiedergewonnen.

Wenn ich die erzählerische Komponente des Romans betone, dann meine ich vor allem damit, dass die Autorin sich bewusst für die Gesetze der Erzählung, die der allgemeine

Leser mit dem Begriff «Fiktion» assoziiert, entschieden hat, um ein historisches Zeugnis darzulegen. Sie hätte den ziemlich willkürlichen Rahmen der klassischen Erzählweise nicht respektieren können, besonders in dieser Epoche der «Krise der Erzählung», die die deutsche Literatur der Nachkriegszeit charakterisiert (LEONARDY, 2002, 223-247). Wenn sie sich keine Verstöße gegen diese Konventionen erlaubt hat oder wenn sie aus ihrer Erfahrung kein rein historisches Erinnerungsbuch gemacht hat, dann ging das wahrscheinich aus der Überzeugung hervor, dass die kleine Totalität der geschlossenen erzählten Welt der Aussage ihres Textes besser diente. Wie in einer Mosaik werden auf den ersten Blick heterogene Fragmente allmählich zusammengebildet, damit das Ganze innere Kohärenz und Bedeutung gewinnt. Im übersichtlichen Rahmen der Handlung, die in den drei Orten Wien, Brüssel und Birkenau stattfindet, führen zahlreiche Koinzidenzen alle Figuren zusammen, so dass kausale Zusammenhänge ihre individuellen Schicksale miteinander verbinden; hier wäre man sogar versucht zu glauben, dass die Autorin sich von den für einen Roman mit Realitätsanspruch notwendigen Gesetzen der Wahrscheinlichkeit befreien möchte.

M.E. ist also die Frage nach der «Wirklichkeitstreue» nicht die erste, die der Leser für ein adäquates Verständnis dieses Romans stellen muss. Er lässt sich lieber an Hand des von Jean Claude Bologne eingeführten Konzepts des *roman dans l'histoire* interpretieren. Mit dem reduzierenden Begriff des historischen Romans möchte Bologne den *roman dans l'histoire* nicht gleichsetzen. Das Streben nach der absoluten historischen «Wahrheit» möchte er relativieren, indem er behauptet, dass unsere Auffassung der Vergangenheit eine vorübergehende, auf Berichten Anderer beruhende Konvention ist, die der Leser eine Zeit lang beruhigt, weil er aus ihm einen passiven Zuschauer macht. Bolognes Postulat, dass die Geschichte Konvention bzw. Konstruktion ist, bedeutet auf keinen Fall, dass er jede «Wahrheit» im Sinne des absoluten Relativismus der Postmoderne in Frage stellt. Vielmehr möchte er für eine Ethik der Verantwortlichkeit des Lesers plädieren, der die von anderen Personen erzählte Wahrheit nicht passiv annehmen, sondern sich dessen bewusst werden soll, dass der *roman dans l'histoire* den Glaube an eine «relative, subjektive und mythische Wirklichkeit voraussetzt» (*une réalité relative, subjective et mythique*) (BOLOGNE, 2001, 83). Vor allem meint der Begriff *relatif* (im Sinne von «sich beziehend auf»), dass eine Wirklichkeit ausschließlich im Rahmen eines *récit*, das allein ihre Konventionen definiert, Bedeutung hat. Die deutliche Zugehörigkeit des Romans Ligetis zur Exilliteratur und zur Gattung des sozialistischen Realismus prägt diese Konventionen und damit ihre Auffassung der Wirklichkeit.

In der offiziellen Literatur der ehemaligen kommunistischen Länder Osteuropas wurde der Schriftsteller mit einem «Auftrag» betraut: die individuellen Schicksale seiner «Helden» müssen am kollektiven Projekt der Gesellschaft teilhaben, was auf das ideologische bzw. philosophische Bewusstsein des sozialistischen Realismus zurückführt. Dieser soll die Vorstellung der auf den Prinzipien der Mimesis basierten Beobachtung der Wirklichkeit überwinden, um diese vor dem Hintergrund des optimistischen Projekts der zukünftigen sozialistischen Gesellschaft zu transzendieren. Die «Wirklichkeitstreue» und die konkreten Aspekte der historischen Vorstellung dienen also unmittelbar der Notwendigkeit, den Leser zu erziehen. So lässt sich im Roman die Evolution vieler Figuren erklären, die anfänglich resigniert der nationalsozialistischen Unterdrückung unterworfen waren, bevor sie sich zum engagierten Sozialismus bekehrten. Was die jungen Liebenden Kurtl und Hanna betrifft, ist es deutlich, dass ihre Liebe «heldenhaft» ist, indem sie das charakteristische Ideal des Sozialismus verkörpert. M.a.W. transzendiert die Liebe zur Gemeinschaft und zur Menschheit ihre persönliche Beziehung: «Da standen sie, zwei junge Menschenkinder, blickten einander strahlend an, und nichts gab es auf der Welt für sie als ihren Willen, für das Glück der Menschheit zu streiten, und den Stolz auf ihre junge Liebe» (LIGETI, 1959, 223).

Bemerkenswert ist im Zusammenhang des sozialistischen Ideals die aktive Rolle der inszenierten Frauen und das positive Frauenbild, das hiermit vermittelt wird. Dabei sind die ausfürlich dargestellten mütterlichen Qualitäten mit sozialem und politischem Engagement durchaus vereinbar. So möchte Berta Tannenbaum zu den Soldaten gehen, um ihnen zu sagen, «daß sie sich nicht zur Schlachtbank treiben lassen dürfen, daß sie den eigenen und fremden Müttern nicht so großes Leid antun, daß sie doch Mitleid mit sich selbst haben sollen. Oh! Sie könnte sie schon davon überzeugen, daß sie sich gegen das Verbrechen wehren müssen; ein Mutterherz bringt viel zustande. "Wenn wir Mütter uns zusammenschlössen, könnte keine Macht der Welt uns widerstehen!" dachte sie versonnen." Aber das wissen ja diese Jungen nicht, das können sie auch nicht wissen. Auch die Männer wissen das nicht, und selbst von uns Müttern lange nicht alle. Vielleicht ist dies das Unglück der Welt? Ich kann mir vorstellen, daß wir Mütter ihr Erlösung bringen könnten, und ich glaube, daß auch dann, wenn die Menschheit befreit sein wird, noch viele Dummheiten gemacht werden, wenn die Politiker nicht auf die Mütter hören. -» (LIGETI, 1959, 399-400). Zwar werden diese Gedanken Bertas nicht ohne Ironie wiedergegeben, da die Mütter ihrer Generation sich tatsächlich mit ihrer traditionellen Hausfrauenrolle begnügen und keinen politischen Aktivismus führen. Dies ist aber nicht der Fall der jüngeren Frauen, die aktiv an der Widerstandsbewegung teilhaben, obwohl die Autorin hier auch mit Klischeevorstellungen spielt; denn auch innerhalb dieser Bewegung hat man eine Rollenverteilung: Männer «handeln», verteilen Flugblätter und bereiten Anschläge vor, während Frauen auf subtile Weise, ihre intuitiven «Gemütsqualitäten» bei der Subversion der Soldaten entwickeln. Über diese ambivalente Behandlung der Rollenfragen hinaus, lässt sich trotzdem der Roman als ein Plädoyer für die volle Anerkennung der Frau in der öffentlichen Lebenssphäre lesen, da sie eine führende Rolle im Kampfe gegen die Tyrannei spielen.

In der Weltsicht der Figuren stehen die ebenso für die Frauen charakteristischen, von Nietzsches Philosophie geerbten vitalistischen Züge zentral, wodurch ihr Vertrauen aufs Leben sich nicht erschüttern lässt. Wenn Hannas Freund von der Gestapo verhaftet wird, macht ihre «gesunde Lebenskraft», dass sie sich gegen den Gedanken revoltiert, ihn betrauern zu müssen; «und aus den bitteren, qualvollen Gefühlen und Empfindungen, die sie bestürmten, schälte sich ein ihr noch selbst unverständliches Etwas, das sie mit Staunen erfüllte. Es war die noch nicht zur Erkenntnis durchgedrungene Entdeckung der Lust am Leben in jedem Augenblick, unter allen Umständen» (LIGETI, 1959, 486). Diese Lust am Leben kulminiert sogar in den emotional schmerzhaftesten Augenblicken, wie nach der Ankündigung der Hinrichtung der Figur Hedys: «"Der Baum fällt nicht mit den Blättern, und die Sterne verlöschen nicht, wenn auch Wolken sie verdecken." Beim Verlesen des Todesurteils schwoll das seltsame Tönen, das die ganze Zeit über in ihr weitergeklungen, zu einem machtvollen lebensbejahenden Liede an» (LIGETI, 1959, 472). Nicht nur der Hinweis auf den Titel des Romans betont die Wichtigkeit dieser Aussage, was die Wirklichkeitsauffassung der Autorin betrifft. Im Gespräch zwischen Lois und einem «älteren Genossen», der im spanischen Bürgerkrieg engagiert war, heißt es, dass es die Liebe zum Leben ist, die den guten Kommunisten ausmacht. Mut, Tapferkeit, Aufopferungsfähigkeit bedeuten eigentlich nicht das Wesentliche: «Auch ein Faschist kann mutig, tapfer und sogar aufopferungsfähig sein. Die Christen waren es auch, und das Bürgertum hat auch diese Eigenschaften besessen, als es noch revolutionär war, ich kenne Bibelforscher, die vielleicht mutiger sind als viele Kommunisten. – Weißt du, was meiner Meinung nach den Kommunisten auszeichnet? Seine unbedingte Liebe zum Leben und sein Glaube an den Triumph des Guten im Menschen» (LIGETI, 1959, 239).

Diesen schrankenlosen Optimismus und dieses absolute Vertrauen aufs Leben mag der ordinäre Leser als einen Verstoß gegen die psychologische Wahrscheinlichkeit interpretieren, berücksichtigt man andererseits den kruden Realismus des Romans, der die tatsächliche politische Gewalt der Epoche (beispielsweise in der Beschreibung kaum auszuhaltender Folterszenen) nicht verharmlost. Oder sollen wir dem großen Jasagengefühl der beiden jungen Liebenden Hanna und Kurtl, die sich nach dem Krieg in Wien wiederfinden, vertrauen, wie es in den Schlussworten des Romans zum Ausdruck gebracht wird?: «Was sie an Grauenvollem erlebt und erlitten hatten, stand nicht auf ihren Stirnen geschrieben; nur manchmal huschte über ihre Gesichtszüge ein Etwas, das die Vorübergehenden aufmerken ließ. Es war dies vielleicht ein tiefes innerliches Wissen, ein Wissen um allen Schmerz und alles Glück auf dieser Welt» (LIGETI, 1959, 669-670).

Unzuverlässige Wirklichkeit und Identitätsspiele

In der von Bologne postulierten subjektiven Wirklichkeit der Erzählung spielen die Weltsicht und das Wirklichkeitsbewusstsein des Autors eine entscheidende Rolle. Diese Begriffe führen auf die Wirklichkeitswahrnehmung der Exilliteratur zurück. Sie beruht auf grundsätzlicher innerer Unruhe und Unsicherheit, weil die Figuren sich nicht auf die Ereignisse verlassen können. So spielt die Thematik der Täuschung eine zentrale Rolle in der Exilliteratur: das Verhalten der Figuren muss sich den zahlreichen Gerüchten anpassen, die sich ständig ändern bzw. widersprechen. Das Gerücht erscheint sogar als das Fundament des Lebens des Exilanten, der keine globale Übersicht über die Situation hat. Auf der Leere beruht tatsächlich seine Situation; sie zwingt ihn aber wegen der ständigen Gefahr zu schnellen Entscheidungen. Während der Verhandlungen über die Tschechoslowakei im September 1938 in München glauben der Exilant und die belgische Bevölkerung an den unmittelbar bevorstehenden Ausbruch des Krieges; am nächsten Tag freuen sie sich über das Abkommen Chamberlains und Daladiers mit Hitler und verdrängen dabei, dass die wirkliche Gefahr des Nationalsozialismus nur für kurz verschoben wird (S. LIGETI, 1959, 180-183). Beim Ausbruch des Kriegs versuchen sich alle davon zu überzeugen, dass ein Krieg nicht so an einem schönen Maimorgen anfangen darf, bevor die Flüchtlinge der Gefahr ins Auge sehen müssen (LIGETI, 1959, 206-208). Weil die Gerüchte viele dazu bewegen, das Land zu verlassen, passt man sich an und geht vorübergehend ohne Zweck, bevor die Rückkehr nach Brüssel sich als die einzige mögliche Lösung herausstellt (LIGETI, 1959, 217ff.). Von Anfang bis zum Ende der Exilerfahrung verliert man den Boden unter den Füßen: am Anfang wurde das Gerücht verbreitet, dass die Proteste der ausländischen Länder gegen die Rassengesetze in Deutschland positiv auf die Situation der jüdischen deutschen Staatsbürger auswirken würden; umgekehrt förderten diese Proteste ausschließlich den Status der Juden in anderen Ländern (LIGETI, 1959, 87-88); der Höhepunkt solcher unerträglicher Gefühle ist mit den nicht zuverlässigen Gerüchten, die auf das Kriegsende hinweisen, verbunden, während die Lebensverhältnisse der Inhaftierten im KZ sich gar nicht ändern (LIGETI, 1959, 636ff.). In der Zwischenzeit haben die Brüsseler Jahre nur Drohung und Unsicherheit bedeutet; dies setzte im Alltag die Angst vor neuen Bekannten voraus, da man nie wusste, ob diese Freunde im Dienste des Feindes nicht vortäuschten.

Denn Tarnung gehört zur Praxis aller politischer Lager und kann für das Überleben der politischen Aktivisten notwendig sein. In ihrer subversiven Widerstandsarbeit dürfen die jungen Frauen ihr wahres Gesicht nicht zeigen und täuschen Naivität vor. Wenn sie die Masken fallen lassen und letztendlich Propagandamaterialen weiter vermitteln, gehen sie das Risiko ein, von Spitzeln entdeckt zu werden. Umgekehrt tragen nicht nur überzeugte Feinde den offiziellen SA-Uniform. Während ihres kurzen Transitaufenthalts in Aachen werden Ossi und Kurtl von einem SA-Angehörigen einfach aus Menschlichkeitsgefühlen geholfen (LIGETI, 1959, 91ff.). Sogar Widerständler handeln als offizielle Angehörige der nationalsozialistischen Maschinerie, um deren Mechanismen besser pervertieren zu können:

in Wien arbeitet Hedy im Einverständnis mit der kommunistischen Partei im Dienste der Rüstungsindustrie (LIGETI, 1959, 131-132); im KZ Birkenau übernimmt Hanna die Verantwortung der «Oberkapos», um die Leiden der Inhaftierten zu lindern, und in der Hoffnung, den Mechanismen des Systems schaden zu können (LIGETI, 1959, 589ff.).

Auf diese Weise prägt das Spiel mit Identitäten das Wirklichkeitsbewusstsein und das Handeln der Figuren; dass sie regelmäßig die Identität wechseln müssen, wirkt auf ihre psychologische Verfassung aus. Das Vernichten des Ausweises ist nicht nur symbolisch zu deuten, weil es auch die Leere des Identitätsverlusts zur Folge hat, die bei manchen mit der Notwendigkeit des Engagements kompensiert wird, bei anderen aber nur zur (selbst)zerstörerischen Logik führt. In ihrem autobiographischen Zeugnis führt Hertha Ligeti die Wurzeln ihres antifaschistischen Engagements auf den Zustand des «U-Boot-Lebens» zurück: «ich lebte in ständiger Furcht, ich lebte dieses U-Boot-Leben wie ein gehetztes Tier – o ja, ich wollte etwas tun, mitmachen gegen die Hitlerei. Was? – Das war mir gleich» (THURNER, s.d., 140). Erst nach dem Kriegsausbruch wurde sie zur politischen Aktivistin, als das Netz des politischen Widerstandes sie annäherte, und ihr die Gelegenheit bot, das Gefühl der existentiellen Leere positiv zu überwinden. Bei der «Oberkapo» Maria, einer ehemaligen Prostituierten, deren Leben soweit nur aus Demütigungen bestand, ist andererseits die neue Identität mit einer Machtposition verbunden, die es ihr erlaubt, den Zyklus der Demütigung und der Gewalt auf Kosten anderer Opfer fortzusetzen (LIGETI, 1959, 607-608).

Die Ambivalenz der Thematik der wechselnden Identitäten bzw. des Identitätsverlusts wird weiter ironisch mit der Figur des «Grenzschmugglers» illustriert, der im deutsch-belgischen Grenzgebiet den Exilanten durch Opportunismus (gegen Bezahlung) oder durch Idealismus Hilfe leistet, indem er sie durch den Wald über die Grenze führt. Zum vorbildlichen «Grenzgänger» wird das Kind Henri, dem die Begriffe Nation und Vaterland im tiefen fremd sind: «Er ist ein Kind beider Nationen, wohnt auf belgischem Gebiete, ist belgischer Staatsbürger, seine Muttersprache aber ist Deutsch, und da der nächste Ort eine halbe Tagreise entfernt ist, geht er in Aachen zur Schule. [...] Welches ist sein Heimatland? „Du bist Belgier deutscher Nationalität", sagt sein Vater, aber in der Schule lehrt man ihn: „Du bist Deutscher. Die Belgier sind deine Feinde, du mußt sie hassen." Doch er versteht von diesen Dingen noch nichts. Seine Heimat ist die Eifel, dieser herrliche Wald mit seinen uralten Eichen, Linden und Buchen. Hier ist er geboren, hier waren Großvater und Urgroßvater schon Waldheger, und er wird es auch sein. Daß mitten durch sein Fleckchen Heimatland die Grenze verläuft, verursacht ihm kein Kopfzerbrechen» (LIGETI, 1959, 113).

Ans Absurde grenzt die Situation des für ein österreichisches Arbeitslager tätigen deutschsprachigen Belgiers Joseph Neumayer, der sich die Arbeitsverhältnisse dort vor seinem freiwilligen Engagement anders vorgestellt hatte. Da er in Österreich für den französischsprachigen Belgier Dumont gehalten wird (ganz am Anfang des Krieges war Neumayer belgischer Soldat und hatte sich den Ausweis des verstorbenen Soldaten Dumont verschaffen, der ihm sehr nützlich war, als in seiner Heimatstadt Eupen ihn die Einberufung zum deutschen Militär erwartete…; LIGETI, 1959, 353), tauscht er die Ausweise mit dem jungen österreichischen Widerständler Ottl; dieser muss sich in seinem eigenen Lande verstecken, während Neumayer in seine Heimatstadt mit dem Status des österreichischen Flüchtlings zurückkehrt... In Wahrheit hat die offizielle Staatsbürgerschaft des Grenzgängers keine große Bedeutung; dem einen oder dem anderen Staate treu zu sein, macht ihm keine große Schwierigkeit, da diese offizielle Zugehörigkeit nur eine Angelegenheit der Oberfläche ist. An seiner Unabhängigkeit hält vor allem der Grenzgänger fest, wie dieser Freund Neumayers, der sich dem Schmuggelgeschäft widmet: «In Wahrheit war er niemandem treu ergeben, nur dem Walde, und deshalb fiel es ihm auch nicht schwer, mal dem einen Staate Treue zu schwören, mal dem anderen, und es bereitete ihm auch keine Gewissensbisse, sie zu hintergehen – sein wahrer Brotgeber war der Wald, dem schon seine Vorfahren gedient. Ihn betrachtete er als seine richtige Heimat und fühlte sich ihm gegenüber als Untergebener und Herrscher zugleich» (LIGETI, 1959, 545).

Die kaum plausible Anekdote des Identitätstausches von Neumayer und Ottl macht wieder deutlich, dass der Roman kein bloßes historisches Zeugnis ist, sondern dass man ihn als einen *roman dans l'histoire* mit eigenen Thesen berücksichtigen muss; so ist er der intern zusammenhängenden Logik der Erzählung unterworfen. Im Geiste des Romans soll das Spiel mit den Identitäten die Relativität der staatsbürgerlichen Zugehörigkeit hervorheben, dagegen aber den Begriff der sich im Aufbruch bestehenden sozialistischen Gesellschaft, die sich von den Zwängen der Nationalismen befreit hat, besonders bewerten. Wieder transzendiert das Horizont der Zukunft und die Hoffnung auf die vom politischen Projekt des Sozialismus getragene Gesellschaft die historische Wirklichkeit. Ohne diese Spannung zwischen Fiktion und Geschichte zu reflektieren, lässt sich dieser auf den ersten Blick als historisches Zeugnis zu deutende Roman nicht adäquat interpretieren. Völlig anders hat Jean Améry die bei ihm quälende Thematik der Identität mit der Exilerfahrung verbunden; in seiner Reflexion hängt der beschränkte Gebrauch, der der Exilant von der Sprache machen kann, mit der traumatischen Erfahrung der Unmöglichkeit der Kommunikation zusammen (MÜLLER, 1990, 37-48; SÜSS, 1990, 3-14). Bei Améry spielt das von Ligeti vernachlässigte Problem der Sprache eine zentrale Rolle, da der limitierte Sprachgebrauch auch für das mangelhafte Vertrauen des Exilanten zu seiner Umgebung steht. Gemeinsam ist aber den beiden Autoren, dass sie dank der *vision du dedans* über die traumatische Erfahrung des Entwurzeltseins die historische Wirklichkeit zu erfassen helfen.

Bibliographischer Anhang

BAUMANN & ROLAND, 2001: Roland BAUMANN & Hubert ROLAND (Hrsg.), *Carl-Einstein-Kolloquium 1998. Carl Einstein à Bruxelles: Dialogues par-dessus les frontières/ Carl Einstein in Brüssel: Dialoge über Grenzen*, Frankfurt/M. [e.a.], Peter Lang, 2001 (*Bayreuther Beiträge zur Literaturwissenschaft* 22).

BAUMANN, 2001: Roland BAUMANN, *Kurt Grünebaum, entre l'Allemagne et la Belgique*, in *Ebd.*, 277-292.

BOLOGNE, 2001: Jean Claude BOLOGNE, *L'écriture de l'Histoire*, dans Ginette MICHAUX (éd.) *Histoire et fiction*, Morlanwelz, Lansmann, 2001 (coll. «Chaire de poétique»), 73-111.

CAESTECKER, 1993: Frank CAESTECKER, *Ongewenste gasten: joodse vluchtelingen en migranten in de dertiger jaren in België*, Brussel, VUB Press, 1993.

CAESTECKER, 2000: Frank CAESTECKER, *Alien policy in Belgium, 1840-1940: the creation of guest workers, refugees and illegal aliens*, Berghahn, New York, 2000.

DUYTSCHAEVER, 1977: Joris DUYTSCHAEVER, *Zur Asylpraxis in Holland und Belgien: Der Fall Hans Bendgens-Henner (1892-1942)*, in Hans WÜRZNER (Hrsg.), *Zur deutschen Exilliteratur in den Niederlanden*; *Amsterdamer Beiträge zur Neueren Germanistik*, Bd. 6, 1977, 69-117.

GRÜNEBAUM, 1997: Kurt GRÜNEBAUM, *Carl Sternheim in Belgien* [Hrsg. und kommentiert von Hubert Roland], in *Archiv für das Studium der neueren Sprachen und Literaturen*, 234. Bd., 149. Jahrg., 1997, 89-96.

HEIDELBERGER-LEONARD, 2002: Irene HEIDELBERGER-LEONARD, *Jean Améry im Dialog mit der zeitgenössischen Literatur. Essays*, Stuttgart, Heinz, 2002.

KLEIN, 2001: Maya KLEIN, *Souvenirs de résistants autrichiens en Belgique*, in *Cahiers de la Mémoire contemporaine*, vol. 3/2001, Didier Devillez éd., 73-86.

LANGKAU-ALEX, 1998: Ursula LANGKAU-ALEX, *Belgien*, in *Handbuch der deutschsprachigen Emigration 1933-1945*, Darmstadt, Wissenschaftliche Buchgesellschaft, 1998, 168-174.

LEONARDY, 2002: Ernst LEONARDY, *Crise et renaissance du récit dans la littérature allemande depuis 1945*, dans Laurent VAN EYNDE & Sophie KLIMIS, *Littérature et savoir(s)*, Bruxelles, Publications des Facultés universitaires Saint-Louis, 2002, 223-247.

LEONARDY & ROLAND, 1999: Ernst LEONARDY & Hubert ROLAND (Hrsg.), *Die deutsch-belgischen Beziehungen im kulturellen und literarischen Bereich/ Les relations culturelles et littéraires belgo-allemandes 1890-1940*, Frankfurt/M., Peter Lang, 1999 (*Studien und Dokumente zur Geschichte der Romanischen Literaturen* 36).

LIGETI, 1959: Hertha LIGETI, *Die Sterne verlöschen nicht*, Bukarest, Espla: Staatsverlag für Kunst und Literatur, 1959.

MÜLLER, 1990: Rosemarie MÜLLER, *Jean Améry: Exil in Belgien*, in *Germanistische Mitteilungen*, Heft 31, Jahrg. 1990, 37-48.

SÜSS, 1990: Peter SÜSS, *Autobiographische Essayistik bei Jean Améry*, in *Germanistische Mitteilungen*, Heft 32/1990, 3-14.

THURNER, s.d.: Erinnerungen von Susanne KRISS, Hertha FUCHS-LIGETI und Gundl HERNNSTADT-STEINMETZ, in *Wien-Belgien-Retour? Bearbeitet und eingeleitet von Erika THURNER*, Wien/Salzburg, Geyer Edition, s.d. (*Materialien zur Zeitgeschichte*; Bd. 7).

TINDEMANS, 1977: Carlo TINDEMANS, *Exiltheater und Rezeption in Antwerpen 1933-1940*, in Hans WÜRZNER (Hrsg.), *Zur deutschen Exilliteratur in den Niederlanden*; *Amsterdamer Beiträge zur Neueren Germanistik*, Bd. 6, 1977, 165-182.

VAN DOORSLAER & VERHOEYEN, 1986: Rudi VAN DOORSLAER & Etienne VERHOEYEN, *L'Allemagne nazie, la police belge et l'anticommunisme en Belgique (1936-1944) – Un aspect des relations belgo-allemandes*, dans *Revue Belge d'Histoire Contemporaine*, XVII, 1986, 1-2, 61-126.

Hubert Roland
FNRS/ UCL
Collège Erasme
Place Blaise Pascal 1
B-1348 Louvain-la-Neuve
roland@licg.ucl.ac.be

BCILL 112: *Langues à niveaux multiples*, 229-241

Les fonctions grammaticales en allemand et en malgache: analyse contrastive

Joachim SABEL
Université catholique de Louvain

1. Introduction

Syntaxiquement, le malgache montre d'importantes differences quand on le compare avec les langues indo-européennes, comme par exemple, l'allemand. L'une des méthodes d'approche pour mettre au jour ces différences consiste en la comparaison d'un phénomène spécifique. Dans cet article, j'ai choisi d'examiner les phrases interrogatives dans les deux langues.

Les langues du monde semblent utiliser des stratégies différentes pour questionner sur les arguments d'une phrase. Les langues telles que l'allemand, l'anglais, ou le français permettent de questionner le sujet ou l'objet d'une phrase, tandis qu'en malgache, d'après certains chercheurs, seules les interrogations portant sur les sujets grammaticaux sont possibles. On parle de "restriction de portée exclusive sur le sujet" (sujets seulement). Dans cet article, je voudrais au contraire démontrer qu'en malgache seuls les objets grammaticaux peuvent être questionnés (objets seulement). Cette particularité se rencontre aussi dans des langues africaines comme, par exemple, le Yoruba. Je voudrais démontrer ici que nous pouvons affirmer que les langues du monde utilisent deux procédés pour formuler des interrogations: les langues comme l'allemand permettent de questionner sur le sujet et l'objet d'une phrase et les langues comme le malgache n'admettent que des interrogatives sur l'objet.

2. Assymétries dans l'interrogation sur le sujet et l'objet

2.1 Interrogation par dislocation sur le sujet et l'objet

Avant de passer à la description des phrases interrogatives en malgache, je voudrais décrire brièvement le système de voix verbales (exemple (1)). Dans ce système, la morphologie des verbes indique quel est l'élément relié au sujet postposé souligné (Pres = Présent, nom = nominatif).

1. a. Manasa ny lamba amin'ny savony ny reny.
Pres-AT-laver le linge avec le savon la mère_{nom}
'La mère lave le linge avec du savon.'
b. Sasan' ny reny amin'ny savony ny lamba.
Pres-TT-laver la mère avec le savon le linge_{nom}
'La mère lave le linge avec du savon.'
c. Anasan' ny reny ny lamba ny savony.
Pres-CT-laver la mère le linge le savon_{nom}
'La mère lave le linge avec du savon.'

Dans (1a) l'agent est le sujet, et le verbe a la morphologie des verbes actifs, ce qui est marqué par AT (Agent Topic) dans la littérature anglo-saxonne. Dans (1b), le thème occupe la position du sujet, et le verbe a la morphologie des verbes passifs, marqué par TT (Theme Topic). Dans (1c) l'instrument prend la place du sujet. Le verbe a alors la morphologie des verbes relatifs, marqué par CT (Circumstantial Topic). Suivant la morphologie du verbe, chaque argument peut donc occuper la place du sujet. C'est la base du système de voix malgache.

Comment les linguistes ont-ils analysé ce phénomène de voix et l'ordre des mots que nous avons vus dans l'exemple (1)? Plusieurs analyses ont été proposées. Dans l'analyse (2a) il est démontré que la morphologie des verbes neutralise la possibilité d'assigner un cas à l'expression nominale correspondante (par exemple l'agent, le thème, l'instrument). Par conséquent, l'élément correspondant doit apparaître dans la position qui lui confère un cas et cette position est celle du sujet. Ceci est montré dans l'exemple (1).

2. a. $[_{IP}$ $[_{I'}$ V_x $[_{VP}$ Agent t_v Thème Oblique]] XP] GUILFOYLE, HUNG AND TRAVIS (1992)
b. $[_{IP}$ $[V_x$ Thème Oblique Agent] XP] KEENAN (2000)
c. $[_{CP}$ $[_{IP}$ V_x Agent t_v Thème Oblique] $[_{\Sigma P}$ XP $t_{IP}]]$ PENSALFINI (1995)
(XP= Agent, Thème (But, Destinataire) or Oblique)

Selon l'analyse (2a), les différents ordres des mots dans (1) résultent d'une dislocation, comme le montre (3). Les traits dans (3) (et dans les exemples ci-dessous) marquent la position de base des constituants disloqués. Dorénavant, je vais considérer que l'ordre de base des mots ci-dessous en malgache est VOS (et celui de l'allemand est SOV, voir la démonstration ci-dessous).

3. *V_X Agent Thème Oblique $XP_{Nom(inatif)}$/Sujet Grammatical*

a.	V_{AT}	___	Thème	Oblique	Agent	(1a)
b.	V_{TT}	Agent	___	Oblique	Thème	(1b)
c.	V_{CT}	Agent	Thème	___	Oblique	(1c)

D'autres analyses suivent l'exemple (2), où l'interrogation ne peut porter que sur l'élément final de la phrase (à savoir: le sujet). Comme le montrent les exemples (4), (5) et (6), c'est l'élément qui correspond parfaitement à la morphologie du verbe. Dans (4a) l'agent correspond à la morphologie du verbe et la question peut donc porter sur lui, mais on ne peut pas faire porter la question sur l'élément qui ne lui correspond pas, comme on peut le voir dans (4b) et (4c). Dans (5), le thème correspond à la morphologie du verbe, et peut ainsi faire l'objet de la question. Comme on peut le voir dans (5b) et (5c), la question ne peut porter sur aucun autre élément. Il en va de même dans (6) où l'on utilise la forme relative (Foc = Focus).

4\. a.

[$_{CP}$ *Iza*$_i$	no	[$_{IP}$ manasa	ny	lamba	amin'	ny	savony	___$_i$]]?
qui	Foc	Pres-AT-laver	le	linge	avec	le	savon	

'Qui lave le linge avec le savon?'

b. *

[$_{CP}$ *Inona*$_i$	no	[$_{IP}$ manasa	___$_i$	amin'	ny	savony	ny	reny]]?
que	Foc	Pres-AT-laver		avec	le	savon	la	mère

'Que lave la mère avec le savon?'

c. *

[$_{CP}$ *Amin'ny*	*inona*$_i$	no	[$_{IP}$ manasa	ny	lamba	___$_i$	ny	reny]]?
avec	quoi	Foc	Pres-AT-laver	le	linge		la	mère

'Avec quoi la mère lave-t-elle le linge?'

5\. a.

[$_{CP}$ *Inona*$_i$	no	[$_{IP}$ sasan'	ny	reny	amin'	ny	savony	___$_i$]]?
que	Foc	Pres-TT-laver	la	mère	avec	le	savon	

'Que lave la mère avec le savon?'

b. *

[$_{CP}$ *Iza*$_i$	no	[$_{IP}$ sasana	___$_i$	amin'	ny	savony	ny	lamba]]?
qui	Foc	Pres-TT-laver		avec	le	savon	le	linge

'Qui lave le linge avec le savon?'

c. * [$_{CP}$ *Amin'ny inona*$_i$ no [$_{IP}$ sasan' ny reny ___$_i$ ny lamba]]?
avec quoi Foc Pres-TT-laver la mère le linge
'Avec quoi la mère lave-t-elle le linge?'

6. a. [$_{CP}$ *Inona*$_i$ no [$_{IP}$ anasan' ny reny ny lamba ___$_i$]]?
(avec) quoi Foc Pres-CT-laver la mère le linge?'
'Avec quoi la mère lave-t-elle le linge?'

b. * [$_{CP}$ *Iza*$_i$ no [$_{IP}$ anasan ___$_i$ ny lamba ny savony]]?
qui Foc Pres-CT-laver le linge (avec-) le savon
'Qui lave le linge avec le savon?'

c. * [$_{CP}$ *Inona*$_i$ no [$_{IP}$ anasan' ny reny ___$_i$ ny savony]]?
que Foc Pres-CT-laver la mère (avec)le savon
'Que lave la mère avec le savon?'

Ainsi, en malgache, nous avons la situation décrite dans (7a): l'interrogation peut seulement porter sur l'argument qui est dans la position de sujet grammatical, c'est-à-dire la position finale dans (7a) ou (1), (3).

7. *Malgache, ...* *Allemand, ...* *Yoruba, ...*

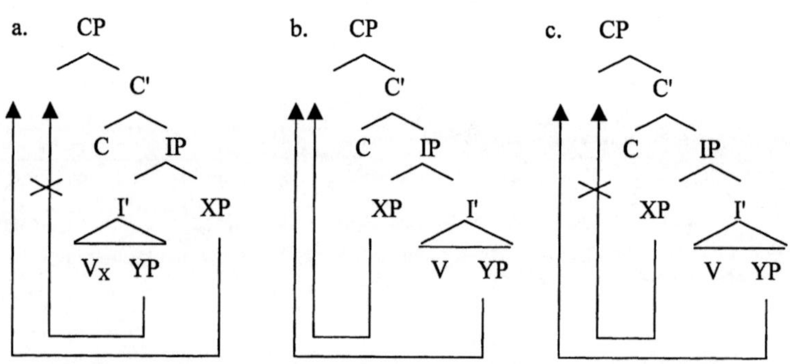

Sujets seulement Sujets et objets Objets seulement

Ceci s'oppose complètement au comportement d'autres langues telles que l'allemand, le français et l'anglais, où l'interrogation peut porter sur l'argument qui est dans la position du sujet (8a) ou de l'objet (8b)-(8c) comme le montre (7b).

8. a. *Wer* hat ___ dem Jungen das Buch geschenkt? [ALLEMAND]
qui a le garçon le livre offert
'Qui a offert le livre au garçon?'

b. *Was* hat sie dem Jungen ___ geschenkt?
que a elle le garçon offert
'Qu'a-t-elle offert au garçon?'

c. *Wem* hat sie ___ das Buch geschenkt?
à qui a elle le livre offert
'A qui a-t-elle offert le livre?'

Comme on peut le voir dans (8b) et (8c), on peut poser la question sur le thème et le destinataire sans toucher au sujet *sie* 'elle' de la phrase; l'agent *sie* 'elle' reste le sujet, en opposition avec (5a) et (6a). En outre, contrairement à ce qui se passe dans les exemples (4a), (5a) et (6a) la morphologie du verbe ne change pas dans (8a-c).

Aussi, nous pouvons résumer qu'il y a deux types de langue suivant la possibilité de questionner sur l'argument. Dès lors, la question suivante se pose:

9. Comment peut-on expliquer que dans une langue comme le malgache, on ne puisse admettre la question par dislocation que sur le sujet tandis que les langues telles que l'allemand permettent l'interrogation par dislocation sur n'importe quel argument?

On pourrait avancer une proposition expliquant la différence entre le malgache et les langues comme l'allemand. Il s'agit de l'"Accessibility Hierarchy" (AH). KEENAN ET COMRIE (1977) proposent l'existence d'une hiérarchie *Sujet > Objet Direct > Objet Indirect > Oblique* ... dans laquelle le sujet est l'élément supérieur, suivi par l'objet direct, et par l'objet indirect ensuite. Dans une langue où les questions peuvent porter sur les éléments inférieurs de la hiérarchie, tels que les objets directs et objets indirects, la question peut aussi porter sur le sujet. Tel est le cas de l'allemand. Mais si une langue permet de questionner sur un élément supérieur de la hiérarchie, à savoir le sujet, l'interrogation sur un élément inférieur n'est pas nécessairement possible, comme c'est le cas pour le malgache.

L'AH permet d'expliquer la différence qui existe entre les langues française, anglaise et allemande et la langue malgache. Toutefois, il existe un troisième type de langue où des possibilités d'interrogations non prévues par l'AH sont possibles. Par exemple, en Yoruba, parler du Nigeria, la question ne porte que sur l'objet (10b) et non sur le sujet, comme on peut le voir dans (10a) (CARSTENS 1985, SONAIYA 1989). On peut trouver une situation similaire en Vata (KOOPMAN 1983, KOOPMAN AND SPORTICHE 1986) et en Imbabura Quechua (HERMON 1984, RICHARDS 1999) (3S = 3^{e} personne du singulier, 2S = 2^{e} personne du singulier).

10. a. *Ta* ni *(o) wa? [YORUBA]
qui Foc 3S arriver
'Qui arrivait?'

b. *Ki* ni o ri ___?

que Foc 2S voir

'Qu'as-tu vu?'

En Yoruba, la reprise du pronom est obligatoire dans l'interrogation sur le sujet.

En outre, comme on peut le voir dans la section suivante, une corrélation existe entre l'argument qui peut être disloqué dans une langue et l'environnement à partir duquel la dislocation peut avoir lieu, mais cette corrélation reste sans explication par l'AH. Je voudrais donc proposer une analyse différente, qui recouvre toutes ces langues et qui prenne en compte cette corrélation.

Je commencerai par les langues illustrées en (7b). En anglais, en français et en allemand, les différents arguments d'un verbe tels que, par exemple, l'agent, le thème et l'instrument, sont liés aux différentes fonctions grammaticales, à savoir, le sujet, l'objet direct (= le complément) et l'objet indirect, et ils y sont *toujours liés de la même façon*, c'est-à-dire qu'ils occupent respectivement la même position dans la phrase, comme nous pouvons le voir en (11a) et (11'a) (= la structure pour l'allemand; ignorant l'hypothèse selon laquelle le sujet se situe dans la position VP-interne étant donné que cela n'est pas pertinent pour le moment.)

11. a. *Argument* *Fonction Grammaticale*

Agent	→	Sujet (= XP)
Thème	→	Objet direct (= ZP)
But/Destinataire	→	Objet indirect (= YP)
Oblique ...		

11'. a.

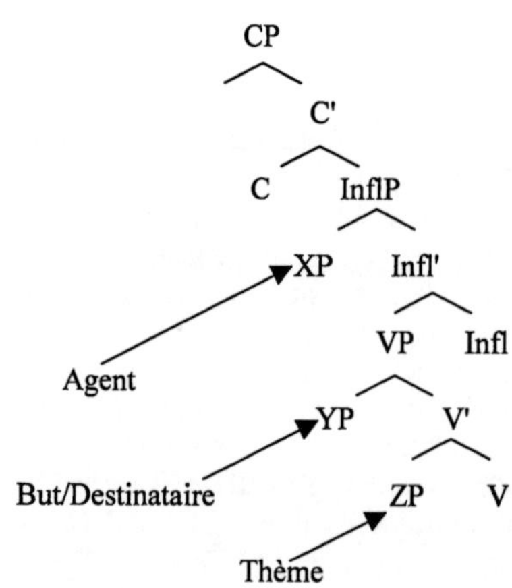

En malgache, les différents arguments d'un verbe comme l'agent, le thème et l'instrument ne sont pas liés aux différentes fonctions grammaticales. Chaque argument peut être le complément (= objet direct) du verbe (fonction grammaticale[1]) et devenir le sujet (fonction grammaticale[2]), ce qui est montré dans (11b) et (11'b).

11. b. *Argument* *Fonction Grammaticale[1]* *Fonction Grammaticale[2]*

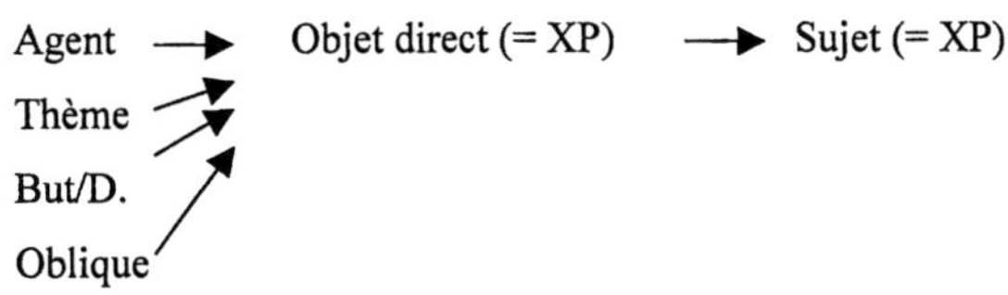

11'. b.

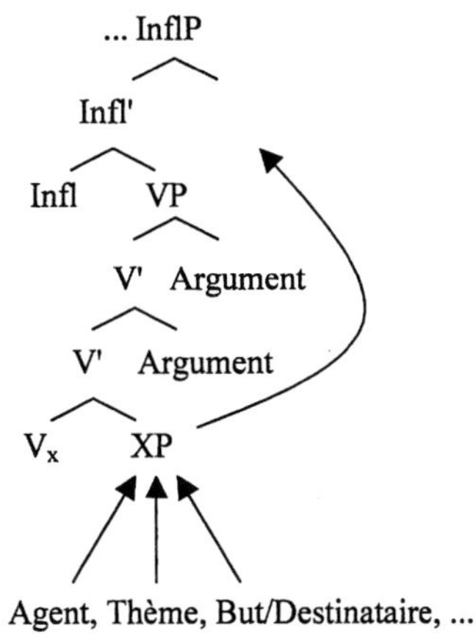

Il apparaît que le complément (XP dans (11'b)) correspond à la morphologie du verbe suivant qu'il est à l'actif (AT), au passif (TT) ou au relatif (CT). D'après l'analyse faite ci-dessus en (2a), la morphologie du verbe neutralise la capacité du verbe d'assigner un cas à l'expression nominale correspondante. Le complément ne peut donc pas recevoir un cas via le verbe, mails il en requiert un. Il peut seulement recevoir le nominatif, qui est assigné dans la position du sujet grammatical par Infl. C'est pourquoi chacun des arguments peut devenir sujet en langue malgache. Il en est de même à la voix passive en allemand, où le complément acquiert le cas du nominatif, lorsqu'il devient le sujet, comme dans (12b).

12. a. ... dass Maria dem Jungen den Roman geschenkt hat.
que Marie_{nom} le garçon_{dat} le roman_{acc} offert a
'... que Marie a offert le roman au garçon.'

b. ... dass *der Roman* dem Jungen ___ geschenkt wurde.
que le roman_{nom} le garçon_{dat} offert a été
'... que le roman a été offert au garçon.'

La différence existant entre l'allemand et le malgache est donc la suivante: en malgache, la morphologie du verbe spécifie les arguments qui apparaissent dans la position de complément et deviennent sujet grammatical. Par contre, dans une langue comme l'allemand, l'anglais ou le français, une telle morphologie est absente. Par conséquent, chaque argument (l'agent, le thème, ...) apparaît toujours dans la même position et cette position correspond toujours à la même fonction grammaticale (sujet, objet direct ou objet indirect). L'invariabilité de la position des arguments a pour conséquence que chaque argument peut faire l'objet d'une question, comme nous l'avons vu en (8).

A l'opposé, en malgache, seule la morphologie du verbe définit toujours la fonction grammaticale de l'élément qui lui correspond de la même façon (objet direct), et on ne peut questionner que sur cet élément, comme nous l'avons vu dans les exemples (4)-(6).

L'explication est similaire pour les langues comme le Yoruba. Chaque argument peut être le complément excepté l'agent qui est toujours le sujet grammatical. Pour cette raison, la position du sujet n'est pas disponible pour les arguments qui apparaissent comme complément. Cependant, cela n'est pas nécessaire dans ces langues parce qu' à l'opposé du malgache, la morphologie du verbe ne neutralise pas la capacité d'assigner un cas au complément.

Nous pouvons maintenant revenir à la question (9), c'est-à-dire, comment pouvons-nous expliquer que dans une langue comme le malgache, seul le sujet puisse faire l'objet d'une question par dislocation, alors que chaque argument peut en faire l'objet dans les langues comme l'allemand. Je voudrais proposer (13) comme réponse (cf. SABEL 2002, 2003 pour une proposition sur la manière par laquelle cette généralisation descriptive peut dériver de principes fondamentaux de la grammaire):

(13) *Objets Seulement*
Dans une langue où la fonction grammaticale d'un (ou de plusieurs) argument(s) est définie par la morphologie du verbe, seul l'argument qui occupe la position du complément peut faire l'objet d'une question par dislocation.

Selon (13), la morphologie du verbe met en évidence la valeur du paramètre qui est pertinent pour les différentes propriétés des arguments dans les langues comme l'allemand et le malgache.

Jusqu'ici j'ai discuté de la différence entre les interrogations sur l'argument en malgache et celles d'autres langues. Les différences sont basées sur la relation existant entre les arguments et les fonctions grammaticales des différentes langues. Si nous observons maintenant les non-arguments, nous pouvons voir que toutes les langues se comportent de la même manière, et c'est exactement ce qui est prévu par mon analyse. La question sur un non-argument comme un adverbe est possible dans toutes les langues mentionnées: ainsi, en malgache, la dislocation des mots interrogatifs comme *aiza* 'où' est compatible avec tous les types de morphologie du verbe, comme on le voit dans l'exemple (14):

14. a. *Aiza*$_i$ no manasa ny lamba amin' ny savony ___$_i$ ny reny?
où Foc Pres-AT-laver le linge avec le savon la mère
'Où la mère lave-t-elle le linge avec le savon?'

b. *Aiza*$_i$ no sasan' ny reny amin' ny savony ___$_i$ ny lamba?
où Foc Pres-TT-laver la mère avec le savon le linge
'Où la mère lave-t-elle le linge avec le savon?'

c. *Aiza*$_i$ no anasan' ny reny ny lamba ___$_i$ ny savony?

où Foc Pres-CT-laver la mère le linge le savon

'Où la mère lave-t-elle le linge avec le savon?'

En résumé, j'ai essayé d'expliquer la différence entre les questions dans les différents types de langues. Celle-ci résulte des différentes relations entre arguments et fonctions grammaticales et nous permet d'expliquer pourquoi une langue comme le malgache n'admet d'interrogations que sur l'objet direct, contrairement à d'autres langues. La question se pose maintenant de savoir si l'analyse du malgache développée ci-dessus nous permet aussi d'expliquer à partir *de quelles* phrases les questions peuvent être formulées.

Dans la partie suivante, je vais montrer que l'on peut se servir de l'analyse proposée pour expliquer ce phénomène. Dans cette partie, j'ai proposé qu'une explication alternative à partir de l'AH est nécessaire puisque l'AH ne peut pas expliquer les situations que nous rencontrons dans les langues comme le Yoruba. Un autre problème avec l'AH est qu'elle n'offre pas d'explication sur les restrictions qui déterminent de quelles phrases les questions peuvent dériver.

Dans la partie suivante nous verrons que l'analyse alternative permet d'avoir une explication systématique du phénomène d'interrogation par dislocation du sujet et de l'objet et des différents environnements de dislocation.

2.2 Les différents environnements de dislocation

J'adopte l'affirmation commune selon laquelle l'interrogation tirée d'une phrase n'est possible que si cette phrase admet un complément. C'est le sens de (15):

15. *Barrière* (CHOMSKY 1986, 2000; CINQUE 1990; SABEL 2002, 2003 e. a.)
    Chaque non-complément est une barrière.

(15) est une restriction universelle (SABEL 2002), dont (16) montre l'effet en allemand. Comme prévu dans (15), la dislocation du mot interrogatif ne peut avoir lieu que dans (16c), parce que (16c) est le seul exemple où le syntagme (CP) à partir duquel la dislocation a lieu est le complément du verbe principal. Dans (16b) il s'agit du sujet, et dans (16a), d'une locution adverbiale.

16. a. * [$_{CP}$ *Was* hat Peter geschlafen [$_{PP}$ während [$_{CP}$ Ede ___ gelesen hat]]]?

quoi a Peter dormi pendant Ede lu a

'Qu'a dormi Peter pendant qu'Ede a lu?'

b. * [$_{CP}$ *Was* hat [$_{CP}$ dass Ede ___ gelesen hat] Peter überrascht]?

quoi a que Ede lu a Peter étonné

'Qu'a étonné Peter qu'Ede a lu?'

c. [$_{CP}$ *Was* hat Peter geglaubt [$_{CP}$ dass Ede ___ gelesen hat]]?

quoi a Peter cru que Ede lu a

'Qu'a cru Peter qu'Ede a lu?'

Notez que la restriction (15) tient seulement pour les interrogations par dislocation, comme le montre (16)-(17). Comme on le voit dans les questions multiples (17), questionner sur le complément *was* 'quoi/que' est en principe possible dans ces environnements. La réponse à ces questions pourrait par exemple être '*Peter, The dice man*'.

17. a. [*Wer* hat ___ geschlafen [$_{PP}$ während [$_{CP}$ Ede was gelesen hat]]?
qui a dormi pendant Ede quoi lu a
'Qui a dormi pendant qu'Ede a lu quoi?'

b. [*Wen* hat [$_{CP}$ dass Ede was gelesen hat] ___ überrascht]?
qui a que Ede quoi lu a étonné
'Qui a été étonné qu'Ede a lu quoi?'

c. [*Wer* hat ___ geglaubt [$_{CP}$ dass Ede was gelesen hat]]?
qui a cru que Ede quoi lu a
'Qui a cru qu'Ede a lu quoi?'

Maintenant, je voudrais discuter des conséquences empiriques de cette affirmation (15) en relation avec l'idée que chaque argument peut être réalisé comme complément d'un verbe en malgache. Dans (18)-(19), la question porte sur l'agent et le thème. Ce qui est intéressant, c'est que la phrase subordonnée admet l'interrogation dans (18a) et (19a) mais pas dans (18b) et (19b). Dans (18a) et (19a), la phrase subordonnée correspond à la morphologie du verbe de la proposition principale, tandis que dans (18b) et (19b), c'est l'agent du verbe de la proposition principale qui correspond à la morphologie du verbe. La dislocation est seulement possible dans le cas où le verbe principal est à la voix passive (TT). On peut le voir à partir de l'exemple (19) où il y a dislocation du sujet subordonné. Dans cet exemple, le verbe principal doit avoir la TT-morphologie.

18. a. [$_{CP}$ *Inona* no heverin -dRabe [$_{CP}$ fa novidin- dRakoto ___]]?
que Foc Pres-TT-croire Rabe que Passé-TT-acheter Rakoto
'Rabe pense que Rakoto a acheté quoi?'

b. *[$_{CP}$ *Inona* no mihevitra Rabe [$_{CP}$ fa novidin- dRakoto ___]]?
que Foc Pres-AT-croire Rabe que Passé-TT-acheter Rakoto
'Rabe pense que Rakoto a acheté quoi?'

19. a. [$_{CP}$ *Iza* no heverin Rabe [$_{CP}$ fa mividy ny vary ___]]?
qui Foc Pres-TT-croire R. que Pres-AT-acheter le riz
'Rabe croit que qui achète le riz?'

b.* [$_{CP}$ *Iza* no mihevitra Rabe [$_{CP}$ fa mividy ny vary ___]]?
qui Foc Pres-AT-croire R. que Pres-AT-acheter le riz
'Rabe croit que qui achète le riz?'

Selon mes analyses, la phrase subordonnée est seulement le complément du verbe dans (18a) et (19a). Dans (18b) et (19b), c'est l'agent qui est présenté comme le complément du verbe.

Par conséquent, la question sur la proposition subordonnée n'est possible que dans (18a) et (19a).

En résumé, la question ne peut porter sur la proposition subordonnée que si celle-ci est le complément du verbe de la principale. Dans ce cas, elle correspond à la morphologie du verbe. Considérons maintenant l'exemple (20), qui a la même signification que l'exemple (18).

20.	a.	[$_{CP}$	Mihevitra	Rabe [$_{CP}$	fa	mividy	*inona*	Rakoto]]?
			Pres-AT-croire	Rabe	que	Pres-AT-acheter	quoi	Rakoto
		'Rabe croit que Rakoto a acheté quoi?'						
	b.	[$_{CP}$	Heverin	Rabe [$_{CP}$	fa	mividy	*inona*	Rakoto]]?
			Pres.-TT-croire	Rabe	que	Pres-AT-acheter	quoi	Rakoto
		'Rabe croit que Rakoto a acheté quoi?'						

L'exemple (20) est grammatical, peu importe la voix de la proposition principale. Alors que dans (18), le mot interrogatif *inona* reste dans la proposition subordonnée, le mot interrogatif est ici in situ. Par conséquent, (20) est grammatical, contrairement à (18b) et (19b), où le mot interrogatif est disloqué. (20) a donc une construction comparable à l'exemple (17) en allemand.

Evidemment, la restriction, selon laquelle l'interrogation sur la proposition subordonnée est seulement possible si cette proposition correspond à la morphologie du verbe, n'est pertinente que dans le cas où le mot interrogatif est hors de la proposition subordonnée. L'exemple (20) montre que quand le mot interrogatif garde sa place dans la proposition, les restrictions dans les mots interrogatifs (la morphologie du verbe principal) n'existent plus.

Dans cette partie, nous avons donc vu que si nous adoptons la restriction universelle (15), l'analyse que j'ai proposée dans la partie 2.1. sur la différence entre les types de langues allemande et malgache en ce qui concerne la dislocation des arguments peut aussi s'appliquer aux différents environnements de dislocation en malgache et en allemand.

3. Conclusion

En résumé, j'ai essayé d'expliquer les modes interrogatifs que l'on trouve dans une langue comme le malgache en comparaison avec une langue indo-européenne comme l'allemand. Dans la partie 2.1., j'ai parlé de l'interrogation dans laquelle le mot interrogatif apparaît en début de phrase et montré l'existence en malgache de restrictions différentes de celles présentes dans les autres langues comme l'allemand. En malgache, seul le complément du verbe peut faire l'objet d'une question par dislocation, tandis qu'en allemand, chaque argument peut être questionné et disloqué. Cette assymétrie résulte des différences qui peuvent exister dans la relation entre l'argument (thème, agent, instrument) et la fonction grammaticale. En allemand, cette relation est fixée, tandis qu'en malgache, chaque argument peut être complément du verbe et ensuite en devenir le sujet, selon la morphologie du verbe. Par conséquent, la plus grande différence entre les langues discutées réside dans la relation entre la fonction grammaticale et les différents arguments. En ce qui concerne les environnements de dislocation, nous avons vu dans la partie 2.2. que l'analyse proposée dans 2.1. démontre que les prédictions sont empiriquement correctes. Cette analyse confirme également l'hypothèse selon laquelle le malgache obéit à la restriction universelle (15) qui dit que la dislocation est seulement possible à partir de complément.

4. Références

CARSTENS, 1985: V. CARSTENS, *Adjunct ECP Effects in Yoruba. Proceedings of the North East Linguistic Society (NELS)* 15, 49-62.

CHOMSKY, 1986: N. CHOMSKY, *Barriers*, Cambridge/Mass., MIT Press.

CHOMSKY, 2000: N. CHOMSKY, *Minimalist Inquiries: The Framework*, dans R. MARTIN et al., *Step by Step: Essays in Honor of Howard Lasnik*, Cambridge/Mass., 2000, MIT Press, 89-155.

CINQUE, 1990: G. CINQUE, *Types of A'-Dependencies*. Cambridge/Mass. MIT Press.

GUILFOYLE, HUNG ET TRAVIS 1992: E. GUILFOYLE, H. HUNG ET L. TRAVIS, *Spec of IP and Spec of VP: Two Subjects in Austronesian Languages*, *Natural Language and Linguistic Theory* 10, 375-414.

HERMON, 1984: G. HERMON, *Modularity in Syntax*, Dordrecht, Foris.

KEENAN, 1976: E. L. KEENAN, *Remarkable Subjects in Malagasy*, dans C. LI, *Subject and Topic*, New York, 1976, Academic Press, 249-301.

KEENAN, 2000: E. L. KEENAN, *Morphology is Structure: A Malagasy Test Case*, dans I. PAUL et al., *Formal Issues in Austronesian Linguistics*, Dordecht, 2000, Kluwer.

KEENAN ET COMRIE, 1977: E. L. KEENAN ET B. COMRIE, *Noun Phrase Accessibility and Universal Grammar*, *Linguistic Inquiry* 8, 63-99.

KOOPMAN, 1983: H. KOOPMAN, *Control from Comp and Comparative Syntax. The Linguistic Review* 2, 365-391.

KOOPMAN ET SPORTICHE 1986: H. KOOPMAN ET D. SPORTICHE, *A note on long extraction in Vata and the ECP*, *Natural Language and Linguistic Theory* 4, 357-374.

PENSALFINI, 1995: R. PENSALFINI, *Malagasy Phrase Structure and the LCA*, dans R. PENSALFINI et H. URA, *Papers on Minimalist Syntax*, MIT Working Papers in Linguistics 27, Cambridge/Mass., MIT, 1995, 209-221.

RICHARDS, 1999: N. RICHARDS, *Subject Extraction without Subjects*. Ms., MIT.

SABEL 2002: J. SABEL, *A Minimalist Analysis of Syntactic Islands*, *The Linguistic Review* 19, 271-315.

SABEL 2003: J. SABEL, *Wh-Questions and Extraction Asymmetries in Malagasy*, dans A. RACKOWSKI et N. RICHARDS, *Proceedings of the Meeting of the 8th Austronesian Formal Linguistics Association, MIT Working Papers in Linguistics MITWPL 43*, Cambridge/Mass., MIT, 2003, 304-319.

SONAIYA 1989: R. SONAIYA, *Wh-Movement and Proper Government in Yoruba*, dans P. NEWMAN et R. D. BOTNE, *Current Approaches to African Linguistics* (Vol. 5), Dordrecht, 1989, Foris, 109-125.

Joachim Sabel
Université catholique de Louvain
Département d'Etudes Germaniques
Collège Erasme
Place Blaise Pascal 1
B-1348 LOUVAIN-LA-NEUVE
sabel@lige.ucl.ac.be

BCILL 112: *Langues à niveaux multiples*, 243-251

Specificity as a controlling factor in relpro selection: Evidence from non-standard English

Nadine VAN DEN EYNDEN MORPETH
Université catholique de Louvain
Lessius Hogeschool Antwerpen

0. Introduction

In his 1985 article, on synchronic variation and linguistic change, the late Prof. OSSI IHALAINEN convincingly demonstrated that specificity co-governs dialectal relpro selection:

"*But the SED* [Survey of English Dialects] *data also suggest that, other things being equal, the referential nature of the antecedent is a conditioning factor.*" (p.67)

More specifically, the two frames used to elicit relative pronouns, viz.

(1) IX.9.5. 'The work in the garden is getting me down. You say: Well, get some help in. I know a man _ will do it for you.'

in which a specific person is referred to

and

(2) III.3.7. 'If I didn't know what a cowman is, you would tell me: He is the man _ looks after the cows.'

where the antecedent is non-specific and the sentence is a definition, a generalization,

show that, "*besides being regionally conditioned, the choice of pronoun is sensible to the specific/non-specific distinction, specific antecedents favouring standard forms.*" (idem)

The frequencies of each pronoun in the two contexts are given in the table below (cf. IHALAINEN, 1985, 68):

RELPRO	SPECIFIC	NON-SPECIFIC	TOTAL
as	109	127	236
who	100	13	113
at	24	52	76
that	13	58	71
Ø	39	15	54
what	23	39	62

TABLE 1: Distribution of standard and non-standard relative pronouns with human antecedents in specific and non-specific contexts.

"With the exception of ***as****, relative pronouns appear to be sensitive to the specific/non-specific distinction; however, it is the non-indigenous pronoun* ***who*** *that shows the greatest difference between the two contexts. The difference between* ***who*** *and the other pronouns with respect to sensitivity to the specific/non-specific distinction is too great to be accidental ... These figures very strongly suggest, then, that not only is the specific/non-specific distinction relevant in predicting contexts where regional variation might occur, but it also controls the spread of WH-forms."* (idem)

In what follows I will investigate whether the referential nature of the antecedent or, more particularly, if specificity is also a valid parameter in Dorset relpro selection. In a second instance, I will also check its relevance vis-à-vis standard relpro selection.

1. Specificity

IHALAINEN subsumes non-referential NP's (cf. Frame III.3.7. supra) under the category of non-specific head nouns, which is not uncommon, as VAN LANGENDONCK (1980,1093) states:

"There are a lot of definitions for the notions [+spec] and [-spec], but let us assume here that [+spec] NPs refer to particular objects, whereas in the case of [-spec] the speaker has no particular referent in mind; possibly there is no referent."

The following sentences, all of which are taken from the Dorset speech database (cf. infra) illustrate the three types of (human) antecedents:

(3) Well this was the story of a man who many, many years ago I used to work with. [Portland] (VAN DEN EYNDEN, 1993, 108)

The antecedent is specific because the informant has a particular person in mind. A non-specific counterpart, on the other hand, "*refers to an arbitrary member or subset of the set of entities subsumed under its denotation.*" (DECLERCK, 1989, 22), as in:

(4) But you want someone who hm lives in the country [i.e. any country dweller]. [MAINLAND] (VDE, 1993, 109)

and

(5) People who've got a car and a mortgage, okay theirs [rate of inflation] has come down [i.e. anybody to whom the proposition "who've got a car and a mortgage" applies]. [MAINLAND] (idem)

Finally, an intended referent is missing in:

(6) Because she was a girl that – if she saw you today – she would worry, an' her speech would be bad, but if you took no notice, 'n' you met her again, she was alright, talk as plain as she could be. [MAINLAND]
(idem, 111)

The examples below illustrate the wide range of relatives available in Dorset English, both in specific and non-specific contexts.

(7) An' those other farmers, what had to work for our living a bit more, they was over other side, on the hm aisle, in the front of th' aisle on the other side. [MAINLAND] (idem, 277)

(8) [Q: Is the swannery [in Abbotsbury] subsidized by the public?]
No, but oh by, only those visitors which come in through the door.
[MAINLAND] (idem, 283)

2. Specificity as a parameter of dorset relpro selection

2.1. Methodology

The Dorset database, for which material was collected during the mid-eighties, consists of both a spoken and a written section. In the present paper we are only concerned with Dorset speech. In total twenty-two speakers[1] contributed, spread almost equally across the mainland of Dorset and the Isle of Portland[2]. Transcriptions were made of one to one and a half hour stretches of speech per informant, resulting in a database of 518 rc's. For present purposes the mainland and island data are considered in the aggregate and, following IHALAINEN's example, only personal antecedents have been taken into account.

---

1 For detailed information about the informants, all older, mostly rural natives of Dorset, the reader is referred to VAN DEN EYNDEN, 1993, 34-39.

2 See VAN DEN EYNDEN, 1993, 87 for more information on intra-dialectal variation in Dorset, or, more specifically, on the differences between Mainland speech and Portland speech.

2.2. The results for Dorset

RELPRO	SPECIFIC	NON-SPECIFIC	TOTAL
what	13	1	14
who	53	20	73
which	1	2	3
that	29	39	68
Ø	22	13	35

TABLE 2: Distribution of standard and non-standard relative pronouns with human antecedents in specific and non-specific contexts

The figures indicate that the relativizers in Dorset English appear to be sensitive to the specific/non-specific distinction. *Who* shows the greatest difference between the two contexts. Assuming that *who* is non-indigenous in Dorset[3], the figures also suggest that specificity controls the spread of WH-forms. In sum, the Dorset data confirm IHALAINEN's findings for the SED data.

3. The semantic specific/non-specific dichotomy and standard English[4]

A good corroboration of the distinction made by IHALAINEN for the WHO and THAT frames of the SED is found in the following extract from the 1995 Panorama interview with Princess Diana:

(9)
D: And I want to reassure all those people *who* have loved me and supported me throughout the last 15 years that I'd never let them down…
B: And so you feel that by speaking out in this way you'll be able to reassure the people?
D: Uh, uh. The people *that* matter to me – the man on the street, yup, because that's what matters more than anything else.

It is clear that in the first case she is being specific and non-specific in the second (i.e. the sort of people).[5]

To what extent does Standard English follow non-standard English, in which non-specific contexts favour *that*-forms, and specific counterparts show a preponderance of *who*-forms or where, in other words, specificity co-controls relpro selection? How aware are

3 Compared to IHALAINEN's (1980) findings for Somerset English, which show that *who* is rare in this county, Dorset English displays a large proportion of *who*-forms (cf. VAN DEN EYNDEN, 1993, 86 and 91 for a comparison of the two neighbouring counties). The earlier SED data for Dorset show a similar preponderance of *who*-forms (cf. VAN DEN EYNDEN, 1992, 536-37), as does the quoted speech within the narrative sample (cf. VAN DEN EYNDEN, 1993, 89), which covers the period 1904-1930 and can be regarded as representative of earlier Dorset speech). *Who*, in other words, seems to have been very common in Dorset from early on.

4 I am indebted to Mr Fred Morpeth, Dr Frances Austin, Dr Bernard Jones and Prof Pat Poussa for their valuable comments on Standard English.

5 The text was assessed by four university-educated informants in their fifties and sixties, three of whom were linguists.

native users of Standard English of the above distinction between identifying/specific *who* and classifying/non-specific *that*? Can such a dichotomy at all be established for Standard English?

Ample research has shown that relativization in both Standard and non-standard English is governed by an intricate set of interlocking linguistic and non-linguistic factors.[6] For instance, QUIRK'S 1957 corpus of educated speech showed an overall preponderance of *Wh*-forms, thus also of *who* after human antecedents. FOX (1987), on the other hand, who investigated American conversational English, came across a greater *that*-orientation.

Interesting and relevant to the present discussion are furthermore the results listed in the Longman Grammar of Spoken and Written English (1999, 612-14):

1. In the written non-fiction registers, relative clauses with human head nouns usually take the relativizer *who*:

HEAD NOUN	% USE WITH WHO	% USE WITH THAT
people, boys, children teenager(s), student(s)	c.90	less than 5
person, man, men, woman, women, boy, girl, girls	c.70-80	less than 5

TABLE 3: Distribution of who and that with personal reference in non-fictional writing

2. In conversation, *that* is much more frequently used, nearly as frequently as *who*:

HEAD NOUN	% USE WITH WHO	% USE WITH THAT
People,woman, women, man, men, girl, girls, boy, boys	less than 50%	30-40
person	c.40	c.30

TABLE 4: Distribution of who and that with personal reference in conversational English

The examples given in the Longman Grammar of Spoken and Written English show that the above-mentioned distinction between individuating/specific *who* and classifying/non-specific that does not hold for Standard English:

(10) They all seemed to have relatives *who* had been involved in scandals in London hotels. [fictional writing]

11) that man *that* I went to that time.[7] [conversation]

(12) those two women *that* had the operation. [conversation]

---

6 For Dorset English, for instance, a wide range of parameters was examined, linguistic as well as non-linguistic (social) factors, including clause type, antecedent type (human vs. non-human, definite vs. indefinite), clause length, function of relpro in the subordinate clause, function of the antecedent NP etc. The complete list can be found in VAN DEN EYNDEN, 1993. The findings strongly suggest that non-standard relative clause formation is not random, but governed by an intricate network of factors.

7 Here, of course, they may simply be avoiding the more complex inflected *whom* relativizer.

(13) that girl *that* lives down the road. [idem]

Parameters of relpro selection in human contexts at work here definitely include register (formal vs. informal or news and academic prose vs. conversation), relative clause type (restrictive vs. non-restrictive) and the grammatical function of the relativizer in the subordinate clause. Specificity does not seem to play a role here.

In a final instance, we shall have a closer look at what some grammars have to say on identifying *who* and classifying *that*.

Consider the following pair, borrowed from BLOCK (1989, 413-14):

(14) a. I am not the man that you think I am.
b. I am not the man who you think I am.

"The first sentence denotes class membership ... and implies that I do not have the manly qualities you ascribe to me. The second sentence denotes identification ... and would be appropriate in a case of mistaken identity. It implies that I am not who you think I am but rather someone else ! Only the second form has definite reference to an identified individual." (idem)

In other words, b. is specific, whereas a. is not. Taking the argument a step further, BLOCK then goes on to say that the above semantic distinction explains why only the first of the following pair is really acceptable:

(15) a. I am not the fool *that* you take me for.
b. I am not the fool *who* you take me for.

"A speaker uttering the first of these sentences ... is denying that he has foolish qualities, a sensible enough assertion. On the other hand, the speaker who utters the second sentence ... is indirectly admitting to being a fool and claiming to be a different fool than the one the hearer takes him to be – not a very communicative situation in real life. This sentence is not really ungrammatical, but rather communicatively bizarre." (idem)

It is interesting to note that the three university-educated informants to whom the following pair was submitted
(16) a. I am not the man that you take me for
b. I am not the man who you take me for
were unanimous in selecting zero in this context, thus neutralising the distinction between specific and non-specific.

The absence of a generally established dichotomy is furthermore clear from examples such as the following, where a non-referential (non-specific) antecedent collocates with *who* rather than *that*:

(17) Dixon is unhappy at being axed and although he has 2 ½ years of his contract still to run,

he is not the sort of man *who* will be content with reserve team football.[8]

HUDDLESTON & PULLUM (2002) in their recently published grammar also explicitly refer to the semantic distinction, more specifically in restrictive relative clauses with a subject complement relativizer:
"It turned out that he wasn't the person who I'd thought he was ... used in its specifying sense: the issue is the identity of the person (I thought he was person X, but he turned out not to be)" (p.1048)

and

"He's no longer the trustworthy friend (that) he was in those days ... relativised element is ascriptive predicative complement: normally non-Wh. (p.1054) *"The clause is concerned with the person's properties, what kind of a person he was, not his identity."* (p.1048)

The same point is made in AARTS & WEKKER (1993, 147), who use non-Wh in a similar (non-specific) context:
"Since his accident Peter has never been the man (that) he used to be."
"the woman (that) she used to be"

4. Conclusion

We have seen that, at least in non-standard English, specificity co-governs relative pronoun selection after human antecedent NP's. Evidence comes not only from the SED data, but also from a more recent sample of Dorset speech.[9]

No such specific/non-specific dichotomy can be established for Standard English; individuals may vary, of course (cf. Princess Diana and older, university-educated informants), but on the whole, as can be derived from the BNC-data, in the Standard variety the specific or non-specific nature of the antecedent is not one of the many interlocking factors in relpro selection. In other words, Standard speakers do not associate 'The student *who* works hard spends a lot of time in the library' with a specific student and, conversely, 'The student *that* works hard spends a lot of time in the library' with a type of student.

Although some grammars refer explicitly to the identifying nature of *who* and the classifying properties of *that*, limited research suggests that there is a discrepancy between what some books advise and actual usage.[10]

---

8 The quoted speech within the narrative sample accommodates a similar example: I bain't the sort-er fool *who'd* be shackled (cf. VAN DEN EYNDEN 1993:328-339).

9 *"Standard English has not been taught for at least the last thirty years. Consequently, the mainly elderly Dorset interviewees were probably more grammatically aware than most of today's schoolchildren"* (cf. F. MORPETH, personal communication, 15-11-'02).

10 *"Conformity with the norm is very dependent on the educational level of the user and the influence of the media, especially American media"* (cf. idem). For more information on the influence of the American relativisation system (especially of *that*) on British English, the reader is referred to VAN DEN EYNDEN MORPETH, 1998a and b.

5. Bibliography

AARTS, F.G.A.M. & H. Chr. WEKKER, 1993, *A Contrastive Grammar of English and Dutch. Contrastieve Grammatica Engels/Nederlands.* Groningen: Martinus Nijhoff.

BIBER, D., S. JOHANSSON et al., 1999, *Longman Grammar of Spoken and Written English.* London: Longman.

BLOCK, R., 1989, "Reference: relative clauses." In: W. ZYDATISZ and W.J. EDMONDSON (eds.) *A User's Grammar of English: word, sentence, text, interaction*: 379-420. Compact Edition. Frankfurt am Main: Peter Lang.

DECLERCK, R., 1989, *English Grammar*. 2 Vols. Coursebook. Katholieke Universiteit Leuven.

FOX, B., 1987, "The noun phrase accessibility hierarchy reinterpreted: subject-primacy hypothesis or the absolute hypothesis?" *Language* 63:856-870.

HUDDLESTON, R. & J.K. PULLUM, 2002, *The Cambridge Grammar of the English Language.* Cambridge: CUP.

IHALAINEN, O., 1980, "Relative clauses in the dialect of Somerset". *Neuphilologische Mitteilungen* 81: 187-196.

IHALAINEN, O.,1985, "Synchronic variation and linguistic change: evidence from British English Dialects." In: R. EATON, O. FISCHER, W. KOOPMAN and F.A. VAN DER LEEK (eds.) *Papers from the 4th International Conference on English Historical Linguistics*: 61-72. (Amsterdam Studies in the Theory and History of Linguistic Science, vol. 41) Amsterdam: Benjamins.

QUIRK, R.,1957, "Relative clauses in educated spoken English." *English Studies* 38: 97-109.

VAN DEN EYNDEN, N., 1992, "Relativisation in the Dorset dialect." In: M. RISSANEN, O. IHALAINEN, T. NEVALAINEN, Irma TAAVITSAINEN (eds.) *History of Englishes. New Methods and Interpretations in Historical Linguistics*: 532-555. Berlin: Mouton de Gruyter.

VAN DEN EYNDEN, N., 1993, *Syntactic Variation and Unconscious Linguistic Change.* University of Bamberg Studies in English Linguistics. Vol.33. Frankfurt am Mein:Peter Lang.

VAN DEN EYNDEN MORPETH, N.,1998: "British morpho-syntax under siege? The potential of classroom linguistics in studies of language change in progress." In: R. VAN DEN BROECK (ed.) *De weg waaraan gewerkt wordt. Huldeboek aan Rik Van Leuven bij zijn afscheid als algemeen-directeur van de Katholieke Vlaamse Hogeschool:* 135-141. Antwerpen: Katholieke Vlaamse Hogeschool.

VAN DEN EYNDEN MORPETH, N., 1998: “WH- vs TH- relativisation as a stylistic diagnostic. Reporting on a real-time study of language change” *Leuvense Bijdragen* 87 (1998): 47-57.

Nadine Van den Eynden Morpeth
Université catholique de Louvain
1, Place Blaise Pascal ; 1348 Louvain-la-Neuve, Belgium
vandeneynden@lige.ucl.ac.be
Lessius Hogeschool Antwerpen
Vertalers-Tolken
Campus Sint-Andries
Sint-Andriesstraat 2, 3000 Antwerpen, Belgium
n.vandeneynden@lessius-ho.be

BCILL 112: *Langues à niveaux multiples*, 253-273

La définition, chemin de croix du cruciverbiste

Maurits VAN OVERBEKE
Professeur émérite de l'Université catholique de Louvain

L'amateur de mots croisés, appelé aussi « cruciverbiste »[1], se livre à un passe-temps qui a certains traits en commun avec la cryptographie, laquelle ressemble comme une sœur à la communication dite « normale ». Telles que formulées ici, ces affirmations sont régies par la relation transitive chère à la théorie des ensembles: si *A* ressemble à *B* et si *B* ressemble à *C*, il y a tout lieu de supposer une ressemblance entre *A* et *C*. S'agissant des trois exercices évoqués, on leur trouvera sans peine un air de famille, dans la mesure où ils sollicitent un faisceau de compétences linguistiques communes. Il faut néanmoins interroger plus avant cette prétendue transitivité, pour déceler ce qui caractérise chaque membre de la triade, suivant les moyens respectifs dont il dispose, les buts propres qu'il poursuit et les stratégies qu'il applique pour les atteindre. Nous verrons que l'activité du cruciverbiste est hautement instructive au regard de la linguistique, pourvue que celle-ci ne se cantonne pas à l'élucidation de compétences intrinsèques, mais se penche également sur les règles de production, appelées parfois « pragmatiques », celles qui permettent aux humains de communiquer efficacement.

1. L'information déguisée

De prime abord, la ressemblance entre la cryptographie et les mots croisés peut paraître incontestable, tant les deux partagent l'art de dissimuler des structures linguistiques sous des formes opaques, voire impénétrables. De part et d'autre, en effet, on observe un temps de cryptage qui correspond à l'écriture, et un temps de déchiffrement, qui est celui de la lecture, du décodage ou de l'analyse[2]. Dans les deux cas aussi, il s'agit d'une communication graphique entre un encrypteur et un décrypteur. Mais une fois ces ressemblances reconnues, force est de constater plusieurs différences de taille, au premier rang desquelles celle de la réciprocité indispensable à la communication interactive. Alors qu'en cryptographie, les interlocuteurs peuvent exercer à tour de rôle les compétences à chaque bout de la chaîne — le récepteur d'un cryptogramme peut réagir en encodant à son tour un message secret —, le jeu

[1] Selon *Le Nouveau Petit Robert*, ce terme a comme concurrent *mot-croisiste*.

[2] La « cryptologie », qui occupe de nos jours de nombreux et importants centres de recherches, se déploie en deux volets, à savoir la cryptographie et la cryptanalyse. Son histoire est un enchaînement continu de succès provisoires dont les acteurs sont tantôt les concepteurs de « codes » ou de « chiffres », (cryptographes) tantôt les briseurs de ceux-ci (cryptanalystes).

des mots croisés leur impose une procédure orientée, un mouvement unidirectionnel, qui les cantonne dans leur rôle respectif, interdisant toute permutation. Non pas que l'encrypteur d'une grille ne puisse devenir à l'occasion le décrypteur d'une autre grille (à l'instar de l'auteur qui peut se faire lecteur et vice versa), mais ces « tours de parole » ne s'enchaînent jamais comme ceux d'une conversation respectueuse des maximes de Grice (GRICE, 1979, 57-72). Bref, là où la cryptographie prévoit la possibilité d'un échange bilatéral, celui des mots croisés est par définition unilatéral, à sens unique. Une deuxième différence importante a trait à l'intention cryptographique. Le but ultime du cryptographe est d'envoyer un message secret encodé selon un chiffre conçu pour résister à toute lecture, sauf celle du correspondant qui en détient la clé. L'intention cryptographique des mots croisés est autre: si le rédacteur cache la forme des mots, c'est au contraire dans l'espoir que le public joueur parviendra à la retrouver grâce à l'information fournie. Les deux exercices diffèrent encore sur les compétences linguistiques mises à contribution. Alors que la cryptographie a pour but d'acheminer un contenu propositionnel vers un destinataire ciblé, les mots croisés ne comportent pas de contenu de cette nature. La proposition dissimulée dans le message crypté établit un rapport entre un sujet et un prédicat. Elle peut se déployer en différents actes de langage, tels que le constat (*bien reçu colis*), l'avertissement (*attaquons demain à l'aube*) l'injonction (*rendez-vous ce soir à 9h*), etc. Dans les mots croisés par contre, le mot caché est isolé, sans rapport syntaxique ou sémantique avec les autres mots de la grille, étant entendu que seule sa forme, généralement orthographique, devra s'ajuster aux autres formes du même canevas à double entrée. Certes, dans l'absolu, rien n'empêche un mot unique d'avoir un contenu propositionnel et même de constituer un acte de langage ; à preuve, le mot *feu !* adressé à un peloton d'exécution. Toutefois, les mots croisés étant un jeu, le lien communicatif qu'il instaure présuppose une utilisation ludique du matériau lexical, ce qui le rend impropre à la fonction prédicative et encore plus à la fonction pragmatique, conçue comme l'accomplissement d'actes au moyen d'énoncés. Une autre différence, celle du destinataire ou du public visé, découle en droite ligne de l'intention cryptographique déjà évoquée, l'une étant d'adresser un message secret à un correspondant initié, à l'abri des regards indiscrets, l'autre s'adressant au plus grand nombre en dehors de toute exclusivité. Notons une dernière différence dans les principes de déguisement. En cryptographie, il peut aller d'un simple décalage alphabétique (chiffre de César) à l'encodage « asymétrique à double clé » relié par une fonction mathématique (type RSA), en passant par un large éventail d'écritures à plusieurs alphabets (type Vigenère).[3] Le seul principe cryptant des mots croisés, simple en apparence, quoique très varié et subtil dans ses applications, comme nous le verrons, est celui de la définition du mot avec des mots issus (généralement) de la même langue ou du même lexique.

Quant à la deuxième affirmation énoncée ci-dessus, celle qui assimile la cryptographie à la communication « normale », elle a des allures de provocation, tant elle exprime une conception contre-intuitive de l'interaction verbale. On peut se demander en effet si l'une ne se trouve pas aux antipodes de l'autre, dans la mesure où la cryptographie tente par définition de dissimuler, non pas le message, mais son contenu.[4] La réponse dépend de deux optiques, à

---

3 Pour une initiation à la cryptographie, accessible également au non-mathématicien, voir STINSON, 2002. Pour un site instructif couvrant tous les aspects du problème, voir l'adresse http://www.securiteinfo.com/sommaire _crypto.shtml

4 La tradition distingue entre cryptographie et stéganographie. Selon cette dernière, qui a connu des applications diverses depuis l'Antiquité, le message n'est pas crypté mais écrit normalement dans l'alphabet d'une langue donnée, pour être ensuite acheminé vers le destinataire sous une forme « couverte » (en grec *steganos*), par exemple dissimulé dans une doublure de vêtement, des semelles, une dent creuse, un « micro-point » d'une lettre anodine, les pixels d'une photo numérisée, etc. Son destinataire (ou l'intercepteur en cas de découverte) peut le lire sans décryptage. Notons que la

première vue inconciliables, mais dont il faut peser les motivations respectives pour découvrir qu'en dernier ressort, elles ne le sont pas.

Il y a d'une part le point de vue du destinataire qui, grâce à une convention préalable avec l'émetteur[5] (mot de passe, clé ou algorithme), parvient à lire un message chiffré, dont l'intérêt et l'efficacité sont proportionnels à l'opacité qu'il oppose au non-initié. Il y a d'autre part celui du public non averti, pour lequel le message reste impénétrable et qui en conçoit une certaine frustration. À la réflexion, on voit bien que, dans l'optique de l'interlocuteur initié, rien ne distingue l'échange crypté de la communication normale, ni dans ses acteurs (émetteur-destinataire), ni dans le rôle respectif de ceux-ci (encodage-décodage) et la possibilité de permutation évoquée ci-dessus, ni dans les moyens (code de signes distinctifs, canal), ni dans les actes de langage (information, demande, ordre, promesse, etc.), ni même dans les intentions (dire vrai, mentir, faire accroire, informer, désinformer, etc.). Tout autre est le point de vue du public exclu de ce colloque singulier. Séduit par l'idéal de la communication tous azimuts et sans obstacle, celle qui caractérise la « société ouverte », pour employer l'expression de Popper (POPPER, 1979), il considère ces « messes basses » sous l'angle de la restriction, comme l'exception à la règle, la marge de la norme, la porte étroite (voire close) face à l'entrée libre.

En réalité, ce double point de vue repose moins sur une contradiction que sur un paradoxe. Pour l'essentiel, la cryptographie tient d'une posture de communication partagée par toutes les communautés humaines ou presque, et qui consiste à chuchoter un renseignement dans l'oreille de son voisin en se couvrant la bouche d'une main. Dans ce cas, l'échange a pour but, non pas de cacher son existence même (tout ou partie de l'assistance peut en être témoin), mais d'encoder un message de telle façon qu'il ne se laisse décoder que par un destinataire privilégié. Le paradoxe tient au fait que le public non averti, celui qui voit dans l'échange secret une forme d'exclusion, est à son tour constitué d'encodeurs et de décodeurs individuels, dont le souhait le plus cher est de pouvoir faire appel, chaque fois que le besoin s'en impose, à cette forme de communication orientée, secrète et dès lors exclusive. Et de fait, les frustrés de la première heure n'hésiteront pas à imposer la même frustration à ceux de la deuxième, chacun réclamant le droit à son « jardin secret », à l'inviolabilité du domaine privé, jusqu'à les faire inscrire dans la Constitution. Or ce droit implique la possibilité pour tous de communiquer sous le sceau du secret, interdisant, voire sanctionnant, l'ouverture du courrier, les écoutes téléphoniques, l'interception des messages électroniques, etc. Une conclusion provisoire se dégage: la cryptographie ne s'oppose à la communication dite « normale », que par sa visée restrictive, voire exclusive. Et encore. Car celle-ci n'est pas tout à fait absente dans la communication de tous les jours: ainsi, écrire[6], parler plus bas, augmenter le bruit de fond, utiliser un jargon, changer de langue, etc. sont autant de moyens pour brouiller le message, voire le rendre énigmatique ou opaque, et dès lors pour réduire le nombre des décodeurs ou destinataires possibles. Vue sous cet angle, loin d'être de principe, la différence n'est qu'affaire de degrés.

---

stéganographie diffère sur un autre point essentiel de la cryptographie: elle permet (en principe) de cacher l'existence même du message.

5 Cette convention est nécessaire pour la cryptographie dite « symétrique » (la même clé est utilisée pour encoder et décoder) ; elle ne l'est plus depuis l'invention, dans les années 1970, de la cryptographie « asymétrique » qui prévoit l'utilisation de deux clés, l'une privée qui ne doit être connue que par le décrypteur, l'autre publique, qui est à la disposition de tout autre utilisateur, les deux clés étant liées par une équation mathématique. Cette invention due aux chercheurs américains Rivest, Shamir et Adleman, et dès lors appelé RSA, trouva dans les années 1990 et jusqu'à nos jours une application vulgarisée dans l'utilitaire PGP (*Pretty Good Privacy*), dû à Phil Zimmerman.

6 Une des fonctions premières de l'invention de l'écriture fut celle d'établir un canal de communication exclusif, à l'abri du regard du plus grand nombre.

2. Profils d'une définition

La logique des mots croisés implique que la forme cachée des mots se laisse décrypter avant tout grâce à la définition de leur contenu. Or, qui dit « définition » vise une des opérations les plus complexes de l'esprit humain, qui occupe à juste titre une place de choix dans des disciplines aussi diverses que la logique, la mathématique, la psychologie cognitive et la sémantique lexicale. Si on se cantonne à cette dernière, on l'inscrira d'emblée parmi les phénomènes relevant de la fonction dite « métalinguistique » ou « sui-référentielle » des signes linguistiques. En termes plus simples, la définition fait appel à cette aptitude que possèdent les langues naturelles, non seulement à dénoter les éléments de l'expérience, mais également à parler d'elles-mêmes. Cette faculté est certes une des conditions d'existence même de la science linguistique, mais elle s'exerce aussi et surtout dans la vie de tous les jours. Comme on pourra s'en convaincre par les exemples (1) à (4), le mots se prêtent à des commentaires, des questions, des explications concernant leur forme, leur contenu ou encore le rapport entre les deux.

(1) *« Addition », ça prend un seul d ou deux?*
(2) *On ne dit pas « les zaricots » mais « les haricots » !*
(3) *On a le choix entre « continuer à » ou « continuer de » !*
(4) *Une « leucémie », c'est quoi exactement?*

Ainsi, l'énoncé (1) est une question sur l'orthographe d'un mot, (2) est une remarque sur la prononciation d'un mot, plus précisément sur un phonème de liaison, (3) est un constat sur le choix d'une préposition verbale et (4) est une question sur le sens d'un mot. Pour se limiter au dernier cas, la question appelle une réponse qui nous oriente tout droit vers une certain type de définition. L'interlocuteur bien informé dira qu'une *leucémie* est un cancer du sang, mais cette réponse peut à son tour susciter la question: « Et un cancer, c'est quoi exactement? ». Si on répond, comme le fait le dictionnaire explicatif, que c'est « une prolifération anarchique de certaines cellules dans un organisme vivant », on n'est pas au bout de ses peines, car cette définition contient des mots qu'il faut à leur tour définir, en l'occurrence, ceux de *prolifération, anarchique, cellule, organisme* et *vivant*. On voit donc que par une boucle paradoxale, qui exprime à la fois la noblesse et la servitude des langues naturelles, on ne peut s'interroger, encore moins se mettre d'accord, sur le sens d'un mot qu'en utilisant d'autres mots. Comme ces derniers doivent à leur tour être interrogés sur leur contenu, on s'engage dans une quête d'éclaircissements, dont la clarté ultime et totale est indéfiniment différée.

On objectera qu'on peut formaliser les définitions, autrement dit, qu'on peut en faire des équations analogues à celles des mathématiques ou de la logique. Et on aura raison d'ajouter qu'un des leviers majeurs du progrès des sciences depuis Galilée fut cette formalisation des lois de l'univers, dans laquelle chaque lettre, nombre et opérateur n'a idéalement qu'une seule acception.[7] Il n'en reste pas moins que le discours sur ces symboles et formules, et d'abord la négociation indispensable à la fixation de leur univocité, ne peut se faire qu'avec des mots issus du lexique d'une langue naturelle. En sorte que, quand la loi scellée dans la formule doit être interprétée en vue de sa transmission, par exemple dans l'enseignement, on fera toujours appel à l'une ou l'autre de ces langues. Ainsi, pour expliquer

[7] Rappelons la différence entre « acceptions » et « valeurs ». Les équations comportent des « variables » qui, comme leur nom l'indique, peuvent prendre des valeurs variées, étant entendu toutefois que chaque symbole ne représente qu'une seule et même variable. Ainsi, dans la célèbre formule d'Einstein $E = mc^2$, quelle que soit la valeur de *m*, cette lettre dénote la masse du corps considéré.

la troisième loi de Kepler, il faudra bien, après avoir rappelé la formule, expliquer celle-ci, par exemple en français, en disant que « elle définit une constante entre le carré de la période orbitale de la planète (durée de sa révolution autour du soleil) et le cube de la distance moyenne qui l'en sépare. » Il s'ensuit que la définition formalisée, tout en conjurant l'équivoque, l'ambiguïté et le flou, n'est jamais complètement coupée de la base naturelle dont elle émane. De la même manière, rendre compte de la signification d'un mot par l'emploi exclusif de symboles bien définis ne dispense pas de les interpréter, voire d'argumenter sur leur validité, au moyen de mots issus d'une langue naturelle.

Une autre considération fait voir pourquoi il est difficile, voire impossible, de sortir du cercle infernal de la définition des mots par d'autres mots. Quand on tente d'expliciter les ingrédients ou composants sémantiques d'un terme, on est amené à aligner des rapports d'inclusion qui rappellent les taxinomies zoologiques d'un Linné ou d'un Cuvier. On subsume alors un individu dans une espèce, une espèce dans un genre, et ainsi de suite. Ainsi la *tulipe* est une *fleur*, qui est une *plante*, qui fait partie du *vivant non-animé*, lequel est *concret*, etc. Même en faisant abstraction des difficultés qu'une telle analyse suscite, on s'aperçoit que l'identification des « briques de signification » dont chaque mot serait un assemblage, ne peut faire l'économie d'un recours à d'autres unités lexicales, qui sont à leur tour composées. Dès lors on se demande si cette chaîne d'inclusions est susceptible d'aboutir à l'identification dernière de briques non sécables, soit un genre d'» atomes de signification » qui seraient les constituants ultimes de toutes les autres significations, et donc de tous les mots. Même si, dans un accès d'optimisme peut-être outrancier, on répondait par l'affirmative, il resterait à justifier la méthode par laquelle on parvient à identifier ces composants et qui a fait dire à Lyons (LYONS, 1970, 366): « On ne peut s'empêcher de penser que le linguiste interprète les composants sémantiques en se fondant sur sa propre compréhension intuitive des éléments lexicaux par lesquels il les dénote. » Il faudrait enfin rendre compte des valeurs positives ou négatives auxquelles chaque mot se trouve associé dans la communauté concernée. Ainsi, pour le mot *mère* on peut postuler à tout le moins les traits [humain], [adulte], [féminin], [ayant procréé]. Pourtant, le fait qu'elle soit vue dans telle communauté comme un 'agent de protection', qu'elle soit associée dans telle autre à la 'transmission des valeurs « soft »', que dans une troisième elle le soit aux 'tâches ménagères', avec en outre tout un éventail d'associations quant à l'aspect physique, l'habillement, la coiffure, les postures, la compagnie, voire les préférences culinaires, ce fait confère au mot *mère* une aura socioculturelle, qui n'a pas vocation à l'universalité, puisqu'elle reste confinée à des communautés linguistiques particulières, mais qui participe tout de même au sens global du mot.

Les considérations sur les difficultés d'exprimer le contenu sémantique d'un mot dans une définition univoque, voire définitive, risquent de décourager les meilleures volontés. Étant donné le nombre et la nature des problèmes, on est tenté de faire son deuil de ce rêve inaccessible. C'est oublier que la négociation du sens des mots, même si elle échoue à en épuiser totalement le contenu, parvient tout de même à le cerner suffisamment pour qu'on puisse s'en servir avec l'espoir raisonnable de communiquer efficacement, c'est-à-dire d'entendre et d'être entendu, de comprendre et d'être compris. Ici comme ailleurs, une distinction s'impose entre la compétence idéale (et peut-être idéaliste) du linguiste, et celle du locuteur dont le besoin est moins de comprendre les mots que de les utiliser à bon escient en vue d'une interaction réussie. Car si le premier s'évertue à définir positivement et explicitement le contenu d'un terme, le deuxième peut généralement se borner à saisir intuitivement les traits par lesquels ce terme se distingue d'autres unités du même lexique, cette vertu distinctive étant une condition essentielle de la communication. L'illustration en est offerte par la façon dont l'enfant explore son environnement et parvient à s'y mouvoir avec aisance, grâce à l'apprentissage de sa langue maternelle. Celui-ci n'exige pas de saisir la signification du mot dans toute son étendue, mais d'identifier au moins les traits sémantiques par lesquels il diffère des autres. Ainsi, il sera moins utile de connaître les composants du mot *tasse*, que d'isoler ceux par lesquels une *tasse* se distingue d'un *bol*, d'un *verre*, d'un *gobelet*, par exemple. À vrai dire, l'enfance est une suite ininterrompue de ces comparaisons de mots et des différences entre les éléments de l'expérience qu'ils permettent de coder. Les définitions tacites ou implicites qui en résultent sont plus souvent fondées sur la détection spontanée des contrastes ou oppositions que les mots expriment, que sur celle de composants ou « briques de signification » dont ils seraient l'assemblage. Nous verrons comment ce type de définition intuitive est exploité également dans les mots croisés.

3. Définitions ostensives, conceptuelles et référentielles

Il n'empêche que la question directe sur le sens d'un mot inconnu, celle qui invite à une réponse sous forme de définition, est et reste un des passages obligés vers l'acquisition de la compétence sémantique lexicale. Placés devant des questions de ce type, les parents et éducateurs ont le choix entre deux méthodes définitoires, à savoir l'ostension et la description conceptuelle.

La première aura leur préférence chaque fois que l'environnement immédiat offre une illustration du mot à définir. C'est la réponse par renvoi direct à un objet de l'univers ou à sa représentation. Ainsi, à la question « C'est quoi une imposte? », la réponse sera du genre: « Une imposte? Tu vois cette porte là? En haut, tu vois la partie vitrée qui peut basculer? Eh bien, c'est ça une imposte ! ». Notons que ce qu'on appelait traditionnellement « la leçon de choses », surtout dans le contexte scolaire, revenait pour une large part à cet exercice: soit montrer un objet en lui donnant son nom (plus précisément, en le désignant comme un élément de l'ensemble couvert par ce nom), soit partir du mot et chercher dans la réalité ambiante un élément qui lui corresponde. La deuxième solution fait appel à un classement conceptuel, permettant d'expliquer le mot à définir au moyen de mots déjà assimilés. Ce qui consiste généralement à remonter à l'hyperonyme, au terme générique sous lequel le concept peut se subsumer, ou à l'ensemble dont il est un élément. Ainsi, une *anémone* sera « une fleur qui ... », ou un *coléoptère*, « un insecte que ... ». Ce dernier exercice représente l'application par excellence du procédé « parler des mots avec des mots ». C'est celui auquel se livrent non seulement les lexicographes dans leurs dictionnaires explicatifs, mais tout locuteur qui se trouve devant une forme lexicale, dont il veut saisir le contenu. C'est également, quoique sur le mode ludique, un de ceux utilisés par les encodeurs et les décodeurs des mots croisés.

Les deux procédés qu'on vient d'évoquer constituent des moyens naturels, auxquels les humains ont spontanément recours pour acquérir ou transmettre des connaissances sur le contenu des mots. Toutefois, l'apprentissage d'une langue naturelle, si elle se veut en même temps une découverte du monde, exige aussi l'assimilation d'une autre classe de mots, qui servent à nommer non pas des concepts, des catégories, des groupes ou des ensembles, mais les objets singuliers dont ceux-ci se composent. On les appelle les « noms propres ». Idéalement, ils servent à indiquer les objets, les temps et les lieux de l'univers. Ces derniers sont appelés aussi des « référents », d'où le terme *référentiel* pour qualifier le lien spécifique entre la forme et le contenu de ce signe et la définition qui le concerne. Celles évoquées précédemment répondaient à des questions du type « C'est quoi, un(e) *X*? ». Celles des noms propres ont plutôt pour origine un questionnement sur l'identité d'une personne (*Lénine*, c'est qui?), d'un lieu (*Pékin*, c'est où?) ou d'un temps (*Noël*, c'est quand?). Les humains ayant un besoin impérieux de nommer individuellement leurs congénères, c'est-à-dire, de leur attribuer les symboles de l'unicité et de l'autonomie, il n'est pas étonnant de constater que les anthroponymes forment un sous-ensemble important de cette catégorie.[8] Ce besoin ne s'arrête pourtant pas là, car tout groupement humain (association, clan, école, équipe, famille), tout animal, à commencer par l'animal domestiqué ou de compagnie (le chien *Milou*, le chat *Mistigri*, la jument *Belle de mai*), toute construction artificielle (le sous-marin *L'Indomptable*, la brebis *Dolly*, la présentatrice virtuelle *Laura Croft*, bientôt un clone humain?), voire tout personnage fictif (*Sherlock Holmes, Maigret, Tintin...*) fait appel à ce mode de désignation. À cet ensemble déjà foisonnant s'ajoutent ceux des noms de temps et des noms de lieu. Alors que les catégories visées par la définition conceptuelle n'ont pas besoin de cadre spatio-temporel, celui-ci est indispensable pour la définition référentielle. Ainsi, le concept *chien* non seulement ne mord pas, comme le disait Spinoza, mais son statut d'abstraction le dispense de se situer dans le temps et l'espace. Il n'en va pas de même pour le chien particulier appelé *Médor*, référent dont l'identification nécessite ces coordonnées. Le nom propre désigne en l'occurrence cet animal en chair et en os, qui se trouve *ici et maintenant* ou *alors et ailleurs*. En somme, il indique cet objet particulier situé dans l'étendue spatio-temporelle, celle-ci étant conçue comme un ensemble de points et de sections, dont chacun et chacune est susceptible de recevoir un nom propre. C'est le cas des toponymes: lieux-dits, pays, régions géographiques, montagnes, cours d'eau ; mais aussi des « chrononymes »: époques, dates, heures. Dès lors on est fondé à considérer toute date, par exemple *le 11 septembre 2001*, comme le nom propre d'un jour, étant donné que, selon le calendrier désormais universel, l'expression nomme un jour précis, à l'exclusion de tous les autres membres de sa catégorie.

4. Comment « définir » un nom propre?

Une question de principe se pose néanmoins: dans quelle mesure le contenu d'un nom propre se laisse-t-il définir? Pour le nom commun, nous l'avons vu, même si la réponse n'est pas sans problème, la définition sur base de traits conceptuels semble une bonne hypothèse pour expliquer, ne fût-ce qu'en partie, la communication réussie. Ainsi, pour le mot *chien*, on peut postuler un faisceau de propriétés, parmi lesquelles au moins l'appartenance à la race canine. Cette analyse est-elle pertinente également pour *Médor*, à supposer que ce soit le nom d'un chien particulier? Il semble que non.[9] En effet, rien ne permet a priori de lier un nom propre à un ensemble de traits, dont un objet devrait être doté pour pouvoir le porter. Cela entraîne une double conséquence: d'abord, contrairement à *chien*, le mot *Médor* ne peut être considéré comme l'expression de l'appartenance à la race canine (selon certaines habitudes locales, ce pourrait très bien être le nom d'un chat, d'une plante, voire d'un objet non animé) ; ensuite, ce signe semble inapte à couvrir quelque trait conceptuel que ce soit, même celui qu'on pourrait appeler *ab absurdo* la « médorité ».[10] Or si le contenu d'un nom propre n'est

---

8 Rappelons au passage que les règles du savoir-vivre concernant la présentation (*Je vous présente Max Dupont*) constituent une combinaison de définition référentielle et de définition d'ostension.

9 Dans KLEIBER, 1981 on trouve un argument en faveur de la thèse inverse. Il est vrai qu'un nom propre peut très bien acquérir dans l'usage un contenu conceptuel grâce à certains traits de son référent ou qui lui sont attribués (*jouer son Napoléon, une vraie Bérézina*, etc.). On remarquera néanmoins que dans ce cas, le nom propre est (dans la plupart des langues indo-européennes) accompagné de l'article indéfini, ce qui est la trace la plus évidente de sa conceptualisation. Ainsi l'énoncé *Mitterrand était un Machiavel* n'a de sens que si le nom *Machiavel* représente certains traits conceptuels pouvant faire office de prédicat, en l'occurrence la conviction qu'en politique tous les moyens sont bons.

10 La contre-épreuve de cette affirmation serait fournie par un rassemblement de tous les chiens qui « répondent » au nom Médor. Si cette opération permettait d'isoler une caractéristique commune aux *Médor* et en même temps absente chez les chiens portant d'autres noms, on serait en droit de parler d'une

pas conceptuel, en quoi consiste-t-il? Au-delà des problèmes pratiques que la question entraîne pour les rédacteurs d'encyclopédies, de dictionnaires de noms propres et de mots croisés, elle a donné lieu à des réflexions d'une grande portée théorique. Si on se limite à la réflexion moderne, on observe qu'elle se déploie en deux tendances, selon qu'on interprète ce contenu comme une « signification », faite d'un faisceau de « descriptions définies », ou comme un « référent », un objet de l'expérience, dont le lien avec le nom est conventionnel.

La première théorie, dite « descriptiviste » est due à B.Russell (RUSSELL, 1905, 479-93). Elle s'appuie sur le fait que tout élément singulier de l'expérience peut être identifié à travers des descriptions, dont certaines sont indéfinies (*Darwin = un naturaliste anglais*), d'autres définies (*Darwin = l'auteur de « L'origine des espèces »*). Dans cette optique, le nom propre a comme contenu un trait particulier, ou un ensemble de ces traits, permettant d'identifier dans sa singularité un objet de l'univers du discours. Pour les anthroponymes, la théorie rend compte de ce que chaque humain possède des traits d'identité (même dans les pays qui en ignorent la carte), parmi lesquels un caryotype, une profession, une carrière, un palmarès, voire un casier judiciaire. De même, tout individu se singularise en tant qu'agent de décisions, de créations, parfois d'une œuvre. Ces données référentielles sont susceptibles de fonctionner comme des paraphrases du nom de l'individu auquel elles s'appliquent. En ce sens, l'expression *l'auteur de « Madame Bovary »*, de même que bon nombre d'autres descriptions définies de Flaubert, seraient des équivalents du nom *Flaubert*. Ou plutôt, l'auteur français serait descriptible au moyen d'un faisceau de traits de ce type, dont son nom ne serait que l'abréviation.

L'autre théorie, appelée « causaliste », est due à S.Kripke (KRIPKE, 1982). Elle postule comme contenu du nom propre, non pas une signification mais un référent. Elle en situe l'origine dans un « baptême initial », acte de dénomination ostensive ou descriptive, par lequel un objet de l'expérience est identifié grâce à un nom qui lui revient en propre. Suite à cette dénomination première, la communauté linguistique fait sienne l'association conventionnelle entre nom et référent. Dès lors, pour prendre le même exemple, le contenu de *Flaubert* ne serait autre que cet objet de l'expérience, que ses contemporains ont connu et auquel se réfèrent encore les historiens de la littérature, voire les éditeurs, les libraires et les lecteurs. En outre, la théorie opère une distinction tranchée entre les « désignateurs rigides », à savoir les noms propres, qui ont pour fonction de fixer la référence, et les « désignateurs accidentels », soit un ensemble de descriptions, qui en traduisent le sens et qui sont subordonnés au premiers. De la catégorie rigide relèvent des mots comme *Flaubert*, de la catégorie accidentelle, des expressions comme *l'auteur de « Madame Bovary »*. En somme, par rapport à l'autre théorie, celle-ci postule l'ascendant du nom propre par rapport aux descriptions définies. En effet, pour qu'un référent puisse s'appeler *Flaubert*, elle ne requiert nullement telle ou telle propriété, trait ou description définie, elle exige simplement, (mais cette simplicité est nécessité !), d'être Flaubert. Ses exigences sont donc minimales, voire inexistantes, sur le plan conceptuel, mais elles deviennent maximales sur le plan référentiel.

Une évaluation comparative des avantages et des inconvénients des deux théories dépasserait les limites de cette contribution.[11] On peut néanmoins tester leur pouvoir explicatif face à quelques problèmes posés par l'utilisation des noms propres dans les mots croisés. Un des plus épineux est celui de la détermination du référent en cas d'homonymie. Ainsi, *Darwin* est à la fois le nom d'un naturaliste britannique, auteur de *L'origine des espèces*, et d'une ville australienne. En ce cas, la théorie descriptiviste paraît mieux armée pour déterminer le référent, dans la mesure où elle accorde la préséance à la description définie, dont le nom

« médorité ». C'est à cette conclusion qu'aboutit Quine, quoique pour des raisons épistémologiques différentes: le chien Fido satisfait à la propriété de « fidoïté » (cité par AUROUX, 1996, 156).

11 Pour une discussion plus élaborée, voir entre autres MOESCHLER & REBOUL, 1994, 155-177.

propre ne serait que l'abréviation. En effet, deux descriptions permettraient en l'occurrence d'identifier deux référents, levant ainsi l'ambiguïté du nom propre. On voit l'intérêt de cette distinction pour les mots croisés, sachant que le choix d'une définition dans un large éventail de descriptions (définies ou indéfinies), constitue un levier important pour pondérer le pouvoir cryptant. Certes, les définitions les plus ardues sont les indéfinies du type *un naturaliste britannique*, qui permettent rarement de fixer le référent à cause de leur trop grande généralité. Toutefois, même en se cantonnant aux descriptions définies, on peut augmenter l'opacité de la définition en choisissant celle qui représente une connaissance encyclopédique plus pointue. En l'occurrence, *Darwin* est moins bien connu comme toponyme (nom d'une ville) que comme anthroponyme, tout au moins dans nos contrées. En outre, le choix d'une définition pour un nom propre consiste souvent à sélectionner un fait contingent dans une gamme extrêmement large (et peut-être illimitée) qui va d'une équation vulgarisée, comme *Flaubert = l'auteur de « Madame Bovary »,* à celle basée sur un fait connu des seuls spécialistes, telle que *Flaubert = l'auteur d'une lettre à Taine, où il parle de « démocrasserie »*. Autrement dit, le rédacteur d'une grille, qui joue en l'occurrence un rôle de cryptographe, peut faire varier à l'envi la difficulté du décryptage en modulant le degré d'opacité d'une description définie. À la rigueur, rien ne l'empêche de définir ledit Flaubert comme *le romancier français qui aurait pu voir le sarcophage du roi Mycerinus lors de sa visite au British Museum en 1851.*

Un autre problème est celui de la définition circulaire d'un nom propre sur la base de descriptions définies. Il fait resurgir le phénomène évoqué précédemment concernant la définition conceptuelle. Tout comme la définition d'un nom commun peut renvoyer à d'autres mots qui demandent à leur tour d'être définis, celle du nom propre nécessite souvent (et dans le cas de descriptions définies, toujours) le recours à d'autres noms propres. Ainsi, la définition *l'auteur de « Madame Bovary »* n'aide à trouver l'anthroponyme *Flaubert* qu'à condition de savoir que *Madame Bovary* est le titre, et donc le nom propre, d'un roman de Flaubert. Or les deux éléments référentiels qui servent aux définitions réciproques (*Flaubert = l'auteur de « Madame Bovary »* et *« Madame Bovary » = roman de Flaubert*) n'ont pas le même poids au regard du référent. Il semble que la théorie causaliste soit ici d'un plus grand secours. En effet, tant pour les noms communs que pour les noms propres, la définition mutuelle exclut l'inversion symétrique. Pas plus que le lien entre un élément et un ensemble n'est réversible (toute tulipe est une fleur, mais toute fleur n'est pas une tulipe), un référent ne se laisse réduire à une seule de ses descriptions définies (*Flaubert* n'est pas réductible à la seule description *auteur de « Madame Bovary »*). En outre, lorsqu'il s'agit de fixer le référent, la primauté du nom propre par rapport aux « désignateurs accidentels » est confirmée par des considérations de contingence et de nécessité. Ainsi, une proposition contenant un nom propre est nécessairement vraie, lorsqu'elle l'est à travers tous les « mondes possibles », ce qui n'est pas le cas des désignateurs accidentels. Cette primauté rend compte de l'évidence que Flaubert n'a pas attendu d'avoir écrit *Madame Bovary*, pour s'appeler *Flaubert*. De même, il n'est pas douteux qu'il eût porté le même nom dans l'hypothèse (monde possible) où il aurait uniquement écrit *Salammbô*, ou (autre monde possible) n'aurait rien écrit du tout et aurait consacré le plus clair de son temps à son perroquet.[12] La constance de l'identité référentielle à travers les différentes hypothèses, plaide ici en faveur de la primauté du nom propre sur les descriptions de son contenu. Elle permet de trancher aussi avec plus de netteté entre définition conceptuelle et définition référentielle: les « désignateurs accidentels » de Kripke rappellent les « descriptions définies » de Russell, sauf qu'ils perdent l'aptitude à constituer le contenu d'un nom propre. C'est pourquoi, pour que le chien Médor soit un *chien*, il faut qu'il satisfasse aux conditions de sa définition conceptuelle, dont celle d'appartenir à la race

[12] Pour une exploitation intelligente de cette hypothèse, voir BARNES, 2000.

canine ; par contre, pour être *Médor*, il ne doit satisfaire à aucune description, pourvu qu'il soit ce référent en chair et en os appelé Médor et qu'il garde cette identité à travers tous les « mondes possibles ».

On observera que les lexicographes n'ont pas attendu la conclusion de ce débat théorique pour aligner désormais leur travail sur la distinction entre définition conceptuelle et définition référentielle. Ils en fournissent d'ailleurs souvent les résultats dans des dictionnaires séparés, à savoir d'une part les dictionnaires explicatifs, qui contiennent des définitions de mots comme *imposte* et *chien*, d'autre part, des dictionnaires des noms propres, où figurent les définitions de mots comme *Darwin* et *Flaubert.* Il existe par ailleurs des dictionnaires dits « encyclopédiques », dont le principe explicatif est une combinaison de données conceptuelles et référentielles.

5. Définitions de contenu et de forme

Si le contenu des mots est susceptible de définitions, qu'en est-il de leur forme? Les traités de linguistique, tant générale qu'appliquée à une langue particulière, comportent toujours des chapitres consacrés à la forme des mots. Ce sont principalement la phonologie (secondairement l'orthographe[13]) et la morphologie, si on entend par ce terme l'ensemble des variations des formes des mots, parmi lesquelles les phénomènes de coarticulation, de flexion, de désinence, de dérivés et de composés. D'aucuns y intègrent également les classes de mots, dans la mesure où des statuts comme [Nom], [Verbe], [Adjectif] ne renseignent pas sur leur contenu mais sur les possibilités qu'ils offrent à l'exploitation syntaxique, appelées parfois « valences »[14]. En cryptographie, la définition de forme requiert une attention particulière, étant donné qu'en général, c'est elle et elle seule qui subit le déguisement, et qui nécessite le décryptage à l'arrivée. Prise au sens fort, nous l'avons vu, elle véhicule un contenu propositionnel décodable par le seul destinataire. Dans les mots croisés toutefois, ce contenu est réduit à la signification de mots isolés, si bien que pour le décryptage, aucun secours ne peut être attendu de la distribution syntaxique. Ce qui implique que jamais un mot d'ores et déjà identifié n'est censé avoir le moindre rapport de signification avec ceux qu'il reste à trouver. Ce manque d'information contextuelle est pourtant compensé par un avantage formel, étant donné que la plupart des lettres à identifier ont une double fonction, puisqu'elles contribuent à la fois à la formation d'un mot vertical et d'un mot horizontal. Quant à la définition de pure forme, elle offre au rédacteur des mots croisés un large éventail de stratagèmes de dissimulation, qui vont de la forme phonique à la forme (ortho)graphique, en passant par l'indication de la classe de mots ou de certaines désinences. Comme nous le verrons plus loin, il n'est pas rare d'y trouver aussi une combinaison subtile d'éléments de forme et de contenu, qui confine au jeu de mots. En somme, le rédacteur peut à tout moment, et surtout sans prévenir, jouer sur différents tableaux définitoires, laissant au cruciverbiste le soin de trancher, qui entre la forme et le contenu, qui entre le conceptuel et le référentiel.

---

13 Cet aspect n'est pas secondaire pour les mots croisés et ce, pour une double raison. D'abord, comme dans la plupart des échanges cryptographiques, il s'agit d'un exercice écrit. Ensuite, dans le monde moderne et actuel, tout au moins dans les langues, aujourd'hui majoritaires, qui connaissent une écriture analytique (par opposition à l'écriture synthétique des idéogrammes chinois, par ex.), les anthroponymes n'admettent qu'une seule orthographe (parfois selon un système de translittération uniformisé, comme entre le cyrillique et le romain). Si bien que la moindre variante, fidèle en cela à la définition du nom propre, désigne une autre personne, famille, tribu, clan etc. Ainsi les Dupont sont une famille différente des Dupond, lesquels sont encore différents des Dupondt.

14 C'est entre autres le cas dans LEROT, 1993, 161.

6. Échelles d'opacité ou « pouvoir cryptant »

Notre propos est de démontrer que si on représente sommairement l'intention cryptographique des mots croisés comme celle de cacher et de faire deviner la forme d'un mot en se basant sur sa définition conceptuelle, référentielle ou formelle, le niveau de difficulté de la grille dépend autant, sinon plus, de la définition que du mot lui-même. En ne tenant compte que de ces deux facteurs, on peut représenter la variation de cette vertu cryptante par un schéma à deux entrées, avec quatre cas de figure, comme dans (5), où le signe + dénote « difficile » ou « opacité forte » et le signe – « facile » ou « opacité faible ».

(5)	mot	définition	
(a)	+	+	BISTOURNAGE: 'action de couper les cordons de la bourse'
(b)	+	-	TSEUHI: 'dernière impératrice de Chine'
(c)	-	+	LENINE: 'fondateur de la revue « *Iskra* »'
(d)	-	-	FLECHE: 'projectile qui se lance avec un arc'

Dans le cas (a), le mot caché est considéré comme rare, d'où son degré de difficulté élevé. Compte tenu du recul grandissant de l'agriculture et de l'élevage par rapport à civilisation citadine, on peut penser qu'il n'est plus connu et utilisé que par une frange étroite de la communauté linguistique. Il signifie: 'castration, principalement du taureau, par torsion sous-cutanée du cordon testiculaire'. Si le rédacteur de la grille donne simplement cette définition conceptuelle du dictionnaire[15], il met le chercheur sur la bonne voie, d'abord en l'aiguillant sur le domaine zootechnique, puis en fournissant des éléments de l'opération susceptibles d'avoir un rapport, fût-il éloigné, avec les trois composants du mot, à savoir *bis, tourn(er)* et *–age*. Or la définition citée ici a visiblement pour but d'augmenter le pouvoir cryptant du mot par le choix, non d'une simple définition conceptuelle, mais d'une définition allusive construite sur la tripartition morphologique du mot. Car il s'agit d'une 'action' représentée par le suffixe *–age ;* elle consiste à 'couper', concept qui renvoie à *tourner*, et son objet direct est 'les cordons de la bourse', soit les (deux) cordons testiculaires, peut-être suggérés par le préfixe *bis-*.[16] L'astuce de l'auteur est d'avoir compliqué en l'occurrence la tâche du lecteur en jouant à la fois sur deux mots de l'expression idiomatique *tenir les cordons de la bourse*, qu'on est censé connaître comme l'équivalent de 'disposer des finances', 'décider des dépenses et investissements', et qui se situe dès lors dans le domaine de l'économie. Peut-être a-t-il spéculé aussi sur l'expression *couper les crédits, les vivres,* qui relève du même domaine. Or les termes *cordon* et *bourse* ont comme acception première un sens matériel qui les situe loin de l'application analogique voulue ici. Le premier ne peut devenir physique (par ex. ombilical ou spermatique) que par l'image du 'lien', de l''attache' ou du 'couloir' ; le deuxième n'établit un rapport avec l'anatomie qu'à travers celle de la 'poche' ou de l''enveloppe'. C'est dire que l'un et l'autre n'expriment leur sens respectif que dans un deuxième (ou énième) temps, ce dont les dictionnaires rendent compte en leur

---

15 Celle-ci se trouve dans *Le petit Larousse illustré. Le nouveau petit Robert* (2000) de son côté n'a pas retenu le mot comme entrée, mais le mentionne sous le verbe *bistourner*, avec la définition « châtrer (un animal) en tordant les vaisseaux testiculaires ».

16 Cet élément n'est pas clair dans l'étymologie du terme. A l'origine *bestourner* dénotait une action sur un objet ou organe, surtout végétal, visant à le déformer ou le détourner de sa fonction naturelle. Il n'en reste pas moins que la présence du préfixe *bis-*, avec le sens 'deux (fois)', dans bon nombre d'autres mots, tels que *biscuit*, *biscotte*, *biscornu*, etc., peut encore aujourd'hui s'avérer utile pour remonter à la signification d'un terme, surtout dans une définition allusive comme celle-ci.

réservant une mention secondaire, voire subalterne. On en conclura que le cas (a) comporte un degré de cryptage élevé, en ce qu'il représente un mot rare doublé d'une définition opaque.

Avec le cas (b), nous entrons de plain-pied dans le problème des noms propres et des descriptions définies. Le mot est marqué comme difficile pour trois raisons: d'abord à cause de sa relative rareté, ensuite pour sa consonance étrangère qui trahit une distribution phonologique peu commune en français, enfin pour sa transcription dans l'alphabet romain, qui relève d'un choix orienté et donne une combinaison de lettres peu fréquente.[17] La définition en revanche est facile. Elle aurait pu, en écartant tout jeu de mot ou allusion, se limiter à une description indéfinie comme « une impératrice », « une chinoise », voire « une impératrice chinoise », mais la description définie fournie ici facilite le décryptage, puisqu'il ne saurait y avoir qu'une seule « dernière impératrice de Chine », fût-elle nommée « douairière », comme celle qui vécut entre 1835 à 1908. Certes, comme on l'a vu précédemment, pour chaque référent l'éventail des descriptions définies s'étend à l'infini, si bien qu'une façon de rendre la recherche du mot plus ardue consiste souvent à en choisir une qui fasse appel à une connaissance encyclopédique plus pointue. C'eût été le cas d'une définition telle que: « elle mourut curieusement au lendemain du décès de l'empereur Guang Xu ». Encore le décrypteur doit-il à tout moment être attentif au fait que les mots clés de la définition peuvent être employés dans un sens métaphorique, métonymique, voire par antiphrase. Ainsi, étant donné la description « dernière impératrice de Chine », il n'est pas exclu a priori qu'il faille chercher parmi les femmes politiques chinoises qui se virent attribuer le titre d'» impératrice » par hyperbole, flagornerie ou dérision. Ce qui fut le cas, par exemple, de Jiang Qing, épouse de Mao Zedong, surtout après la mort de celui-ci et l'arrestation de la « Bande des Quatre », dont elle fut la cheville ouvrière ou le malin génie.

Dans le cas (c), il s'agit d'un autre nom propre, mais ici le taux d'opacité ou de pouvoir cryptant s'inverse, vu qu'il réside non dans la rareté du mot mais dans le choix de la description définie qui l'accompagne. On peut estimer en effet que Lénine est le nom incontournable d'un homme politique et d'un théoricien du XXe siècle. Si la prononciation et l'orthographe de son nom[18] ne constituent aucun obstacle pour le lecteur francophone, le choix d'une description définie comportant un autre nom propre, à savoir le titre de la revue *Iskra* (l'étincelle) en est un de taille. On voit pointer ici un aspect pratique de la lexicographie qui renoue avec un des problèmes théoriques abordés précédemment, celui de la définition circulaire. Étant donné deux noms propres *Lénine* et *Iskra*, et sachant qu'ils ont un lien encyclopédique certain, le premier étant le fondateur de la deuxième, comment représenter ce lien? Une des règles, souvent tacites, pour la sélection des noms propres à définir dans un dictionnaire, consiste à donner la priorité aux créateurs sur les œuvres, aux chefs sur les membres d'un groupe, aux pays sur les villes, aux fleuves sur les affluents, etc. En sorte que, dans un tel dictionnaire, aucune œuvre ne devrait être mentionnée (à moins d'être d'auteur inconnu) sans que le nom du créateur y figure également, et même de préférence. Ce qui a pour conséquence qu'on mentionne plus souvent les œuvres sous le nom de leur créateur que l'inverse. Ainsi, *Lénine* constituera une entrée avec mention éventuelle de la revue *Iskra*, mais

---

17 Pour la transcription des noms chinois, il existait naguère deux grandes traditions, l'une de Wade-Giles utilisée dans l'ensemble des pays anglophones, l'autre de l'E.F.E.O. (Ecole française d'Extrême-Orient) pour les pays francophones. Elles furent remplacées en 1959 par le *pinyin*, système international proposé par les Chinois eux-mêmes, mais qui n'a pas mis fin aux anciennes coutumes. Pour donner une idée de l'embrouillamini auquel la coexistence des trois systèmes peut donner lieu, sachons que le nom *T'seuhi* (parfois *T'seu-hi*) épelé ici selon l'E.F.E.O. se transcrit *Tz'u-Hzi* en Wade-Giles et *Cixi* en pinyin.

18 D'autant que son vrai nom, Vladimir Oulianov, est beaucoup moins connu que celui qu'il se choisit, après sa relégation en Sibérie, en 1897, dans une région arrosée par le fleuve Lena. Il s'inspira de ce nom pour forger dès 1900 son pseudonyme *Lénine*. Pour la fondation de la revue *Iskra* et son histoire mouvementée, voir CARRÈRE D'ENCAUSSE, 1998, 98 et suiv.

le nom de celle-ci ne constituera en général pas une autre entrée renvoyant à *Lénine*.[19] Cette règle est basée sur une saine évaluation de la notoriété respective des noms propres qui entrent dans des définitions circulaires. La probabilité qu'un seul auteur soit à l'origine de plusieurs créations est plus élevée, que celle qu'une seule œuvre soit la création de plusieurs auteurs. Dès lors, il est plus facile d'aller du simple au multiple que l'inverse. Autrement dit, la voie à double sens qui va de l'auteur unique à ses œuvres, n'est pas symétrique ou plate. Il serait plus exact de la comparer à un plan incliné: on « descend » de l'auteur vers l'œuvre, on « remonte » de l'œuvre vers l'auteur. C'est cette règle que l'encrypteur de l'exemple (c) exploite à rebours pour augmenter l'opacité de la définition. Bien entendu, il peut encore renforcer le pouvoir cryptant en choisissant parmi les œuvres celle qui risque d'être la plus obscure: préférer la revue *Iskra* au pamphlet *Que faire?* relève apparemment de cette intention.

Dans l'exemple (d) enfin, tant le mot que la définition sont marqués du signe « facile ». C'est dû au fait qu'il n'est ni rare ni morphologiquement compliqué: la prononciation et l'orthographe cadrent bien avec les régularités du français moderne. En outre, la description du contenu ne relève apparemment d'aucune velléité d'augmenter l'opacité de la définition, bien au contraire. Elle représente même une illustration éloquente de la définition par hyperonyme: *projectile* est le nom générique d'un ensemble dont *flèche* est l'élément. Mentionner le nom du lanceur *arc* permet en outre au décrypteur d'exclure sans peine tous les autres projectiles. Bien plus ardue eût été une définition basée sur une acception plus éloignée ou dérivée, exigeant en tout cas une connaissance plus approfondie du vocabulaire, telle que: « pièce de lard » (de porc entre l'épaule et la cuisse), « arbre qui porte une poulie » (de grue), « tour d'un bâtiment » (d'une église ou d'une chapelle), « signe de sens obligé » (de circulation). Sans parler des définitions plus allusives telles que: « synonyme d'*aigle* pour exprimer un manque d'intelligence » (*Ce n'est pas une flèche !*)

7. Les compétences linguistiques du cruciverbiste

Étant donné ce qui précède, on peut représenter les compétences auxquelles les mots croisés font appel en deux réseaux, qui se ramifient de part et d'autre en des cahiers de charges foisonnants. Appelons le premier « linguistique », le deuxième « encyclopédique ». Il va sans dire (mais encore mieux en le disant) que cette double compétence s'exerce des deux côtés du canal: d'un côté, le rédacteur des grilles qui trouve les mots appropriés et choisit leur définition ; de l'autre, le décodeur qui utilise les définitions pour remonter à la forme de mots, à savoir une suite de lettres conforme aux coordonnées horizontal-vertical de la grille. Avant l'arrivée des ordinateurs, la tâche du premier était relativement ardue et absorbante. De nos jours, il dispose d'une batterie de logiciels conçus à cet effet, ainsi que d'utilitaires qui réduisent considérablement le temps et l'effort à investir. Non seulement sa tâche est simplifiée par le recours aux banques de données informatisés sur disques durs, CD-Rom et l'internet, il peut également consulter, sur papier ou en ligne[20], des dictionnaires explicatifs, visuels, analogiques[21], inverses[22], encyclopédiques, de noms propres, d'institutions,

19 C'est le cas entre autres du *Petit Robert des Noms Propres* et du *Petit Larousse Illustré*.

20 Voir, par exemple, le site http://www.mots-croisés.ch (au moment de la rédaction de ces pages).

21 On appelle « analogique » un dictionnaire dont le principe de classement n'est pas alphabétique sur l'ensemble des entrées, mais uniquement sur les champs sémantiques. Ainsi, on y trouvera sous la lettre A entre autres le champ 'animal' avec l'énumération de toute la terminologie animalière sous diverses rubriques: appellations générales, classifications, caractères divers, études des animaux, traitement, exploitation, etc. Ce type de dictionnaire est très utile, surtout au moment du décodage, en particulier

d'abréviations, de sigles et d'acronymes, de même que des atlas comportant un lexique des noms géographiques, des listes généalogiques des anthroponymes avec leurs variantes orthographiques, translittérations, etc. À chaque problème qui se pose, l'ordinateur peut lui soumettre un large éventail de solutions plus ou moins difficiles, suivant des paramètres telles que la fréquence du mot, sa longueur en nombre de lettres, l'étendue de la connaissance linguistique ou encyclopédique qu'il requiert, son niveau d'insertion dans la grille, etc. Le décrypteur de son côté peut avoir recours, s'il le souhaite, aux mêmes sources, l'intérêt du jeu étant néanmoins de ne compter que sur ses propres forces, à savoir, d'une part, ses connaissances de la langue utilisée (compétences grammaticales, sémantiques, voire stylistiques), d'autre part, ses connaissances du monde (savoirs pragmatiques, encyclopédiques, référentiels). S'y ajoute une série de stratégies de découverte et de reconnaissance propre à la cryptographie, de même que les renseignements indirects dus à « l'idiolecte » du rédacteur, à ses habitudes, ses propensions, sa « griffe » personnelle.[23]

Les compétences linguistiques auxquelles les mots croisés font appel peuvent se traiter successivement et séparément, mais il est important de voir d'emblée qu'elles sont souvent sollicitées simultanément, si bien que, quand l'une est activée, les autres doivent rester en éveil. C'est en particulier le cas de deux faisceaux de compétences qu'on peut représenter grosso modo comme « celles de la forme » et « celles du contenu ». Néanmoins, comme c'est en général la définition du contenu d'un mot caché qui permettra de remonter à sa forme, la stratégie de décryptage oblige à considérer la sémantique lexicale comme la compétence prédominante. En outre, comme le jeu des définitions est basé sur la faculté de « parler des mots avec des mots », une attention particulière doit être accordée à la partie de la sémantique qui concerne les rapports entre les unités lexicales.[24] Le premier rapport, exploité à fond par les rédacteurs des grilles, est celui de l'homonymie, qui concerne des mots ayant plusieurs acceptions. Comme les mots croisés sont, sauf exception, des mots écrits, c'est d'abord la partie homographique de l'homonymie qui entre ici en ligne de compte. Or parmi les langues naturelles, le français a certes un taux d'homonymie lexicale très élevé, mais il est dû d'abord à l'homophonie (type *sain – saint – sein - ceint*) et diminue fortement dès qu'on fait intervenir l'orthographe, comme cela s'impose pour les mots croisés. Deux facteurs viennent cependant contrebalancer cette tendance. Premièrement, étant donné la conjugaison du verbe, il arrive fréquemment que l'orthographe fasse coïncider sa forme la plus simple, à savoir le singulier du présent ou de l'impératif, avec le singulier d'un substantif, dérivé ou non du même verbe. Un seul exemple parmi des milliers: *passe* est l'homographe d'une forme conjuguée du verbe *passer* (*je, il, elle passe*) et du substantif *passe* (n.m. 'passe-partout', n.f. 'action de passer'). Deuxièmement, la convention tacite selon laquelle les mots croisés s'écrivent en majuscules sans accents ni cédilles, accroît encore considérablement le taux d'homographie en français, où ces signes servent dans l'orthographe courante à lever l'ambiguïté de doublets, tels que *pèche/pêche, sale/salé, tête/tète,* etc. Par ce biais, l'homographie de *passe* s'étend encore au

quand la définition d'un mot se réfère à un synonyme, « un autre mot pour » ou à un mot qui dénote « une sorte de … », « un membre de la famille de… »

22 Un dictionnaire inverse classe les mots alphabétiquement selon leur lettre terminale, puis pénultième, etc. ; Ainsi, dans un dictionnaire inverse du français, on trouvera ensemble, par exemple, tous les mots qui se terminent par *–age*, ou par *–ique*, ce qui facilite grandement la tâche de l'encodeur et du décodeur chaque fois qu'un mot demande à être complété de droite à gauche ou de bas en haut.

23 Depuis l'invention du code Morse, qui fut dès lors utilisé pour la transmission de la plupart des messages cryptés, on est parvenu à identifier l'identité des émetteurs en calculant la longueur moyenne des impulsions court-long, chaque encrypteur ayant ainsi, parfois à son insu, sa propre « écriture » ou « signature ». Dès lors, même quand le contenu du message restait provisoirement opaque, son origine identifiée fournissait une première indication formelle, qu'on ne se privait pas d'exploiter pour avancer dans le décryptage du contenu.

2424 On se basera ici pour l'essentiel sur LEROT, 1993, 140 et suiv.

participe du verbe *passer* ainsi qu'au substantif masculin qui en dérive (*passé*). Or, comme j'en ai exposé le principe plus haut, cet éventail de possibilités définitoires est de ceux qui permettent au rédacteur de la grille de moduler le degré d'opacité de sa description. Il illustre aussi le principe énoncé ci-dessus, selon lequel la stratégie de décryptage demande une synergie constante entre les compétences de contenu et de forme. Soit le mot *cuisine*, qui se laisse aisément identifier grâce à la définition « pièce destinée à la préparation des repas », mais dont le décryptage est bien plus exigeant à partir de la définition « soumet à un interrogatoire ». En effet, tant pour l'enfant qui assimile sa langue maternelle que pour l'apprenant du français (langue seconde ou étrangère), le substantif *cuisine* est pour ainsi dire un mot « de première nécessité ». Tandis que le verbe conjugué *cuisine*, dans son sens familier de 'questionne pour obtenir des aveux', exige une connaissance bien plus étendue du vocabulaire français.

Un deuxième rapport entre unités lexicales est la synonymie, qui suppose un contenu identique sous deux formes différentes. Sans trancher la question épineuse de savoir s'il existe des synonymes parfaits (et si oui, à quelles conditions), rappelons que dans le jeu des mots croisés, ils servent souvent à former des définitions réciproques. Ainsi BICYCLETTE constitue une définition valable de VÉLO et vice versa, pour la simple raison que la compréhension de leur concept est la même. Un champ sémantique où les mots croisés exploitent à fond la synonymie, est celui de la terminologie scientifique: bon nombre de notions y ont reçu une dénomination savante, et dès lors plus recherchée, mais sont par ailleurs connus sous une appellation populaire. Ici encore, le rédacteur de la grille pourra moduler le degré de difficulté en jouant tantôt sur la rareté ou complexité du mot, tantôt sur l'opacité de la définition. Ainsi, pour le mot OPUNTIA, qui n'est pas d'un usage courant, il donnera la définition populaire « figuier de barbarie », tandis que, pour le mot ECHALOTE, qui l'est, la définition savante « ascalonia cepa », ou « oignon d'Ascalon », augmentera l'opacité. La définition réciproque est également possible pour les couples synonymiques basés sur une différence stylistique ou d'expressivité (type *vélo/bécane, enfant/gosse*, etc.). En effet, nous l'avons vu, les mots croisés ignorant tout rapport syntaxique ou contextuel, aucune différence d'usage ne peut être invoquée pour leur dénier l'équivalence synonymique. L'argument vaut aussi pour des synonymes qui ne se prêtent pas à la même exploitation syntaxique, comme le couple de substantifs *journal* et *quotidien*, dont seul le second permet l'utilisation adjectivale (*le pain quotidien*).

Un troisième rapport très sollicité est celui de l'hyponymie. Il permet de définir le contenu d'un mot en tant qu'élément d'un ensemble, disant par exemple que c'est « une sorte de... ». (C'est celui qui a été utilisé au paragraphe 3 comme illustration de la définition conceptuelle.) Ainsi, *azur* est hyponyme de *bleu*, et *bleu* de *couleur*. Quand le mot exprime un concept subordonné à un terme générique, on obtient logiquement une description indéfinie, le mot *table* étant par exemple défini comme « un meuble ». En revanche, le pouvoir cryptant est affaibli, ou le décryptage rendu plus aisé, dès lors que la définition est basée sur une description définie: ainsi, pour la même *table*, la définition « le meuble qui sert au repas ». Pour les rapports d'hyponymie, les domaines scientifiques dont les connaissances sont basées sur des taxinomies (ordres, espèces, genre et familles en botanique et en zoologie, organes en anatomie, corps en chimie, éléments en physique) constituent des mines inépuisables de termes rares et compliqués, parce que les noms des ensembles ou les termes génériques (appelés aussi « hyperonymes »), qui servent à définir les éléments qu'ils contiennent, ne sont souvent pas moins rares que les mots à trouver. Ce qui revient à définir parfois le peu connu par le moins connu, voire par le pas connu du tout. Ainsi la *puccinie* fait partie de l'ordre des *urédinales*, qui sont des champignons *basidiomycètes*. Et la *macroscélide* est un insectivore de l'ordre des *macroscélidiens* et la famille des *macroscélididés*.

Un quatrième rapport entre unités lexicales est celui de l'antonymie. Il consiste à suggérer un mot caché en mentionnant, souvent par négation, un autre qui exprime le sens opposé. Ainsi le mot NU, dont les rédacteurs des grilles semblent avoir souvent besoin en français, sera défini comme « non vêtu », de même que OBTUS, par « manquant de finesse ». En général, les rédacteurs des grilles ne s'embarrassent pas de distinctions logiques plus subtiles, comme celle entre les termes contradictoires d'une opposition binaire (type *vie/mort*) et les termes gradables qui permettent une gamme de nuances échelonnées entre deux pôles (type *grand/petit*). Le pouvoir cryptant des définitions négatives n'est pourtant pas le même dans les deux cas. Dans la négation d'un des termes d'une opposition binaire, il ne reste en effet que le deuxième terme ou un de ses synonymes. Tandis que dans le cas d'une échelle à valeurs multiples, la négation d'un pôle ne renvoie pas forcément à l'extrême opposé, mais à une des nombreuses valeurs intermédiaires. Ainsi, la définition « pas clair », ne renvoie pas nécessairement à *sombre*, mais à une série d'autres antonymes comme *abscons, confus, couvert, douteux, embrouillé, obscur, opaque, terne,* etc.

Dans le faisceau de compétences « de forme », la plus exploitée concerne la morphologie lexicale et la variation des formes prévue par la morphologie syntaxique. Une des conventions tacites des mots croisés prévoit en effet que la définition fournisse les éléments de conjugaison et de déclinaison du mot caché. Ainsi, lorsque le substantif doit être au pluriel, ou l'adjectif au féminin, ou le verbe à la troisième personne singulier du passé simple, la définition est censée comporter les indications correspondantes. Cette convention s'avère très utile chaque fois que la définition fournit une description par trop générale ou savante, bloquant provisoirement le décryptage complet du mot. Dans ce cas, l'application des règles sur la variation formelle permet souvent de remplir d'ores et déjà certaines cases, en attendant que le profil général du mot se précise. Ainsi, pour un mot à sept lettres dont la définition est « histoires extraordinaires », le pluriel de la définition permet d'inscrire déjà un S ou un X dans la dernière case, en espérant que des recoupements ultérieurs fassent surgir le mot EPOPÉES. De même, pour l'adjectif INTELLIGENTE, étant donnée le féminin de l'adjectif dans la définition « douée de discernement », on remplira la dernière case d'un E du féminin, bien avant d'avoir trouvé le mot en toutes lettres. Enfin, à supposer que la définition pour ESCHAT soit « garnît d'un appât », connaissant les règles de la conjugaison du verbe français et l'orthographe qui s'ensuit, on conclura sans peine que la dernière lettre ne peut être qu'un T. C'est surtout à ces moments du décryptage que s'illustre le principe de la synergie constante entre les compétences linguistiques de forme et de contenu. Ainsi pour le mot AMBRE, on fera bien sûr appel à la sémantique lexicale pour lever l'ambiguïté entre la 'substance parfumée' et la 'résine fossilisée', mais on aura en même temps recours à des compétences morphologiques, grâce auxquelles on restera attentif au fait qu'un substantif peut coïncider avec la forme conjuguée d'un verbe: *ambre* est aussi la troisième personne singulier présent du verbe *ambrer*, éventuellement son participe passé en majuscules sans accent. En l'occurrence, c'est même le choix de la classe lexicale [Verbe] qui permet de lever l'ambiguïté, car *ambrer* signifie uniquement 'parfumer avec la substance *ambre*' et exclut dès lors le sens 'doter de la résine fossilisée *ambre*'. La convention évoquée précédemment peut toutefois se changer également en leurre, quand le rédacteur de la grille prend un malin plaisir à brouiller les pistes. Ainsi une troisième personne pluriel du verbe dans la définition laisse deviner souvent un verbe avec la même désinence, mais il n'est pas rare que le mot caché soit un substantif au pluriel dénotant l'agent de cette action ou le professionnel de cette activité. Par exemple, la définition « enlèvent les ordures ménagères », au lieu d'aiguiller sur un verbe au pluriel, peut très bien suggérer un substantif pluriel comme EBOUEURS.

8. Les compétences encyclopédiques

La difficulté de la rédaction d'une grille tient d'abord à la nécessité de faire coïncider les lettres de mots horizontaux avec celles de mots verticaux. Cette écriture bidimensionnelle se trouve considérablement simplifiée dès lors qu'on peut faire appel à des mots grammaticaux, des abréviations, des formules chimiques, voire des chiffres romains ou des onomatopées. Dans ce même ordre d'idées, le recours aux noms propres, familiers ou exotiques, ramène souvent la complexité de la tâche à des proportions plus modestes, surtout quand ce sont l'ordinateur et les banques de données qui préparent le choix « en temps réel ». Du côté du décrypteur, nous l'avons vu, les noms propres ne sollicitent pas les compétences linguistiques, mais les connaissances du monde, appelées « encyclopédiques », en particulier cet ensemble d'objets, situés dans le temps et l'espace, que l'humanité a dotés de noms permettant de les désigner séparément. Les plus anciennes tentatives pour en dresser l'inventaire remontent en Occident à Isidore de Séville (570-636). Elles connurent une accélération exponentielle après la Renaissance, grâce à l'essor des sciences naturelles, la découverte du Nouveau Monde et la prise de conscience planétaire qui s'ensuivit. Au XVIIIe siècle, elles devaient aboutir, chez les philosophes dits « Lumières », au projet ambitieux appelée « encyclopédie », mot qui laisse transparaître dans ses composants grecs une formation ou instruction (*paideia*) embrassant le cercle ou le cycle (*kyklos*) de toutes les connaissances.

Pour autant qu'elle vise le contenu des noms propres, la connaissance encyclopédique diffère de la connaissance linguistique en ce qu'elle est trans-idiomatique, c'est-à-dire qu'en principe elle n'est pas liée aux langues particulières et n'est dès lors pas susceptible de traduction.[25] Cette différence est importante pour les mots croisés, étant donné que chaque langue dispose de sa propre distribution phonologique qui se reflète dans son orthographe conventionnelle. L'une et l'autre régulent la cooccurrence et l'ordre de certaines lettres dans les mots, étant entendu que des restrictions interdisent certaines suites de lettres. Ainsi, il est exclu qu'un mot français commence par les trois consonnes BRN, dans l'ordre. Néanmoins, l'actuelle capitale de la Slovaquie étant *Brno*, la seule façon d'évoquer celle-ci en français (et de l'écrire, voire d'en remplir les cases d'une grille) est d'utiliser ce groupe consonantique, si inhabituel en français. Certes, quand la distance entre la prononciation de départ et le système phonologique d'arrivée est trop importante, la tentation est grande de réduire celle-ci en l'adaptant à la langue d'accueil. C'est ainsi que *Warszawa* est francisé en *Varsovie* et *Beijing* en *Pékin*. Il n'est même pas rare que cette adaptation donne des homonymes: le nom de la capitale autrichienne *Wien* fut adapté en *Vienne*, alors que ce nom était déjà celui d'une ville et d'une rivière françaises. Néanmoins, toutes ces adaptations et intégrations, qui visent la seule forme des noms propres, ne sont pas des traductions au sens fort, pour la simple et bonne raison que ce type de mot n'est pas porteur de sens.[26] Si on se limite à leur orthographe, on voit pourquoi les noms propres étrangers ou exotiques sont à la fois une aubaine pour le rédacteur de la grille et un casse-tête pour le décrypteur. En effet, si le premier était privé des noms germaniques se terminant par NDTL (*Prandtl*), des noms slaves avec d'improbables

---

[25] Comme cela fut déjà signalé dans la note 11, nous faisons ici abstraction de l'origine des noms propres qui est presque toujours l'œuvre d'une communauté linguistique particulière. En règle générale, un nom propre est d'abord motivé ou transparent, c'est-à-dire porteur de sens, mais son contenu sémantique se perd ensuite au gré de l'usage, parce qu'il ne sert plus à la dénotation conceptuelle. Dès lors, les véritables traductions de noms propres (type *Mons/Bergen* en Belgique) sont exceptionnelles. En revanche, les exemples d'intégration phonologique, avec la prononciation autochtone d'un nom étranger qui s'ensuit (type *Wroclaw/Breislau, Jiang Jieshi/Tchang Kaï-Chek*) sont légions.

[26] Quand la ville hollandaise *'s Hertogenbosch* devient en français *Bois-le-Duc*, on peut parler d'une traduction partielle.

groupes consonantiques comme KHR ou CHTCH (*Khrouchtchev*), ou des noms chinois à initiales X, Y et Z (*Xinji, Yanan, Zhou Enlai*), il serait bien en peine de trouver les lettres indispensables à l'écriture bidirectionnelle. Quant au second, l'abandon des noms propres exotiques aurait sur lui l'effet inverse, car le décryptage en serait grandement facilité et il serait moins souvent tenté par le recours aux atlas et encyclopédies.

Reste la définition du nom propre, dont nous avons vu les implications théoriques au paragraphe 5. Rappelons que le dosage du pouvoir cryptant se fait ici par le choix entre descriptions définies et indéfinies, mais surtout, dans la première catégorie, en tablant sur la connaissance encyclopédique plus ou moins poussée qu'elles nécessitent. Toutefois, une définition courante peut aussi être obtenue par exclusion. Ainsi, sachant que le patronyme Armstrong est très répandu en Amérique du Nord, on peut suggérer le prénom d'un personnage célèbre en l'appelant « Armstrong, ni Louis, ni Lance ». Le décrypteur est alors invité à une série d'inférences excluant tantôt le trompettiste (Louis), tantôt le coureur cycliste (Lance), pour ne garder finalement que Neil (l'astronaute du premier pas sur la lune).

9. Quelques stratagèmes de cryptage

La grammaire ludique des mots croisés ressemble au jeu de cache-cache ou au bal masqué. Elle consiste à dire: « Je me dissimule, me déguise, voire me rends invisible ; essayez donc de me trouver, de m'identifier. » Toutefois, pour que le jeu prenne, il est essentiel qu'un équilibre s'instaure entre l'ingéniosité du déguisement et l'effort à investir pour déjouer la ruse du cryptage. Or les astuces pouvant intervenir lors de ce dernier sont multiples et il n'est jamais établi a priori à quel types de compétences il sera fait appel pour trouver la solution. Dès lors, au-delà de l'exercice rudimentaire du va-et-vient entre le mot et sa définition, s'ouvre une vaste aire de jeu, où tous les coups de l'allusion et de l'illusion sont permis. Terminons cette exploration par l'évocation de quelques tours très prisés.[27]

Le plus simple est de mélanger les définitions de contenu (présupposé universel des mots croisés) avec les définitions de forme. Ainsi, pour un mot à deux lettres, l'indication « au beau milieu du Quercy » incitera le lecteur à chercher dans un atlas un lieu-dit au centre de cette région de France, alors qu'il s'agit des lettres ER, qui occupent le milieu dans ce nom propre. Pour la même raison, la définition « les lettres du facteur » fait spontanément penser au pluriel d'un substantif dans le domaine de la correspondance écrite, ce qui est une recherche de contenu, alors qu'il s'agit du fameux facteur rhésus, dont l'abréviation courante s'écrit en deux lettres (RH), ce qui est une recherche formelle. On peut encore davantage brouiller les cartes en spéculant sur le choix entre contenu et forme, alors que la découverte du mot crypté exige de n'écarter aucun des deux. Ainsi, la définition « des mots à l'envers » est censée conduire à DISPUTE (allusion à l'idiomatisme *avoir des mots*), mais à condition d'inverser l'ordre des lettres, c'est-à-dire d'écrire ETUPSID.

Une deuxième façon de mettre le lecteur sur une fausse piste est de jouer sur l'homonymie d'un terme et de lui adjoindre un qualificatif orienté. Ainsi *devise* peut être entendu tantôt comme 'sentence' ou 'mot d'ordre', tantôt comme 'monnaie étrangère'. Il suffit d'ajouter l'adjectif *latine* pour qu'on soit tenté par la recherche d'une expression latine correspondant au premier sens (*fiat, salve, tolle,* etc.) Or, à supposer que le mot crypté soit LIRE, qui est en effet la devise d'un pays latin, l'Italie, la « définition » aura contribué davantage à fourvoyer le lecteur qu'à le guider. (Ici encore, on voit que le pouvoir cryptant a été revu à la hausse: un cryptage plus facile eût consisté à fournir une définition du verbe

---

27 On en trouve un assortiment très varié dans TISSOT, 1981.

français *lire*.) Ou bien, dans la définition « relatif à une correction après avoir testé », le mot *tester* devra être pris non dans le sens 'faire subir un test', mais dans celui de 'rédiger un testament', ce qui mènera de proche en proche à l'adjectif *codicillaire*. Dans le même ordre d'idées, mais en jouant sur une petite différence d'orthographe, on aura une définition centrée sur les *ballades nocturnes*, expression qui peut susciter chez le lecteur inattentif l'idée de 'promenades en pleine nuit' (*balades*), alors qu'il s'agit d'un poème ou d'un morceau de musique, censés déboucher sur le nom de CHOPIN.

Un autre faisceau d'astuces consiste à jouer sur la possible confusion entre le nom de langue et le nom d'origine ou de nationalité. Si la définition parle d'un *palefrenier anglais*, on peut soit chercher le nom propre d'un Anglais exerçant ce métier, qui aurait acquis une certaine célébrité (par exemple, en ayant eu une aventure avec un membre de la famille royale), soit s'orienter vers un mot anglais équivalent à *palefrenier* ou *valet d'écurie*, à savoir LAD. De même, la définition « authentique thé anglais », quand il s'agit simplement du mot anglais TEA, peut dans un premier temps dérouter le lecteur en l'orientant vers un choix entre diverses marques ou sortes de ce breuvage. Il en va de même pour les mots d'emprunts: définir YEARLING comme « cheval anglais », relève de l'allusion pernicieuse ; en réalité, il s'agit d'un mot anglais, d'ailleurs couramment utilisé en français, pour 'un pur sang âgé d'un an'. Une variation sur le même thème est basée sur l'espoir de confusion entre l'origine, souvent putative, et la nationalité, voire la langue. Ainsi définir BERGER comme « chien allemand », ou CLE comme « outil anglais » est une façon malicieuse d'accentuer l'opacité et de brouiller les pistes susceptibles de mener à la solution de l'énigme.[28] Un énième moyen pour doper le pouvoir cryptant est de baser les définitions sur des expressions figées ou idiomatiques, quitte à ce que, pour découvrir le mot caché, elles nécessitent une interprétation au sens premier. Ainsi, pour le mot CEP, qui signifie entre autres le 'pied de vigne', on donnera comme définition l'expression « C'est le pied ». Ou bien, le mot CLE devra se deviner à partir de la définition « donne le ton », ce qui n'est possible que si le mot est pris dans l'acception musicale et non idiomatique.

10. Des compétences panachées

Les exemples qui précèdent sont loin d'épuiser toute la gamme des embûches que l'adepte des mots croisés peut amorcer ou désamorcer selon qu'il officie à l'un ou à l'autre bout de la chaîne de cryptage. Joints à ceux qui nous ont servi d'illustration tout au long de cet exposé, ils illustrent un entrelacs de compétences qui demande à être dénoué. Sans vouloir en dresser une typologie exhaustive, on peut néanmoins indiquer les embranchements principaux qui l'articulent. Une première bifurcation concerne le départ entre des compétences purement linguistiques et celles qui découlent de la connaissance de l'univers. Les premières se déploient en compétences formelles (la forme graphique des unités lexicales, en ce compris leur variantes morphologiques, les deux selon l'orthographe en vigueur) et de contenu sémantique (leur acceptions, significations, charges conceptuelles, en ce compris leurs valeurs de métaphore et de métonymie). De leur côté, les compétences encyclopédiques interviennent pour l'identification des éléments de l'expérience isolés ou autonomes, datés dans le temps et localisés dans l'espace (en ce compris les éléments de fiction), la seule condition étant que l'humanité leur ait donné un nom propre. C'est selon cette distinction de base que doivent se comprendre plusieurs dichotomies utilisées dans cette contribution: celles

---

[28] Il est d'ailleurs souvent instructif de vérifier le mot équivalent dans la langue concernée ; ainsi en anglais, une *clé anglaise* ne se dit pas *english key* mais *ajustable wrench*.

entre concepts et référents, entre noms communs et noms propres, voire entre définitions et descriptions. Une seconde bifurcation sépare les mêmes compétences linguistiques intrinsèques de celles sollicitées pour assurer le succès de la communication, en particulier des actes de langage qu'elle implique. On pourrait s'étonner qu'un jeu, dont on a vu qu'il ignore la compétence syntaxique, puisse être concerné par des compétences communicatives, celles qui n'existent qu'à la faveur d'énoncés, voire de discours. Cet étonnement est justifié tant qu'on se limite à la partie des mots croisés qui copie le dictionnaire explicatif, autrement dit, tant qu'on fait deviner des mots cryptés à partir de leur définition convenue. Mais dès lors que l'encrypteur choisit d'augmenter le pouvoir cryptant de ses définitions ou descriptions, dès qu'il quitte les sentiers battus de la sémantique conceptuelle pour s'engager sur les lacets tortueux de l'allusion et de la feinte, il fait appel à des compétences heuristiques que nous n'avons assimilées qu'en utilisant nos talents langagiers dans la communication effective. En particulier, il sollicite cette partie des stratégies qui régit la « communication inférentielle », selon l'expression de D.Sperber et D.Wilson.[29] C'est d'ailleurs en cela que le jeu acquiert une valeur ludique ajoutée: s'il se bornait à resservir des connaissances puisées dans les dictionnaires, encyclopédies et atlas, il deviendrait vite lassant. Au contraire, en lançant des défis stratégiques basées une recherche inférentielle de sens, il sollicite des compétences cognitives dépassant de loin celles nécessaires au seul apprentissage de la langue.

Enfin, l'analyse de quelques aspects des mots croisés aura contribué à illustrer cette vérité que l'homme est foncièrement un être de langage (*homo loquens*) doublé d'un être ludique (*homo ludens*). L'exercice est en effet d'autant plus innocent qu'il fait appel à toutes les subtilités des compétences linguistiques et communicatives, sans autre profit ni récompense que sa propre réussite. Comparé à la vraie cryptographie, qui véhicule des secrets stratégiques ou industriels d'une importance toujours croissante, les mots croisés sont un jeu sans enjeu. C'est une façon de croiser le fer avec un invisible adversaire, muni d'armes langagières et cognitives, sans courir le risque d'une égratignure. Le seul but de l'escarmouche, qui en constitue d'ailleurs le seul plaisir, est de dévoiler ce qui se dissimule sous des définitions sincères, allusives ou retorses, et de ramener ce qui se cache sous des fards multiples à une forme unique et coïncidente. Dans un de ses romans, Umberto Eco[30] campe un héros qui cherche un mot de passe lui permettant d'accéder au disque dur d'un ordinateur. Quand l'écran lui pose la question « Connaissez-vous le mot de passe? », il est réduit à quia, jusqu'au jour où, de guerre lasse, il tape la réponse NON. Et c'est le déclic, car le mot de passe n'était autre que ces trois lettres.[31]

Bibliographie

AUROUX, 1996: S. AUROUX, *La philosophie du langage*, Paris 1996.

BARNES, 2000: J. BARNES, *Le perroquet de Flaubert*, Paris 2000.

CARRÈRE D'ENCAUSSE, 1998: H. CARRÈRE D'ENCAUSSE, *Lénine*, Paris 1998.

ECO, 1990: U.ECO, *Le pendule de Foucault*, Paris 1990.

29 Cf SPERBER & WILSON, 1989.

30 ECO, 1990.

31 Je tiens à remercier Pierre Godin et Jean-Marie Pierret pour leur lecture critique d'une version antérieure de cette contribution. Je revendique néanmoins la paternité des erreurs éventuelles et des oublis certains qui l'émaillent.

GRICE, 1979: H.P.GRICE, “Logique et conversation”, *Communications*, N° 30, 1979.

KLEIBER, 1981: G.KLEIBER, *Problèmes de référence: descriptions définies et noms propres*, Paris 1981.

KRIPKE, 1982: S. KRIPKE, *La logique des noms propres*, Paris 1982.

LEROT, 1993: J. LEROT, *Précis de linguistique générale*, Paris 1993.

LYONS, 1970: J. LYONS, *Linguistique générale ; introduction à la linguistique théorique*, Paris 1970.

MOESCHLER & REBOUL: J. MOESCHLER ET A. REBOUL, *Dictionnaire encyclopédique de la pragmatique*, Paris 1994.

POPPER, 1979: K. POPPER, *La société ouverte et ses ennemis* (traduction abrégée de J. Bernard et Ph. Monod), Paris, 1979.

SPERBER & WILSON, 1989: D. SPERBER ET D.WILSON, *La pertinence ; communication et cognition*, Paris 1989.

RUSSELL, 1905: B. RUSSELL, “On denoting”, *Mind*, vol.14, 479-93.

STINSON, 2002: D. STINSON, *Cryptographie, théorie et pratique*, Paris, 2002.

TISSOT, 1981: C.-A.TISSOT, *Les mots-croisés: pastiches lexicographiques et accents sibyllins* (mémoire de licence en philologie romane, Louvain-la-Neuve, 1981).

Maurits Van Overbeke

12, rue du Champ St.Nicolas

B-1470 Bousval

mvo@lige.ucl.ac.be

BCILL 112: *Langues à niveaux multiples*, 275-280

Les langues de spécialité et leur apprentissage: un moyen de (re)dynamiser l'enseignement des langues

Andrée VANSTEELANDT-DEBAUCHE
Institut libre Marie Haps
Centre de Terminologie de Bruxelles

Ma première rencontre avec les langues de spécialité remonte aux recherches préalables à la rédaction de mon mémoire et de ma thèse de doctorat, consacrés tous deux au lexique de la publicité en allemand, plus spécifiquement aux schémas de création lexicale dans ce domaine. C'est grâce au professeur Jacques Lerot, promoteur de ces deux recherches, que je remercie vivement ici, que mon attention s'est portée vers l'étude du lexique et de son implication dans l'évolution et la spécialisation des langues.

Cet intérêt pour les langues de spécialité a progressé au fur et à mesure de la découverte du monde de la traduction « pragmatique », centrée sur les domaines scientifique et technique[1] essentiellement. Aujourd'hui, le fonctionnement de ces technolectes est devenu un véritable sujet d'études et il permet aussi aux apprenants de se forger un outil de communication de plus en plus performant. La place des langues spécialisées (en abrégé Lsp dans la suite du texte) dans l'enseignement des langues est encore trop limitée aujourd'hui, mais elle pourrait s'étendre utilement à divers types et niveaux d'enseignement et (re)dynamiser l'apprentissage des langues tout court. Telle est la thèse que je souhaiterais défendre ici, en me référant surtout à l'allemand, langue sérieusement menacée aujourd'hui dans les cursus scolaires et universitaires de nombreux pays de l'Union Européenne, à commencer par la Belgique francophone.

La langue de spécialité, contrairement à la langue commune, est un moyen de communication qui apparaît lors de la scolarisation et de l'apprentissage de « matières » (la grammaire ou les mathématiques, par exemple, véhiculent dès le début de l'enseignement primaire une terminologie bien spécifique). Malgré ce contact relativement précoce, les cours de langue maternelle ou étrangère ne font que trop rarement référence à ces sous-systèmes linguistiques et ils ne les prennent que rarement pour objet d'étude ou d'observation. Il est vrai que ces Lsp ne sont pas autonomes et se greffent sur la langue commune, pour répondre à des besoins croissants dans nos sociétés éprises de technique[2]. En effet, la communication

---

[1] Une expérience de plusieurs années notamment dans le cadre de séminaires de terminologie et de traduction technique allemand-français à l'Institut libre Marie Haps (www.hapsworld.be).

[2] Je n'entrerai pas ici dans le débat sur le fond et le concept de langue spécialisée/de spécialité, bien développé par exemple par P. LERAT (1995).

spécialisée s'est largement développée durant les 50 dernières années, au point de représenter aujourd'hui 80% du volume des informations circulant sur les nouveaux média. Les problèmes liés, entre autres, à un usage imprécis de termes et à la rédaction maladroite de documents ont des conséquences graves, allant d'une moindre efficacité des apprentissages aux accidents dus au mauvais usage de certains outils ou produits, en passant par des problèmes de gestion dans les entreprises. Dans les domaines industriel, économique, politique, administratif ou technique, la communication spécialisée requiert de plus en plus d'attention. L'augmentation des connaissances, leur différenciation et la gestion de l'information font naître aujourd'hui des besoins de formation nouveaux auxquels il faut tenter de répondre.

Dans toutes les cultures et tous les mondes linguistiques, la langue commune a été mieux appréhendée que les langues spécialisées, que les linguistes ont souvent ignorées voire décrites de manière fragmentaire, cantonnées qu'elles étaient dans les domaines du droit, des sciences, de l'économie ou encore des techniques. Heureusement, depuis quelques décennies, leur étude s'est affranchie de la linguistique classique et de ses méthodes, pour privilégier une description à la fois onomasiologique, terminologique, contextuelle et textuelle qui leur est propre et pour lier leur analyse à la création d'outils informatisés d'aide à la communication[3]. En outre, au sein de l'apprentissage de la langue maternelle et des langues étrangères, les Lsp contribuent à élargir le sentiment linguistique de l'apprenant, qui sera plus à l'aise dans ces divers registres ou variantes et arrivera à les maîtriser à l'oral et à l'écrit, ce qui augmentera son impression de sécurité linguistique.

Un avantage majeur de l'étude des Lsp réside dans leur fonction de **soutien à la conceptualisation de la réalité**. L'étude de la langue commune, à laquelle nous sommes habitués, ne permet plus toujours d'y percevoir la manière dont une réalité nouvelle est appréhendée. Lorsqu'un étudiant aborde un sujet nouveau pour lui, il doit faire l'effort de comprendre des concepts inconnus, les analyser, découvrir leurs caractères et la façon dont la langue privilégie certains aspects de la notion pour dénommer l'objet et créer une forme lexicale adaptée. Dans le cadre de ce processus onomasiologique, l'attention de l'apprenant va se déplacer du concept vers le terme et il pourra ainsi mieux percevoir les modèles de création lexicale disponibles dans les langues en présence, modèles qu'il pourra activer le cas échéant s'il est amené à créer lui-même un terme. La motivation de termes existants (en allemand, par exemple: *Nasswickelverfahren, Kat-Auto, Torsionskastenbauweise, kaltwalzen* etc.) l'aidera entres autres à leur trouver un équivalent satisfaisant dans sa langue maternelle. L'analyse notionnelle sous-jacente à l'étude des Lsp permet aussi, tant aux spécialistes qu'aux étudiants, de mieux « organiser » leur domaine en reliant les concepts grâce aux relations logiques et ontologiques qu'ils entretiennent. L'importance de cette vision onomasiologique des systèmes linguistiques avait déjà été pressentie par E. WÜSTER (1979), précurseur de la recherche en terminologie. La structure dégagée facilite la rédaction de définitions et la création de lexiques, glossaires ou autres ouvrages terminographiques systématiques. Lexicologues et terminologues se rencontrent ici pour soutenir avec J. PICOCHE (1992,138) que *« la définition peut-être considérée comme la fin et le couronnement du travail du lexicologue »,* c'est pourtant un outil peu utilisé et peu valorisé aux divers niveaux d'enseignement que nous connaissons. Pourtant, une compétence lexicographique ou terminographique minimale est indispensable et devrait être transmise par les études, dès le niveau primaire pour la langue maternelle et au moins dans une langue étrangère pour la seconde langue durant le cycle du

---

[3] De plus en plus d'auteurs se penchent heureusement sur les Lsp, comme par exemple R. KOCOUREK (dès 1982) et H.-R. FLUCK (1997), respectivement pour le français et l'allemand. La pédagogie des Lsp est par contre moins développée, comme en témoignent quelques rares articles (voir SCHLEYER, 1992).

secondaire[4]. Dans l'apprentissage de nombreuses matières, dont les langues, l'approche terminologique propre aux Lsp s'avère cohérente, performante et utile, si l'on veut éviter à l'étudiant la situation confuse à laquelle il est encore trop souvent confronté: absence de définitions, définitions plurielles, incohérentes, circulaires qui ne permettent aucunement la description verbale des notions dont enseignants et apprenants ont besoin pour construire leur cours et leurs connaissances. L'absence de compréhension de la terminologie et des notions d'un domaine est malheureusement encore la cause de nombreux échecs en candidature, comme plusieurs travaux l'ont souligné (entre autres l'excellent ouvrage *Le français et les sciences,* 1989, 7).

Dans l'enseignement de la traduction spécialisée, nous sommes confrontés à la méconnaissance de registres spécialisés en langue maternelle et à l'ignorance des conventions d'écriture typiques à un domaine particulier. Un texte traduit par des débutants est le plus souvent inacceptable du fait de sa **syntaxe** et de sa **phraséologie**, qui paraissent pour le moins étranges aux experts, même si elles sont grammaticalement et lexicalement acceptables. Pour adapter au mieux sa stratégie de traduction au niveau de spécialisation de texte, l'apprenant se référera utilement à des ouvrages comme celui de K. MORGENROTH (1994) où l'on distingue divers niveaux de spécificité allant de la vulgarisation scientifique au discours hautement spécialisé que pratiquent les experts entre eux, notamment dans le domaine économique.
La relative absence d'intérêt pour les textes « utilitaires » tels que les notices techniques, modes d'emploi, documents promotionnels, contrats, certificats de garantie etc. n'a pas permis d'en faire une description détaillée ni d'enseigner les conventions d'écriture utiles[5]. De ce fait, la qualité de la rédaction spécialisée en langue maternelle ou dans les langues étrangères reste médiocre. Le domaine à défricher est énorme et pourrait concerner des générations de jeunes chercheurs. De tels travaux permettraient également des contacts interdisciplinaires fructueux entre linguistes-terminologues et spécialistes d'un domaine du savoir[6].

Les étudiants de l'enseignement supérieur qui sont attirés par les nouvelles technologies peuvent également approcher les langues de spécialité en s'initiant à une série d'outils disponibles ou en cours d'élaboration dans les domaines de la traduction et de la terminologie assistées, de la création d'outils d'extraction de corpus, d'outils d'analyse phraséologique et contextuelle (voir par exemple les recherches de D. BOURIGAULT, 2003).
La rédaction spécialisée est également un secteur à la recherche de jeunes diplômés ouverts aux Lsp, comme l'atteste l'intérêt de la Commission européenne à travers l'organisation de son *3rd Colloquium for User-friendly Product Information: Vocational Education and Training for Technical Communicators*, organisé le 24 mars dernier à Bruxelles sous les auspices de *tekom Gesellschaft für technische Kommunikation e. V*[7]. Dans ce cadre également, les Lsp font partie des processus de standardisation linguistique et d'échanges internationaux

---

4 C'est ce que démontre l'excellent petit 'Dictionnaire des mots de l'école' en trois langues (espagnol, anglais, français) rédigé par les élèves de primaire du Lycée français de Madrid, au terme d'un projet passionnant.

5 C'est ce que tentent de faire les défenseurs de la traduction technique, dans des ouvrages simples et très bien construits, comme par exemple PÖTTER (1994) ou dans des revues éditées par tekom (Fachzeitschrift für Technische Kommunikation und Informationsmangement, ISSN: 1436-1809).

6 Une rencontre de ce type a eu lieu les 15 et 16 février 2002 lors du colloque « Sécurité alimentaire et terminologie – Dire le réel? » organisé par le Centre de Terminologie de Bruxelles. Renseignements: mp.mayar@ilmh.be

7 http://www.tekom.de; http:// www.tceurope.org.

de données. Je n'en veux pour témoignage que les nombreux programmes de formation à la rédaction et à la communication spécialisée en France et en Europe[8]. Elles sont clairement le trait d'union entre la pratique et la recherche, entre la pédagogie et l'approche scientifique, le point d'ancrage d'une redynamisation de l'apprentissage des langues, y compris de la langue maternelle. A notre grand étonnement, les Lsp ne découragent pas les étudiants, au contraire, elles désamorcent le manque d'intérêt pour les langues de la part des étudiants en droit, en économie, en sciences humaines qui, eux aussi, doivent absolument maîtriser les langues étrangères. Nos expériences dans les domaines pointus des énergies renouvelables et des biotechnologies avec des étudiant(e)s en traduction, le plus souvent férus de traduction littéraire au début de leurs études, ont permis à de nombreux apprenants de retrouver le plaisir de la découverte, allié à l'utilité de la formation face aux exigences du monde professionnel[9].

Si l'intérêt de l'étude des langues spécialisées est incontestable dans l'enseignement supérieur, que peut-il apporter à l'enseignement primaire ou secondaire?

Je souhaiterais répondre à cette question en me limitant à quelques pistes ou suggestions parmi les nombreuses approches possibles, tout en étant bien consciente des difficultés de leur mise en oeuvre dans le cadre du primaire ou du secondaire actuel en Belgique francophone.
Ces pistes devraient mettre en évidence les grands avantages de l'enseignement des langues combiné à celui des Lsp, à savoir le **contexte plus naturel** de cet apprentissage (1), **l'interdisciplinarité** portée par des projets pédagogiques (2), le **lien possible et souhaitable avec les nouvelles technologies** (3), **la progression plus rapide et plus motivante** (4), les **contacts avec des professionnels** de divers domaines, qui permettent l'ouverture indispensable de l'école au monde extérieur (5).

(1) Tant dans le primaire que le secondaire, associer l'apprentissage d'une langue étrangère à une matière, à un sujet particulier est un gage de succès, comme le démontrent les programmes de certains pays de l'U.E. La langue n'est dès lors pas un sujet d'étude en premier lieu, mais un vecteur d'apprentissage d'une spécialité, ce qui accroît les chances de rentabilité de l'opération. Dans l'enseignement technique notamment, où les langues étrangères sont souvent peu appréciées, les Lsp sont particulièrement indiquées, car elle rapprocheront l'élève de sa future profession.

(2) Ce nouveau contexte favorise les contacts entre disciplines (langue maternelle - langues étrangères - domaine scientifique, historique, géographique, artistique voire littéraire puisque les Lsp sont par définition très diverses), les projets communs (pour ne citer que quelques exemples: rédaction d'un glossaire bilingue concernant un cours de géographie ou d'étude du milieu, lecture et dépouillement de documentation bilingue produite par exemple par l'U.E., rapports techniques avec brève synthèse en anglais dans l'enseignement technique, enseignement du « Controlled English » plutôt que de l'anglais standard toujours dans ce domaine, décodage de documentation spécialisée en langue étrangère sur un produit, une technique de fabrication, un site touristique etc.), l'utilisation de lexiques et glossaires en ligne, enfin. L'apprentissage oral pourrait lui aussi bénéficier des excellents outils disponibles aujourd'hui et consacrés par exemple à l'allemand technique, au français des affaires, à l'italien des arts, tout à fait abordables dans le secondaire. Dans ce cadre, les examens, trop

[8] Une liste non exhaustive peut être consultée sur le site du Conseil des rédacteurs techniques, à l'adresse http://www.chez.com/crt/formations/formations_fr.htm

[9] Ce point de vue est aussi mis en pratique dans le cadre du programme du DESS en terminologie (3e cycle) organisé par l'Institut Marie Haps – Haute Ecole Léonard de Vinci.

souvent axés sur la mémorisation à court terme, pourraient utilement être remplacés par des travaux de recherche individuels consacrés à des thèmes du cours et pilotés par l'enseignant.

(3) Les nouvelles technologies sont des supports indispensables à l'apprentissage des diverses composantes d'une langue moderne et elles donnent accès à un lexique différencié suivant les sujets, à des collections de textes parallèles (notamment aux « bitextes » évoqués par ARROUART ET BEDARD, 2001), à la phraséologie permettant de construire de petits textes, à l'utilisation de moteurs de recherche dans plusieurs langues et à des exercices de synthèse de textes, d'abord en langue maternelle, ensuite dans les langues étrangères. Le contact en ligne avec des classes parallèles dans des écoles britanniques, allemandes ou espagnoles permet aussi la correction d'exercices en direct par des native speakers via le courrier électronique. La panoplie d'exercices est extrêmement vaste et permet à l'enseignant un maximum de créativité.

(4) Dans un tel contexte, l'élève progresse davantage parce qu'il devient acteur de sa formation (il doit quitter son rôle de spectateur passif). Il est dans l'obligation de recourir sans cesse à des processus d'analyse et de synthèse, de transfert, de mobilisation constante des connaissances acquises. A terme, il se sentira capable de livrer des produits personnels en langue étrangère, une démarche très motivante qui l'entraînera vers des contacts plus intensifs avec des locuteurs étrangers.

(5) Enfin, les contacts avec des professionnels extérieurs à l'école peuvent à tous les niveaux constituer le point de départ d'une recherche, de même que son point d'arrivée éventuel, si le collaborateur spécialiste revient donner un avis critique sur les travaux au terme du projet. Le regard extérieur d'un expert est un soutien indispensable pour l'enseignant et une ouverture dont les élèves de fin de secondaire pourraient profiter pour orienter leurs propres choix positifs d'études supérieures.

A une époque où la maîtrise des langues étrangères ne semble plus passionner les élèves, alors que les besoins ne cessent d'augmenter, la multiplication des pistes ne peut être négligée. Même si les Lsp ne sont évidemment pas la solution à tous les problèmes, elles peuvent s'avérer utiles pour débloquer certaines situations, notamment dans l'enseignement technique et l'enseignement supérieur, car elles aideront l'apprenant à passer efficacement de l'apprentissage du système linguistique à celui du discours approprié en langue étrangère.

Bibliographie

ARROUART, BEDARD, 2001: C. ARROUART, C. BEDARD, *Eloge du bitexte,* dans Circuit, Automne 2001, 30.

BOURIGAULT, 2003: D. BOURIGAULT, *Traitement automatique des langues et ingéniérie terminologique,* Cours du DESS en terminologie, février 2003, Institut libre Marie Haps. (voir aussi www.univ-tlse2.fr/erss/membres/bourigault).

Le Français et les sciences, 1989: A.E. DALCQ, D. VAN RAEMDONCK, B. WILMET, *Le français et les sciences*, Duculot, Louvain-la-Neuve, 1989.

FLUCK, 1997: H.R. FLUCK, *Fachdeutsch in Naturwissenschaft und Technik,* J.Gross, Heidelberg, 1997.

KOCOUREK, 1982: R. KOCOUREK, *La langue française des sciences et des techniques*, Brandstetter, Wiesbaden, 1982.

LERAT, 1995: P. LERAT, *Les langues spécialisées*, Presses Universitaires de France, Paris, 1995.

MORGENROTH, 1994: K. MORGENROTH, *Le terme technique,* Niemeyer, Tübingen, 1994.

PICOCHE, 1992: J. PICOCHE, *Précis de lexicologie française*, Nathan, Paris, 1992.

PÖTTER, 1994: G. PÖTTER, *Die Anleitung zur Anleitung*, Leitfaden zur Erstellung technischer Dokumentation, Vogel, Würzburg, 1994.

SCHLEYER, 1992: W. SCHLEYER, *Möglichkeiten und Bedingungen der Übungsgestaltung im fachsprachlichen Fremdsprachenunterricht*, dans J. ALBRECHT et R. BAUM, *Fachsprache und Terminologie in Geschichte und Gegenwart*; G.Narr, Tübingen, 1992, 277-294.

WÜSTER, 1979: E. WÜSTER, *Einführung in die allgemeine Terminologielehre und terminologische Lexikographie*, Springer, Berlin/New-York, 1979.

Andrée Vansteelandt-Debauche
Institut libre Marie Haps, CTB
11, rue d'Arlon
B – 1050 Bruxelles
andree.vansteelandt@ilmh.be

Sommaire

BIBLIOTHÈQUE DES CILL (BCILL)

VOLUMES RÉCENTS

Tous les volumes antérieurs de la BCILL sont disponibles et peuvent être commandés chez les Editions Peeters

BCILL 90: **J.-M. ELOY**, *La constitution du Picard: une approche de la notion de langue*, IV-259 pp., Louvain-la-Neuve, Peeters, 1997. Prix: 23 €. ISBN 90-6831-905-1.
Cet ouvrage fait le point sur le cas picard et développe une réflexion originale sur la notion de langue. À partir des théories linguistiques, de l'histoire du fait picard et d'une démarche principalement sociolinguistique, l'auteur dégage des résultats qui éclairent la question des langues régionales d'oïl, et au delà, intéressent la linguistique générale.

BCILL 91: **L. DE MEYER**, *Vers l'invention de la rhétorique. Une perspective ethnologique sur la communication en Grèce ancienne,* 314 pp., Louvain-la-Neuve, Peeters, 1997. Prix: 28 €. ISBN 90-6831-942-6.
L'auteur, s'inspirant des données de l'ethnologie de la communication, tente une description généalogique des différents «niveaux de conscience» du discours qui ont précédé celui de la rhétorique proprement dite. Le passage des «proto-rhétoriques», encore fortement liées à la «parole efficiente», à la rhétorique est analysé dans ses rapports aux nouveaux usages de l'écriture, à la crise de l'expérience démocratique athénienne et à l'avènement de la philosophie.

BCILL 92: **J. C. HERRERAS** (éd.), *L'enseignement des langues étrangères dans les pays de l'Union Européenne*, 401 pp. Louvain-la-Neuve, Peeters, 1998. Prix: 36 €. ISBN 90-429-0025-3.
L'Union Européenne, en choisissant de garder onze langues officielles, a fait le pari de la diversité linguistique. Mais cette option a aussi ses exigences, puisque, pour faciliter la mobilité des citoyens et assurer une meilleure intercompréhension à l'intérieur de la Communauté, l'apprentissage des langues des partenaires européens est indispensable. Le présent ouvrage essaie d'analyser dans quelle mesure la politique linguistique des pays membres contribue à atteindre ces objectifs.

BCILL 93: **C. DE SCHAETZEN** (éd.), *Terminologie et interdisciplinarité. Actes du Colloque organisé en avril 1996 par le Centre de terminologie de Bruxelles (Institut Libre Marie Haps) et l'Association internationale des Professeurs de Langues vivantes*, 184 pp., Louvain-la-Neuve, Peeters, 1997. Prix: 17 €. ISBN 90-6831-949-3.
La terminologie des spécialistes est à la fois obstacle et vecteur de communication inderdisciplinaire. Ce volume constitue les *Actes* d'un Colloque centré sur les rapports entre terminologie et inderdisciplinarité.

BCILL 94: **A. MANIET**, *Répercussions phonologiques et morphologiques de l'évolution phonétique: le latin préclassique*, XIV-303 pp., Louvain-la-Neuve, Peeters, 1997. Prix: 28 €. ISBN 90-6831-951-5.

L'ouvrage vise à tester, sur le plan phonique, le principe fonctionnaliste d'économie. La démonstration se base sur la série algorithmique, quantifiée, des changements phoniques qui ont fait aboutir le système d'un corpus reconstitué au système représenté par un corpus latin préclassique, y compris les variantes morphologiques.

BCILL 95: **A. TABOURET-KELLER** (éd.), *Le nom des langues. I. Les enjeux de la nomination des langues*, 274 pp., Louvain-la-Neuve, Peeters, 1997. Prix: 24 €. ISBN 90-6831-953-1.
Nommer une langue, loin d'être une question linguistique, relève d'enjeux qui intéressent aussi bien les institutions que les personnes et qui sont souvent contradictoires. Dans ce premier tome d'une série traitant du *nom des langues*, une dizaine d'études illustrent cette problématique en s'appliquant chacune à un cas bien particulier.

BCILL 96: **A. MEURANT**, *Les Paliques, dieux jumeaux siciliens*, 123 pp., Louvain-la-Neuve, Peeters, 1998. Prix: 13 €. ISBN 90-429-0235-3.
Une étude détaillée du mythe et du culte de très vieilles divinités siciliennes devenues symboles de liberté et consultées pour éprouver la bonne foi. La formation de leur légende, la nature de leur gémellité et leurs relations avec les Δέλλοι y sont particulièrement analysées.

BCILL 97: **Y. DUHOUX** (éd.), *Langue et langues. Hommage à Albert Maniet*, 289 pp., Louvain-la-Neuve, Peeters, 1998. Prix: 27 €. ISBN 90-429-0576-X.
Treize articles (de Y. Duhoux, É. Évrard, G. Jucquois, M. Lavency, A. Léonard, G. Maloney, P. Martin, A. Paquot, R. Patry, E.C. Polomé, É. Tiffou, K. Tuite) traitent d'indo-européen, de grec ancien, de latin, de français contemporain, de bourouchaski, de svane, et de la langue conçue comme thermomètre social.

BCILL 98: **F. BENTOLILA** (éd.), *Systèmes verbaux*, 334 pp., Louvain-la-Neuve, Peeters, 1998. Prix: 39 €. ISBN 90-429-0708-8.
Les quinze descriptions présentées dans cet ouvrage, toutes fondées sur les mêmes principes théoriques, fourniront des matériaux homogènes à la typologie et à la comparaison. Les auteurs ont eu le souci de dégager les unités par commutation, de distinguer unité et variante d'unité, et de répartir les déterminants en classes sur la base de l'exclusion mutuelle. À partir de leurs travaux, on perçoit mieux la spécificité des déterminants grammaticaux du verbe par rapport aux marqueurs d'opération énonciative (assertion, interrogation, injonction), aux subordonnants et aux affixes de dérivation.

BCILL 99: **Sv. VOGELEER, A. BORILLO, C. VETTERS, M. VUILLAUME** (éds), *Temps et discours*, 282 pp., Louvain-la-Neuve, Peeters, 1998. Prix: 26 €. ISBN 90-429-0664-2.
Les articles réunis dans ce volume explorent trois aspects des rapports entre temps et discours: la référence temporelle; la relation entre type de discours et emploi des temps verbaux; les manifestations discursives du développement du système temporel au cours de l'acquisition. Ce livre intéressera tous les linguistes qui étudient la temporalité.

BCILL 100: *Hethitica XIV*, 177 pp., Louvain-la-Neuve, Peeters, 1999. Prix: 16 €. ISBN 90-429-0732-0.
Treize articles de S. de Martino, M. Forlanini, D. Groddek, R. Lebrun, M. Mazoyer, E. Neu, A. Polit, M. Popko, O. Soysal, F. Imparati.

BCILL 101: **H. FUGIER**, *Syntaxe malgache*, 253 pp., Louvain-la-Neuve, Peeters, 1999. Prix: 23 €. ISBN 90-429-0710-X.
Cette *Syntaxe* décrit l'état de langue dit *malgache officiel*, sur base d'un corpus dont sont analysés en détail 450 énoncés, échelonnés du *classique ancien* à la *langue commune* actuelle. Chaque classe de constituants est définie par son utilité fonctionnelle dans la construction de la phrase. L'auteur montre comment l'énoncé grammatical se complexifie par un jeu d'applications successives où interviennent des phénomènes typologiquement remarquables (voix multiples, nom verbal avec son possesseur-agent, verbes sériés...).

BCILL 102: **Ph. BLANCHET, R. BRETON, H. SCHIFFMAN** (éd.), *Les langues régionales de France: un état des lieux à la veille du XXI*e *siècle – The Regional Languages of France: an Inventory on the Eve of the XXI*st *Century*, 202 pp., Louvain-la-Neuve, Peeters, 1999. Prix: 18 €. ISBN 90-429-0791-6.
Des (socio)linguistes, ethnologues, géographes, juristes et responsables de l'enseignement dressent le panorama des problèmes de six langues régionales de France: alsacien, basque, breton, corse, occitan, provençal.

BCILL 103: **S. VANSÉVEREN**, *«Prodige à voir». Recherches comparatives sur l'origine casuelle de l'infinitif en grec ancien*, 192 pp., Louvain-la-Neuve, Peeters, 2000. Prix: 18 €. ISBN 90-429-0835-1.
Étude sur l'origine casuelle de l'infinitif grec ancien, principalement en grec homérique. L'optique est comparative, morphologique, syntaxique, prosodique, mais surtout méthodologique, prenant en compte les problèmes fondamentaux de la grammaire comparée des langues indo-européennes. En plus du grec, sont examinés les faits en latin, sanskrit védique, avestique, hittite, arménien, tokharien, germanique, vieux slave, balte et celtique.

BCILL 104: **Yves DUHOUX**, *Le verbe grec ancien. Éléments de morphologie et de syntaxe historiques* (deuxième édition, revue et augmentée), Louvain-la-Neuve, Peeters, 2000, 561 pp. Prix: 50 €. ISBN 90-429-0837-8.
La deuxième édition de ce livre étudie la structure et l'histoire du système verbal grec ancien. Menées dans une optique structuraliste, les descriptions morphologiques et syntaxiques sont toujours associées, de manière à s'éclairer mutuellement. Une attention particulière à été consacrée à la délicate question de l'aspect verbal. Les données quantitatives ont été systématiquement traitées, grâce à un *corpus* de plus de 100.000 formes verbales s'échelonnant depuis Homère jusqu'au IVe siècle.

BCILL 105: **F. ANTOINE**, *Dictionnaire français-anglais des mots tronqués*, LX-209 pp., Louvain-la-Neuve, Peeters, 2000. Prix: 24 €. ISBN 90-429-0839-4.
Ce dictionnaire bilingue français-anglais présente les mots tronqués ("doc" pour "docteur", etc.) du français. Il propose pour chaque terme: une traduction en anglais la plus fidèle possible du point de vue historique et stylistique; des mises en contexte propres à faire apparaître d'autres traductions; des citations qui l'illustrent; l'information lexicologique pertinente. L'ouvrage est précédé d'une étude des aspects historiques, sociologiques, morphologiques et psychologiques des mots tronqués.

BCILL 106: **F. ANTOINE**, *An English-French Dictionary of Clipped Words*, XLIV-259 pp., Louvain-la-Neuve, Peeters, 2000. Prix: 27 €. ISBN 90-429-0840-8.
This book is a bilingual dictionary of English clipped words ("doc" for "doctor", etc.).

It offers for each headword: one or several translations into French, which aim to be as accurate as possible from the historical and stylistic point of view; examples of usage to show other possible translations; illustrative quotations; the pertinent lexicological data. The dictionary proper is preceded by an analysis of the historical, sociological, morphological and psychological aspects of clippings.

BCILL 107: **M. WAUTHION - A. C. SIMON** (éd.), *Politesse et idéologie. Rencontres de pragmatique et de rhétorique conversationnelles,* 369 pp. Louvain, Peeters, 2000. Prix: 33 €. ISBN 90-429-0949-8.
Ce volume représente les actes du colloque qui, en novembre 1998, a réuni à Louvain-la-Neuve une trentaine de chercheurs francophones pour explorer les rapports entre linguistique et littérature autour du thème de la politesse des échanges et de la rhétorique des conversations. Ces univers scientifiques distincts nous rappellent la vocation de la politesse à agir dans la science classique comme dénominateur commun du savoir et du savoir-vivre.

BCILL 108: **L. BEHEYDT — P. GODIN — A. NEVEN — B. LAMIROY — W. VAN BELLE — J. VAN DER HORST — W. VAN LANGENDONCK** (éd.), *Contrastief onderzoek Nederlands-Frans / Recherches contrastives néerlandais-français,* 239 pp., Louvain, Peeters, 2001. Prix: 21 €. ISBN 90-6831-1004-6.
Ce recueil interpellera linguistes, didacticiens, traducteurs et enseignants soucieux de voir leurs pratiques éclairées par les données de la recherche. Problèmes de phonétique et de morphologie, de syntaxe et de sémantique, démarches fonctionnelles et cognitives conduiront le lecteur à bien des considérations, parfois audacieuses, toujours dûment motivées. Ces textes ont été présentés lors du colloque de linguistique contrastive "Néerlandais-Français" organisé en étroite collaboration entre l'UCL et la KUL, en mars 2000 à Louvain-la Neuve.

BCILL 109: *Hethitica XV. Panthéons locaux de l'Asie Mineure pré-chrétienne. Premier Colloque Louis Delaporte – Eugène Cavaignac (Institut Catholique de Paris, 26-27 mai 2000), Acta Colloquii edenda curavit* René LEBRUN, 244 pp., 2002. Prix: 23 €.

BCILL 110: **J. PEKELDER**, *Décodage et interprétation. Ordres linguistique, iconique et pragmatique en néerlandais contemporain*, 298 pp. Louvain, Peeters, 2002. Prix: 42 €. ISBN: 90-429-1139-5.
Quel est le comportement du récepteur natif en néerlandais contemporain? Quelles sont les stratégies de décodage et d'interprétation de l'organisation linéaire des constituants? Comment construire valablement un modèle permettant de simuler ces stratégies? Telles sont les principales questions qu'aborde ce livre.

BCILL 111: **P. LORENTE FERNÁNDEZ,** *L'aspect verbal en grec ancien. Le choix des thèmes verbaux chez Isocrate,* 400 pp., Louvain, Peeters, 2003. Prix: 36 €. ISBN 90-429-1296-0.
Cet ouvrage présente une approche nouvelle du difficile problème de l'aspect verbal en grec ancien. Utilisant une base informatisée de 14980 formes verbales, il étudie en détail une cinquantaine de facteurs (morphologiques, syntaxiques et lexicaux) susceptibles d'avoir une incidence sur le choix aspectuel. Il en résulte que les temps de 95% des formes du corpus sont explicables par un ou plusieurs facteurs dont l'influence est statistiquement démontrable.

BCILL 112: **H. BOUILLON** (éd.), *Langues à niveaux multiples. Hommage au Professeur Jacques Lerot à l'occasion de son éméritat,* 284 pp. Louvain, Peeters, 2004. Prix: 25 €. ISBN 90-429-1428-9.
Une moisson de faits de langue dans des cultures aussi bien proches qu'éloignées comme le Burundi ou Madagascar, examinés d'un point de vue linguistique, littéraire ou didactique: c'est ce que rassemblent les 18 articles de ce volume offert à Jacques Lerot à l'occasion de son éméritat. Leurs 21 auteurs ont voulu exprimer leur amitié au collègue émérite en employant les langues qui lui tiennent à cœur, français, allemand, néerlandais ou anglais.

SÉRIE PÉDAGOGIQUE DE L'INSTITUT DE LINGUISTIQUE DE LOUVAIN (SPILL)

VOLUMES RÉCENTS

Tous les volumes antérieurs de la SPILL sont disponibles et peuvent être commandés chez les Editions Peeters

SPILL 20: **C. CAMPOLINI, V. VAN HÖVELL, A. VANSTEELANDT,** *Dictionnaire de Logopédie: Le développement normal du langage et sa pathologie.* XVI-138 pages; 1997. Prix: 12 €. ISBN 90-6831-897-7.
Cet ouvrage rassemble les termes utilisés en logopédie-orthophonie pour décrire la genèse du langage et les troubles qui peuvent entraver les processus normaux de son acquisition. Première étape d'une réflexion qui cherche à construire un outil terminologique spécialement destiné aux professionnels du langage, il s'adresse également aux parents et enseignants, témoins privilégiés de l'évolution linguistique des enfants.

SPILL 21: **Fr. THYRION,** *L'écrit argumenté. Questions d'apprentissage,* 285 pp., Louvain-la-Neuve, Peeters, 1997. Prix: 25 €. ISBN 90-6831-918-3.
Ce livre est destiné aux enseignants du secondaire et du supérieur qui ont à enseigner la tâche créative à haut degré de complexité qu'est l'écrit argumenté. Les opérations d'un apprentissage progressif et adapté au niveau des apprenants y sont passées en revue, de même que les étapes et les indices de la maîtrise du processus.

SPILL 22: **C. CAMPOLINI, V. VAN HÖVELL, A. VANSTEELANDT**, *Dictionnaire de logopédie: Les troubles logopédiques de la sphère O.R.L.,* XV-123 pages; 1998. Prix: 15 €. ISBN 90-429-006-7.
Ce livre est une suite logique d'un premier ouvrage et se veut une étape dans la construction d'un dictionnaire exhaustif du langage logopédique. Il aborde les domaines du dysfonctionnement tubaire, de l'orthopédie dento-faciale, de la dysphagie et dysphonies. S'il s'adresse bien sûr aux logopèdes-orthophonistes, il cherche aussi à interpeller les spécialistes de l'équipe pluridisciplinaire et susciter ainsi la rencontre de savoir-faire complémentaires.

SPILL 23: **Ph. BLANCHET,** *Introduction à la complexité de l'enseignement du français langue étrangère,* 253 pp., Louvain-la-Neuve, Peeters, 1998. Prix: 23 €. ISBN 90-429-0234-5.
Cet ouvrage novateur propose un parcours à travers les questions fondamentales qui se posent quant à la diffusion et l'enseignement du «Français Langue Étrangère». On les examine de points de vue issus de courants scientifiques récents (interculturalité, pragmatique, sociolinguistique, sciences de l'éducation), dans une éthique pluraliste respectueuse de l'Autre, associant diversité et unité. Une bibliographie fournie étaye le propos et ouvre vers des développements ultérieurs. Ce livre s'adresse à ceux qui désirent s'initier à la didactique des langues, s'orienter vers l'enseignement et la diffusion du F.L.E., ainsi que plus largement à tous ceux que la question des langues et de culture intéresse.

SPILL 24: **J. GRAND'HENRY**, *Une grammaire arabe à l'usage des Arabes*, 154 pp., Louvain-la-Neuve, Peeters, 1999. Prix: 13 €. ISBN 90-429-0761-4.
L'étudiant francophone qui souhaite apprendre la langue arabe dans une université européenne utilisera généralement une grammaire arabe rédigée en français par un arabisant, et il y en a d'excellentes. S'il dépasse le niveau élémentaire et veut se perfectionner par des séjours linguistiques en pays arabe, il se trouvera rapidement confronté à un problème difficile: celui de la grammaire arabe à l'usage des Arabes, la seule employée par les enseignants arabophones dans l'ensemble du monde arabe, qu'elle s'adresse à des étudiants arabophones ou non. Pour cette raison, l'auteur du présent ouvrage s'efforce depuis plusieurs années d'initier ses étudiants au vocabulaire technique de la grammaire arabe destinée aux Arabes. On aperçoit l'avantage d'une telle méthode: permettre à l'étudiant francophone d'aborder d'emblée des cours de perfectionnement de niveau supérieur en pays arabe, en ayant acquis au préalable les bases indispensables. Il s'agit ici de la traduction et des commentaires d'un manuel libanais largement utilisé dans les écoles du monde arabe.

SPILL 25: **C. CAMPOLINI, V. VAN HÖVELL, A. VANSTEELANDT**, *Dictionnaire de logopédie: Le développement du langage écrit et sa pathologie*. Louvain-la-Neuve, Peeters, 2000. Prix: 15 €. ISBN 90-429-0862-9.
Ce troisième volet du «dictionnaire de logopédie» s'inscrit comme une suite logique des deux ouvrages qui l'ont précédé. Après avoir envisagé le langage oral, son évolution normale et les troubles qui peuvent entraver son développement, les auteurs se devaient de prolonger leur réflexion en se penchant sur le langage écrit dont le point d'encrage s'appuie sur un ensemble de bases linguistiques, préalablement intégrées.

SPILL 26: **C. CAMPOLINI, A. TIMMERMANS, A. VANSTEELANDT**, *Dictionnaire de logopédie. La construction du nombre*. Louvain-La-Neuve, Peeters, 2002. Prix: 15 €. ISBN 90-429-1093-3.
Cet ouvrage prolonge la réflexion terminologique poursuivie dans le secteur de la logopédie. Les auteurs abordent ici un domaine qui peut apparaître, de prime abord, assez éloigné de la vocation paramédicale première des logopèdes. L'élaboration de la notion de nombre est d'ailleurs un domaine qui intéresse tout autant les enseignants, les psychologues et les éducateurs en général, spécialisés ou non. Les logopèdes sont pourtant souvent sollicités pour la rééducation des troubles d'apprentissage en calcul dont les causes profondes doivent être recherchées dans les toutes premières étapes du développement cognitif.